应用型本科会计人才培养系列教材

YINGYONGXING BENKE KUAIJI RENCAI PEIYANG XILIE JIAOCAI

审计学（第二版）

SHENJIXUE

主　编○张　丽

副主编○马玉娟　周　群　何小涛

西南财经大学出版社
Southwestern University of Finance & Economics Press
中国·成都

创百年名校　育华夏英才

应用型本科会计人才培养系列教材

YINGYONGXING BENKE KUAIJI RENCAI PEIYANG XILIE JIAOCAI

编委会

主任委员

郭银华 教授　　陈美华 教授

委　　员（按姓氏笔划排序）

杨洛新 教授　　张翠凤 教授　　陈　云 教授

邵文梅 教授　　俞雪花 教授　　高艳荣 教授

郭秀珍 教授　　崔　莉 教授　　韩明君 教授

创百年名校　育华夏英才

总 序

　　会计学院是广州华商学院最早成立的院系之一，现开设会计学、财务管理、审计学和税收学四个专业。其中，会计学专业设会计师、注册会计师、管理会计师、金融会计、会计智能化和国际注册会计师（ACCA）六个专业方向；财务管理专业设公司理财和财务分析师（CFA）两个专业方向；审计学专业设审计师和信息技术（IT）审计两个专业方向；税收学专业设注册税务师专业方向。经过多年的探索，会计学院逐步形成以下办学特色：一是以 ACCA 和 CFA 为代表的国际化教学特色，二是以管理会计师（GAMA）卓越班为代表的协同育人特色，三是以线上线下混合教学实验区为代表的建构教学特色，四是将会计与投融资融为一体的多学科融合特色，五是以华商云会计产业学院为代表的产教融合特色。目前，会计学专业为国家一流专业建设点，财务管理专业为省级一流专业建设点，会计学科为广东省会计类特色重点学科。

　　在长期的教学实践中，广州华商学院一直秉承优质的教学理念，优选国内同类教材中最受欢迎的教材作为各专业课程的指定教材。教材选定的一般原则是：若有多种同类教材，首选教育部规划教材；若有多种教育部规划教材，首选其中的获奖教材；若没有教育部规划教材，优先选择国内知名高校的教材。这种教材筛选方式保证了会计学科各专业教学的高质量，但也不可避免地带来了一些问题。首先，所选教材难以满足应用型高校会计人才培养的需要。财政部出台的《会计行业中长期人才发展规划（2010—2020 年)》明确指出，适应经济社会发展对高素质应用型会计人才需求，加人应用型高层次会计人才培养力度。华商学院作为一所民办应用型高校，不论是从办学分工，还是从社会需求角度考虑，都必须以培养应用型人才为主要目标，但现有的教育部规划教材或名校教材大多偏重理论教学，鲜有明确为培养应用型人才而打造的教材。其次，各专业教材之间的衔接度不高。现有教材大多是各专业教师根据各学科教学要求选择的高规格知名高校教材，导致所选各学科教材之间的衔接度不高，有的内容重复讲授，有的内容则被遗漏，教学内容缺乏系统安排。最后，所选教材知识陈旧，跟不上相关会计准则与制度的变化。近年来，我国会计准则及税法、审计等相关法规制度均发生了较大变化，如新的《企业会计准则》的持续发布和重新修订、《管理会计基本指引》和《管理会计应用指引》的发布与实施，以及增值税法规和《中华人民共和国企业所得税法》的相继修订，导致现有教材内容跟不上制度的变化，学生无法系统地学习最新专业知识。在这一背景下，及时编写一套实践性和系统性强、体系完整、内容新颖、适用于应用型高校会计人才培养的会计系列教材就显得极为必要。

本系列教材的特点主要表现在以下几方面：第一，实践性强。本系列教材知识体系的构建、教学内容的选择以应用型人才培养为主要目标。第二，系统性强。各教材之间互有分工、各有重点、密切配合，共同构建了一个结构合理、内容完整的知识体系。第三，通用性强。本系列教材力求同时满足会计学、财务管理、审计学和税收学四个专业，多个专业方向同类课程的教学和学习要求，既方便了教师的教学安排，又增加了学生跨专业选课的便利性。第四，新颖性强。本系列教材根据最新发布的会计准则、税收法规，以及相关规章制度编写，以确保学生所学专业知识的新颖性。第五，可读性强。本系列教材力求做到通俗易懂、便于理解和使用，以方便学生自主学习、自主探索。

本系列教材包括会计学、财务管理、审计学和税收学四个专业的专业基础课、专业必修课和专业选修课教材。首批教材包括《初级财务会计》《中级财务会计》《高级财务会计》《成本会计》《管理会计》《财务管理》《审计学》《会计学》。第二批教材包括《财务共享服务》《会计信息系统》《企业行为模拟》《资本市场运作》《高级财务管理》。第三批教材包括《会计职业道德》《金融会计》《税法》《税收筹划》等。

本系列教材由广州华商学院的教授或教学经验丰富的教师担任主编，并由广州华商学院特聘教授或特聘讲席教授负责审稿，从而为所编教材的质量提供了保证。鉴于本系列教材涉及面较广，相关会计准则、制度处于不断的变动之中，加之编者学识有限，难免存在不当之处，真诚希望各位读者批评指正。

2021 年 6 月

第二版前言

审计学是研究审计产生和发展规律的学科。审计学是对审计实践活动在理论上的概括、反映和科学总结，同时被用来指导审计实践活动，促进经济发展。本书以注册会计师审计为主线，围绕风险导向审计的基本要求，系统地介绍了审计的基本理论、基本方法和基本技能，为学生建立审计的整体概念和基本框架，将注册会计师审计理论和实务的理解融入整个审计框架。通过本书的学习，学生可以对现代风险导向审计理论和实务有全面的了解与认识，熟悉审计的基本理论和方法，熟悉审计的业务流程和基本程序，掌握审计的基本方法和实务操作技巧，并为今后了解或从事审计实务工作奠定较为坚实的基础。

本书顺应学科发展的趋势，满足人才培养的需要，符合审计学课程设置的要求，全面阐述了审计的基本原理、基本理论和基本方法，深入解析了审计的业务循环、主要程序与工作成果，系统地介绍了审计的职业道德、准则规范与相关业务。本书的主要特点如下：

（1）前沿性。本书根据国内外审计和会计最新的发展态势、研究成果、业务实践与准则规范编写，既阐述了审计的理论知识和工作流程，也介绍了审计的历史沿革与新近动态，从而有利于学生把握审计工作的内在机理、基本规律以及变化趋势。本书还新增了内部控制审计的相关内容，并吸收了国际审计准则变化的一些新知识。

（2）实用性。本书每章开篇明确了学习目标，便于教师对教学内容和计划的安排，也便于学生加强对重点与难点的把握。在学习目标之后，各章通过案例导入启迪学生思考，使学生对所学内容产生兴趣，有助于培养学生的分析能力、判断能力和创新能力。每章主要内容之后还附有本章小结和思维导图，有助于学生归纳总结和复习思考。

（3）针对性。本书以学生学习审计知识为依据，适合应用型院校人才培养的使用。本书紧跟信息化社会审计知识不断更新和变化的需要，针对培养具有扎实理论基础和较强实践能力的高素质应用型审计人才而编写。

本书具体编写分工如下：第一章、第三章、第五章、第六章、第八章、第十五章由张丽编写，第二章、第十四章由何小涛编写，第四章、第七章由周群编写，第九章、第十章、第十二章、第十三章、第十七章由马玉娟编写，第十一章由刘彩兰编写，第十六章由陈彤编写，最后由张丽统稿和安排校对。特别感谢广州华商学院的陈美华教授、巴雅尔副教授和广东财经大学的张阳教授对本书编写的帮助和支持。同时，很多任课教师和学界同仁为本书的不断完善提出了建设性的意见和建议，对此我们表示由衷的感谢！由于时间紧张，加之编者能力有限，书中难免存在不足，恳请读者指正，以便我们在修订时改正和完善。

编者

2022 年 1 月

目 录

审
计
学

审/计/学

第一章
审计概述

- -

学习目标

1. 了解注册会计师审计的起源与发展。
2. 掌握注册会计师审计的定义、基本要素以及审计流程。
3. 了解审计的基本要求。
4. 了解审计的基本理论框架。

案例导入

张山开了一家农产品加工企业，企业刚起步的几年，业务规模较小，张山亲自经营管理，对企业的经营情况了如指掌。随着市场需求的逐渐增长，张山感觉到生产规模限制了企业的发展，他需要更多的资金来扩大生产规模，于是他邀请朋友李肆投资。李肆也看到了张山的企业的发展潜力，决定投资。但是，他不想管理企业，也不想为企业倒闭承担最终债务，因此他建议张山成立有限责任公司，李肆拥有新公司的控股权，以获取股利的形式分享企业的利润，张山则作为执行总裁管理公司，获取薪酬。该公司运营满一年，年末，李肆收到了公司提供的财务报表，利润表上显示的利润额比他预期的低，因此他分得的股利也未达到期望的数额。李肆很清楚张山是拿固定薪酬的，因此不会像自己一样那么在意公司本年的低利润。李肆非常关注本年的盈利水平，甚至怀疑财务报表上的数字是否真实地反映了公司的财务状况和经营成果，他希望有人能给他鉴证一下财务报表。这时，一支独立的专业会计师团队愿意提供这样的服务。他们接受李肆的委托，对张山编制的年度财务报表进行了审计，并给李肆提供了专业的鉴证意见。

问题：（1）审计业务需求产生的根本原由是什么？

（2）审计业务涉及哪几方关系？分别是谁？各方之间的关系是什么？

第一节　审计的产生与发展

审计起源于企业所有权和经营权的分离，是市场经济发展到一定阶段的产物。从注册会计师审计发展的历程来看，注册会计师审计最早起源于 16 世纪的意大利。威尼斯是地中海沿岸航海贸易最为发达的地区，是东西方贸易的枢纽之一，合伙制企业随着商业经营规模不断扩大应运而生。在这种环境下，会计主体概念的提出、复式簿记的产生与发展，逐渐催生了注册会计师审计业务需求的产生。从合伙制企业的部分合伙人不参与经营管理开始，所有权与经营权出现了分离，那些不参与经营管理的合伙人需要得知其他合伙人履行契约的情况以及利润分配是否正确，以保障作为合作人应有的权益。这既需要熟悉会计专业知识，又需要具备足够的查账能力，并且查账结果要具备客观公正的说服力。由此，一批具备会计专业知识、专门从事查账和公证业务的人员就应运而生了。随着这样的从业人员队伍规模的扩大，逐渐形成了相关组织。1581 年，威尼斯会计师协会在威尼斯成立了。随后，米兰等城市的职业会计师也成立了类似的组织。

英国在注册会计师职业的形成和发展过程中发挥了重要作用。18 世纪，英国的资本主义经济得到了迅速发展，生产的社会化程度大大提高。伴随着股份有限公司的兴起，绝大多数股东不再直接参与经营管理，企业的所有权与经营权进一步分离。在这种情况下，除了不直接参与经营管理的股东非常关心公司的经营情况和成果外，还包括债权人在内的其他利益相关者，出于自身利益的考虑，也非常重视公司的财务状况和经营成果。公司的经营管理者有责任向公司的利益相关者报告其关心的信息，财务报表就是必要的沟通形式。那么，谁来查证财务报表的真实可靠性呢？客观独立的注册会计师审计顺应了这种需求。

1844 年到 20 世纪初是注册会计师审计的形成时期，当时审计的目的是"查错防弊"，保护企业资产的安全和完整。审计的方法是对会计账目进行详细审计。审计报告使用人主要是企业股东等。从 20 世纪初开始，全球经济发展重心逐步由欧洲转向美国，美国注册会计师行业伴随着美国资本市场的发展而逐步完善起来，这对促进注册会计师审计在全球的迅速发展发挥了重要作用。第二次世界大战以后，经济发达国家通过各种渠道推动本国的企业向海外扩张，跨国公司得到空前发展。国际资本的流动带动了注册会计师职业的跨国界发展，形成了一批国际会计师事务所。

注册会计师审计在中国的发展始于 1918 年 9 月，北洋政府农商部颁布了我国第一部注册会计师审计法规——《会计师暂行章程》，并批准著名会计学者谢霖先生为中国的第一位注册会计师，谢霖先生创办的中国第一家会计师事务所——正则会计师事务所也获准成立。之后，政府又逐步批准了一批注册会计师，批准建立了一批会计师事务所。在中华人民共和国成立初期，注册会计师审计在经济恢复工作中发挥了积极作用，如对工商企业查账，为平抑物价、保证国家税收、争取国家财政经济状况好转做出了突出贡献。在高度集中的计划经济时代，注册会计师审计失去了服务对象，曾一度悄然退出了历史舞台。改革开放以后，我国的商品经济得到迅速发展，一系列支持性法规的出台使得注册会计师审计的复苏有了法律保障，并使注册会计师审计行业得到了快速发展。注册会计师审计业务领域从最初主要为"三资"企业提供查账、资本验证等服务，发展到为所有企业提供财务报表审计业务，执业范围得到进一步扩大。国家愈发重视注册会计师人才培养问题。自 1991 年国家设立注册会计师全国统一考试制度以来，每年都有大批考生为争取这个资格证书努力奋斗，注册会计师人才队伍也逐渐壮大。截至 2018 年 12 月 31 日，中国注册会计师协会（以下简称中注协）有执业会员（注册会计师）106 798 人、非执业会员143 812 人、个人会员 250 610 人。

中注协不断完善监管制度，推动会计师事务所健康发展，于 2004 年出台了《会计师事务所执业质量检查制度（试行）》，督促会计师事务所形成以质量为导向的执业氛围。同时，中注协不断深化加强执业标准的建立和完善，根据国际审计准则的发展趋势和审计环境的巨大变化，大力推行审计准则国际趋同战略。1996 年，中注协加入亚太会计师联合会（CAPA）。1997 年，中注协加入国际会计师联合会（IFAC）。2005 年，中注协启动人才战略和准则国际趋同战略。2006 年，中注协发布新审计准则体系，准则国际趋同战略取得重大成果。同年，财政部发布了企业会计准则，企业会计准则与国际会计准则基本一致，实现了我国会计准则的国际趋同，这对会计师事务所的执业标准、人才培养提出了更高的要求，也标志着中国注册会计师行业的国际化发展又迈出了坚实的一步。

为突破限制会计师事务所做大做强的体制和组织形式瓶颈，2010 年，财政部、国家工商行政管理总局联合发布《关于推动大中型会计师事务所采用特殊普通合伙组织形式的暂行规定》，推动大中型会计师事务所转制为特殊普通合伙形式。2012 年，财政部会同相关部门发布了《中外合作会计师事务所本土化转制方案》（财会〔2012〕8 号），为在特殊历史时期应运而生的中外合作会计师事务所的本土化转制做出指引，进一步适应了我国注册会计师行业可持续发展的需要。随着注册会计师行业规模、结构布局和执业质量进一步优化，国际影响力持续增强，注册会计师审计已经成为中国社会监督体系的重要制度安排、现代高端服务业的重要组成部分和促进中国经济社会健康发展不可或缺的中坚力量。

当前，信息技术逐渐深入人类活动的方方面面，大数据分析、人工智能等科技手段在提高审计效率、审计质量等方面发挥着重要作用，这些科技手段的利用也是审计创新的主要方向。

第二节　审计的定义与分类

一、审计的定义

关于审计的定义，比较具有代表性的是美国会计学会（AAA）审计基本概念委员会于 1973 年在发表的《基本审计概念说明》(*A Statement of Basic Auditing Concepts*) 中对审计的定义："审计是一个系统化过程，即通过客观地获取和评价有关经济活动与经济事项认定的证据，以证实这些认定与既定标准的符合程度，并将结果传达给有关使用者。"

注册会计师财务报表审计是指注册会计师遵循执业准则开展审计工作，收集充分、适当的审计证据，对财务报表不存在重大错报提供合理保证，以积极方式提出意见，出具审计报告，增强除管理层之外的预期使用者对财务报表信赖的程度（注册会计师财务报表审计下文统一简称审计）。

理解审计定义的几个要点如下：

（1）审计对象是财务报表。财务报表通常包括资产负债表、利润表、现金流量表、所有者权益（或股东权益）变动表以及财务报表附注。

（2）审计的最终成果是发表审计意见和出具审计报告。

（3）发表审计意见的前提是按照执业准则的规定执行了必要的审计程序。

（4）审计的用途是增强除管理层之外的预期使用者对财务报表的信赖程度。虽然管理层也会使用审定的财务报表，但是管理层是财务报表的责任人，因此提高对财务报表的信赖程度主要是针对其他预期使用者而言的。

（5）审计的基础是独立性和专业性。独立性是对注册会计师的职业道德要求，专业性是对注册会计师的专业胜任能力要求。

（6）审计对财务报表提供的保证程度是合理保证。合理保证是一种高水平的保证，但不是绝对保证。合理保证介于绝对保证和有限保证之间（绝对保证>合理保证>有限保证）。合理保证高于有限保证（如审阅业务），有限保证是一种提供有意义水平的保证。有限保证在对审计程序和审计证据等方面的要求都低于合理保证。审计业务需要注册会计师设计与执行充分的审计程序将检查风险降至可接受的低水平，而审阅业务主要采用询问和分析程序获取证据将检查风险降至可接受的低水平。

（7）审计意见的表达方式是积极式的，如"我们认为，××公司的财务报表在所有重大方面按照企业会计准则的规定编制，公允地反映了××公司2019年12月31日的财务状况及2019年度的经营成果和现金流量"。审阅意见的表达是消极式的，如"根据我们的审阅，我们没有注意到任何事项使我们相信，××公司的财务报表没有按照企业会计准则的规定编制，未能在所有重大方面公允地反映××公司的财务状况、经营成果和现金流量"。

（8）审计有审计风险，即发表错误意见的可能性，且注册会计师不可能将审计风险降至零，因此不能对财务报表不存在由于舞弊或错误导致的重大错报获取绝对保证。这是由于审计存在固有限制，导致注册会计师据以得出结论和形成审计意见的大多数审计证据是说服性的而非结论性的。审计的固有限制源于以下几个方面：

①财务报告的性质。管理层编制财务报表，需要根据被审计单位的事实和情况运用适用的财务报告编制基础，在这一过程中做出判断。此外，许多财务报表项目涉及主观决策、评估或具有一定程度的不确定性，并且可能存在一系列可接受的解释或判断。因此，某些财务报表项目的金额本身就存在一定的变动幅度，这种变动幅度不能通过实施追加的审计程序来消除。

②审计程序的性质。注册会计师获取审计证据的能力受到实务和法律上的限制。例如，管理层或其他人员可能有意或无意地不提供与财务报表编制相关的信息或注册会计师要求的全部信息；舞弊可能涉及精心策划和蓄意实施以进行隐瞒，因此用来收集审计证据的审计程序可能对发现舞弊是无效的；审计不是对涉嫌违法行为的官方调查，因此注册会计师没有被授予特定的法律权力（如搜查权），而这种权力对调查是必要的。

③在合理的时间内以合理的成本完成审计的需要。审计中的困难、时间或成本等事项本身，不能作为注册会计师省略不可替代的审计程序或满足于说服力不足的审计证据的正当理由。制订适当的审计计划有助于保证审计执行工作需要的充分的时间和资源。尽管如此，信息的相关性及其价值会随着时间的推移而降低，因此注

册会计师需在信息的可靠性和成本之间进行权衡。

由于审计的固有限制，注册会计师即使按照审计准则的规定适当地计划和执行审计工作，也不可避免地未发现财务报表的某些重大错报。相应地，完成审计工作后发现由于舞弊或错误导致的财务报表重大错报，其本身并不表明注册会计师没有按照审计准则的规定执行审计工作。尽管如此，审计的固有限制并不能作为注册会计师满足于说服力不足的审计证据的理由。注册会计师能否按照审计准则的规定执行审计工作，取决于注册会计师在具体情况下实施的审计程序如何，由此获取的审计证据的充分性和适当性如何以及根据总体目标和对审计证据的评价结果而出具审计报告的恰当性如何。

二、审计的分类

（一）按审计主体分类

审计主体是指执行审计的专职机构或专职人员，即审计活动的执行者。按审计主体的不同，审计可以分为国家审计、内部审计和社会审计。

1. 国家审计

国家审计也称政府审计，是指由国家审计机关实施的审计。国家审计的主要特点是法定性和强制性、独立性、综合性和宏观性。

2. 内部审计

内部审计是指由部门和单位内部设置的审计机构或配备的专职审计人员对本部门、本单位及其下属单位进行的审计。内部审计包括部门内部审计和单位内部审计。内部审计的主要特点是内向性、广泛性、及时性。

3. 社会审计

社会审计也称民间审计，是指由依法成立的社会审计组织接受委托人的委托实施的审计。社会审计组织主要是经政府有关主管部门审核批准成立的会计师事务所。社会审计的主要特点是独立性、委托性和有偿性。

（二）按审计内容分类

按审计内容的不同，审计可以分为财政财务审计、经济效益审计和财经法纪审计。

（1）财政财务审计。财政财务审计是指审计机构对国家机关、企事业单位的财政和财务收支活动及反映其经济活动的会计资料进行的审计。其目的主要是判断被审计单位的经济活动（包括财政和财务收支活动）的真实性、合法性以及会计处理方法的一贯性。其中，财政审计是指国家机关对本级财政预算执行情况和下级财政预算执行情况等进行监督，财务审计是指国家机关对会计资料及其反映的经济活动发表意见。

（2）经济效益审计。经济效益审计是指审计机构对被审计单位或项目的经济活动（包括财政和财务收支活动）的效益性进行审查。其目的主要是评价被审计单位或项目的经济效益的高低，以利于其不断提高经济效益。经济效益审计又可以根据审查内容的不同分为业务经营审计和管理审计两个分支。

（3）财经法纪审计。财经法纪审计是指国家审计机关和内部审计部门对严重违反财经法纪的行为进行的专项审计。其目的主要是维护财经法纪，保护国家和人民财产的安全与完整。

（三）按审计范围分类

按审计范围的不同，审计可以分为全部审计和局部审计。

（四）按审计时间分类

按审计时间的不同，审计可以分为事前审计、事中审计和事后审计。

（1）事前审计。事前审计是指经济业务发生以前进行的审计，即对计划、预算的编制以及对基本建设项目和固定资产投资决策的可行性研究等进行的审计。其目的主要是审查计划、预算、投资决策等是否切实可行。

（2）事中审计。事中审计是指在计划、预算或投资项目执行过程中对其发生的经济活动进行的审计。这种审计的优点是随时进行审查，随时发现错误和问题。

（3）事后审计。事后审计是指经济业务发生以后进行的审计。其目的主要是根据有关的审计证据审查已经发生的经济业务的真实性、合法性和效益性。

（五）按执行审计的地点分类

按执行审计的地点的不同，审计可以分为报送审计和就地审计。

（1）报送审计。报送审计或称送达审计，是指被审计单位将各项预算、计划、会计决算报表和其他有关资料等，按照规定的日期（月、季、年）送达审计机构进行审计。

（2）就地审计。就地审计是指由审计机构派出审计人员到被审计单位进行的现场审计。就地审计按照不同的情况又可以分为驻在审计、巡回审计、专程审计。

（六）按审计工作是否受法律的约束分类

按审计工作受法律的约束不同，审计可以分为法定审计和非法定审计。

（1）法定审计。法定审计是指根据国家法律的规定，被审计单位不论是否愿意，都必须进行的审计。例如，对财政收支、上市公司年报的审计。

（2）非法定审计。非法定审计是指法律未予以明确规定必须实施的审计。例如，企业为取得银行贷款，委托注册会计师对其财务报表进行的鉴证审计等。

第三节 审计的基本要素、流程、基本要求以及相关业务概述

一、审计的基本要素

鉴证业务包含五大要素："三方"［鉴证业务执行方（注册会计师）、鉴证对象责任方（管理层）、业务成果的预期使用方（股东等预期使用者）］关系，鉴证对象（财务报表），标准（财务报告编制基础），支持性证据（审计证据），鉴证报告（审计报告）。

相应地，注册会计师财务报表审计业务的五要素（见图 1-1）如下：

（1）"三方"关系见图 1-2。"三方"包括注册会计师（审计业务执行方）、管理层（审计对象责任方）、股东（业务成果使用的预期使用方）。是否存在"三方"

关系是判断某项业务是否属于鉴证业务的重要标准之一。

（2）财务报表（审计对象）。

（3）财务报告编制基础（用于评价或计量审计对象的基准）。

（4）审计证据（发表审计结论的依据）。

（5）审计报告（审计的最终成果）。

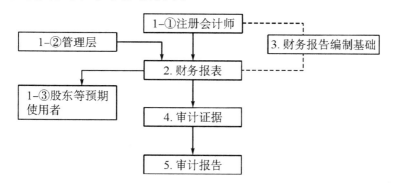

图1-1 注册会计师财务报表审计业务的五要素

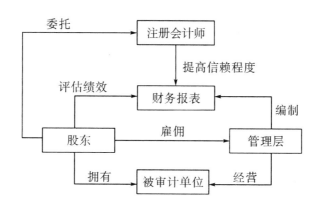

图1-2 注册会计师审计业务涉及的"三方"关系

二、审计的流程

管理层用会计语言表现被审计单位的经营情况，注册会计师的任务就是评价被审计单位财务报表上的信息是否真实准确地反映了企业的财务状况、经营成果、现金流量等。财务报表在审计之前已经编制好。注册会计师未参与被审计单位的经营过程，要评价会计报表和附注信息是否如实反映了被审计单位的真实经营情况，就需要运用科学合理的审计模式。

当今普遍采用的审计模式是风险导向审计，这个模式以重大错报风险的识别、评估以及应对为主线，审计的流程大致经过以下几个环节：接受业务委托；计划审计工作；风险评估；风险应对；完成审计工作，出具审计报告。具体的审计的流程如图1-3所示。

（一）接受业务委托

会计师事务所应当按照《中国注册会计师执业准则》的规定，谨慎决策是否接受某具体审计业务或保持某客户关系。在接受新客户的业务前或决定是否保持现有业务及考虑接受现有客户的新业务时，会计师事务所应当执行有关客户接受与保持的程序，以获取如下信息：

（1）考虑客户的诚信，没有信息表明客户缺乏诚信。

（2）具有执行业务必要的素质、专业胜任能力、时间和资源。

（3）能够遵守相关职业道德要求。

一旦决定接受业务委托，注册会计师应当与客户就审计约定条款达成一致意见。

（二）计划审计工作

为了合理分配审计资源，提高审计效率，对任何一项审计业务，注册会计师在执行具体审计程序之前，都必须根据具体情况制订科学、合理的计划，使审计业务以有效的方式得到执行。一般来说，计划审计工作主要包括在本期审计业务开始时开展的初步业务活动、制定总体审计策略、制订具体审计计划等。需要指出的是，计划审计工作不是审计业务的一个孤立阶段，而是一个持续的、不断修正的过程，贯穿于整个审计过程的始终。

（三）风险评估

审计准则规定，注册会计师必须实施风险评估程序，以此作为评估财务报表层次和认定层次重大错报风险的基础。风险评估程序是指注册会计师为了解被审计单位及其环境（包括内部控制），以识别与评估财务报表层次和认定层次的重大错报风险（无论该错报是舞弊还是错误导致）而实施的审计程序。了解被审计单位及其环境为注册会计师在许多关键环节做出职业判断提供了重要基础。了解被审计单位及其环境实际上是一个连续和动态地收集、更新与分析信息的过程，贯穿于整个审计过程的始终。

（四）风险应对

注册会计师实施风险评估程序本身并不足以为发表审计意见提供充分、适当的审计证据，应当实施进一步的审计程序，包括实施控制测试（必要时或决定测试时）和实质性程序。因此，注册会计师在评估财务报表重大错报风险后，应当运用职业判断，针对评估的财务报表层次重大错报风险确定总体应对措施，并针对评估的认定层次重大错报风险设计和实施进一步审计程序，以将审计风险降至可接受的低水平。

（五）完成审计工作，出具审计报告

注册会计师在完成进一步审计程序后，还应当按照有关审计准则的规定做好审计完成阶段的工作，并根据获取的审计证据，合理运用职业判断，形成适当的审计意见。

这个流程中，审计基本逻辑（见图1-4）是：注册会计师审计的目标任务是对财务报表是否在所有重大方面按照适用的财务报告编制基础编制，发表审计意见、出具审计报告，审计意见的发表需基于充分、适当的审计证据，审计证据的收集来自执行审计测试。审计的整个过程主要是在收集和评价审计证据。

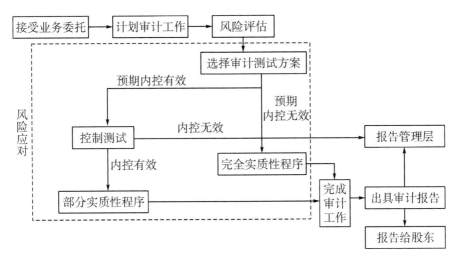

图 1-3　审计的流程

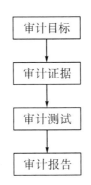

图 1-4　审计基本逻辑

三、审计的基本要求

（一）遵守注册会计师执业准则

中国注册会计师执业准则指注册会计师在执行业务过程中遵守的执业规范，包括注册会计师业务准则和会计师事务所质量管理准则。

（二）遵守职业道德守则

注册会计师受到与财务报表审计相关的职业道德要求（包括与独立性相关的要求）的约束。相关的职业道德要求通常是指中国注册会计师职业道德守则（以下简称职业道德守则）中与财务报表审计相关的规定。

《中国注册会计师职业道德守则第 1 号——职业道德基本原则》和《中国注册会计师职业道德守则第 2 号——职业道德概念框架》规定了与注册会计师执行财务报表审计相关的职业道德基本原则，并提供了应用这些原则的概念框架。《中国注册会计师职业道德守则第 3 号——提供专业服务的具体要求》和《中国注册会计师职业道德守则第 4 号——审计和审阅业务对独立性的要求》说明了注册会计师执行审计和审阅业务时如何在具体情形下应用概念框架。

（三）合理运用职业怀疑和职业判断

在计划和实施审计工作时，注册会计师应当保持职业怀疑，认识到可能存在导致财务报表发生重大错报的情形。职业怀疑是指注册会计师执行审计业务的一种态度，包括采取质疑的思维方式，对可能表明由于舞弊或错误导致错报的情况保持警觉以及对审计证据进行审慎评价。职业怀疑应当从以下方面理解：

（1）职业怀疑在本质上要求秉持一种质疑的理念。

（2）职业怀疑要求对引起疑虑的情形保持警觉。

（3）职业怀疑要求审慎评价审计证据。

（4）职业怀疑要求客观评价管理层和治理层。

职业怀疑是注册会计师综合技能不可或缺的一部分，是合理保证审计质量的关键要素。保持职业怀疑有助于注册会计师恰当运用职业判断，提高审计程序设计及执行的有效性，降低审计风险。

职业判断是指在审计准则、财务报告编制基础和职业道德要求的框架下，注册会计师综合运用相关知识、技能和经验，做出适合审计业务具体情况、有根据的行动决策。职业判断对于适当地执行审计工作是必不可少的。其理由是如果没有将相关的知识和经验运用于具体的事实与情况，就不可能理解相关职业道德要求和审计准则的规定，并在整个审计过程中做出有依据的决策。

职业判断对于做出下列决策尤为必要：

（1）确定重要性和评估审计风险。

（2）为满足审计准则的要求和收集审计证据的需要，确定所需实施的审计程序的性质、时间安排和范围。

（3）为实现审计准则规定的目标和注册会计师的总体目标，评价是否已获取充分、适当的审计证据以及是否还需执行更多的工作。

（4）评价管理层在应用适用的财务报告编制基础时做出的判断。

（5）根据已获取的审计证据得出结论，如评估管理层在编制财务报表时做出的估计的合理性。

评价职业判断是否适当可以基于以下两个方面：

（1）做出的判断是否反映了对审计和会计原则的适当运用。

（2）根据截至审计报告日注册会计师知悉的事实和情况，做出的判断是否适当、是否与这些事实和情况相一致。注册会计师需要在整个审计过程中运用职业判断，并做出适当记录。对此，审计准则要求注册会计师编制的审计工作底稿应当使未曾接触该项审计工作的有经验的专业人士了解在对重大事项得出结论时做出的重大职业判断。如果有关决策不被该业务的具体事实和情况所支持或缺乏充分、适当的审计证据，职业判断并不能成为做出决策的正当理由。

四、审计的相关业务概述

审计是一个大类，目前国内外对审计类别主流的划分方法根据审计主体的不同划分为三类：政府审计、内部审计、注册会计师审计。注册会计师审计是由注册会计师提供的专业鉴证服务。随着经济发展对注册会计师业务的需求，注册会计师提供的服务领域越来越广，注册会计师执行的业务（见图1-5）可以大致分为两大类：鉴证业务和相关服务。鉴证业务是指注册会计师对鉴证对象信息提出结论，以增强除责任方以外的预期使用者对鉴证对象信息信任程度的业务，包括审计、审阅和其他鉴证业务。其他业务属于相关服务，包括税务代理、对财务信息执行商定程序、代编财务信息等。就注册会计师审计而言，根据审计对象的不同可以分为财务报表审计、经营审计以及合规性审计等。

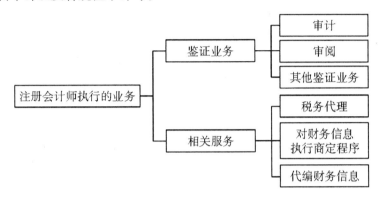

图1-5 注册会计师执行的业务

第四节 审计理论框架

审计是一门独立的学科，运用审计理论一方面可以解释现有审计实务问题，另一方面能够预测和指导未来的审计实务。因此，开展审计实务必须对审计理论有深入的了解和认识。审计理论是一套系统化的知识体系，按照系统论的观点，在系统内应当有一个内在结构。审计理论结构也叫审计理论框架，是指审计理论各要素及其相互联系的组合。在审计理论中，审计理论框架是用来支撑整个体系的，它是不可或缺的重要组成部分。审计理论框架可以分为审计假设导向型、审计目标导向型、审计本质导向型和两元或多元导向型四种。

一、审计假设导向型

这种观点从审计假设出发，在审计假设的基础上推导出审计原则，然后用它们来指导审计准则，审计假设和审计准则共同构成了审计理论结构的理论基础与概念体系。持这种观点的学者认为，审计假设是构造系统的审计理论结构的基础，也是审计科学发展的前提。审计假设是建立审计理论结构的基石、理论研究的基本要素、推理论证的原始命题。以"审计假设"为逻辑起点来构建审计理论结构，其缺陷主要表现在两个方面：一是审计理论与社会经济环境失去相关性，二是审计理论结构内部离散。

二、审计目标导向型

这种观点从审计目标出发，根据审计目标规定审计信息的质量特征，然后研究作为信息传递手段的审计报告的构成要素等问题。其流程图可大致表示为：审计目标→审计对象性质→审计原则→审计准则。

目标是一切工作的出发点。审计目标是整个审计监督系统的定向机制。这一观点也有其固有的局限性，主要表现在两个方面：一是审计目标受审计目的与审计职能的双重制约，只反映两者耦合的部分因素，结果既未能全面包括审计目的因素，也未能全面反映审计职能的因素，不能全面揭示审计对象的因素；二是从审计实践活动看，审计目的是主观的、外在的。

三、审计本质导向型

这种观点是从审计本质出发，根据审计对象、审计职能，演绎、归纳出审计原则和审计准则。其流程图可大致表示为：审计本质→审计对象→审计职能→审计原则→审计准则。

只有准确地揭示事物的本质，才能把握审计理论的发展方向。只要正确地确立了审计的本质，也就顺理成章地确立了审计理论结构。离开具体的对象，客观的职能就无法产生。但是，由于"审计本质"纯理论性太强，因此造成按"审计本质"为逻辑起点构建的审计理论结构与审计实务相脱节，即基础的审计理论研究在时空上远远超越实践，而应用性审计理论研究又在时空上远远落后于审计实务。其具体表现在三个方面：第一，审计理论与社会经济环境相脱离；第二，审计理论结构内部逻辑性不强；第三，不能正确反映审计理论对实践的指导作用。

四、两元或多元导向型

审计理论结构的逻辑起点如果仅为审计本质、审计环境、审计目标、审计假设中的一种，对于正确、全面研究审计理论是不完善的，因此，研究者提出了审计理论结构逻辑起点的二元论。其主要观点有四种：第一，主张以审计目标和审计假设共同作为审计理论结构研究的逻辑起点；第二，主张以审计本质及审计假设作为审计理论结构研究的逻辑起点；第三，主张以审计环境和审计目标共同构成审计理论结构的逻辑起点；第四，主张以审计本质、审计目标和审计假设三个因素作为审计理论结构的研究起点。

本章小结

本章主要讨论了注册会计师审计业务的由来及其发展历程。审计是经济活动产生的一种现象，按照不同的标准可以做多种不同的划分。此外，本章还重点讨论了审计的基本要素、审计的流程和审计的基本要求，并对注册会计师审计业务进行了介绍，审计业务包括鉴证业务和相关服务两个大类。最后，本章介绍了审计的四种理论框架。

本章思维导图

本章思维导图如图 1-6 所示。

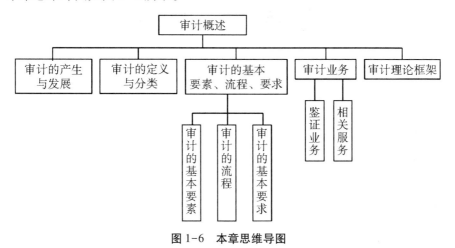

图 1-6　本章思维导图

第二章
我国审计职业规范

学习目标

1. 了解我国审计职业规范体系的框架及内容。
2. 熟悉鉴证业务基本准则和业务质量管理准则的基本内容。

案例导入

甲公司拟申请首次公开发行股票（IPO）并上市，ABC 会计师事务所负责审计甲公司 2017—2019 年的比较财务报表。A 注册会计师是审计项目合伙人。相关事项如下：

（1）ABC 会计师事务所通过询问金融机构、法律顾问和甲公司所在行业的同行等第三方，对甲公司主要股东、关键管理人员及治理层的身份和商业信誉等进行了了解，从相关数据库中搜索了甲公司的背景信息（包括甲公司的年度报告、中期财务报表、向监管机构提交的报告等），询问了管理层对于遵守法律法规要求的态度，没有发现甲公司管理层不诚信的情况。A 注册会计师认为承接甲公司 2017—2019 年的比较财务报表审计业务的条件完全满足。

（2）ABC 会计师事务所在接受委托后，A 注册会计师向甲公司前任注册会计师询问甲公司变更会计师事务所的原因，得知甲公司在某一重大会计估计事项问题上与前任注册会计师存在严重分歧。

（3）A 注册会计师拟在审计完成阶段实施针对包括会计估计、关联方、持续经营、法律法规、期初余额等特定项目的必要审计程序。

（4）在正式签署审计报告前，A 注册会计师提请 ABC 会计师事务所指派合伙人 C 注册会计师作为项目质量管理复核人，复核甲公司 2017—2019 年的比较财务报表的每一张审计工作底稿。

（5）由于甲公司 2017—2019 年比较财务报表的审计业务具有一定的审计风险，A 注册会计师确定了审计项目组内部复核的原则，即由审计项目组内经验较丰富的人员复核经验不足的人员执行的工作。在复核项目组成员已执行的工作时，复核人员主要考虑已获取的审计证据是否充分、适当，是否支持审计结论。

问题：针对上述第（1）至（5）项，逐项指出 ABC 会计师事务所或其注册会计师的做法是否恰当。如不恰当，简要说明理由。

第一节　注册会计师执业准则概述

注册会计师执业准则（practising standards，以下简称执业准则）是指注册会计师在执行业务的过程中所应遵守的职业规范，包括业务准则和质量管理准则。

一、注册会计师执业准则的作用

执业准则的根本作用在于保证注册会计师的执业质量，维护社会经济秩序。此外，执业准则的制定、颁布和实施，对于增强社会公众对注册会计师职业的信任、合理区分客户管理层的责任和注册会计师责任、客观评价注册会计师执业质量、保护责任方及各利害关系人的合法权益以及推动审计理论的发展都有一定的作用。具体来说，执业准则的作用主要表现在以下几个方面：

（一）制定、实施执业准则，为衡量和评价注册会计师执业质量提供了依据，从而有助于注册会计师执业质量的提高

在市场经济社会中，一种商品能否取信于社会的关键在于它的质量，一项服务能否取信于社会同样取决于它的质量。审计和鉴证工作能否满足社会的需求和取信于社会，关键也是质量。由于审计和鉴证业务质量对维护责任方、社会公众的利益以及提高注册会计师职业的社会地位都有直接的联系，因此无论是被审计单位、社会公众还是注册会计师职业界本身，都需要一个衡量和评价注册会计师执业质量的标准，即执业准则。注册会计师执业准则对注册会计师执行业务应遵循的规范做了全面规定，既涵盖了鉴证业务和相关服务等业务领域，又为质量管理提供了标准。其中的审计准则对财务报表审计的目标和一般原则、审计工作的基本程序和方法以及审计报告的基本内容、格式和类型等都做了详细规定。只要注册会计师遵照执业准则的规定执行业务，执业质量就有保证。执业准则是注册会计师实践经验的总结和升华，它的实施有助于注册会计师理论和实务水平的提高。

（二）制定、实施执业准则，有助于规范审计工作，维护社会经济秩序

市场经济的要素之一是平等，一切市场经济参与者都不能因权力、地位不同而形成差异，行政权力如果与经济交易结合在一起，就会破坏市场经济秩序，无法实现经济资源的合理配置。从一定意义上说，审计工作作为一种经济监督，其经济后果或多或少总是会使一部分人受益，使另一部分人受损，这种受益和受损的幅度需要加以限制，限制的手段便是执业准则。建立了注册会计师执业准则，就确立了注册会计师的执业规范，使注册会计师在执行业务的过程中有章可循。例如，执业准则规范了在审计业务中注册会计师如何签订审计业务约定书、如何编制审计计划、如何实施审计程序、如何记录审计工作底稿、如何与治理层进行沟通、如何利用其他实体的工作、如何出具审计报告以及如何控制审计质量等，执业准则也对注册会计师从事财务报表审阅、其他鉴证业务和相关服务进行了规范。这就使注册会计师在执行业务的每一个环节都有了相应的依据和标准，从而规范了注册会计师的行为，可以减少注册会计师选择政策、程序和方法的自由度，避免注册会计师随意发表审计意见。

（三）制定、实施执业准则，有助于增强社会公众对注册会计师职业的信任

执业准则的制定和实施反映了注册会计师职业的成熟度。过去几十年中，当许多国家正式颁布执业准则后，注册会计师职业的声望都大大提高了。这表明审计界有信心公开明确它的标准，并使从业人员遵循这些标准。注册会计师行业担负着对会计信息质量进行鉴证的重要职能，客观上起着维护社会公众利益的作用。中国注册会计师执业准则体系立足于维护公众利益的宗旨，充分研究、分析了新形势下资本市场发展和注册会计师执业实践面临的挑战与困难，强化了注册会计师的执业责任，细化了对注册会计师揭示和防范市场风险的指导。其中，审计准则要求注册会计师强化审计的独立性，保持应有的职业谨慎态度，遵守职业道德规范，切实贯彻风险导向审计理念，提高识别和应对市场风险的能力，更加积极地承担对财务报表舞弊的发现责任，始终把对公众利益的维护作为审计准则的衡量标尺。中国注册会计师执业准则体系的实施，必将提升注册会计师的执业质量，加强会计师事务所的质量管理和风险防范，为提高财务信息质量、降低投资者的决策风险、维护社会公众利益、实现更有效的资源配置、推动经济发展和保持金融稳定发挥重要作用。

另外，由于执业准则为衡量和评价注册会计师执业质量提供了依据，这就使社会公众可以通过对注册会计师的某项审计工作结果进行评价，看其是否符合执业准则，是否达到令人满意的程度，只有注册会计师执业质量令人满意，注册会计师的工作才能令人信任。

（四）制定、实施执业准则，有助于维护会计师事务所和注册会计师的正当权益，使其免受不公正的指责和控告

注册会计师的责任并非毫无限制，工作结果也不可能在任何条件下都绝对正确。执业准则规定了注册会计师的工作范围，注册会计师只要能严格按照执业准则的要求执业，就算是尽到了职责。当审计委托人与注册会计师发生纠纷并诉诸法律时，执业准则就成为法庭判明是非、划清责任界限的重要依据。

（五）制定、实施执业准则，有助于推动审计与鉴证理论的研究和现代审计人才的培养

执业准则是注册会计师实践经验的总结和升华，已成为审计与鉴证理论的一个重要组成部分。在制定执业准则的过程中，必然会激发各种理论的争论、探讨，从而推动理论研究。随着执业准则的制定、修订和实施，一些理论方面的争论就会消除，认识上和实践上的分歧就会趋于统一。执业准则出台以后，审计学界仍然要围绕着如何实施准则和怎样达到准则的要求展开细致的工作和研究，不断改进和完善这些准则。因此，审计理论水平会随着执业准则的制定、实施不断得以提高。注册会计师执业质量和理论水平的提高，无疑会带动审计教育水准的提高，这样必然会有助于培养现代化的审计人才，推动审计事业的进一步发展。

应当指出的是，大多数人只注意到了执业准则的种种作用和优点，很少有人分析执业准则可能带来的负面作用。其实，任何事物都是矛盾的统一体，执业准则也不例外，执业准则既有积极作用也有消极作用。在充分认识执业准则积极作用的同时，探讨其可能带来的负面效应，对于正确理解和认识准则、合理运用准则是大有裨益的。

执业准则的负面效应主要表现在以下几个方面：

第一，执业准则可能导致僵化，人为缩小注册会计师职业判断的范围。

第二，报告使用者往往认为依据执业准则审定的财务报表是确实可靠的。

第三，执业准则可能源于社会或政治压力，致使会计师职业受到操纵。

第四，执业准则可能抑制批评性思想、建设性思想的发展。

第五，准则越多，注册会计师的执业成本越高。

二、中国注册会计师执业准则体系

2001年以来，针对国际资本市场一系列上市公司财务舞弊事件，国际审计准则制定机构改进了国际审计准则的制定机制和程序，强调以社会公众利益为宗旨，全面引入了风险导向审计的概念，全面提升了国际审计准则质量。在充分借鉴国际审计准则的基础上，中国注册会计师协会根据我国实际情况和国际趋同的需要，将"中国注册会计师独立审计准则体系"改为"中国注册会计师执业准则体系"，以适应注册会计师业务多元化的需要。原审计准则体系包含了部分非审计业务准则，如《独立审计实务公告第9号——对财务信息执行商定程序》《独立审计实务公告第4号——盈利预测审核》《独立审计实务公告第10号——会计报表审阅》等，导致以审计准则的名义规范其他业务类型。因此，新的注册会计师执业准则体系借鉴国际通行做法，将非审计业务准则从独立审计准则体系中分离出来，按照其业务性质冠以适当的名称。

中国注册会计师执业准则体系包括注册会计师业务准则（鉴证业务准则、相关服务准则）和会计师事务所质量管理准则（简称质量管理准则）。为了便于社会公众理解，有时将中国注册会计师执业准则简称为审计准则。中国注册会计师执业准则体系和业务准则体系的构成如图2-1和图2-2所示。

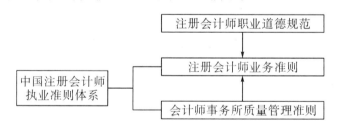

图2-1 中国注册会计师执业准则体系

鉴证业务准则（general assurance standards）是指注册会计师在执行鉴证业务的过程中应遵守的职业规范。鉴证业务准则由鉴证业务基本准则统领，按照鉴证业务提供的保证程度和鉴证对象的不同，分为中国注册会计师审计准则、中国注册会计师审阅准则和中国注册会计师其他鉴证业务准则（以下分别简称审计准则、审阅准则和其他鉴证业务准则）。其中，审计准则是整个执业准则体系的核心。

审计准则（auditing standards）是注册会计师执行历史财务信息审计业务所应遵守的职业规范。在提供审计服务时，注册会计师对所审计信息是否不存在重大错报提供合理保证，并以积极方式得出结论。

审阅准则（review standards）是注册会计师执行历史财务信息审阅业务所应遵守的职业规范。在提供审阅服务时，注册会计师对所审阅信息是否不存在重大错报提供有限保证，并以消极方式得出结论。

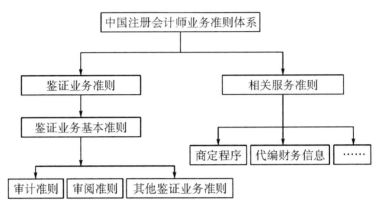

图 2-2　中国注册会计师业务准则体系

其他鉴证业务准则（other assurance standards）是注册会计师执行历史财务信息审计或审阅以外的其他鉴证业务所应遵守的职业规范。注册会计师执行其他鉴证业务，根据鉴证业务的性质和业务约定的要求，提供有限保证或合理保证。

相关服务准则（related services standards）是注册会计师代编财务信息、执行商定程序，提供管理咨询等其他服务所应遵守的职业规范。在提供相关服务时，注册会计师不提供任何程度的保证。

质量管理准则（quality management standards）是会计师事务所在执行各类业务时应当遵守的质量管理政策和程序，是对会计师事务所质量管理提出的制度要求。

目前，中国注册会计师执业准则体系共包括 52 项准则。其具体构成如下：

（1）中国注册会计师鉴证业务基本准则（1 项）。

中国注册会计师鉴证业务基本准则的目的在于规范注册会计师执行鉴证业务，明确鉴证业务的目标和要素，确定中国注册会计师审计准则、中国注册会计师审阅准则、中国注册会计师其他鉴证业务准则适用的鉴证业务类型。该准则共 9 章 60 条，主要对鉴证业务的定义与目标、业务承接以及鉴证业务的三方关系、鉴证对象、标准、证据、鉴证报告等鉴证业务的要素等方面进行了阐述。注册会计师执行历史财务信息审计业务、历史财务信息审阅业务和其他鉴证业务时，应当遵守该准则，遵守依据该准则制定的审计准则、审阅准则和其他鉴证业务准则。如果一项鉴证业务只是某项综合业务的构成部分，该准则仅适用于该业务中与鉴证业务相关的部分。如果某项业务不存在除责任方之外的其他预期使用者，但在其他所有方面符合审计准则、审阅准则或其他鉴证业务准则的要求，注册会计师和责任方可以协商运用该准则的原则。但在这种情况下，注册会计师的报告中应注明该报告仅供责任方使用。

注册会计师执行司法诉讼中涉及会计、审计、税务或其他事项的鉴定业务时，除有特定要求者外，应当参照该准则办理。

某些业务可能符合鉴证业务的定义，使用者可能从业务报告的意见、观点或措辞中推测出某种程度的保证，但如果满足下列所有条件，注册会计师执行这些业务不必遵守该准则：

①注册会计师的意见、观点或措辞对整个业务而言仅是附带性的。

②注册会计师出具的书面报告被明确限定为仅供报告中提及的使用者使用。

③与特定预期使用者达成的书面协议中，该业务未被确认为鉴证业务。

④在注册会计师出具的报告中，该业务未被称为鉴证业务。

（2）中国注册会计师审计准则第1101号至第1633号（45项）。

中国注册会计师审计准则用以规范注册会计师执行历史财务信息的审计业务。审计准则涉及审计业务的一般原则与责任、风险评估与应对、审计证据、利用其他主体的工作、审计结论与报告、特殊领域审计6个方面。

规范审计业务的一般原则与责任的准则具体包括《中国注册会计师审计准则第1101号——注册会计师的总体目标和审计工作的基本要求》《中国注册会计师审计准则第1111号——就审计业务约定条款达成一致意见》《中国注册会计师审计准则第1121号——对财务报表审计实施的质量管理》《中国注册会计师审计准则第1131号——审计工作底稿》《中国注册会计师审计准则第1141号——财务报表审计中与舞弊相关的责任》《中国注册会计师审计准则第1142号——财务报表审计中对法律法规的考虑》《中国注册会计师审计准则第1151号——与治理层的沟通》《中国注册会计师审计准则第1152号——向治理层和管理层通报内部控制缺陷》《中国注册会计师审计准则第1153号——前任注册会计师和后任注册会计师的沟通》共9项。

对风险评估与应对进行规范的审计准则共有6项，包括《中国注册会计师审计准则第1201号——计划审计工作》《中国注册会计师审计准则第1211号——通过了解被审计单位及其环境识别和评估重大错报风险》《中国注册会计师审计准则第1221号——计划和执行审计工作时的重要性》《中国注册会计师审计准则第1231号——针对评估的重大错报风险采取的应对措施》《中国注册会计师审计准则第1241号——对被审计单位使用服务机构的考虑》《中国注册会计师审计准则第1251号——评价审计过程中识别出的错报》。

审计证据是注册会计师发表审计意见的基础。与审计证据有关的审计准则共有11项，包括《中国注册会计师审计准则第1301号——审计证据》《中国注册会计师审计准则第1311号——对存货、诉讼和索赔、分部信息等特定项目获取审计证据的具体考虑》《中国注册会计师审计准则第1312号——函证》《中国注册会计师审计准则第1313号——分析程序》《中国注册会计师审计准则第1314号——审计抽样》《中国注册会计师审计准则第1321号——审计会计估计（包括公允价值会计估计）和相关披露》《中国注册会计师审计准则第1323号——关联方》《中国注册会计师审计准则第1324号——持续经营》《中国注册会计师审计准则第1331号——首次审计业务涉及的期初余额》《中国注册会计师审计准则第1332号——期后事项》《中国注册会计师审计准则第1341号——书面声明》。

涉及利用其他主体的工作的审计准则共有3项，包括《中国注册会计师审计准则第1401号——对集团财务报表审计的特殊考虑》《中国注册会计师审计准则1411号——利用内部审计人员的工作》《中国注册会计师审计准则第1421号——利用专

19

家的工作》。

　　涉及审计结论与报告的审计准则共有6项，包括《中国注册会计师审计准则第1501号——对财务报表形成审计意见和出具审计报告》《中国注册会计师审计准则第1502号——在审计报告中发表非无保留意见》《中国注册会计师审计准则第1503号——在审计报告中增加强调事项段和其他事项段》《中国注册会计师审计准则第1504号——在审计报告中沟通关键审计事项》《中国注册会计师审计准则第1511号——比较信息：对应数据和比较财务报表》和《中国注册会计师审计准则第1521号——注册会计师对含有已审计财务报表的文件中的其他信息的责任》。

　　与特殊领域审计有关的审计准则共有10项，包括《中国注册会计师审计准则第1601号——对按照特殊目的编制基础编制的财务报表审计的特殊考虑》《中国注册会计师审计准则第1602号——验资》《中国注册会计师审计准则第1603号——对单一财务报表和财务报表特定要素审计的特殊考虑》《中国注册会计师审计准则第1604号——对简要财务报表出具报告的业务》《中国注册会计师审计准则第1611号——商业银行财务报表审计》《中国注册会计师审计准则第1612号——银行间函证程序》《中国注册会计师审计准则第1613号——与银行监管机构的关系》《中国注册会计师审计准则第1631号——财务报表审计中对环境事项的考虑》《中国注册会计师审计准则第1632号——衍生金融工具的审计》《中国注册会计师审计准则第1633号——电子商务对财务报表审计的影响》。这些审计准则涵盖了对特殊行业、特殊性质的企业和企业特殊业务、特殊事项的审计。

　　（3）中国注册会计师审阅准则第2101号（1项）。

　　执业体系中只有一项审阅准则，即《中国注册会计师审阅准则第2101号——财务报表审阅》。该准则共7章31条，对审阅范围和保证程度、业务约定书、审阅计划、审阅程序和审阅证据、结论和报告等进行了重点说明，以规范注册会计师执行财务报表审阅业务。

　　（4）中国注册会计师其他鉴证业务准则第3101号和3111号（2项）。

　　其他鉴证业务准则共有2项，包括《中国注册会计师其他鉴证业务第3101号——历史财务信息审计或审阅以外的鉴证业务》和《中国注册会计师其他鉴证业务准则第3111号——预测性财务信息的审核》。

　　（5）中国注册会计师相关服务准则第4101号和4111号（2项）。

　　中国注册会计师执业准则体系中的相关服务准则共有2项，包括《中国注册会计师相关服务准则第4101号——对财务信息执行商定程序》和《中国注册会计师相关服务准则第4111号——代编财务信息》，分别为注册会计师执行商定程序和代编信息这两项服务提供指引。这两项准则分别从业务约定书，计划、程序与记录，报告等方面对注册会计师执行商定程序和代编财务信息业务进行了规范。注册会计师执行这两种相关服务都没有独立性要求，且出具的报告不发表任何鉴证意见。

　　（6）会计师事务所质量管理准则第5101号（1项）。

　　《会计师事务所质量管理准则第5101号——业务质量管理》系统地总结了近些年审计失败的经验教训，旨在规范会计师事务所建立并保持有关财务报表审计和审阅、其他鉴证和相关服务业务的质量管理制度。

在注册会计师执业准则体系中，准则编号由 4 位数组成。其中，千位数代表不同类别的准则："1"代表审计准则；"2"代表审阅准则；"3"代表其他鉴证业务准则；"4"代表相关服务准则；"5"代表质量管理准则。百位数代表某一类别准则中的大类。以审计准则为例，我们将审计准则分为 6 大类，分别用 1~6 表示，"1"代表一般原则与责任；"2"代表风险评估与应对；"3"代表审计证据；"4"代表利用其他主体的工作；"5"代表审计结论与报告；"6"代表特殊领域审计。十位数代表大类中的小类。个位数代表小类中的顺序号。例如，第 1311 号，千位数的"1"表示审计准则，百位数的"3"表示审计证据大类，十位数的"1"表示获取审计证据的某一小类，个位数的"1"表示某类审计程序的序号。

第二节　会计师事务所质量管理准则

健全完善的质量管理制度是保证会计师事务所及其人员遵守法律法规的规定、中国注册会计师职业道德规范以及中国注册会计师执业技术准则的基础。中国注册会计师执业准则体系中包括两项质量管理准则，即《会计师事务所质量管理准则第 5101 号——业务质量管理》和《中国注册会计师审计准则第 1121 号——对财务报表审计实施的质量管理》。前者从会计师事务所层面上进行规范，适用于包括财务报表审计和审阅、其他鉴证业务和相关服务业务；后者从执行审计项目的负责人层面上进行规范，仅适用于财务报表审计业务。这两项准则联系紧密，前者是后者的制定依据。《会计师事务所质量管理准则第 5101 号——业务质量管理》共 4 章 106条，包括总则、定义、目标和要求（运用和遵守相关要求、质量管理体系、会计师事务所的风险评估程序、治理和领导层、相关职业道德要求、客户关系和具体业务的接受与保持、业务执行、资源、信息与沟通、监控和修改程序、网络要求或网络服务、评价质量管理体系、对质量管理体系的记录）。

一、相关术语的定义

在《会计师事务所质量管理准则第 5101 号——业务质量管理》准则中，涉及以下相关术语：

（1）职业准则。职业准则是指中国注册会计师鉴证业务基本准则、中国注册会计师审计准则、中国注册会计师审阅准则、中国注册会计师其他鉴证业务准则、中国注册会计师相关服务准则、质量管理准则和相关职业道德要求。

（2）相关职业道德要求。相关职业道德要求是指项目组和项目质量管理复核人员应当遵守的职业道德规范，通常是指中国注册会计师职业道德守则。

（3）人员。人员是指会计师事务所的合伙人和员工。

（4）合伙人。合伙人是指在执行专业服务业务方面有权代表会计师事务所的个人。

（5）员工。员工是指合伙人以外的专业人员，包括会计师事务所的内部专家。

（6）项目合伙人。项目合伙人是指会计师事务所中负责某项业务及其执行，并代表会计师事务所在出具的报告上签字的合伙人。如果项目合伙人以外的其他注册会计师在报告上签字，本准则对项目合伙人做出的规定也适用于该签字注册会计师。

（7）项目组。项目组是指执行业务的所有合伙人和员工以及会计师事务所或网络事务所聘请的为该项业务实施程序的所有人员，但不包括会计师事务所或网络事务所聘请的外部专家。

（8）网络事务所。网络事务所是指属于某一网络的会计师事务所或实体。

（9）网络。网络是指由多个实体组成，旨在通过合作实现下列一个或多个目的的联合体：

①共享收益或分担成本。

②共享所有权、控制权或管理权。

③共享统一的质量管理政策和程序。

④共享同一经营战略。

⑤使用同一品牌。

⑥共享重要的专业资源。

（10）项目质量管理复核。项目质量管理复核是指在报告日或报告日之前，项目质量管理复核人员对项目组做出的重大判断和在编制报告时得出的结论进行客观评价的过程。项目质量管理复核适用于上市实体财务报表审计以及会计师事务所确定需要实施项目质量管理复核的其他业务。

（11）上市实体。上市实体是指其股份、股票或债券在法律法规认可的证券交易所报价或挂牌，或者在法律法规认可的证券交易所或其他类似机构的监管下进行交易的实体。

（12）项目质量管理复核人员。项目质量管理复核人员是指项目组成员以外的，具有足够、适当的经验和权限，对项目组做出的重大判断和在编制报告时得出的结论进行客观评价的合伙人、会计师事务所的其他人员、具有适当资格的外部人员或由这类人员组成的小组。

（13）具有适当资格的外部人员。具有适当资格的外部人员是指会计师事务所以外的具有担任项目合伙人的胜任能力和必要素质的个人，如其他会计师事务所的合伙人、注册会计师协会或提供相关质量管理服务的组织中具有适当经验的人员。

（14）业务工作底稿。业务工作底稿是指注册会计师对执行的工作、获取的结果和得出的结论做出的记录。

（15）报告日。报告日是指注册会计师在出具的报告上签署的日期。

（16）监控。监控是指对会计师事务所质量管理制度进行持续考虑和评价的过程，包括定期选取已完成的业务进行检查，以使会计师事务所能够合理保证其质量管理制度正在有效运行。

（17）检查。检查是指实施程序以获取证据，确定项目组在已完成的业务中是否遵守会计师事务所质量管理政策和程序。

（18）合理保证。合理保证是指一种高度但非绝对的保证水平。

二、质量管理体系的目标和要求

（一）质量管理体系的目标

会计师事务所的目标是建立并保持质量管理制度，以合理保证：第一，会计师事务所及其人员遵守职业准则和适用的法律法规的规定；第二，会计师事务所和项目合伙人出具适合具体情况的报告。

（二）质量管理体系的总体要求

质量管理体系的总体要求包括在会计师事务所范围内统一设计、实施和运行质量管理体系，实现人事、财务、业务、技术标准和信息管理五方面的统一管理。会计师事务所如果通过合并、新设等方式成立分所（或分部），应当将该分所（或分部）纳入质量管理体系中统一实施质量管理。会计师事务所应当采用风险导向思路，针对质量管理体系的各个要素设定质量目标，识别和评估质量风险，设计和采取应对措施以应对质量风险。会计师事务所应当实事求是，根据会计师事务所及其业务的性质和具体情况"量身定制"适合会计师事务所的质量管理体系；不应当机械执行会计师事务所质量管理准则，也不应当盲目地"照搬照抄"其他会计师事务所的政策和程序。会计师事务所应当根据本所及其业务在性质和具体情况方面的变化，对质量管理体系的设计、实施和运行进行动态调整。

三、质量管理体系的组成要素

会计师事务所应当建立并保持质量管理体系，质量管理体系包括针对下列要素而制定的政策和程序，其应当形成书面文件，并传达至全体人员：

（1）会计师事务所的风险评估程序。

（2）治理和领导层。

（3）相关职业道德要求。

（4）客户关系和具体业务的接受与保持。

（5）业务执行。

（6）资源。

（7）信息与沟通。

（8）监控和整改程序。

四、会计师事务所的风险评估程序

（1）会计师事务所的风险评估程序的基本思路如图 2-3 所示。

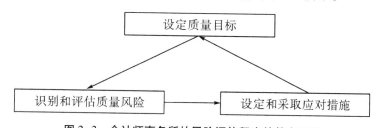

图 2-3　会计师事务所的风险评估程序的基本思路

（2）识别和评估质量风险并采取应对措施。会计师事务所在识别和评估质量风险时，应当了解可能对实现质量目标产生不利影响的事项或情况，包括相关人员的作为或不作为。这些事项或情况包括会计师事务所的性质和具体情况、会计师事务所业务的性质和具体情况。

（3）对风险评估程序的动态调整。

五、对业务质量承担的领导责任

会计师事务所应当制定政策和程序，培育以质量为导向的内部文化。这些政策和程序应当要求会计师事务所主任会计师或同等职位的人员对质量管理制度承担最终责任，并使受会计师事务所主任会计师或同等职位的人员委派，具有充分、适当的经验和能力的人员负责质量管理制度运作以及给予其必要的权限，以履行其责任。

六、相关职业道德要求

会计师事务所应当至少每年一次向所有需要按照相关职业道德要求保持独立性的人员获取其已遵守独立性要求的书面确认。

针对公众利益实体的审计业务，会计师事务所应当对关键审计合伙人的轮换情况进行实时监控，通过建立关键审计合伙人服务年限清单等方式，管理关键审计合伙人相关信息，每年对轮换情况实施复核，并在会计师事务所范围内统一进行轮换。

会计师事务所应当完善利益分配机制，保证会计师事务所的人力资源和客户资源实现一体化统筹管理。会计师事务所应当定期评价利益分配机制的设计和执行情况。这样做是为了避免某合伙人或项目组的利益与特定客户长期直接挂钩，从而影响其独立性。

七、客户关系和具体业务的接受与保持

会计师事务所应当制定有关客户关系和具体业务接受与保持的政策和程序，以合理保证只有在下列情况下，才能接受或保持客户关系和具体业务：

（1）能够胜任该项业务，并具有执行该项业务必要的素质、时间和资源。

（2）能够遵守相关职业道德要求。

（3）已考虑客户的诚信，没有信息表明客户缺乏诚信。

如果在接受业务后获知某项信息，而该信息若在接受业务前获知，可能导致会计师事务所拒绝该项业务，会计师事务所应当针对这种情况制定保持具体业务和客户关系的政策和程序。这些政策和程序应当考虑以下两种情况：

（1）适用于这种情况的职业责任和法律责任，包括是否要求会计师事务所向委托人报告或在某些情况下向监管机构报告。

（2）解除业务约定或同时解除业务约定和客户关系的可能性。

八、资源

会计师事务所应当设定下列质量目标以便及时且适当地获取、开发、利用、维护和分配资源，支持质量管理体系的设计、实施和运行：

会计师事务所应当招聘、培养和留住在下列方面具备胜任能力的人员：

（1）具备会计师事务所执行业务相关的知识和经验，能够持续高质量地执行业务。

（2）执行与质量管理体系运行相关的活动或承担与质量管理体系相关的责任。

会计师事务所应当通过及时的业绩评价、薪酬调整、晋升和其他奖惩措施对会计师事务所的人员进行问责或认可。在质量管理体系的运行方面缺乏充分、适当的人员时，会计师事务所应当能够从外部（如网络、网络事务所或服务提供商）获取必要的人力资源支持。会计师事务所应当为每项业务分派具有适当胜任能力的项目合伙人和其他项目组成员，并保证其有充足的时间持续高质量地执行业务。会计师事务所应当分派具有适当胜任能力的人员执行质量管理体系内的各项活动，并保证其有充足的时间执行这些活动。会计师事务所应当获取、开发、维护、利用适当的技术和知识资源，从服务提供商获取人力资源、技术资源和知识资源。

会计师事务所应当投入足够的资源打造一支专业性强、经验丰富、运作规范的质量管理体系团队，以维持质量管理体系的日常运行。在专业技术支持上，会计师事务所应当配备具备相应专业胜任能力、时间或权威性的技术支持人员，确保相关业务能够获得必要的专业技术支持。

九、业务执行

会计师事务所应当制定政策和程序，以合理保证按照职业准则和适用的法律法规的规定执行业务，使会计师事务所和项目合伙人能够出具适合具体情况的报告。这些政策和程序应当包括与保持业务执行质量一致性相关的事项、监督责任、复核责任。

会计师事务所在安排复核工作时，应当由项目组内经验较丰富的人员复核经验不足的人员的工作。会计师事务所应当根据这一原则，确定有关复核责任的政策和程序。

（一）咨询

会计师事务所应当制定政策和程序，以合理保证就疑难问题或争议事项进行适当咨询；能够获取充分的资源进行适当咨询；咨询的性质和范围以及咨询形成的结论得以记录，并经过咨询者和被咨询者的认可；咨询形成的结论得到执行。

（二）项目质量管理复核

会计师事务所应当制定政策和程序，要求对特定业务实施项目质量管理复核，以客观评价项目组做出的重大判断以及在准备报告时得出的结论。

这些政策和程序应当有下列要求：对所有上市实体财务报表审计实施项目质量管理复核；制定标准，据此评价所有其他的历史财务信息审计和审阅、其他鉴证和相关服务业务，以确定是否应当实施项目质量管理复核；对所有符合（前述）"制定标准"的业务实施项目质量管理复核。

会计师事务所应当制定政策和程序，以明确项目质量管理复核的性质、时间和范围。这些政策和程序应当要求只有完成项目质量管理复核，才能签署业务报告。这些政策和程序要求项目质量管理复核包括下列工作：就重大事项与项目合伙人进行讨论；复核财务报表或其他业务对象信息及拟出具报告；复核选取的与项目组做出的重大判断和得出的结论相关的业务工作底稿；评价在准备报告时得出的结论，并考虑拟出具报告的恰当性。

针对上市实体财务报表审计，会计师事务所应当制定政策和程序，要求实施的项目质量管理复核包括对下列事项的考虑：项目组就具体业务对会计师事务所独立性做出的评价；项目组是否已就涉及意见分歧的事项，或者其他疑难问题或争议事项进行适当咨询以及咨询得出的结论；选取的用于复核的业务工作底稿是否反映项目组针对重大判断执行的工作以及是否支持得出的结论。

会计师事务所应当制定政策和程序，以满足下列要求：安全保管业务工作底稿并对业务工作底稿保密，保证业务工作底稿的完整性，便于使用和检索业务工作底稿。

会计师事务所应当制定政策和程序，以使业务工作底稿的保存期限满足会计师事务所的需要和法律法规的规定。对历史财务信息审计和审阅业务、其他鉴证业务，会计师事务所应当自业务报告日起对业务工作底稿至少保存 10 年。如果组成部分业务报告日早于集团业务报告日，会计师事务所应当自集团报告日起对组成部分业务工作底稿至少保存 10 年。

十、信息和沟通

会计师事务所应当针对下列方面制定政策和程序：

（1）会计师事务所在执行上市实体财务报表审计业务时，应当与治理层沟通质量管理体系是如何为持续高质量地执行业务提供支撑的。

（2）会计师事务所在何种情况下向外部各方沟通与质量管理体系相关的信息是适当的。

（3）会计师事务所按照规定进行外部沟通时，应当沟通哪些信息以及沟通的性质、时间安排、范围和适当形式。

十一、监控和修改程序

会计师事务所应当制定监控政策和程序，以合理保证与质量管理制度相关的政策和程序具有相关性与适当性，并正在有效运行。监控过程应当包括：持续考虑和评价会计师事务所质量管理制度；要求委派一个或多个合伙人，或者会计师事务所内部具有充分、适当的经验和权限的其他人员负责监控过程；要求执行业务或实施项目质量管理复核的人员不参与该项业务的检查工作。

持续考虑和评价会计师事务所质量管理制度应当包括：周期性地选取已完成的业务进行检查，周期最长不得超过 3 年；在每个周期内，对每个项目合伙人至少检查一项已完成的业务。

会计师事务所应当评价在监控过程中注意到的缺陷的影响，并确定缺陷是否属于下列情况之一：该缺陷并不必然表明会计师事务所的质量管理制度不足以合理保证会计师事务所遵守职业准则和适用的法律法规的规定以及会计师事务所和项目合伙人出具适合具体情况的报告；该缺陷是系统性的、反复出现的或其他需要及时纠正的重大缺陷。

会计师事务所应当将实施监控程序注意到的缺陷以及建议采取适当的补救措施，告知相关项目合伙人及其他适当人员。

针对注意到的缺陷，建议采取的适当补救措施应当包括：采取与某项业务或某个人员相关的适当补救措施；将发现的缺陷告知负责培训和职业发展的人员；改进质量管理政策和程序；对违反会计师事务所政策和程序的人员，尤其是对反复违规的人员实施惩戒。

会计师事务所应当制定政策和程序，以应对下列两种情况：实施监控程序的结果表明出具的报告可能不适当；在执行业务过程中遗漏了应实施的程序。这些政策和程序应当要求会计师事务所确定采取哪些进一步的行动以遵守职业准则和适用的法律法规的规定，并考虑是否征询法律意见。

会计师事务所应当每年至少一次将质量管理制度的监控结果，向项目合伙人及会计师事务所内部的其他适当人员通报。这种通报应当足以使会计师事务所及其相关人员能够在其职责范围内及时采取适当的行动。通报的信息应当包括：对已实施的监控程序的描述；实施监控程序得出的结论；如果相关，对系统性的、反复出现的缺陷或其他需要及时纠正的重大缺陷的描述。

如果会计师事务所是网络事务所的一部分，可能实施以网络为基础的某些监控程序，以保持在同一网络内实施的监控程序的一致性。

如果网络内部的会计师事务所在符合质量管理准则要求的共同的监控政策和程序下运行，并且这些会计师事务所信赖该监控制度，为了网络内部的项目合伙人信赖网络内实施监控程序的结果，会计师事务所的政策和程序应当要求：每年至少一次就监控过程的总体范围、程度和结果，向网络事务所的适当人员通报；立即将识别出的质量管理制度缺陷，向网络事务所的适当人员通报，以便使其采取必要的行动。

关于投诉和指控，会计师事务所应当制定政策和程序，以合理保证能够适当处理下列事项：投诉和指控会计师事务所执行的工作未能遵守职业准则和适用的法律法规的规定；指控未能遵守会计师事务所质量管理制度。

作为处理投诉和指控过程的一部分，会计师事务所应当建立清晰的投诉和指控渠道，以使会计师事务所人员能够没有顾虑地提出关心的问题。

如果在调查投诉和指控的过程中识别出会计师事务所质量管理政策和程序在设计或运行方面存在缺陷，或者存在违反质量管理制度的情况，会计师事务所应当按照准则中有关应对注意到的缺陷的相关规定采取适当行动。

关于质量管理制度的记录，会计师事务所应当制定政策和程序，要求形成适当工作记录，以对质量管理制度的每项要素的运行情况提供证据；要求对工作记录保管足够的期限，以使执行监控程序的人员能够评价会计师事务所遵守质量管理制度的情况；要求记录投诉、指控以及应对情况。

本章小结

执业准则的根本作用在于保证注册会计师执业质量、维护社会经济秩序。

中国注册会计师执业准则体系包括鉴证业务准则、相关服务准则和会计师事务所质量管理准则。

鉴证业务准则是指注册会计师在执行鉴证业务的过程中所应遵守的职业规范。由鉴证业务基本准则统领，按照鉴证业务提供的保证程度和鉴证对象的不同，分为中国注册会计师审计准则、中国注册会计师审阅准则和中国注册会计师其他鉴证业务准则。其中，审计准则是整个执业准则体系的核心。

会计师事务所的目标是建立并保持质量管理制度，以合理保证会计师事务所及其人员遵守职业准则和适用的法律法规的规定，会计师事务所和项目合伙人出具适合具体情况的报告。

会计师事务所的质量管理制度包含以下六个方面的要素：对业务质量承担的领导责任、相关职业道德要求、客户关系和具体业务的接受与保持、人力资源、业务执行、监控。

本章思维导图

本章思维导图如图 2-4 所示。

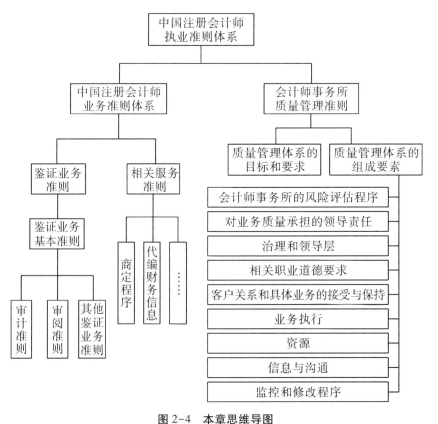

图 2-4　本章思维导图

第三章
审计人员职业道德及法律规范

学习目标

1. 掌握注册会计师职业道德基本原则。
2. 熟悉注册会计师职业道德概念框架。
3. 掌握对注册会计师职业道德构成不利影响的五个因素。
4. 熟悉对注册会计师职业道德构成不利影响的情形。
5. 掌握对注册会计师审计独立性构成不利影响的具体情形和相应的防范措施。
6. 掌握注册会计师的相关法律规范。

案例导入

ABC 会计师事务所为甲公司提供年度财务报表审计服务。甲公司是一家提供豪华度假服务的上市公司。2018 年是 ABC 会计师事务所的王注册会计师担任甲公司年度财务报表审计项目合伙人的第七年，在临近本期审计结束时，甲公司的财务总监给项目组的每个成员提供一项度假服务，项目组成员可以享受内部员工的优惠价格。在审计业务完成之后，按照惯例，为表示对每个人努力工作的一种感谢，财务总监向其财务团队的每位员工以及审计项目组的每位成员赠送了一小盒巧克力。

问题：（1）分别讨论财务总监给审计项目组成员提供的优惠度假服务和巧克力小礼品是否适当？为什么？

（2）王注册会计师连续担任甲公司年度财务报表审计项目合伙人七年是否会对审计项目组的职业道德构成不利影响？请解释原因。

道德是一种社会意识形态，是调整人与人之间、个人与社会之间关系的行为规范的总和。各个行业都需要一定的职业道德规范，使执业人员在社会舆论力量的约束下，形成符合职业需求的信念和习惯，提高执业质量。注册会计师行业需要更高的道德水准，尤其是对以客观公正身份执行的鉴证业务，注册会计师需要满足独立性的要求，其鉴证意见才能取信于社会公众。为了规范中国注册会计师职业行为，提高职业道德水准，维护职业形象，中国注册会计师协会制定了《中国注册会计师职业道德守则》和《中国注册会计师协会非执业会员职业道德守则》。中国注册会计师协会会员包括注册会计师和非执业会员。非执业会员是指加入中国注册会计师协会但未取得中国注册会计师证书的人员，通常在工业、商业、服务业、公共部门、教育部门、非营利组织、监管机构或职业团体从事专业工作。

第一节　职业道德基本原则

注册会计师必须遵守的职业道德基本原则包括诚信、独立性、客观和公正、专业胜任能力和勤勉尽责、保密、良好职业行为。

一、诚信

诚信要求注册会计师诚实、守信，言行一致，在所有职业关系和商业关系中保持正直、诚实、秉公处事、实事求是，不得弄虚作假，也不能与弄虚作假的情况发生牵连。如果注册会计师注意到自己与有问题的信息发生牵连，应当采取措施消除牵连。例如，在审计过程中，注册会计师发现被审计单位的财务信息存在重大错报却没有出具适合具体情况的非标准审计报告，则违反了这一原则。诚信原则是对所有注册会计师和非执业会员的要求。

二、独立性

独立性是指注册会计师在做决策和判断时不得因任何利害关系影响其客观性。注册会计师审计是以第三方的立场对被审计单位的财务报表发表鉴证意见。如果注册会计师在下结论时受到利害关系的左右，就很难取信于财务报表的预期使用者乃至社会公众。独立性原则通常是对注册会计师而不是非执业会员提出的要求。注册会计师要从实质和形式上保持独立性。

三、客观和公正

客观和公正是指按照事物的本来面貌去看待问题，不得添加个人偏见，要公平、正直、不偏袒。这个原则要求注册会计师在执业过程中实事求是，处事公正，不得因偏见、利益冲突或他人的不当影响而损害职业判断。

四、专业胜任能力和勤勉尽责

专业胜任能力是指注册会计师应当持续了解并掌握当前的法律、技术和实务的发展变化，将专业知识和技能始终保持在应有的水平，确保为客户提供具有专业水准的服务。注册会计师不应承接不能胜任的业务，在提供服务时，为保证应有的专业水准，必要时可以利用专家的工作。

应有的关注要求注册会计师遵守执业准则和职业道德规范的要求，勤勉尽责，认真、全面、及时地完成工作任务。在审计过程中，注册会计师应当保持职业怀疑态度，运用专业知识、技能和经验，获取和评价审计证据。保持职业怀疑态度要求注册会计师以质疑的思维方式评价证据的有效性。

五、保密

保密要求注册会计师应当对在职业活动中获知的涉密信息予以保密，未经客户授权或法律法规允许，不得向会计师事务所以外的第三方披露其获知的涉密信息，不得利用获知的涉密信息为自己或第三方谋取利益。注册会计师在社会交往中应当履行保密义务，特别是警惕无意中向近亲属或关系密切的人员泄密的可能性。另外，注册会计师还应当对拟接受的客户或拟受雇的工作单位向其披露的涉密信息保密。在终止与客户或工作单位的关系之后，注册会计师仍然应当对在职业关系和商业关系中获知的信息保密。但是，在某些特殊情况下，保密义务可以豁免，如在法律法规允许下或取得客户授权，为法律诉讼、仲裁准备文件或提供证据，向有关监管机构报告发现的违法行为，接受监管机构的执业质量检查等。

六、良好职业行为

注册会计师应当遵守相关法律法规，避免发生任何损害职业声誉的行为，在向公众传递信息以及推介自身和工作时，应当客观、真实、得体、不得损害职业形象。

注册会计师应当诚实、实事求是，不应有夸大宣传提供的服务、拥有的资质和获得的经验、贬低或无根据地比较其他注册会计师的工作行为。

第二节 职业道德概念框架

一、职业道德概念框架的内涵

职业道德概念框架是指解决职业道德问题的思路和方法，如图 3-1 所示。

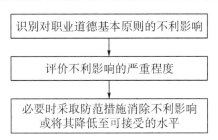

图 3-1 解决职业道德问题的思路和方法

职业道德概念框架适用于注册会计师处理对职业道德基本原则产生不利影响的各种情形，目的在于防止注册会计师认为只要守则未明确禁止的情形就是允许的。在运用职业道德概念框架时，注册会计师应当运用职业判断，识别对职业道德产生不利影响的情形，从性质及数量两个方面予以考虑，评价不利影响的严重程度，确定是否能够采取防范措施消除不利影响或将其降低至可接受的水平。

二、可能对职业道德基本原则产生不利影响的因素

可能对职业道德基本原则生产不利影响的因素包括自身利益、自我评价、过度推介、密切关系和外在压力。

自身利益导致的不利影响是指因经济利益或其他利益对注册会计师的职业判断

或行为产生不当影响。自身利益可能源于项目组成员或其近亲属的经济利益或其他利益。

自我评价导致的不利影响是指注册会计师对其（或者其所在会计师事务所或工作单位的其他人员）以前的判断或服务结果做出不恰当的评价，并且将据此形成的判断作为当前服务的组成部分。

过度推介导致的不利影响是指注册会计师过度推介客户或工作单位的某种立场或意见使其客观性受到损害。

密切关系导致的不利影响是指注册会计师与客户或工作单位存在长期或亲密的关系，而过于倾向客户或工作单位的利益、认可客户或工作单位的工作，从而对注册会计师的职业判断或行为产生不利影响。

外在压力导致的不利影响是指注册会计师受到实际的压力或感受到压力（包括对注册会计师实施不当影响的意图）而无法客观行事。

三、应对不利影响的防范措施

防范措施是指可以消除不利影响或将其降至可接受水平的行动或其他措施。

在法律法规和职业规范层面，应对不利影响的防范措施包括：执业准则和职业道德规范的规定，监管机构或注册会计师协会的监控和惩戒程序，公司治理方面的规定，取得会员资格必需的教育、培训和经验要求，持续的职业发展要求，等等。

在实际工作中，在会计师事务所层面，领导层强调遵守职业道德的重要性，制定有关政策和程序，识别与防范对职业道德基本原则的不利影响，建立惩戒机制，保障相关政策和程序得到遵守，并指定高级管理人员负责监督质量管理系统是否有效运行。在具体业务层面，应对不利影响的防范措施包括但不限于以下防范措施：对已执行的非鉴证业务，由未参与该业务的注册会计师进行复核，或者在必要时提供建议；对已执行的鉴证业务，由鉴证业务项目组以外的注册会计师进行复核，或者在必要时提供建议；向客户审计委员会、监管机构或注册会计师协会咨询；与客户治理层讨论有关的职业道德问题；由其他会计师事务所执行或重新执行部分业务；轮换鉴证业务项目组合伙人和高级员工，等等。

注册会计师应当运用判断，确定如何应对超出可接受水平的不利影响，包括采取防范措施消除不利影响或将其降低至可接受的水平，或者终止业务约定，或者拒绝接受业务委托。

第三节　注册会计师审计业务对独立性的要求

一、独立性的内涵

注册会计师审计业务对独立性的要求是指注册会计师在审计过程中不受利害关系影响其职业判断的客观性。独立性包括实质上的独立性和形式上的独立性。

实质上的独立性是一种内心状态，要求注册会计师在提出结论时不受有损于职业判断的因素影响，能够诚实公正行事，并保持客观和职业怀疑态度。

形式上的独立性是一种外在表现，要求注册会计师避免出现重大的事实和情况，使得一个理性且掌握充分信息的第三方在权衡这些事实和情况后，很可能推定会计师事务所或项目组成员的诚信、客观或职业怀疑态度已经受到损害。

二、相关重要概念

（一）网络事务所

网络事务所属于某一网络的会计师事务所或实体。如果某一会计师事务所被视为网络事务所，应当与网络中其他会计师事务所的审计客户保持独立。

在判断一个联合体是否形成网络时，不取决于会计师事务所或实体是否在法律上各自独立，而是从以下几个要点判断，满足以下一条及以上则通常视为形成网络：

（1）一个联合体旨在通过合作，在各实体之间共享收益或分担重要成本。

（2）一个联合体旨在通过合作，在各实体之间共享所有权、控制权或管理权。

（3）一个联合体旨在通过合作，在各实体之间共享统一的质量管理政策和程序。

（4）一个联合体旨在通过合作，在各实体之间共享同一经营战略。

（5）一个联合体旨在通过合作，在各实体之间使用同一品牌。

（6）一个联合体旨在通过合作，在各实体之间共享专业资源。

（二）关联实体

在评价会计师事务所面临的独立性不利影响时，审计项目组在识别、评价对独立性的不利影响以及采取防范措施时，应当将关联实体包括在内。

所谓关联实体，是指与被审计单位存在以下一种关系的实体：

（1）能够对被审计单位施加直接或间接控制的实体，且被审计单位对该实体重要。

（2）受到被审计单位直接或间接控制的实体。

（3）在被审计单位内拥有直接经济利益，能够对被审计单位施加重大影响的实体，且在被审计单位内的利益对该实体重要。

（4）被审计单位拥有其直接经济利益且能够对其施加重大影响的实体，并且在该实体的经济利益对被审计单位重要。

（5）与被审计单位处于同一控制下的实体，且该实体与被审计单位对控制方均重要。

（三）公众利益实体

公众利益实体拥有数量众多且分布广泛的利益相关者，当被审计单位属于公众利益实体时，在评价对独立性产生不利影响的重要程度及为消除不利影响或将其降低至可接受水平采取的必要防范措施时，注册会计师应采取更加谨慎的态度。

公众利益实体包括上市公司和下列实体：

（1）法律法规界定的公众利益实体。

（2）法律法规规定按照上市公司审计独立性的要求接受审计的实体。

如果公众利益实体以外的其他实体拥有数量众多且分布广泛的利益相关者（如

金融业务、保险业务等），注册会计师应当根据实体业务的性质、规模等要素考虑将其作为公众利益实体对待。

（四）治理层

治理层是指对实体的战略方向及管理层履行经营管理责任负有监督责任的人员或组织，治理层的责任包括对财务报告过程的监督。注册会计师在运用职业判断识别、评价独立性不利影响以及确定防范措施时，应当就这些事宜适当与治理层进行沟通。

（五）业务期间

注册会计师应当在业务期间和财务报表涵盖的期间独立于审计客户。业务期间自审计项目组开始执行审计业务之日起，至出具审计报告之日止。如果审计业务具有连续性，业务期间结束日应以其中一方通知解除业务关系或出具最终审计报告两者时间孰晚为准。

三、可能对独立性构成不利影响的情形

（一）因自身利益对独立性构成不利影响的情形

因自身利益对独立性构成不利影响的情形如表 3-1 所示。

表 3-1　因自身利益对独立性构成不利影响的情形

不利影响因素	情形
自身利益	①审计项目组成员在审计客户中拥有直接或重大间接经济利益； ②会计师事务所的收入过分依赖某一客户； ③审计项目组成员与审计客户存在重要且密切的商业关系； ④会计师事务所担心可能失去某一重要客户； ⑤审计项目组成员正与审计客户协商受雇于该客户； ⑥会计师事务所与客户就审计业务达成或有收费的协议； ⑦注册会计师在评价所在会计师事务所以往提供专业服务的结果时，发现了重大错误等

（二）因自我评价对独立性构成不利影响的情形

因自我评价对独立性构成不利影响的情形如表 3-2 所示。

表 3-2　因自我评价对独立性构成不利影响的情形

不利影响因素	情形
自我评价	①会计师事务所在对客户提供财务系统的设计或操作服务后，又对系统的运行有效性出具鉴证报告； ②会计师事务所为审计客户编制原始数据，这些数据构成审计业务的对象； ③审计业务项目组成员担任或最近曾经担任审计客户的董事或高级管理人员； ④审计项目组成员目前或最近曾受雇于审计客户，并且所处职位能够对审计对象加重大影响； ⑤会计师事务所为审计客户提供直接影响审计对象信息的其他服务等

（三）因过度推介对独立性构成不利影响的情形

因过度推介对独立性构成不利影响的情形如表 3-3 所示。

表 3-3 因过度推介对独立性构成不利影响的情形

不利影响因素	情 形
过度推介	①会计师事务所推介审计客户的股份； ②在审计客户与第三方发生诉讼或纠纷时，注册会计师担任该客户的辩护人等

（四）因密切关系对独立性构成不利影响的情形

因密切关系对独立性构成不利影响的情形如表 3-4 所示。

表 3-4 因密切关系对独立性构成不利影响的情形

不利影响因素	情 形
密切关系	①审计项目组成员的近亲属担任审计客户的董事或高级管理人员； ②项目组成员的近亲属是审计客户的员工，其所处职位能够对审计对象施加重大影响； ③客户的董事、高级管理人员或所处职位能够对审计业务对象施加重大影响的员工，最近曾担任会计师事务所的项目合伙人； ④注册会计师接受审计客户的礼品或款待； ⑤会计师事务所的合伙人或高级员工与审计客户存在长期业务关系等

（五）因外在压力对独立性构成不利影响的情形

因外在压力对独立性构成不利影响的情形如表 3-5 所示。

表 3-5 因外在压力对独立性构成不利影响的情形

不利影响因素	情 形
外在压力	①会计师事务所受到审计客户解除业务关系的威胁； ②审计客户表示，如果会计师事务所不同意对某项交易的会计处理，则不再委托其承办拟议中的非鉴证业务； ③客户威胁将起诉会计师事务所； ④会计师事务所受到降低收费的影响而不恰当地缩小工作范围； ⑤由于客户员工对所讨论的事项更具有专长，注册会计师面临服从其判断的压力等

四、可能对审计独立性构成不利影响的具体阐述

（一）经济利益

注册会计师在被审计单位中拥有经济利益可能因自身利益对审计独立性产生不利影响。

1. 经济利益的含义

经济利益是指因持有某一实体的股权、债券和其他证券以及其他债务性的工具而拥有的利益，包括为取得这种利益享有的权利和承担的义务。经济利益包括直接经济利益和间接经济利益。

直接经济利益是指下列经济利益：

（1）个人或实体直接拥有并控制的经济利益。

（2）个人或实体通过投资工具拥有的经济利益，并且有能力控制这些投资工具或影响其投资决策。例如，股票、债券、认沽权、认购权、期权、权证和卖空权等。

间接经济利益是指个人或实体通过投资工具拥有的经济利益，但没有能力控制这些投资工具或影响其投资决策。例如，通过共同基金投资的一揽子基础金融产品。

2. 对独立性构成不利影响的情形及防范措施

注册会计师在审计客户中拥有经济利益，可能会因自身利益对独立性构成不利影响。注册会计师主要通过以下三个因素评价不利影响是否存在以及严重程度：

（1）拥有经济利益人员的角色。如果会计师事务所、审计项目组成员及其主要近亲属（父母、配偶、子女）拥有经济利益的影响严重程度甚于其他角色。

（2）经济利益是直接的还是间接的。直接经济利益的影响的严重程度甚于间接经济利益的影响。

（3）经济利益的重要性。如果是同一类型的经济利益，经济利益越重要（以金额和性质两方面判断），其影响程度越严重。

以下几种情形属于不得拥有的经济利益，否则将会导致非常严重的不利影响，且没有防范措施：

（1）会计师事务所、审计项目组成员及其主要近亲属不得在被审计单位中拥有直接经济利益或重大间接经济利益。

（2）当一个实体在被审计单位中拥有控制性权益，且被审计单位对该实体重要时，会计师事务所、审计项目组成员及其主要近亲属不得在该实体中拥有直接经济利益或重大间接经济利益。

（3）当其他合伙人与审计项目组的合伙人同处一个分部（审计业务所处分部），其他合伙人及其主要近亲属不得在被审计单位中拥有直接经济利益或重大间接经济利益。

（4）为被审计单位提供非审计服务的其他合伙人、管理人员及其主要近亲属不得在被审计单位中拥有直接经济利益或重大间接经济利益。

对于不被允许拥有的经济利益，会计师事务所、审计项目组成员及其主要近亲属应当立即处置全部经济利益或处置全部直接经济利益和足够数量的间接经济利益。

除上述不拥有的经济利益的情形外，其他拥有经济利益的情形，根据前面所述三个因素评价不利影响是否存在以及严重程度，如果存在不利影响，应根据具体情形采取适当的防范措施，消除不利影响或将不利影响降至可接受范围。防范措施通常如下：

（1）在合理期限内处置全部经济利益或处置全部直接经济利益和足够数量的间接经济利益。

（2）由审计项目组以外的注册会计师复核该成员已执行的工作。

（3）将该成员调离审计项目组。

（二）贷款和担保

注册会计师与被审计单位发生贷款或担保关系可能因自身利益对独立性产生不利影响。

1. 禁止存在的情形

（1）会计师事务所、审计项目组成员或其主要近亲属从不属于银行或类似金融机构等被审计单位取得贷款或由其提供担保。

（2）会计师事务所、审计项目组成员或其主要近亲属从属于银行或类似金融机构等被审计单位取得贷款或由其提供担保，但不是按照正常的程序、条款和条件取得。

（3）会计师事务所、审计项目组成员或其主要近亲属向被审计单位提供贷款或为其提供担保。

（4）会计师事务所、审计项目组成员或其主要近亲属在不属于银行或类似金融机构等被审计单位开立存款或交易账户。

（5）会计师事务所、审计项目组成员或其主要近亲属在银行或类似金融机构等被审计单位开立存款或交易账户，但是没有按照正常的商业条件开立。

2. 允许存在但需采取防范措施的情形

会计师事务所按照正常的程序、条款和条件从属于银行或类似金融机构等被审计单位取得贷款，且该贷款对被审计单位或会计师事务所影响重大。

3. 允许存在的情形

（1）审计项目组成员或其主要近亲属按照正常的程序、条款和条件从属于银行或类似金融机构等被审计单位取得贷款或担保。

（2）会计师事务所、审计项目组成员或其主要近亲属按照正常的商业条件在银行或类似金融机构等被审计单位开立存款或交易账户。

（三）商业关系

会计师事务所、审计项目组成员或其主要近亲属与被审计单位或其高级管理人员之间，由于商务关系或共同的经济利益而存在诸如共同开办企业、产品和服务捆绑销售，或者彼此销售或推广对方的产品和服务之类的密切的商业关系，可能因自身利益或外在压力对审计独立性产生严重的不利影响。

会计师事务所不得介入此类商业关系。如果存在此类商业关系，会计师事务所应当予以终止。如果审计项目组成员涉及此类商业关系，会计师事务所应当将该成员调离审计项目组。如果审计项目组成员的主要近亲属涉及此类商业关系，注册会计师应当评价不利影响的严重程度，必要时采取防范措施消除不利影响或将其降低至可接受的水平。

会计师事务所、审计项目组成员或其主要近亲属从审计客户购买商品或服务，如果按照正常的商业程序公平交易，通常不会对独立性产生不利影响。

（四）家庭和私人关系

1. 审计项目团队成员的主要近亲属

（1）如果审计项目团队成员的主要近亲属是审计客户的董事、高级管理人员或担任能够对被审计财务报表或会计记录的编制施加重大影响的职位的员工（以下简称"特定员工"），或者在业务期间或财务报表涵盖的期间曾担任上述职务，将对独立性产生非常严重的不利影响，导致没有防范措施能够消除该不利影响或将其降低至可接受的水平。拥有此类关系的人员不得成为审计项目团队成员。

（2）如果审计项目团队成员的主要近亲属在审计客户中所处职位能够对客户的财务状况、经营成果和现金流量施加重大影响，将可能因自身利益、密切关系或外在压力对独立性产生不利影响。

2. 审计项目团队成员的其他近亲属

如果审计项目团队成员的其他近亲属是审计客户的董事、高级管理人员或特定员工，将因自身利益、密切关系或外在压力对独立性产生不利影响。

3. 审计项目团队成员的其他密切关系

如果审计项目团队成员与审计客户的员工存在密切关系，并且该员工是审计客户的董事、高级管理人员或特定员工，即使该员工不是审计项目团队成员的近亲属，也将对独立性产生不利影响。

4. 审计项目团队成员以外人员的家庭和私人关系

会计师事务所中审计项目团队以外的合伙人或员工，与审计客户的董事、高级管理人员或特定员工之间存在家庭或私人关系，可能因自身利益、密切关系或外在压力产生不利影响。

（五）与被审计单位发生人员交流

被审计单位的董事、高级管理人员或能对鉴证对象施加重大影响的员工，曾经是审计项目组的成员或会计师事务所的合伙人，可能因密切关系或外在压力产生不利影响。

（1）关键审计合伙人加入属于公众利益实体的被审计单位担任重要职位需满足冷却期的要求，即该合伙人不再担任关键审计合伙人后，该公众利益实体发布了已审计财务报表，其涵盖期间不少于12个月，并且该合伙人不是该财务报表的审计项目组成员，否则独立性将视为受到损害。关键审计合伙人是指项目合伙人、实施项目质量管理复核的负责人以及审计项目组中负责对财务报表审计涉及的重大事项做出关键决策或判断的其他审计合伙人。

（2）会计师事务所前任高级合伙人（管理合伙人或同等职位的人员）加入属于公众利益实体的被审计单位，担任董事、高级管理人员或能对鉴证对象施加重大影响的员工，也需满足冷却期的要求，即离职已超过12个月。

（3）最近曾任被审计单位的董事、高级管理人员或能对鉴证对象施加重大影响的员工在被审计财务报表涵盖的期间加入审计项目组，将产生非常严重的不利影响，会计师事务所不得将此类人员分派到审计项目组。如果在被审计财务报表涵盖的期间之前加入，会计师事务所应当评价不利影响的严重程度，并在必要时采取防范措施将其降低至可接受的水平。

（4）会计师事务所的合伙人或员工兼任被审计单位的董事或高级管理人员，将因自我评价和自身利益产生非常严重的不利影响，会计师事务所的合伙人或员工不得兼任审计客户的董事或高级管理人员。

（5）如果会计师事务所向审计客户借出员工，可能因自我评价、过度推介或密切关系产生不利影响。除非同时满足下列条件，否则会计师事务所不得向审计客户借出员工：

①仅在短期内向客户借出员工。

②借出的员工不参与注册会计师职业道德守则禁止提供的非鉴证服务。

③借出的员工不承担审计客户的管理层职责，且审计客户负责指导和监督该员工的活动。

会计师事务所应当评价借出员工产生不利影响的严重程度，并在必要时采取防范措施消除不利影响或将其降低至可接受的水平。

（六）与被审计单位长期存在业务关系

会计师事务所长期委派同一名合伙人或高级员工执行某一客户的审计业务，将因密切关系和自身利益产生不利影响。

同一关键审计合伙人担任属于公众利益实体的被审计单位审计业务不得超过五年，在任期结束后的两年内，该关键审计合伙人不得再次成为该客户的审计项目组成员或关键审计合伙人。

在被审计单位成为公众利益实体之前，如果关键审计合伙人已为该客户服务的时间不超过三年，则还可以为该客户继续提供服务的年限为五年减去已经服务的年限；如果已为该客户服务了四年或更长的时间，在该客户成为公众利益实体之后，还可以继续服务两年；如果被审计单位是首次公开发行证券的公司，关键审计合伙人在该公司上市后连续提供审计服务的期限，不得超过两个完整会计年度。

（七）为被审计单位提供非鉴证服务

会计师事务所给被审计单位提供非鉴证服务，可能因自我评价、自身利益或过度推介等对独立性产生不利影响。

判断某一特定非鉴证服务是否对审计项目组的独立性产生不利影响，主要看是否承担了管理层职责或执行的非鉴证服务是否对鉴证对象有重大影响。例如，以下情形将会对独立性构成非常严重的不利影响：

（1）向属于公众利益实体的被审计单位提供编制会计记录和财务报表的服务。

（2）为被审计单位提供评估的结果对财务报表产生重大影响的评估服务。

（3）为属于公众利益实体的被审计单位计算当期所得税或递延所得税负债（或资产），以用于编制对被审计财务报表具有重大影响的会计分录。

（4）为被审计单位提供有效性取决于某项特定会计处理或财务报表列报的税务咨询服务。

（5）向被审计单位提供内部审计服务，并在执行财务报表审计时利用内部审计的工作。

（6）为被审计单位提供构成财务报告内部控制的重要组成部分，或者对会计记录或被审计财务报表影响重大的信息技术系统的设计或操作服务。

（7）为被审计单位提供诉讼支持服务涉及对损失或其他金额的估计，并且这些损失或其他金额影响被审计财务报表。

（8）会计师事务所的合伙人或员工担任审计客户的首席法律顾问。

（9）为属于公众利益实体的被审计单位招聘董事、高级管理人员，或者所处职位能够对鉴证对象施加重大影响的员工过程中寻找候选人，或者从候选人中挑选出适合相应职位的人员或对可能录用的候选人的证明文件进行核查。

（10）为被审计单位提供能够对鉴证对象产生重大影响的公司理财服务等。

（八）收费

不适当的收费可能因自身利益或外在压力对注册会计师的审计独立性产生不利影响。例如，具体情形如下：

（1）收入过分依赖某一客户，则对该客户的依赖及对可能失去该客户的担心将因自身利益或外在压力对独立性产生不利影响。如果会计师事务所连续两年从某一属于公众利益实体的被审计单位及其关联实体收取的全部费用，占其从所有客户收取的全部费用的比重超过15%，会计师事务所应当向被审计单位治理层披露这一事实，并讨论选择适当的防范措施。

（2）逾期收费，尤其是相当部分的审计费用在出具下一年度审计报告前仍未支付，可能因自身利益对审计独立性产生不利影响。

（3）或有收费，即收费与否或收费多少取决于交易的结果或所执行工作的结果。会计师事务所在提供审计服务时，以直接或间接形式取得或有收费，将因自身利益产生非常严重的不利影响，导致没有防范措施能够将其降低至可接受的水平。

（4）注册会计师收取与客户相关的介绍费或佣金，可能因自身利益对客观和公正原则、独立性原则等产生非常严重的不利影响，导致没有防范措施能够消除不利影响或将其降低至可接受的水平。注册会计师不得收取与客户相关的介绍费或佣金。

（九）薪酬和业绩评价政策

审计项目组成员的薪酬或业绩评价与其向被审计单位推销的非鉴证服务挂钩，将因自身利益产生不利影响。关键审计合伙人的薪酬或业绩评价不得与其向被审计单位推销的非鉴证服务直接挂钩。

（十）礼品和招待

会计师事务所或审计项目组成员接受被审计单位的礼品或款待，可能因自身利益和密切关系对审计独立性产生不利影响。会计师事务所或审计项目组成员不得接受礼品和超出业务活动中正常往来的款待。

第四节　注册会计师的法律责任

一、注册会计师法律责任的概念

注册会计师法律责任是指注册会计师在承办业务的过程中，未能履行合同条款，或者未能保持应有的职业谨慎，或者出于故意未按专业标准出具合格报告，致使审计报告使用者遭受损失，依照有关法律法规，注册会计师或会计师事务所应承担的法律责任。按照应该承担责任的内容不同，注册会计师的法律责任可分为行政责任、民事责任和刑事责任三种。三种责任可以同时追究，也可以单独追究。

二、对注册会计师责任的认定

引起注册会计师法律责任的原因主要源自注册会计师的违约、过失和欺诈。

（一）违约

违约指合同的一方或几方未能达到合同条款的要求。当审计业务违约给他人造成损失时，注册会计师应承担违约责任。例如，会计师事务所在商定的时期内，未能提交审计报告，或者违反了与被审计单位订立的保密协议等。

（二）过失

过失指在一定条件下缺少应有的合理谨慎。评价注册会计师的过失，是以其他合格注册会计师在相同条件下可做到的谨慎为标准的。当过失给他人造成损害时，注册会计师应负过失责任。例如，注册会计师粗心大意（缺乏职业谨慎），导致未发现某公司会计报表存在重大错报，应出具无保留审计意见。

过失按其程度不同，分为普通过失和重大过失两种。

（1）普通过失（一般过失）。普通过失指没有保持职业上应有的合理的谨慎。

对注册会计师而言，普通过失是指注册会计师没有完全遵循专业准则的要求。

例如，未按特定审计项目取得必要和充分的审计证据就出具审计报告的情况，可视为一般过失。

（2）重大过失。重大过失是指连起码的职业谨慎都不保持，对重要的业务或事务不加考虑，满不在乎。对注册会计师而言，重大过失是指注册会计师根本没有遵循专业准则或没有按专业准则的基本要求执行审计。

例如，注册会计师委派不具有注册会计师资格的助理人员负责重要财务报表项目审计（子公司审计）。

（三）欺诈

欺诈又称舞弊，是以欺骗或坑害他人为目的的一种故意的错误行为。对注册会计师而言，欺诈就是为了达到欺骗他人的目的，明知委托单位的财务报表有重大错报，却加以虚伪的陈述，出具无保留意见的审计报告。

推定欺诈又称涉嫌欺诈，是指虽无故意欺诈或坑害他人的动机，但存在极端或异常的过失。推定欺诈和重大过失这两个概念的界限往往很难界定。在美国，许多法院曾经将注册会计师的重大过失解释为推定欺诈。

三、影响法律责任的几个概念

（一）经营失败

经营失败指企业由于经济或经营条件的变化，如经济衰退、不当的管理决策或出现意料之外的行业竞争等，无法满足投资者的预期。经营失败的极端情况是申请破产。

（二）审计失败

审计失败指注册会计师由于没有遵守审计准则的要求而发表了错误的审计意见。例如，注册会计师可能指派了不合格的助理人员去执行审计任务，未能发现应当发现的财务报表中存在的重大错报。

（三）审计风险

审计风险指财务报表中存在重大错报，而注册会计师发表不恰当审计意见的可能性（可能遵守或未遵守审计准则）。

在绝大多数情况下，当注册会计师未能发现重大错报并出具了错误的审计意见时，就可能产生注册会计师是否恪守应有的职业谨慎的法律问题。如果注册会计师在审计过程中没有尽到应有的职业谨慎，就属于审计失败。

审计风险不为零的原因如下：由于审计中的固有限制影响注册会计师发现重大错报的能力，注册会计师不能对财务报表整体不存在重大错报获取绝对保证。特别是如果被审计单位管理层精心策划和掩盖舞弊行为，注册会计师尽管完全按照审计准则执业，有时还是不能发现某项重大舞弊行为。

（四）审慎人

希望注册会计师审计对财务报表的公允表述做合理的保证，就是审慎人的概念。现实中，公众的"期望差距"往往使注册会计师陷入诉讼泥潭。

四、注册会计师承担法律责任的种类

根据《中华人民共和国注册会计师法》《中华人民共和国公司法》《中华人民共和国证券法》《中华人民共和国刑法》等主要法律法规和相关司法解释，注册会计师需要承担的法律责任种类包括民事责任、行政责任和刑事责任三种。

（一）民事责任

民事责任是指注册会计师及其所在的会计师事务所接受委托人的委托，在为委托人提供职业服务过程中违法执业，或者因为自身的过错给委托人或其他利害关系人造成损失，而应承担民事赔偿的法律责任。违约和过失使注册会计师负行政责任和民事责任。

民事责任的承担形式有赔偿损失、支付违约金等。

民事责任按性质分类，可以分为契约责任和侵权责任。

《中华人民共和国注册会计师法》第四十二条规定："会计师事务所违反本法规定，给委托人、其他利害关系人造成损失的，应当依法承担赔偿责任。"

《中华人民共和国公司法》第二百零七条规定："承担资产评估、验资或者验证的机构因其出具的评估结果、验资或者验证证明不实，给公司债权人造成损失的，除能够证明自己没有过错的外，在其评估或者证明不实的金额范围内承担赔偿责任。"

《中华人民共和国证券法》第一百七十三条规定："证券服务机构为证券的发行、上市、交易等证券业务活动制作、出具审计报告、资产评估报告、财务顾问报告、资信评级报告或者法律意见书等文件，应当勤勉尽责，对所依据的文件资料内容的真实性、准确性、完整性进行核查和验证。其制作、出具的文件有虚假记载、误导性陈述或者重大遗漏，给他人造成损失的，应当与发行人、上市公司承担连带赔偿责任，但是能够证明自己没有过错的除外。"

（二）行政责任

行政责任是指国家行政机关或国家授权的有关单位对违法的注册会计师或会计师事务所采取的行政制裁。

1. 执行人

行政责任执行人是国家财政部门、审计部门、证券监管部门以及注册会计师协会。

2. 制裁方式

对注册会计师而言，制裁方式包括警告、暂停执业、罚款、吊销注册会计师证书等。

对会计师事务所而言，制裁方式包括警告、没收违法所得、罚款、暂停执业、撤销等。

《中华人民共和国证券法》第二百零一条规定："为股票的发行、上市、交易出具审计报告、资产评估报告或者法律意见书等文件的证券服务机构和人员，违反本法第四十五条的规定买卖股票的，责令依法处理非法持有的股票，没收违法所得，并处以买卖股票等值以下的罚款。"

《中华人民共和国证券法》第二百零七条规定："违反本法第七十八条第二款的规定，在证券交易活动中作出虚假陈述或者信息误导的，责令改正，处以三万元以上二十万元以下的罚款；属于国家工作人员的，还应当依法给予行政处分。"

《中华人民共和国公司法》第二百零七条规定："承担资产评估、验资或者验证的机构提供虚假材料的，由公司登记机关没收违法所得，处以违法所得一倍以上五倍以下的罚款，并可以由有关主管部门依法责令该机构停业、吊销直接责任人员的资格证书，吊销营业执照。承担资产评估、验资或者验证的机构因过失提供有重大遗漏的报告的，由公司登记机关责令改正，情节较重的，处以所得收入一倍以上五倍以下的罚款，并可以由有关主管部门依法责令该机构停业、吊销直接责任人员的资格证书，吊销营业执照。"

（三）刑事责任

刑事责任是指触犯刑法所必须承担的法律后果，其种类包括罚金、有期徒刑以及其他限制人身自由的刑罚等。

1. 刑事责任的承担形式

刑事责任的承担形式主要有拘役、罚金、有期徒刑等。

2. 注册会计师刑事责任的构成要件

注册会计师刑事责任的构成要件包括犯罪主体、犯罪客体、犯罪主观意愿和犯罪客观事实（见表3-6）。

表3-6 注册会计师刑事责任的构成要件

构成要件	说明
犯罪主体	实施犯罪行为的注册会计师
犯罪客体	犯罪行为侵害了受刑法保护的一定社会关系
犯罪主观意愿	犯罪主体对其实施的犯罪行为及其结果所具有的心理状态
犯罪客观事实	存在着违法行为

犯罪主观意愿包括重大过失和故意。

（1）重大过失。注册会计师只有存在重大过失时才需承担过失犯罪的刑事责任。

（2）故意。故意，即明知自己的行为会产生危害社会的结果，却希望或放任这一结果的发生。

《中华人民共和国刑法》第二百二十九条规定："承担资产评估、验资、验证、会计、审计、法律服务等职责的中介组织的人员故意提供虚假证明文件，情节严重的，处五年以下有期徒刑或者拘役，并处罚金。"

注册会计师法律责任种类、责任承担方式和法律责任的认定如表3-7所示。

表3-7　注册会计师法律责任种类、责任承担方式和法律责任的认定

法律责任种类	责任承担方式	法律责任的认定
行政责任	①对注册会计师而言，包括警告、暂停执业、罚款、吊销注册会计师证书等； ②对会计师事务所而言，包括警告、没收违法所得、罚款、暂停执业、撤销等	一般由违约、过失引起
民事责任	主要赔偿受害人损失	一般由违约、过失、欺诈引起
刑事责任	主要按有关法律程序判处一定的徒刑	一般由欺诈引起

五、注册会计师法律责任的规避与抗辩

（一）注册会计师减少过失和防止欺诈的措施

注册会计师可以采取执业独立性、保持执业谨慎、强化执业监督等措施减少过失和防止欺诈。

（二）注册会计师避免法律诉讼的具体措施

（1）严格遵循职业道德和专业标准的要求。判别注册会计师是否具有过失的关键在于注册会计师是否遵照专业标准的要求执行。

（2）建立健全会计师事务所质量管理制度。质量管理是会计师事务所各项管理工作的核心。如果一个会计师事务所质量管理不严，很有可能因为一个人或一个部门的原因导致整个会计师事务所遭受灭顶之灾。

（3）与委托人签订业务约定书。

（4）审慎选择被审计单位。

①评价被审计单位的品格，弄清委托的真正目的。

②对陷入财务和法律困境的被审计单位要尤为注意。

（5）深入了解被审计单位的业务。

（6）提取风险基金或购买责任保险。

（7）聘请熟悉注册会计师法律责任的律师。

（三）注册会计师法律责任的抗辩

1. 不存在审计失败

注册会计师本身并无过失，即其执业时严格遵循了执业准则的要求，保持了职业谨慎。

2. 报告不存在重大的虚假陈述

注册会计师保持了应有的职业谨慎，没有重大的虚假陈述，应予免责，以防止"深口袋"责任的无限扩展。

3. 委托单位涉及共同过失

共同过失指原告受到的损失是由于其本身同样具有过失造成的，如注册会计师未能查出委托单位的现金短缺而具有过失，但委托单位由于没有设置适当的现金内

部控制制度就具有共同过失。共同过失的抗辩表示注册会计师的过失并非委托单位受损的直接原因。

4. 不存在因果关系

注册会计师虽然有过失，但这种过失并不是委托单位受到损失的直接原因。

5. 不符合"第三者"的界定

例如，提出赔偿的人不是"第三者"，注册会计师应免责。

本章小结

本章讨论了注册会计师必须遵守诚信、独立性、客观和公正、专业胜任能力和应有的关注、保密、良好职业行为六项职业道德基本原则，并提出了解决职业道德问题的概念框架；详细分析了对职业道德基本原则产生不利影响的自身利益、自我评价、过度推介、密切关系、外在压力五个因素并列举了对审计独立性构成不利影响的具体情形；重点阐述了注册会计师审计业务对独立性的要求，从经济利益、贷款和担保、商业关系、家庭和私人关系、与被审计单位发生人员交流、与被审计单位长期存在业务关系、为被审计单位提供非鉴证服务、收费、薪酬和业绩评价政策、礼品和招待等方面详细阐述了对审计独立性构成不利影响的情形。最后本章介绍了注册会计师承担相关的法律责任。

本章思维导图

本章思维导图如图 3-2 所示。

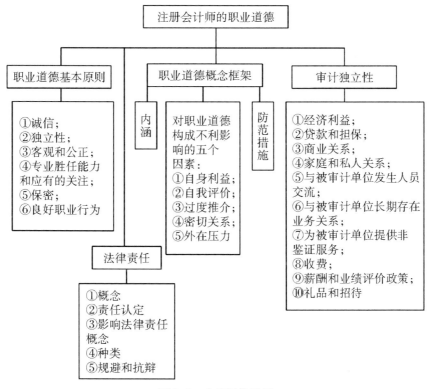

图 3-2 本章思维导图

第四章
审计目标

学习目标

1. 了解审计目标的含义与影响因素。
2. 掌握现阶段我国注册会计师的总体目标。
3. 掌握被审计单位管理层认定的相关内容。
4. 掌握具体审计目标。

案例导入

甲公司是一家集生产和零售为一体的股份有限公司。A 会计师事务所在接受其审计委托后，委派注册会计师张华担任项目负责人。经审计预备调查，注册会计师张华确定存货项目为重点审计风险领域，同时决定根据管理层的认定确定存货项目的具体审计目标，并选择相应的具体审计程序以保证审计目标的实现。

问题：假定表 4-1 中的具体审计目标已经被注册会计师张华选定，张华应当确定的与各具体审计目标最相关的管理层的认定（根据交易或事项、账户余额和列报分类）和最恰当的审计程序（根据提供的审计程序，分别选择一项，并将选择结果的编号填入给定的表格中。对每项审计程序，可以选择一次、多次或不选）分别是什么？

（1）检查现行销售价目表。

（2）审阅财务报表。

（3）在监盘存货时，选择一定样本，确定其是否包括在盘点表内。

（4）选择一定样本量的存货会计记录，检查支持记录的购货合同和发票。

（5）在监盘存货时，选择盘点表内一定样本量的存货记录，确定存货是否在库。

（6）测试直接材料、直接人工费用、制造费用的合理性。

表 4-1　具体审计目标

管理层的认定	具体审计目标	审计程序
	公司对存货均拥有所有权	
	记录的存货数量包括了公司所有的在库存货	
	已按成本与可变现净值孰低法调整期末存货的价值	

表4-1(续)

管理层的认定	具体审计目标	审计程序
	存货成本计算准确	
	存货的计价基础已在财务报表中恰当披露	

第一节　审计目标概述

一、审计目标的含义

审计目标是指人们通过审计实践活动所期望达到的理想境界或最终结果，或者说是指审计活动的目的与要求。审计目标的确定，除受审计对象的制约以外，还取决于审计社会属性、审计基本职能和审计授权者或委托者对审计工作的要求。同时，审计目标规定了审计的基本任务，决定了审计的基本过程和应办理的审计手续。

二、审计目标体系简介

审计目标包括总体审计目标和具体审计目标两个层次。下面就国际注册会计师执行财务报表审计产生的几次大的演变做粗略介绍。

（一）国际上总体审计目标的演变

1. 以查错防弊为主要目的阶段

这一阶段大致从注册会计师审计的产生直到 20 世纪 30 年代。在此阶段，企业主需要通过审计来了解管理层履行其职责的情况，因此"发现舞弊"被公认为注册会计师审计的首要目标。然而，为了保护审计师的利益，法庭将审计师发现舞弊的责任限制在合理的范围内，即要求审计师在其工作中应持有合理谨慎态度，并运用娴熟的技能在没有疑点的情况下，不要求审计师发现所有舞弊。但是，如果存在引起怀疑的事项，审计师必须做进一步的调查。

2. 以验证财务报表的真实公允性为主要目的阶段

这一阶段从 20 世纪 30 年代到 20 世纪 60 年代。随着社会经济环境的变化，公司股权逐步分散，企业管理者的责任范围由原来的只对股东和债权人负责扩大到包括其他诸多利益集团，外部投资者也逐渐以财务报表作为其投资决策的重要依据。由于信息不对称的存在，财务报表使用人无法确认财务报表反映的财务信息的真伪，需要外部审计师对财务报表进行鉴证。同时，股份制企业的规模和业务量较过去大大扩大了，审计师在客观上也无法对全部经济业务进行逐笔审计。此外，自 20 世纪30 年代内部控制理论产生后，审计职业界开始认为如能建立完善的内部控制，可以在很大程度上控制欺诈舞弊的发生。因此，注册会计师审计不再以查错防弊为主要目标，而是着重对财务报表的真实性与公允性发表意见，以帮助财务报表使用者做出相应决策。

3. 查错防弊和验证财务报表真实公允性双重目的并重阶段

20世纪60年代以来，涉及企业管理人员欺诈舞弊的案件大量增加，由此给社会公众造成重大损失。社会公众出于保护自身利益的考虑，纷纷要求审计师将查错防弊作为审计的主要目标。社会公众的强烈要求加之法院的判决和政府管理机构的压力，都迫使审计职业界重新考虑将查错防弊纳入审计目的。1974年，美国审计师协会出台《科恩（Cohen）报告》，认为绝大部分利用和依靠审计工作的人都将揭露欺诈列为审计的最重要的目标。审计应予以合理计划，以对财务报表没有受到重大欺诈舞弊的影响提供合理的保证，同时对企业管理层履行企业重要资产的管理责任提供合理的保证。这一时期，审计职业界加重了审计师对舞弊所承担的责任，要求审计师对引起其怀疑的事项要持有合理的职业谨慎态度。如果发现舞弊事项，审计师有义务对其做进一步调查。

20世纪80年代以来，为缩小公众对审计的期望差距，审计职业界开始对"舞弊责任"采取更加积极的态度。尽管"发现舞弊"作为审计目的尚不明显，各国审计界开始接受揭露管理层舞弊的责任，只是在接受的程度上有所区别。1988年，美国审计师协会发布了第53号、第54号审计准则说明书，将揭露舞弊和非法行为作为审计的主要目标。例如，第53号审计准则说明书指出，审计师必须评价舞弊和差错可能引起财务报表严重失实的风险，并依据这种评价设计审计程序，以合理地保证揭露对财务报表有重大影响的舞弊和差错；第54号审计准则说明书对审计师揭露客户非法行为做了阐述。可见，审计师开始承担在常规审计程序中发现、揭露可能存在的对财务报表信息有重大影响的舞弊，包括揭露管理层舞弊的责任。

应当指出的是，20世纪80年代以来，国际上著名的会计公司在不同程度上开始采用"风险导向审计"的审计模式，其审计目的是降低信息风险。

（二）我国注册会计师的总体目标

根据审计准则的规定，我国财务报表审计的总体目标是注册会计师通过执行审计工作，对财务报表的下列方面发表审计意见：

（1）对财务报表整体是否不存在由于舞弊或错误导致的重大错报获取合理保证，注册会计师能够对财务报表是否在所有重大方面按照适用的财务报告编制基础编制发表审计意见。

（2）注册会计师根据审计准则的规定，依据审计结果对财务报表出具审计报告，并与管理层和治理层沟通。在任何情况下，如果不能获取合理保证，并且在审计报告中发表保留意见也不足以实现向预期使用者报告的目的，注册会计师应当按照审计准则的规定出具无法表示意见的审计报告，或者在法律法规允许的情况下终止审计业务或解除业务约定。

注册会计师是否按照审计准则的规定执行了审计工作，取决于注册会计师在具体情况下实施的审计程序，由此获取的审计证据的充分性和适当性以及根据总体目标和对审计证据的评价结果而出具审计报告的恰当性。

审计准则作为一个整体，为注册会计师执行审计工作以实现总体目标提供了标准。审计准则规范了注册会计师的一般责任及在具体方面履行这些责任时的进一步考虑。每项审计准则都明确了规范的内容、适用的范围和生效的日期。在执行审计工作时，除遵守审计准则外，注册会计师还需要遵守法律法规的规定。

每项审计准则通常包括总则、定义、目标、要求（在审计准则中，对注册会计师提出的要求以"应当"来表述）和附则。总则提供了与理解审计准则相关的背景资料。每项审计准则还配有应用指南。每项审计准则及应用指南中的所有内容都与理解该项准则中表述的目标和恰当应用该准则的要求相关。应用指南对审计准则的要求提供了进一步解释，并为如何执行这些要求提供了指引。应用指南提供了审计准则涉及事项的背景资料，更为清楚地解释审计准则要求的确切含义或所针对的情形，并举例说明适合具体情况的程序。应用指南本身并不对注册会计师提出额外要求，但与恰当执行审计准则对注册会计师提出的要求是相关的。

审计准则的总则可能对下列事项进行说明：

（1）审计准则的目的和范围，包括与其他审计准则的关系。

（2）审计准则涉及的审计事项。

（3）就审计准则涉及的审计事项规定注册会计师和其他人员各自的责任。

（4）审计准则的制定背景。

审计准则以"定义"为标题单设一章，用来说明审计准则中某些术语的含义。提供这些定义有助于保持审计准则应用和理解的一致性，而非旨在超越法律法规为其他目的对相关术语给出定义。

每项审计准则都包含一个或多个目标，这些目标将审计准则的要求与注册会计师的总体目标联系起来。每项审计准则规定目标的作用在于使注册会计师关注每项审计准则预期实现的结果。这些目标足够具体，可以帮助注册会计师理解所需完成的工作以及在必要时为完成这些工作使用恰当的手段，确定在审计业务的具体情况下是否需要完成更多的工作以实现目标。注册会计师需要将每项审计准则规定的目标与总体目标联系起来进行理解。

注册会计师需要考虑运用"目标"决定是否需要实施追加的审计程序。审计准则的要求，旨在使注册会计师能够实现审计准则规定的目标，进而实现注册会计师的总体目标。因此，注册会计师恰当执行审计准则的要求，预期能为其实现目标提供充分的基础。然而，由于各项审计业务的具体情况存在很大差异，并且审计准则不可能预想到所有的情况，注册会计师有责任确定必要的审计程序，以满足审计准则的要求和实现目标。针对某项业务的具体情况，可能存在一些特定事项，需要注册会计师实施审计准则要求之外的审计程序，以实现审计准则规定的目标。

在注册会计师的总体目标下，注册会计师需要运用审计准则规定的目标以评价是否已获取充分、适当的审计证据。如果根据评价的结果认为没有获取充分、适当的审计证据，那么注册会计师可以采取下列一项或多项措施：

（1）评价通过遵守其他审计准则是否已经获取或将会获取进一步的相关审计证据。

（2）在执行一项或多项审计准则的要求时，扩大审计工作的范围。

（3）实施注册会计师根据具体情况认为必要的其他程序。

如果上述措施在具体情况下都不可行或无法实施，注册会计师将无法获取充分、适当的审计证据。在这种情况下，审计准则要求注册会计师确定其对审计报告或完成该项业务的能力的影响。

正确理解注册会计师的总体目标，需要把握以下几个概念：

1. 注册会计师

注册会计师是指取得注册会计师证书并在会计师事务所执业的人员，通常是指项目合伙人或项目组其他成员，有时也指所在的会计师事务所。审计准则明确指出应由项目合伙人遵守规定或承担责任时，使用"项目合伙人"而非"注册会计师"的称谓。

2. 财务报表

财务报表是指依据某一财务报告编制基础对被审计单位历史财务信息做出的结构性表述，包括相关附注，旨在反映某一时点的经济资源或义务，或者某一时期的经济资源或义务的变化。相关附注通常包括重要会计政策概要和其他解释性信息。财务报表通常是指整套财务报表，有时也指单一财务报表。整套财务报表的构成应当根据适用的财务报告编制基础的规定确定。

历史财务信息是指以财务术语表述的某一特定实体的信息，这些信息主要来自特定实体的会计系统，反映了过去一段时间内发生的经济事项，或者过去某一时点的经济状况或情况。

3. 适用的财务报告编制基础

适用的财务报告编制基础是指法律法规要求采用的财务报告编制基础，或者管理层和治理层（如适用）在编制财务报表时，就被审计单位性质和财务报表目标而言，采用的可接受的财务报告编制基础。

财务报告编制基础分为通用目的编制基础和特殊目的编制基础。通用目的编制基础是指旨在满足广大财务报表使用者共同的财务信息需求的财务报告编制基础，主要是指会计准则和会计制度。特殊目的编制基础是指旨在满足财务报表特定使用者对财务信息需求的财务报告编制基础，包括计税核算基础、监管机构的报告要求和合同的约定等。

在评价财务报表是否按照适用的财务报告编制基础编制时，注册会计师应当考虑经管理层调整后的财务报表是否与审计师对被审计单位及其环境的了解一致；财务报表的列报、结构和内容是否合理；财务报表是否真实地反映了交易和事项的经济实质。

4. 错报

错报是指某一财务报表项目的金额、分类、列报或披露，与按照适用的财务报告编制基础应当列示的金额、分类、列报或披露之间存在的差异。错报可能是由错误或舞弊导致的。

当注册会计师对财务报表是否在所有重大方面按照适用的财务报告编制基础编制并实现公允反映发表审计意见时，错报还包括根据注册会计师的判断，为使财务报表在所有重大方面实现公允反映，需要对金额、分类、列报或披露做出的必要调整。

财务报表的错报可能是由于舞弊或错误所致。舞弊和错误的区别在于导致财务报表发生错报的行为是故意行为还是非故意行为。舞弊是一个宽泛的法律概念，但审计准则要求注册会计师关注导致财务报表发生重大错报的舞弊。与财务报表审计相关的两类故意错报包括编制虚假财务报告导致的错报和侵占资产导致的错报。

在计划和实施审计工作以及评价识别出的错报对审计的影响和未更正的错报（如有）对财务报表的影响时，注册会计师应当运用重要性概念。如果合理预期某一错报（包括漏报）单独或连同其他错报可能影响财务报表使用者依据财务报表做出的经济决策，则该项错报通常被认为是重大的。重要性取决于在具体环境下对错报金额或性质的判断，或者同时受到两者的影响，并受到注册会计师对财务报表使用者对财务信息需求的了解的影响。注册会计师针对财务报表整体发表审计意见，因此没有责任发现对财务报表整体影响并不重大的错报。

在评价财务报表是否不存在由舞弊或错误导致的重大错报时，注册会计师应当考虑以下事项：

（1）选择和运用的会计政策是否符合适用的会计准则和相关会计制度，并适合于被审计单位的具体情况。

（2）管理层做出的会计估计是否合理。

（3）财务报表反映的信息是否具有相关性、可靠性、可比性和可理解性。

（4）财务报表是否做出充分披露，使财务报表使用者能够理解重大交易和事项对被审计单位财务状况、经营成果和现金流量的影响。

5. 合理保证

合理保证是指注册会计师在财务报表审计中提供的一种高度但并非绝对的保证水平。注册会计师应当按照审计准则的规定，对财务报表整体是否不存在由于舞弊或错误导致的重大错报获取合理保证，以作为发表审计意见的基础。

合理保证是一种高度保证。当注册会计师获取充分、适当的审计证据将审计风险降至可接受的低水平时，就获取了合理保证。由于审计存在固有限制，注册会计师据以得出结论和形成审计意见的大多数审计证据是说服性的而非结论性的，因此审计只能提供合理保证，不能提供绝对保证。

审计的固有限制源于：

（1）财务报告的性质。管理层在编制财务报表时，需根据适用的财务报告编制基础对被审计单位的事实和情况做出判断。除此之外，许多财务报表项目还涉及主观决策或评估，或者一定程度的不确定性，而且存在一系列可接受的解释或判断。因此，某些财务报表项目本身就不存在确切的金额，且不能通过追加审计程序来消除。然而，审计准则要求注册会计师对管理层根据适用的会计准则和相关会计制度做出的会计估计是否合理、相关的披露是否充分以及被审计单位会计实务（会计处理）的质量（包括管理层判断可能存在偏见的迹象）给予特定的考虑。

（2）审计程序的性质。注册会计师获取审计证据的能力受到操作上（实际）和法律方面的限制。例如，管理层或其他人员有可能有意或无意地不提供与财务报表编制相关的或注册会计师要求的完整信息。因此，即使已实施了旨在确保获取所有相关信息的审计程序，注册会计师也不能确定信息的完整性。舞弊可能涉及为掩盖真相而精心策划的方案，因此注册会计师用以收集审计证据的审计程序可能对于发现故意的错报是无效的。审计不是对涉嫌违法行为的官方调查，因此注册会计师没有被授予对于这类调查的特定法律权力，如搜查权。

（3）在合理的时间内以合理的成本完成审计的需要。难度、时间或成本等问题，不能作为注册会计师在无法实施替代性程序的情况下省略审计程序（省略不可替代的审计程序），或者满意于缺乏足够说服力的审计证据的正当理由。制订适当的审计计划有助于为执行审计工作提供充分的时间和资源。尽管如此，信息的相关性及其由此而具有（产生）的价值会随着时间的推移而降低，因此必须在信息的可靠性和成本之间进行权衡。财务报表使用者的期望是注册会计师会在合理的时间内、以合理的成本形成财务报表的审计意见。注册会计师难以处理所有可能存在的信息，或者在假定信息存在错误或舞弊的基础上（除非能证明并非如此）来竭尽可能地追查每一个事项。

（4）影响审计固有限制的其他事项。对某些认定或对象（事项）而言，固有限制对注册会计师发现重大错报能力的潜在影响尤为重要。这些认定或对象（事项）包括舞弊，特别是涉及高级管理人员的舞弊或串通舞弊；关联方关系和交易的存在性和完整性；存在违反法律法规的行为；可能导致被审计单位无法持续经营的未来事项或情况。

6. 审计准则

审计准则是指中国注册会计师审计准则。审计准则旨在规范和指导注册会计师对财务报表整体是否不存在重大错报获取合理保证，要求注册会计师在整个审计过程中运用职业判断和保持职业怀疑。需要运用职业判断并保持职业怀疑的重要审计环节主要包括：

（1）通过了解被审计单位及其环境，识别和评估由于舞弊或错误导致的重大错报风险。

（2）通过对评估的风险设计和实施恰当的应对措施，针对是否存在重大错报获取充分、适当的审计证据。

（3）根据从获取的审计证据中得出的结论，对财务报表形成审计意见。

为了实现注册会计师的总体目标，在计划和执行审计工作时，注册会计师应当运用相关审计准则规定的目标。在使用规定的目标时，注册会计师应当认真考虑各项审计准则之间的相互关系，以采取下列措施：

（1）为了实现审计准则规定的目标，确定是否有必要实施除审计准则规定以外的其他审计程序。

（2）评价是否已获取充分、适当的审计证据。

除非存在下列情况，注册会计师应当遵守每项审计准则的各项要求：

（1）某项审计准则的全部内容与具体审计工作不相关。

（2）由于审计准则的某项要求存在适用条件，而该条件并不存在，导致该项要求不适用。

在极其特殊的情况下，注册会计师可能认为有必要偏离某项审计准则的相关要求。在这种情况下，注册会计师应当实施替代审计程序以实现相关要求的目的。只有当相关要求的内容是实施某项特定审计程序，而该程序无法在具体审计环境下有效地实现要求的目的时，注册会计师才能偏离该项要求。如果不能实现相关审计准则规定的目标，注册会计师应当评价这是否使其不能实现总体目标。如果不能实现总体目标，注册会计师应当按照审计准则的规定出具非标准的审计报告，或者在法律法规允许的情况下解除业务约定。如果不能实现相关审计准则规定的目标构成重大事项，注册会计师应当按照《中国注册会计师审计准则第1131号——审计工作底稿》的规定予以记录。

7. 审计意见

注册会计师发表审计意见的形式取决于适用的财务报告编制基础以及相关法律法规的规定。

8. 管理层和治理层

管理层是指对被审计单位经营活动的执行负有管理责任的人员。在某些被审计单位，管理层包括部分或全部的治理层成员，如治理层中负有经营管理责任的人员或参与日常经营管理的业主（以下简称业主兼经理）。

治理层是指对被审计单位战略方向及管理层履行经营管理责任负有监督责任的人员或组织。治理层的责任包括监督财务报告过程。在某些被审计单位，治理层可能包括管理层，如治理层中负有经营管理责任的人员，或者业主兼经理。

按照审计准则和相关法律法规的规定，注册会计师还可能就审计中出现的事项，负有与管理层、治理层和其他财务报表使用者进行沟通和向其报告的责任。

（三）具体审计目标

具体审计目标是总体审计目标的具体化，根据具体化的程度不同，又分为一般审计目标和项目审计目标两个层次。一般审计目标是实施项目审计时应达到的目标，是项目审计目标的共性概括；项目审计目标是按每个项目的具体内容而确定的目标，既表现了项目审计的个性特征，也具有一般审计的共性特征。无论是一般审计目标还是项目审计目标，都必须根据审计总目标要求和被审计单位的需要来确定。

第二节 管理层、治理层和注册会计师对财务报表的责任

一、管理层和治理层的责任

现代企业的所有权与经营权分离后，管理层负责企业的日常经营管理，随之承担受托责任，管理层通过编制财务报表反映受托责任的履行情况。按照现代公司治理结构的安排，为了实现公司内部的权力平衡，公司需要通过制约关系来保证财务信息的质量，这就往往要求治理层对管理层编制财务报表的过程实施有效的监督。财务报表就是由被审计单位管理层在治理层的监督下编制的。在治理层的监督下，管理层作为会计工作的行为人，对编制财务报表负有直接责任。因此，在被审计单位治理层的监督下，按照适用的财务报告框架的规定编制财务报表是被审计单位管理层的责任。

执行审计工作的前提，即与管理层和治理层（如适用）责任相关的执行审计工作的前提，是指管理层和治理层（如适用）已认可并理解其应当承担下列责任，这

些责任构成注册会计师按照审计准则的规定执行审计工作的基础：

（一）按照适用的财务报告框架的规定编制财务报表，包括使其实现公允反映（如适用）

管理层应当根据会计主体的性质和财务报表的编制目的，选择适用的会计准则和相关会计制度。就会计主体的性质而言，事业单位适合采用事业单位会计制度，而企业则根据规模和行业性质，分别适用企业会计准则、企业会计制度、金融企业会计制度和小企业会计准则等。按照编制目的，财务报表可以分为通用目的和特殊目的两种报表。前者是为了满足范围广泛的使用者的共同信息需要，如为公布目的而编制的财务报表；后者是为了满足特定信息使用者的信息需要。相应地，编制和列报财务报表适用的会计准则和相关会计制度也不同。

（二）设计、执行和维护必要的内部控制，使得编制的财务报表不存在由于舞弊或错误导致的重大错报

为了履行编制财务报表的职责，管理层通常设计、实施和维护与财务报表编制相关的内部控制，以保证财务报表不存在由于舞弊和错误而导致的重大错报。

管理层在治理层的监督下，高度重视对舞弊的防范和遏制是非常重要的。对舞弊的防范可以减少舞弊发生的机会。由于舞弊存在被发现和惩罚的可能性，对舞弊的遏制能够警示被审计单位人员不要实施舞弊。对舞弊的防范和遏制需要管理层营造诚实守信和合乎道德的文化，并且这一文化能够在治理层的有效监督下得到强化。治理层的监督包括考虑管理层凌驾于控制之上或对财务报告过程施加其他不当影响的可能性。例如，管理层为了影响分析师对企业业绩和盈利能力的看法而操纵利润。

控制是指内部控制一个或多个要素，或者要素表现出的各个方面。审计准则所称的内部控制，与适用的法律法规有关内部控制的概念一致。在审计实务中，一般通过签署管理层声明书来确认管理层的责任。《中华人民共和国会计法》明确规定，单位负责人对本单位的会计工作和会计资料的真实性、完整性负责。从审计角度来看，相关法律规定管理层和治理层对编制财务报表承担责任，有利于从源头上保证财务信息质量。

（三）向注册会计师提供必要的工作条件

这些必要的工作条件包括允许注册会计师接触与编制财务报表相关的所有信息，向注册会计师提供审计所需的其他信息，允许注册会计师在获取审计证据时不受限制地接触其认为必要的内部人员和其他相关人员。

管理层（有时涉及治理层）认可并理解应当承担与财务报表相关的上述责任，是执行审计工作的前提，构成了注册会计师按照审计准则的规定执行审计工作的基础。

二、注册会计师的责任

就大多数通用目的的财务报告框架而言，注册会计师的责任是针对财务报表是否在所有重大方面按照财务报告框架编制并实现公允反映发表审计意见。

作为一种鉴证业务，审计工作旨在提高被审计单位财务报表的可信性。在审计关系中，注册会计师作为独立的第三方，由其对财务报表发表审计意见，有利于提

高财务报表的可信赖程度。为履行这一职责，注册会计师应当遵守职业道德规范，按照审计准则的规定计划和实施审计工作，收集充分、适当的审计证据，并根据收集的审计证据得出合理的审计结论，发表恰当的审计意见。

为准确把握注册会计师责任的含义，有必要进一步明确注册会计师在揭露错误与舞弊以及违反法规行为方面的责任。在财务报表审计中，这两类责任都有可能会涉及。

（一）对发现错误和舞弊的责任

尽管注册会计师可能怀疑被审计单位存在舞弊，甚至在极少数情况下识别出发生的舞弊，但注册会计师并不对舞弊是否已实际发生做出法律意义上的判定。

被审计单位治理层和管理层对防止或发现舞弊负有主要责任。在按照审计准则的规定执行审计工作时，注册会计师有责任对财务报表整体是否不存在由于舞弊或错误导致的重大错报获取合理保证。

在舞弊导致错报的情况下，固有限制的潜在影响尤其重大。舞弊导致的重大错报未被发现的风险，大于错误导致的重大错报未被发现的风险。其原因是舞弊可能涉及精心策划和蓄意实施以进行隐瞒，如伪造证明或故意漏记交易，或者故意向注册会计师提供虚假陈述。如果涉及串通舞弊，注册会计师可能更加难以发现蓄意隐瞒的企图。串通舞弊可能导致原本虚假的审计证据被注册会计师误认为只有说服力。注册会计师发现舞弊的能力取决于舞弊者实施舞弊的技巧、舞弊者操纵会计记录的频率和范围、串通舞弊的程度、舞弊者操纵的每笔金额的大小、舞弊者在被审计单位的职位级别等因素。即使可以识别出实施舞弊的潜在机会，但对于诸如会计估计等判断领域的错报，注册会计师也难以确定这类错报是由舞弊还是错误导致的。

管理层舞弊导致的重大错报未被发现的风险，大于员工舞弊导致的重大错报未被发现的风险。其原因是管理层往往可以利用职位之便，直接或间接操纵会计记录，提供虚假的财务信息，或者凌驾于为防止其他员工实施类似舞弊而建立的控制之上。在获取合理保证时，注册会计师有责任在整个审计过程中保持职业怀疑，考虑管理层凌驾于控制之上的可能性，并认识到对发现错误有效的审计程序未必对发现舞弊有效。

由于审计的固有限制，即使注册会计师按照审计准则的规定恰当计划和执行了审计工作，也不可避免地存在财务报表中的某些重大错报未被发现的风险。因此，注册会计师不能对财务报表整体不存在重大错报获取绝对保证，只能取得合理保证。承担合理保证的责任也意味着审计工作并不能保证发现所有的重大错报（包括不能保证发现所有的错误和舞弊导致的重大错报）。

按照《中国注册会计师审计准则第 1101 号——注册会计师的总体目标和审计工作的基本要求》的规定，注册会计师应当在整个审计过程中保持职业怀疑，认识到存在由于舞弊导致的重大错报的可能性，而不应受到以前对管理层、治理层正直和诚信情况形成的判断的影响。如果在完成审计工作后发现舞弊导致的财务报表重大错报，特别是串通舞弊或伪造文件记录导致的重大错报，并不必然表明注册会计师没有遵循审计准则。要判断注册会计师是否按照审计准则的规定实施了审计工作，应当取决于其是否根据具体情况实施了审计程序，是否获取了充分、适当的审计证据以及是否根据证据评价结果出具了恰当的审计报告。

（二）对发现违反法律法规行为的责任

违反法律法规是指被审计单位有意或无意违背除适用的财务报告框架以外的现行法律法规的行为。例如，被审计单位进行的或以被审计单位名义进行的违反法律法规的交易，或者治理层、管理层或员工代表进行的违反法律法规的交易。违反法律法规不包括由治理层、管理层或员工实施的，与被审计单位经营活动无关的不当个人行为。

审计准则旨在帮助注册会计师识别由于违反法律法规导致的财务报表重大错报。然而，注册会计师没有责任防止被审计单位违反法律法规，不能期望其发现所有的违反法律法规行为。

注册会计师有责任对财务报表整体不存在由于舞弊或错误导致的重大错报获取合理保证。

在执行财务报表审计时，注册会计师需要考虑适用于被审计单位的法律法规框架。由于审计的固有限制，即使注册会计师按照审计准则的规定恰当地计划和执行审计工作，也不可避免地存在财务报表中的某些重大错报未被发现的风险。

就法律法规而言，由于下列原因，审计的固有限制对注册会计师发现重大错报的能力的潜在影响会加大：

（1）许多法律法规主要与被审计单位经营活动相关，通常不影响财务报表，且不能被与财务报告相关的信息系统获取。

（2）违反法律法规可能涉及故意隐瞒的行为，如共谋、伪造、故意漏记交易、管理层凌驾于控制之上或故意向注册会计师提供虚假陈述。

（3）某行为是否构成违反法律法规，最终只能由法院认定。

在通常情况下，违反法律法规与财务报表反映的交易和事项越不相关，就越难以被注册会计师关注或识别。

按其对财务报表的影响，违反法律法规的行为可以分为两类：第一类为通常对决定财务报表中的重大金额和披露有直接影响的法律法规（如税收和企业年金方面的法律法规）的规定；第二类为对决定财务报表中的金额和披露没有直接影响的其他法律法规，但遵守这些法律法规（如遵守经营许可条件、监管机构对偿债能力的规定或环境保护要求）对被审计单位的经营活动、持续经营能力或避免大额罚款至关重要；违反这些法律法规，可能对财务报表产生重大影响。对两种不同类型的违反法律法规的行为，注册会计师所负的检查和报告责任是不相同的。对于第一类违反法律法规的行为，注册会计师的责任是就被审计单位遵守这些法律法规的规定获取充分、适当的审计证据；对于第二类违反法律法规的行为，注册会计师的责任仅限于实施特定的审计程序，以有助于识别可能对财务报表产生重大影响的违反这些法律法规的行为。

为了充分关注被审计单位违反法律法规行为可能对财务报表产生的重大影响，在计划和执行审计工作时，注册会计师应当保持职业怀疑态度，充分关注审计可能揭露的导致其对被审计单位遵守法律法规产生怀疑的情况或事项。

三、管理层、治理层责任和注册会计师责任的关系

被审计单位管理层、治理层的责任与注册会计师的审计责任不能相互替代、减轻或免除。

管理层和治理层作为内部人员，对企业的情况更为了解，更能做出适合企业特点的会计处理决策和判断，因此管理层和治理层理应对编制财务报表承担完全责任。在审计过程中，尽管注册会计师可能向管理层和治理层提出调整建议，甚至在不违反独立性的前提下为管理层编制财务报表提供一些协助，但管理层仍然对编制财务报表承担责任，并通过签署财务报表确认这一责任。

如果财务报表存在重大错报，而注册会计师通过审计没有能够发现，也不能因为财务报表已经由注册会计师审计这一事实而减轻管理层和治理层对财务报表的责任。

第三节　管理层认定及具体审计目标

具体审计目标是审计目的、注册会计师总体目标的具体化，并受到总体目标的制约。为了实现注册会计师的总体目标，在计划和实施审计工作时，注册会计师需要明确各具体审计项目的审计目标。

具体审计目标必须根据被审计单位管理层的认定和注册会计师的总体目标来确定。为了实现注册会计师的总体目标，注册会计师首先要明确审计工作的起点。这一起点通常是被审计单位的财务报表，财务报表是由被审计单位管理层编制完成的，由管理层对财务报表上所有数字、披露等的全部声明构成，即由管理层关于各类交易、账户余额和列报的认定所构成。注册会计师通过获取适当、充分的审计证据支持管理层认定，从而形成审计意见，实现总体目标。概而言之，注册会计师审计的主要工作就是确定管理层认定是否恰当。

在通常情况下，注册会计师应以财务报表审计的总体目标为指导，以管理层的认定为基础，明确适合于各类交易、账户余额和列报的具体审计目标（见图4-1）。

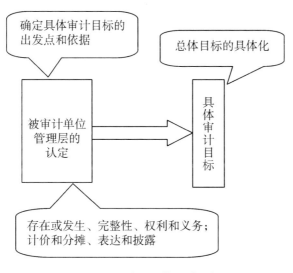

图4-1　认定及具体审计目标

一、管理层认定

（一）认定的含义

认定是指管理层在财务报表中做出的明确或隐含的表达，注册会计师将其用于考虑可能发生的不同类型的潜在错报。认定与审计目标密切相关，注册会计师的基本职责就是确定被审计单位管理层对其财务报表的认定是否恰当。注册会计师了解了认定，就很容易确定每个项目的具体审计目标。通过考虑可能发生的不同类型的潜在错报，注册会计师运用认定评估风险，并据此设计审计程序以应对评估的风险。

当管理层声明财务报表已按照适用的财务报告编制基础编制，在所有重大方面做出公允反映时，就意味着管理层对财务报表各组成要素的确认、计量、列报以及相关的披露做出了认定。管理层在财务报表上的认定有些是明确表达的，有些则是隐含表达的。例如，管理层在资产负债表中列报存货及其金额，意味着做出下列明确的认定：第一，记录的存货是存在的；第二，存货以恰当的金额包括在财务报表中，与之相关的计价或分摊调整已恰当记录。同时，管理层也做出下列隐含的认定：第一，所有应当记录的存货均已记录；第二，记录的存货都由被审计单位所有。

对于管理层对财务报表各组成要素做出的认定，注册会计师的审计工作就是要确定管理层的认定是否恰当。

具体来说，管理层认定见表4-2。

表4-2　管理层认定的内容

关于所审计期间各类交易、事项及相关披露的认定	关于期末账户余额及相关披露的认定
①发生； ②完整性； ③准确性； ④截止； ⑤分类； ⑥列报	①存在； ②权利和义务； ③完整性； ④准确性、计价和分摊； ⑤分类； ⑥列报

（二）关于所审计期间各类交易、事项及相关披露的认定

注册会计师对所审计期间的各类交易和事项运用的认定通常分为下列类别：

（1）发生：记录的交易或事项已发生，且与被审计单位有关。

（2）完整性：所有应当记录的交易和事项都已记录。

（3）准确性：与交易和事项有关的金额及其他数据已恰当记录。

（4）截止：交易和事项已记录于正确的会计期间。

（5）分类：交易和事项已记录于恰当的账户。

（6）列报：交易和事项已被恰当地汇总或分解且表述清楚，相关披露在适用的财务报告编制基础下是相关的、可理解的。

（三）关于期末账户余额及相关披露的认定

注册会计师对期末账户余额运用的认定通常分为下列类别：

（1）存在：记录的资产、负债和所有者权益是存在的。

（2）权利和义务：记录的资产由被审计单位拥有或控制，记录的负债是被审计单位应当履行的偿还义务。

（3）完整性：所有应当记录的资产、负债和所有者权益都已记录。

（4）准确性、计价和分摊：资产、负债和所有者权益以恰当的金额包括在财务报表中，与之相关的计价或分摊调整已恰当记录。

（5）分类：资产、负债和所有者权益已记录于恰当的账户。

（6）列报：资产、负债和所有者权益已被恰当地汇总或分解且表述清楚，相关披露在适用的财务报告编制基础下是相关的、可理解的。

注册会计师可以按照上述分类运用认定，也可以按其他方式表述认定，但应涵盖上述所有方面。例如，注册会计师可以选择将有关交易和事项的认定与有关账户余额的认定综合运用。又如，当发生和完整性认定包含了对交易是否记录于正确会计期间的恰当考虑时，就可能不存在与交易和事项截止相关的单独认定。

二、具体审计目标

注册会计师了解认定后，就很容易确定每个项目的具体审计目标，并以此作为评估重大错报风险以及设计和实施进一步审计程序的基础。

（一）关于所审计期间各类交易、事项及相关披露的审计目标

（1）发生：由发生认定推导的审计目标是确认已记录的交易是真实的。例如，如果没有发生销售交易，但在销售日记账中记录了一笔销售，则违反了该目标。

发生认定所要解决的问题是管理层是否把那些不曾发生的项目列入财务报表，它主要与财务报表组成要素的高估有关。

（2）完整性：由完整性认定推导的审计目标是确认已发生的交易确实已经记录。例如，如果发生了销售交易，但没有在销售明细账和总账中记录，则违反了该目标。

发生和完整性两者强调的是相反的关注点。发生目标针对多记、虚构交易（高估），而完整性目标则针对漏记交易（低估）。

（3）准确性：由准确性认定推导出的审计目标是确认已记录的交易是按正确金额反映的。例如，如果在销售交易中，发出商品的数量与账单上的数量不符，或者是开账单时使用了错误的销售价格，或者是账单中的乘积或加总有误，或者是在销售明细账中记录了错误的金额，则违反了该目标。

准确性与发生、完整性之间存在区别。例如，若已记录的销售交易是不应当记录的（如发出的商品是寄销商品），则即使发票金额是准确计算的，仍违反了发生目标。又如，若已入账的销售交易是对正确发出商品的记录，但金额计算错误，则违反了准确性目标，没有违反发生目标。在完整性与准确性之间也存在同样的关系。

（4）截止：由截止认定推导出的审计目标是确认接近于资产负债表日的交易记录于恰当的期间。例如，如果本期交易推到下期或下期交易提到本期，都违反了截止目标。

（5）分类：由分类认定推导出的审计目标是确认被审计单位记录的交易经过适当分类。例如，如果将现销记录为赊销，将出售经营性固定资产所得的收入记录为

营业收入，则导致交易分类的错误，违反了分类的目标。

（6）列报：由列报认定推导出的审计目标是确认被审计单位记录的交易和事项已被恰当地汇总或分解且表述清楚，相关披露在适用的财务报告编制基础下是相关的、可理解的。

（二）关于期末账户余额及相关披露的审计目标

（1）存在：由存在认定推导的审计目标是确认记录的金额确实存在。例如，如果不存在某顾客的应收账款，在应收账款明细表中却列入了对该顾客的应收账款，则违反了存在目标。

（2）权利和义务：由权利和义务认定推导的审计目标是确认资产归属于被审计单位，负债属于被审计单位的义务。例如，将他人寄售商品列入被审计单位的存货，违反了权利目标；将不属于被审计单位的债务记入账内，违反了义务目标。

（3）完整性：由完整性认定推导的审计目标是确认已存在的金额都已记录。例如，如果存在某顾客的应收账款，而应收账款明细表中却没有列入，则违反了完整性目标。

（4）准确性、计价和分摊：资产、负债和所有者权益以恰当的金额包括在财务报表中，与之相关的计价或分摊调整已恰当记录。

（5）分类：资产、负债和所有者权益已记录于恰当的账户。

（6）列报：资产、负债和所有者权益已被恰当地汇总或分解且表述清楚，相关披露在适用的财务报告编制基础下是相关的、可理解的。

下面以存货为例来说明管理层认定和具体审计目标之间的关系，见表4-3。

表4-3　管理层认定与适用于存货的具体审计目标

管理层认定	具体审计目标
关于所审计期间各类交易、事项及相关披露相关的认定	
发生	企业记录的与全部存货相关的交易是真实的
完整性	属于企业发生的存货交易都已记录
准确性	已记录的与存货有关的交易是按正确的金额反映的
截止	接近于资产负债表日的存货交易记录于恰当的期间
分类	被审计单位记录的存货根据有关规定做了适当分类
列报	确认被审计单位记录的存货已被恰当地汇总或分解且表述清楚，相关披露在适用的财务报告编制基础下是相关的、可理解的
关于期末账户余额及相关披露相关的认定	
存在	记录的存货账户金额确实存在
权利和义务	企业对所有存货都拥有法律上的所有权，存货未做抵押
完整性	现有存货都盘点并计入存货总额

表4-3(续)

管理层认定	具体审计目标
准确性、计价和分摊	账面存货与实有实物数量相符,用以估价存货的价格无重大错误,单价与数量的乘积正确,详细数据的加总正确,账簿中存货余额正确;当存货的可变现净值减少时,已冲减存货价值
分类	资产负债表中已对存货按有关规定做了恰当分类
列报	存货已被恰当地汇总或分解且表述清楚,相关披露在适用的财务报告编制基础下是相关的、可理解的

通过前面介绍可知,认定是确定具体审计目标的基础。注册会计师通常将认定转化为能够通过审计程序予以实现的审计目标。针对财务报表每一项目表现出的各项认定,注册会计师相应地确定一项或多项审计目标,然后通过执行一系列审计程序获取充分、适当的审计证据以实现审计目标。认定、审计目标和审计程序之间的关系举例如表4-4所示。

表4-4　认定、审计目标和审计程序之间的关系举例

认定	审计目标	常用审计程序
存在	资产负债表列示的存货存在	实施存货监盘程序
完整性	销售收入包括了所有已发货的交易	检查发货单和销售发票的编号以及销售明细账
准确性	销售业务是否基于正确的价格和数量,计算是否准确	比较价格清单与发票上的价格、发货单与销售订购单上的数量是否一致,重新计算发票上的金额
截止	销售业务记录在恰当的期间	比较上一年度最后几天和下一年度最初几天的发货单日期与记账日期
权利和义务	资产负债表中的固定资产确实为公司拥有	查阅所有权证书、购货合同、结算单和保险单
准确性、计价和分摊	以净值记录应收款项	检查应收账款账龄分析表、评估计提的坏账准备是否充足

61

本章小结

本章主要介绍了审计目标的概念,要求学生重点掌握管理层认定及具体审计目标。

审计目标是指人们通过审计实践期望达到的理想境界或最终结果。在不同的审计阶段,审计目标有不同的变化。真实、合法、效益是我国目前审计的总体目标。根据具体化的不同程度,总体目标又可以分为具体审计目标。我国审计准则的总体审计目标是对被审计单位会计报表的合法性、公允性表示意见。具体审计目标是总体审计目标的进一步具体化。具体审计目标包括以下几个方面:发生、完整性、准确性、截止、分类、列报、存在、权利和义务、计价和分摊。

本章应强调的术语有审计目标、总体审计目标、管理层认定、具体审计目标等。

本章思维导图

本章思维导图如图 4-2 所示。

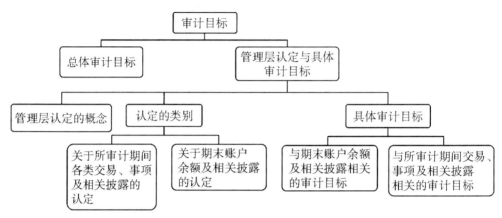

图 4-2　本章思维导图

审/计/学

第五章
审计证据和审计工作底稿

学习目标

1. 了解审计证据的概念。
2. 掌握审计证据的两大特征：充分性和适当性。
3. 掌握影响审计证据充分性和适当性的因素及其影响。
4. 了解审计程序的种类和不同审计程序的区别。
5. 掌握函证程序的步骤与要点，积极式函证和消极式函证的区别。
6. 理解在审计不同阶段下使用分析程序的特点。
7. 理解审计工作底稿的定义。
8. 了解审计工作底稿编制的目的及编制要求，了解审计工作底稿的格式要素。
9. 掌握审计工作底稿的归档要求，重点区分底稿归档时的事务性变动和底稿归档后的业务性变动。

案例导入

案例一

2019 年 12 月 31 日，审计助理王明经注册会计师张强的安排，前去斯巴达公司验证存货的账面余额。在盘点前，王明在过道上听几个工人在议论，得知存货中可能存在不少无法出售的变质产品。对此，王明对存货进行实地抽点，并比较库存量与最近销量。抽点结果表明，存货数量合理，收发亦较为有序。由于该产品技术含量较高，王明无法鉴别出存货中是否有变质产品，于是他不得不询问该公司的存货部高级主管。高级主管的答复是：该产品绝无质量问题。

王明在盘点工作结束后，开始编制审计工作底稿。在备注中，王明将听说有变质产品的事填入其中，并建议在下阶段的存货审计程序中，应特别注意是否存在变质产品。张强在复核审计工作底稿时，再一次向王明详细了解存货盘点情况，特别是有关变质产品的情况。对此，张强还特别对当时议论此事的工人进行询问。但这些工人矢口否认了此事。于是，张强与存货部高级主管商讨后，得出结论，认为"存货价值公允且均可出售"。自审计工作底稿复核后，张强在备注栏后填写了"变质产品问题经核实尚无证据，但下次审计时应加以考虑"。由于斯巴达公司总经理抱怨张强前几次出具了保留意见的审计报告，使得他们贷款遇到了不少麻烦。自审计结束后，注册会计师张强对该年的财务报表出具了无保留意见的审计报告。

两个月后，斯巴达公司资金周转不灵，主要是存货中存在大量变质产品无法出售，致使到期的银行贷款无法偿还。银行拟向会计师事务所索赔，认为注册会计师在审核存货时，具有重大过失。债权人在法庭上出示了张强的审计工作底稿，认为注册会计师明知存货高估，但迫于被审计单位总经理的压力，没有揭示财务报表中存在的问题，因此应该承担银行的贷款损失。

问题：（1）工人在过道上关于变质产品的议论是否应列入审计工作底稿？

（2）注册会计师张强是否已尽到了责任？

（3）对于银行的指控，这些审计工作底稿能否支持注册会计师的抗辩？

（4）银行的指控是否具有充分的证据？请说明理由。

案例二

百奇公司 2018 年 12 月 31 日财务报表显示，其应收账款余额为 800 000 元，备抵坏账金额为 28 000 元。注册会计师李勉运用所有的审计程序审核了上述两个账户，认为表述恰当，符合会计准则要求。但在 2019 年 1 月 20 日外勤工作尚未结束时，李勉得知百奇公司的主要客户卡卡公司因遭受火灾而无力偿还应付百奇公司的债务。百奇公司 2018 年 12 月 31 日的账面显示，应收卡卡公司的账款金额为 216 000 元。注册会计师李勉与百奇公司的财务经理讨论有关火灾情况。李勉认为，报表上要调整这一火灾损失，增加提取坏账准备。财务经理认为不应调整这一损失，因为火灾发生在 2019 年。

问题：（1）李勉应如何取得证据来证实这一损失确实发生在 2019 年。

（2）李勉应如何处理比较恰当。

第一节　审计证据

一、审计证据的含义、内容与种类

（一）审计证据的含义

审计证据是指注册会计师为了得出审计结论、形成审计意见而使用的所有信息。这些信息能够为注册会计师所使用，帮助注册会计师得出审计结论、形成审计意见，具体包括编制财务报表依据的会计记录中含有的会计信息和除会计信息以外的其他信息。

我们应从以下几点去理解审计证据的概念：

（1）审计证据的本质就是信息。

（2）不是所有信息都能够构成审计证据，构成审计证据的信息是能够被注册会计师使用的信息，这些信息要能够帮助注册会计师得出审计结论，形成审计意见。

（3）信息分为两类，即会计记录中含有的信息（账簿、凭证、报表中含有的信息）和其他信息（除账证表以外的信息）。

审计证据的构成如图 5-1 所示。

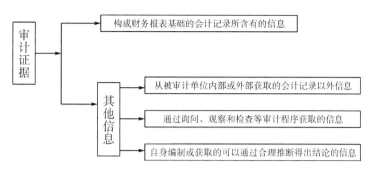

图 5-1　审计证据的构成

（二）审计证据的内容

审计证据的内容可以分为两大类：会计记录中含有的信息（简称会计信息）和其他信息。

1. 会计记录中含有的信息

会计记录中含有的信息主要包括原始凭证、记账凭证、总分类账和明细分类账、未在记账凭证中反映的对财务报表的其他调整以及支持成本分配、计算、调节和披露的手工计算表和电子数据表。我们可以简单地将其理解为凭证、账簿和报表（简称账记表）中有含有的信息。但是，会计信息又不仅限于账证表中含有的信息，它可能还包括销售发运单、顾客的汇款通知单、购货发票、对账单、员工考勤卡、租合同记录、人事档案等含有的信息。

会计记录中含有的信息能够为注册会计师审计提供支持性的审计证据，注册会计师必须研究会计记录中的信息以获取充分、适当的审计证据，为发表审计意见提供基础。但是仅仅依靠会计记录中含有的信息又是不足够的，注册会计师必须还要获取其他信息，为发表恰当的审计意见打好基础。

2. 其他信息

其他信息是指除了会计信息以外的其他信息，注册会计师必须引起足够的重视，因为其他信息能够帮助注册会计师识别被审计单位的重大错报风险。

可用于审计证据的其他信息如下：

（1）注册会计师从被审计单位内部或外部获取的会计记录以外的信息，如被审计单位会议记录、内部控制手册、询证函的回函、分析师的报告、与竞争者的比较数据等。

（2）注册会计师通过询问、观察和检查等审计程序获取的信息，如通过检查存货获取存货存在性的审计证据等。

（3）注册会计师自身编制或获取的可以通过合理推断得出结论的信息，如注册会计师编制的各种计算表、分析表等。

3. 两者之间的关系

会计记录中含有的信息和其他信息两者缺一不可，共同构成了审计证据。在审计工作中如果没有会计记录中含有的信息，审计工作将无法进行；如果没有其他信息，注册会计可能无法识别被审计单位的重大错报风险。注册会计师只有将两者结合在一起，才能将审计风险降至可接受的低水平，为发表恰当的审计意见打好基础。

会计信息和其他信息是注册会计师获取审计证据的两个不同来源和途径，当注册会计师通过这两个来源和途径获取的审计证据相同时，两者能够起到相互印证的作用。例如，对应收账款的审计，注册会计师通过函证程序能够证实应收账款的存在认定，同时核查销售合同、销售订单、销售发票副本及发票凭证等，也可以验证应收账款的真实性，即对其存在进行认定。函证获取的审计证据和检查销售合同等获取的审计证据就是不同性质的审计证据，注册会计师通过函证和检查销售合同文件等获取不同性质的审计证据，都是为了证明应收账款的存在认定，可以使应收账款的存在认定更有说服力。因此，不同性质的审计证据能够相互印证时，与该项认定相关的审计证据具有更强的说服力。

但是，当两者不一致时，并且这个不一致属于重大的时候，注册会计师必须实施其他必要的审计程序，直到这个不一致问题得到解决。

会计信息和其他信息之间的关系如图5-2所示。

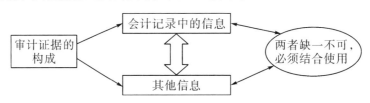

图5-2　会计信息和其他信息之间的关系

（三）审计证据的种类

审计证据的种类很多，审计证据的分类主要取决于审计证据的来源途径、审计证据的取得方式以及它存在的形式等。不同的审计证据的证明力存在差异，能够实现的认定也有区别，注册会计师可以通过多种途径去获取审计证据。注册会计师一般可以按下列不同形式对审计证据进行分类。

1. 审计证据按其存在形式分类

审计证据按其存在形式的不同，可以分为实物证据、书面证据、口头证据和环境证据。

（1）实物证据。注册会计师在对现金、存货、固定资产等项目进行审计时，首先考虑通过清查、监督或盘点来取得实物证据，以证明它们是否真实存在。

（2）书面证据。审查有关原始凭证、记账凭证、会计账簿、各种明细项目表、各种合同、会议记录和文件、函件、通知书、报告书、声明书、程序手册等。书面证据是注册会计师收集的数量最多、范围最广的一种证据。注册会计师发表审计意见基本都以书面证据为基础。

（3）口头证据。在审计过程中，注册会计师往往要就以下事项向有关人员进行询问：

①被审计事项发生时的实况。

②对特别事项的处理过程。

③采用特别会计政策和方法的理由。

④对舞弊事实的追溯调查。

⑤可能事项的意见或态度等。

通常，口头证据本身不能完全证明事实的真相，因为被调查或询问人可能有意隐瞒实情或由于对过去事情记忆上的模糊或遗漏而使口头证据不准确、不完整。注册会计师仅仅获取口头审计证据是不够充分的。

（4）环境证据。环境证据包括反映内部控制状况的环境证据、反映管理素质的环境、反映管理水平和管理条件的环境证据。一般而言，被审计单位管理人员的素质越高，则其所提供的证据发生差错的可能性就越小。例如，当被审计单位会计人员的素质高时，其会计记录就不容易发生错误。因此，会计人员的素质对会计资料的可靠性会产生影响。

不同审计证据的可靠性比较如图 5-3 所示。

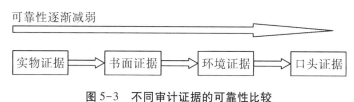

可靠性逐渐减弱

实物证据 → 书面证据 → 环境证据 → 口头证据

图 5-3 不同审计证据的可靠性比较

2. 审计证据按其来源分类

审计证据按其来源不同，可以分为亲历证据、内部证据和外部证据。

（1）亲历证据。亲历证据是指审计人员亲自编制的计算表、分析表等审计证据。

（2）内部证据。内部证据是指被审计单位内部提供的审计证据。

（3）外部证据。外部证据是指从被审计单位以外的其他单位取得的审计证据。

二、审计证据的特征

审计证据具有数量方面和质量方面的特征，数量方面要求审计证据要充分，质量方面要求审计证据要适当。我们认为只有充分且适当的审计证据才是好的审计证据。

（一）审计证据的充分性

审计证据的充分性是描述审计证据的数量特征，注册会计师在收集审计证据时要在数量上满足充分性。审计证据的充分性会受一些因素影响，比如重大报错风险的高低，样本量的大小以及审计证据本身质量的高低等。

样本量的大小会正向变动影响审计证据的充分性。审计不可能百分之百检查，一般采取抽查（抽样），抽样多少就与样本量（从样本总体中抽取的检查部分就是样本量）有关，从多的样本量中获取的证据要比从少的样本量中获取的证据更充分。

重大错报风险的高低水平也会正向变动影响审计证据的充分性。错报风险越大，需要的审计证据越多。具体来说，在可接受的审计风险水平一定的情况下，重大错报风险越大，注册会计师需要实施越多的测试工作，收集越多的审计证据，从而将检查风险降至可接受的低水平，将审计风险控制在可接受的范围内。

影响审计证据充分性的另外一个因素就是审计证据本身质量的高低。高质量的审计证据在相关性和可靠性方面都会比较好，能够更好地实现审计目标，所需的审计证据从数量上来说相对较少，但是不能说需要的审计证据一定可以少。同时要注意的是，注册会计师仅靠获取更多的审计证据可能无法弥补其质量上的缺陷。例如，注册会计师要实现和准确性相关的认定，要获取准确性相关的审计证据，如果注册会计师获取的是用来证明完整性相关的审计证据，那么这个审计证据获取得再多也证明不了准确性，只能证明完整性。

审计证据并非越多越好，注册会计师对审计证据数量上要求强调两个充分：必须充分和只需充分。

必须充分，即最低数量要求审计证据的充分性。必须充分要求注册会计师在获取审计证据数量方面一定要足够。这个足够是指注册会计师要获取到能够让其发表恰当审计意见所需的最低审计证据的数量。在这个最低要求没有满足的情况下，注册会计发表的审计意见就可能是不恰当的，进而影响审计的效果。

只需充分，即审计证据数量并非越多越好。只需充分要求审计证据的数量并非越多越好，审计证据需要注册会计师实施具体的审计程序去获取，如果一味强调审计证据越多越好，就会导致注册会计师在审计证据已经充分的情况下还去实施不必要的审计程序获取不必要的审计证据，导致审计工作效率低下。

审计证据的充分性如图5-4所示。

图5-4　审计证据的充分性

（二）审计证据的适当性

审计证据的适当性是描述审计证据质量的特征，即审计证据在支持各类交易、账户余额、列报的相关认定，或者发现其存在错报方面具有的相关性和可靠性。相关性和可靠性是审计证据适当性的核心内容，只有相关且可靠的审计证据我们才认为是高质量的审计证据，才认为是适当的。

1. 审计证据的相关性

相关性是指审计证据和审计事项或审计目标之间的一种逻辑联系。审计证据与审计事项或审计目标相关程度越高，其证明力越强，反之则证明力越弱，甚至不能作为审计证据。审计证据要有证明力，必须与注册会计师的审计目标相关。在确定审计证据的相关性时，注册会计师应当考虑以下问题：

（1）特定的审计程序可能只为某些认定提供相关的审计证据，而与其他认定无关。例如，注册会计师检查期后应收账款收回的记录和文件可以提供有关存在和计价的审计证据，但不一定与期末截止相关。对实物资产实施监盘审计程序，能够获取到证实存货存在认定的审计证据，但不一定能够获取到证明其权利和义务以及计价和分摊认定可靠的审计证据。

（2）针对同一项认定可以从不同来源获取审计证据或获取不同性质的审计证

据。例如，注册会计师可以分析应收账款的账龄和应收账款的期后收款情况，可以获取与坏账准备的计价有关的审计证据。

（3）只与特定认定相关的审计证据并不能替代与其他认定相关的审计证据。例如，有关存货实物存在的审计证据并不能替代与存货计价相关的审计证据。

获取审计证据的目的是实现审计目标，证明相关认定。某些特定的审计证据可能只能实现某些特定的认定。不同的审计证据在证明不同认定的时候，其证明力度不同，有的证明力度强，有的证明力度弱，有的可能没有证明力。例如，函证应收账款时，最能证实应收账款的存在认定，也能获取到完整性和权利与义务认定的审计证据，但是仅靠实施函证审计程序证明不了应收账款的计价和分摊认定。总体来说，审计证据的相关性是指审计证据和实现审计目标之间是否相关，获取的审计证据能否实现该审计目标。审计证据的取得需要靠实施审计程序去获取。所谓相关，在很大程度取决于注册会计师审计程序的选择是否恰当。

2. 审计证据的可靠性

审计证据的可靠性是指审计证据的可信程度。审计证据的可靠性受其来源和性质的影响，并取决于获取审计证据的具体环境。注册会计师在判断审计证据的可靠性时，通常会考虑以下因素：

（1）从外部独立来源获取的审计证据比从其他来源（内部来源）获取的审计证据更可靠。外部记录或文件通常被认为比内部记录或文件可靠。另外，某些来源于外部的凭证的编制过程通常十分谨慎，一般会经过律师或相关专家复核，因此具有较高的可靠性，如土地使用权证、保险单、契约和合同等文件。我们会认为购货发票比收料单更可靠。这是因为购货发票来自公司以外的机构或人员，经过外部机构相关人员的确认，而收料单是公司自行编制的，比起购货发票更容易被伪造和变造，相对就没有那么可靠。

要特别注意的是，在获取外部独立来源的审计证据时，注册会计师并非鉴定文件真伪的专家，审计工作通常也不涉及鉴定文件的真伪，如果文件本身真伪存在问题，那么独立来源获取的审计证据的可靠性也会受到影响，必要的时候注册会计师应当做出进一步调查，包括直接向第三方询证，或者考虑利用专家工作以评价文件记录的真伪。

（2）内部控制有效时生成的审计证据比内部控制薄弱时生成的审计证据更可靠。内部控制有效的时候企业重大错报风险发生的概率会大大降低，这个时候企业生成的审计证据也更可靠。

（3）直接获取的审计证据比间接获取或通过推断得出的审计证据更可靠。直接获取是指注册会计师本人获取的审计证据比别人提供给注册会计师的审计证据要更可靠。例如，监盘和盘点这两项程序都能够为注册会计师提供相应的审计证据，但是存货监盘记录比存货盘点记录要更可靠。这是因为存货监盘记录是注册会计师自行编制的，而存货盘点表是公司提供的。我们认为银行询证函回函比银行对账单更可靠，同样也是因为银行询证函回函是注册会计师直接获取的，未经公司有关职员之手；而银行对账单经过公司有关职员之手，存在被伪造、涂改的可能性。

（4）以文件、记录形式存在的审计证据比口头形式的审计证据更可靠。文件、记录形式存在的审计证据包括纸质、电子或其他介质形式。例如，会议的同步书面记录比对讨论事项事后的口头表述更可靠。在一般情况下，口头的转述往往记忆不太准确，口头证据往往需要得到其他途径获取的审计证据的支持。同时，在书面证据中，国家机关、社会团体依据职权制作的公文书比其他书面证据可靠。

（5）从原件获取的审计证据比从传真件或复印件获取的审计证据更可靠。因为传真件和复印件都存在容易被篡改和伪造的可能。传真件和复印件一般无法比较可靠性，因为两者的可靠性都比较低。

（6）如果都是来源于企业内部的审计证据，那么该审计证据经历的相关部门越多越可靠，经历的相关人员越多越可靠。例如，工资发放单比工资计算单可靠。这是因为工资发放单需经会计部门以外的工资领取人签字确认，而工资计算单只在会计部门内部流转。领料单和材料成本计算表比较可靠性，我们会认为领料单比材料成本计算表更可靠。这是因为领料单被预先连续编号，并且经过公司不同部门人员的审核，而材料成本计算表只在会计部门内部流转。

（7）不同渠道或不同性质的审计证据能相互印证时，比来自单一渠道的单一证据可靠。如果不同来源和途径的审计证据相互矛盾时，通常说明审计证据不太可靠。我们可以通过下面这个例子来说明这个问题。

北远航大会计师事务所审计 A 企业 2019 年的会计报表，注册会计师老张发现，该公司本年度"主营业务收入"比 2018 年增长了 50%。近几年，该公司所在行业较为萧条，同行业其他企业"主营业务收入"都持续下降，为什么 A 企业不降反升？必须找到能印证主营业务收入增长的其他证据。老张到工人的住处询问工人，因为这些企业基层员工一般比较坦白，老张了解到 A 企业没有新的招聘，工人也没有加班，工资没有上涨。老张又在生产线观察，生产线并没有更新改造。老张对存货进行盘点，企业库存相较于上年度没有大的变化。老张得出结论：企业的会计数据获取的审计证据和其他途径获取的审计证据不能相互印证，说明会计数据造假了。

（8）注册会计师在按照上述原则评价审计证据的可靠性时，应当注意可能出现的例外情况，即在这些原则之外的一些特殊情况。

例如，审计证据虽然是从独立的外部来源获得，但如果该证据是由不知情者或不具备资格者提供，审计证据可能也不可靠。同样，如果注册会计师不具备评价证据的专业能力，那么即使是直接获取的证据，也可能不可靠。

可靠性具有高度的综合概括性，需要注册会计师针对具体情况运用专业判断对审计证据进行分析、比较。

3. 审计证据的充分性和适当性之间的关系

充分性和适当性是描述审计证据的数量方面与质量方面的两个特质，只有充分且适当的审计证据我们才认为是好的审计证据，这样的审计证据才是最具有证明力的。充分性和适当性在描述审计证据的特征上两者缺一不可。

注册会计师需要获取的审计证据的数量也在一定程度上受审计证据质量的影响。审计证据质量越高，需要的审计证据数量可能越少，但不能说一定可以少。也就是说，审计证据的适当性会影响审计证据的充分性。例如，被审计单位内部控制健全时生成的审计证据更可靠，注册会计师只需获取一定的审计证据，就可以为发表审计意见提供合理的基础。但是，要注意的是，审计证据质量上的缺陷是无法通过数量去弥补的。例如，注册会计师要获取与销售收入完整性相关的证据，实际如果获取的是和销售收入真实性相关的证据，审计证据与完整性目标不相关，即使证据获取得再多，也证明不了收入的完整性。同样地，如果注册会计师获取的证据不可靠，那么证据数量再多也难以起到证明作用。

第二节　审计程序

一、审计程序概述

审计程序又叫获取审计证据的审计程序。注册会计师实施审计程序的目的是获取审计证据，通过获取的审计证据来实现审计目标。注册会计师审计目标的制定要围绕着管理层的认定，因此认定、审计目标、审计证据、审计程序之间存在着相互联系。管理层先对财务报表做出认定，注册会计师再针对管理层的认定设定具体的审计目标，为了实现这个审计目标，注册会计师必须收集审计证据，而审计证据不会凭空产生，需要注册会计师通过实施审计程序去获取。

认定、审计目标、审计证据和审计程序之间的关系可以通过图5-5展示出来。

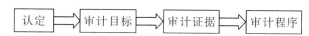

图5-5　认定、审计目标、审计证据和审计程序之间的关系

审计中注册会计师常用的审计程序主要有七种，分别是检查、观察、询问、函证、重新计算、重新执行和分析程序。不管是何种审计程序，注册会计师在运用该项审计程序的时候一般都会涉及以下四个方面的决策：

第一，审计程序的性质。注册会计师要针对需要收集的审计证据去具体选用审计程序，选择的审计程序和搜集的审计证据相关。

第二，审计程序的规模。注册会计师选定审计程序后，需要确定选取相应的样本规模，也就是从样本总体中具体抽取多少样本量来实施检查。

第三，选取的具体项目。如何从样本总体中选择一定的样本来检查呢？注册会计师一般会选择金额较大的、异常的、重要的一些项目。

第四，审计程序实施的时间。审计程序何时执行呢？一般来说审计程序的执行有两个时间：一个是资产负债表日前也就是期中，另一个是资产负债表日后的某个时间也就是期末，具体时间由注册会计师确定。

总体来说，审计程序就是注册会计师在审计过程中的某个时间，对将要获取的某类审计证据如何进行收集确定的详细指令。确定了审计程序的性质、时间、范围就能具体确定这个审计程序。

二、具体审计程序

如前所述，获取审计证据的审计程序主要有七种，分别是检查、观察、询问、函证、重新计算、重新执行和分析程序。这七种具体审计程序又叫获取审计证据的方法和手段，这七种审计程序可以单独使用或者结合使用。下面具体介绍这七种审计程序。

（一）检查

1. 检查记录或文件

检查记录或文件是指注册会计师对被审计单位内部或外部生成的，以纸质、电子或其他介质形式存在的记录或文件进行审查。检查记录或文件的目的是对财务报表包含或应包含的信息进行验证。检查记录或文件几乎与全部认定都相关，在获取所有认定相关审计证据的时候都可以实施检查这项审计程序，但是这里的检查主要针对记录和文件，不针对具体的实物资料。

2. 检查有形资产

检查有形资产是指注册会计师对资产实物进行审查。检查有形资产程序主要适用于存货和现金，也适用于有价证券、应收票据和固定资产等。

检查有形资产可为其存在性提供可靠的审计证据，但不一定能够为权利和义务或计价认定提供可靠的审计证据。例如，放在企业仓库的存货，光靠实施检查，企业不能证实对其拥有的所有权。放在企业仓库的存货不一定就是企业的，这些存货既可以是租来的也可以是借来的，企业不一定对其拥有所有权。要验证存在的资产确实为客户所拥有，仅靠检查实物证据是不够的。注册会计师实施的监盘程序实际上是检查、观察、询问等多种审计程序的集合程序。

（二）观察

观察是指注册会计师查看相关人员正在从事的活动或执行的程序来获取审计证据。例如，注册会计师对客户执行的存货盘点或控制活动进行观察。我们要注意区分观察与检查的区别，观察提供的审计证据仅限于观察发生的时点，过了观察的时点可能就获取不到想要的审计证据，而检查主要在事后进行。观察相对于检查而言也有局限性，如果观察者知道自己正在被观察，其从事活动或执行程序可能与日常的做法不同，进而影响注册会计师对真实情况的了解。因此，注册会计师有必要获取其他类型的审计证据进行佐证。

（三）询问

询问是指注册会计师以书面或口头方式向被审计单位内部或外部的知情人员获取财务信息和非财务信息，并对答复进行评价的过程。通过口头询问的形式获取审计证据，注册会计师一定要掌握询问的技巧，尽量让被询问者能够积极配合并愿意回答提问。

需要特别注意的是，询问本身获取审计证据的证明力度相对较弱，单独实施询问获取的审计证据本身并不足以发现认定层次的重大错报，也不足以测试内部控制运行的有效性。注册会计师仅靠实施询问这项审计程序是不足以获取充分、适当的审计证据，必须还要实施其他相关的审计程序。

通过对知情人员进行询问可以为注册会计师提供尚未获悉的信息或佐证证据，也可以提供与已获悉信息存在重大差异的信息，注册会计师应当根据询问结果考虑修改审计程序或实施追加的审计程序。

需要特别注意的是，注册会计师一般不通过实施询问审计程序获取和准确性相关的审计证据。由于询问是通过口头形式回答，口头转述本身通过回忆来回答，而记忆就可能不太准确，因此询问一般获取不到证明和准确性相关的审计证据。

（四）函证

1. 函证的定义

函证是指注册会计师为了获取影响财务报表或相关披露认定项目的信息，通过直接来自第三方对有关信息和现存状况的声明，获取和评价审计证据的过程。因为通过函证方式获取的审计证据来源于外部独立的第三方，并且由注册会计师亲自获取，通过函证获取的审计证据质量较高，所以函证是一种受到高度重视并被广泛使用的审计程序。一般只要能够使用函证的地方，注册会计师都会考虑使用函证。

2. 函证的内容

函证的内容及注意事项如表 5-1 所示。

表 5-1　函证的内容及注意事项

函证的内容	函证时的注意事项
银行存款、借款及与金融机构往来的其他重要信息	（1）在对银行存款、借款及与金融机构往来的其他重要信息实施函证时，注册会计师应当了解被审计单位实际存在的银行存款余额、借款余额以及抵押、质押及担保情况。 （2）注册会计师对零余额账户、在本期内注销的账户实施函证，防止被审计单位隐瞒银行存款或借款，防止被审计单位实施舞弊。 （3）除非同时存在下面两种情况，注册会计师才可以不实施函证： ①存款、借款及与金融机构往来的其他重要信息不重要。 ②与之相关的重大错报风险很低。 注册会计师应当在工作底稿中说明不函证理由
应收账款	除非存在下列两种情形之一，注册会计师才对应收账款实施函证： （1）根据审计重要性原则，有充分证据表明应收账款对财务报表不重要。 （2）注册会计师认为函证很可能无效。 如果不对应收账款函证，注册会计师应当在审计工作底稿中说明不函证理由
函证的其他内容	注册会计师可以根据具体情况和实际需要对下列内容（包括但并不限于）实施函证：投资，应收票据，往来款项，保证、抵押或质押，由他人代管的存货，或有事项，重大或异常的交易等

3. 函证的分类

根据对回函要求的不同，函证可以分为积极式函证和消极式函证两种形式。积极式函证和消极式函证都可以使注册会计师获取到相应的审计证据。两者主要的区别是对回函的要求不一样。对于积极式函证，注册会计师要求不管函证金额是否相符，被询证对象都要予以回函；对于消极式函证，注册会计师要求只有当函证金额不同的情况下才要求被询证对象予以回函。注册会计师可以根据自己的需要选择积极式函证或消极式函证，具体选择哪种函证方式还是要靠注册会计师的职业判断和经验选择。

积极式函证和消极式函证的差异如表 5-2 所示。

表 5-2 积极式函证和消极式函证的差异

两者的差异	积极式函证	消极式函证
回函要求不同	积极式函证要求被询证者在所有情况下必须回函,确认询证函所列示信息是否正确,或者填列询证函要求的信息	消极式函证只要求被询证者仅在不同意询证函列示信息的情况下才予以回函
函证条件不同	一般在下列情况,注册会计师可以考虑采用积极的函证方式: ①金额较大。 ②重大错报风险评估为高水平。 ③有理由相信欠款有争议或差错的	如果注册会计师要采用消极式函证,必须同时存在下列情况:①错报风险评估为低水平。②涉及大量余额较小的账户。③预期不存在大量的错误。④没有理由相信被询证者不认真对待函证
回函结论不同	在采用积极的函证方式时,只有注册会计师收到回函,才能为财务报表认定提供审计证据。如果注册会计师未能收到回函,应当考虑尽量与被询证者联系,要求对方做出回应或如果因为对方没有收到函证则应再次寄发询证函。如果未能得到被询证者的回应,函证很可能无效,注册会计师应当实施替代审计程序	如果注册会计师采用的是消极式函证,那么收到回函,能够为财务报表相关认定提供说服力强的审计证据。但是如果未收到回函,并不能为财务报表相关认定提供审计证据,也就是没有收到回函并不能代表函证的金额就一定相等。因此,从这点上来说,积极式函证要好过消极式函证

4. 对于管理层要求不实施函证的处理

当被审计单位管理层要求对拟函证的某些账户余额或其他信息不实施函证时,注册会计师应当考虑该项要求是否合理,并获取审计证据予以支持。

注册会计师应从以下三个方面去考虑管理层的要求是否合理:

(1) 管理层是否诚信,考虑管理层是否与其他单位串通做假账。

(2) 是否可能存在重大的舞弊或错误。

(3) 替代审计程序能否提供与这些账户余额或其他信息相关的充分、适当的审计证据。

在以上情况都不存在的时候,注册会计师认为管理层的要求合理,注册会计师可以实施替代的审计程序(不函证),以获取与这些账户余额或其他信息相关的充分、适当的审计证据。

注册会计师如果认为管理层的要求不合理,且被其阻挠而无法实施函证,注册会计师应当视为审计范围受到限制,并考虑对审计报告可能产生的影响,即因为审计范围受限而发表相关审计报告的意见类型。

5. 函证在实施中的"借名发函"

函证采用的是"借名发函"的形式。函证要求由注册会计师亲自发出,回函一定要回给会计师事务所(注册会计师),函证从发出到收回途中不能够经被审计单位任何人员之手,一旦经相关人员之手,就有可能存在函证结果被涂改或伪造,导致函证审计程序失败。虽然函证都是由注册会计师亲自发出,但是发出的询证函却不能以注册会计师或会计师事务所的名义发出,注册会计师应该借用被审计单位的名义将询证函发出。因此,在询证函上签字、盖章的是被审计单位和被询证对象,不是会计师事务所或注册会计师。

（五）重新计算

重新计算是指注册会计师以人工方式或使用计算机辅助审计技术，对记录或文件中的数据计算的准确性进行核对。重新计算侧重通过重新核算去验证相关金额是否准确，通常包括计算销售发票和存货的总金额、加总日记账和明细账、检查折旧费用、计算预付费用、检查应纳税额的计算等。因此，重新计算较多用来证实和准确性、计价、分摊等与金额联系比较紧密的相关认定。

（六）重新执行

重新执行是指注册会计师以人工方式或使用计算机辅助审计技术，重新独立执行作为被审计单位内部控制组成部分的程序或控制。重新执行是对内部控制程序重新过一遍，测试其是否得到有效执行。例如，注册会计师按照被审计单位相关内部控制制度的规定，重新编制银行存款余额调节表，验证相应内部控制是否有效运行。又如，企业的货币资金支付相关内控中，企业的货币资金支付流程一般如下：第一步，货币资金的支付申请。第二步，相关授权人员进行审批，看是否能够支付及是否满足支付的条件。第三步，复核，看审批中是否存在错误，降低和减少不该支付的款项被支付的情况。第四步，对满足情况的款项进行支付。注册会计师可以通过重新执行该项流程来判断和支付相关内控的有效性。

（七）分析程序

1. 分析程序的含义

分析程序是指注册会计师通过研究不同财务数据以及财务数据与非财务数据之间的内在关系，通过分析数据进而对财务信息做出评价。分析程序包括调查识别出的、与其他相关信息不一致或与预期数据严重偏离的波动和关系。分析程序在识别被审计单位重大错报风险方面比较有效，是注册会计师经常使用的一项比较重要的审计程序。

2. 分析程序的目的

需要注意的是，不是所有的地方都适合使用分析程序，因为分析程序研究的对象主要是数据，如果研究对象和数据联系不太紧密，就不太适合使用分析程序。

分析程序的使用范围如图5-3所示。

表5-3　分析程序的使用范围

过程	程序	目的	要求
风险评估过程	了解被审计单位及其环境并评估财务报表层次和认定层次的重大错报风险	识别重大错报风险	强制使用
实质性程序	当使用分析程序比细节测试能更有效地将认定层次的检查风险降至可接受的水平时，分析程序可以用作实质性程序	识别重大错报风险	选择使用

表5-3(续)

过程	程序	目的	要求
完成审计工作	对财务报表进行总体复核,最终证实财务报表整体是否与注册会计师对被审计单位的了解一致及与所取得的证据一致	总体复核,再评估重大错报风险	强制使用

3. 用作风险评估程序

注册会计师在实施风险评估程序时,应当运用分析程序,以了解被审计单位及其环境。在实施风险评估程序时,运用分析程序的目的是了解被审计单位及其环境并识别、评估重大错报风险,注册会计师应当围绕这一目的运用分析程序。在这个阶段运用分析程序是强制要求。

在运用分析程序时,注册会计师应重点关注关键账户的余额、趋势和财务比率关系,对其形成一个合理的预期,并与被审计单位记录的金额、依据记录金额计算的比率或趋势相比较。例如,企业的毛利率应该是一个相对趋于稳定的数值,假设企业上个月毛利率为8%,这个月毛利率突然增长到28%,那么企业应该有支持性的证据能够证明,为什么毛利率从8%增长到28%,比如企业引进了新的生产技术,大大节约了成本,从而提高了毛利率;或者整个行业都大幅提高了销售价格。如果分析程序的结果显示的比率、比例或趋势与注册会计师对被审计单位及其环境了解的不一致,或者没有支持性的证据,或者找到的是相反的证据,毛利率不上升反下降,并且被审计单位管理层无法做出合理的解释,这都意味着和预期的趋势不符,注册会计师应当考虑被审计单位的财务报表存在重大错报风险。

但是,注册会计师无需在了解被审计单位及其环境的每一方面时都实施分析程序。例如,在对内部控制的了解中,注册会计师一般不会运用分析程序。

4. 用作实质性程序

注册会计师应当针对评估的认定层次重大错报风险设计和实施实质性程序。实质性程序包括对各类交易、账户余额、列报的细节测试以及实质性分析程序。实质性分析程序是指用作实质性程序的分析程序,它的本质是分析程序,只是将分析程序使用在实质性程序里面,它与细节测试都可用于收集审计证据,以识别财务报表认定层次的重大错报风险。在实质性程序中,分析程序可以选择使用,并不是强制要求一定要使用分析程序。

实质性分析程序和细节测试在实质性程序中的选择使用,一般应该注意以下几点:

(1)相对于细节测试而言,实质性分析程序能够达到的精确度可能受到种种限制,提供的证据在很大程度上是间接证据,证明力相对较弱。从审计过程整体来看,注册会计师不能仅依赖实质性分析程序,而忽略对细节测试的运用。一般情况下,注册会计师应该选择以细节测试为主、实质性分析程序为辅,或者是在对同一认定实施细节测试的同时,实施实质性分析程序是适当的。

(2)由于实质性分析程序能够提供的精确度受到种种限制,当评估的重大错报风险水平较高时，注册会计师应当谨慎使用实质性分析程序。这时，注册会计师最好选择单独实施细节测试或结合使用。

（3）实质性分析程序的运用是有条件的，如果当使用分析程序比细节测试能更有效地将认定层次的检查风险降至可接受的水平时，注册会计师可以运用实质性分析程序。

（4）实质性分析程序不仅仅是细节测试的一种补充，在某些审计领域，如果重大错报风险较低且数据之间具有稳定的预期关系，注册会计师可以单独使用实质性分析程序获取充分、适当的审计证据。

（5）用于完成审计工作。在审计结束或临近结束时，注册会计师运用分析程序的目的是确定财务报表整体是否与对被审计单位的了解一致，注册会计师应当围绕这一目的运用分析程序。这时运用分析程序是强制要求，注册会计师在这个阶段应当运用分析程序。

上述审计程序单独或组合起来，可以用作风险评估程序、控制测试和实质性程序。通过表5-4，我们总结出了具体审计程序的特点和主要能够实现的认定类别。

表 5-4　具体审计程序的特点和主要证明的认定类别

具体程序		特点	获取的审计证据主要证明的认定类别
检查	检查记录或文件	可以提供可靠程度不同的审计证据，审计证据的可靠性取决于记录或文件的来源和性质	几乎全部认定都相关
	检查有形资产	能为存在性提供可靠的审计证据，但不一定能够为权利和义务或计价认定提供可靠的审计证据	特殊实物（如现金和有价证券）
观察		观察提供的审计证据仅限于观察发生的时点	存在、计价和分摊
询问		询问本身不足以发现认定层次存在的重大错报，也不足以测试内部控制运行的有效性	除准确性外一般都能证明
函证		函证获取的审计证据可靠性较高	存在、完整性、权利和义务
重新计算		通常包括计算销售发票和存货的总金额、加总日记账和明细账、检查折旧费用和预付费用的计算、检查应纳税额的计算等	计价和分摊、准确性
重新执行		注册会计师重新编制银行存款余额调节表与被审计单位编制的银行存款余额调节表进行比较就是一种重新执行程序	计价和分摊
分析程序		分析程序的使用需要存在有预期数据关系	计价和分摊、截止、完整性

第三节 审计工作底稿

一、审计工作底稿概述

（一）审计工作底稿的含义

审计工作底稿又叫审计工作记录或审计备忘录，简称工作底稿，是指注册会计师制订的审计计划、实施的审计程序、获取的审计证据以及根据得出的审计结论做出的记录。注册会计师编制审计工作底稿的目的主要是让审计工作留下痕迹，为事后查询做准备。

审计工作底稿的含义应从以下几个方面去理解：

（1）审计工作底稿形成于审计工作全过程，从注册会计师承接审计业务开始直到最后出具审计报告为止，也就是从初步业务评价（签订业务约定书）到发表审计结论（形成审计报告），任何一个环节都会形成审计工作底稿。

（2）审计工作底稿的形成方式有两种：一种是注册会计师直接编制，另一种是由被审计单位或其他第三者提供。例如，询证函的回函。

（3）审计工作底稿反映整个审计工作过程，从审计计划的实施到最后出具审计报告的整个过程，都要记录在审计工作底稿中。

（4）审计工作底稿是审计证据的载体，也是注册会计师形成审计结论、发表审计意见的直接依据。

（二）编制审计工作底稿的目的

编制审计工作底稿的目的主要有以下四个方面：

（1）为审计提供充分、适当的审计证据和工作记录，为注册会计师出具审计报告提供依据和基础，同时有助于项目组计划和执行审计工作，便于项目组说明审计工作执行的具体情况。

（2）应对内部检查，便于会计师事务所按照相关审计准则的要求实施内部质量管理复核与检查。相关人员在实施具体的内部指导、监督和复核的时候，通过检查审计工作底稿上记录的相关内容，判定注册会计师是否存在违规行为。注册会计师在平时工作中要将工作的过程、结果通过纸质的形式记录下来，记录在审计工作底稿中。

（3）应对外部检查，提供审计证据，作为判断注册会计师是否按照审计准则和相关法律法规的规定计划与执行审计工作的依据，便于监管机构和注册会计师协会对会计师事务所实施执业质量检查，一旦发现问题，也会作为责任判定的依据。如果注册会计师不记录下来，监管机构将无法判断谁承担相应责任。

（4）保留对未来审计工作持续产生重大影响的事项的记录，主要是针对连续审计这样的特殊情况，强调审计留下查账痕迹。

（三）审计工作底稿的编制要求

注册会计师编制的审计工作底稿应该满足一定的要求。审计工作底稿中具体应该包括以下内容：

（1）是否按照审计准则和相关法律法规的规定实施了审计程序以及实施相关审计程序的性质、时间和范围。

（2）实施审计程序的结果和获取的审计证据。例如，获取了什么样的审计证据，这些审计证据最终是如何证实了账账相符。

（3）审计中遇到的重大事项和有疑问的地方注册会计师是如何解决的，并得出了什么样的结论。

同时，这些资料应当使得虽然没有接触该项审计工作但是有经验的专业人士通过审计工作底稿能够清楚地了解上述事实，这样我们才认为审计工作底稿的编制是符合要求的。

有经验的专业人士一般是指会计师事务所内部或外部的具有审计实务经验，同时了解审计过程、清楚审计准则和相关法律法规的规定并且对被审计单位所处的行业与经营环境清楚和了解，能够对该行业遇到的会计和审计问题进行解决的专业人士。对于审计工作底稿的编制不能认为只是工作底稿，就可以马马虎虎、草率从事，而必须认真对待，在内容上做到资料翔实、重点突出、繁简得当、结论明确，在形式上做到要素齐全、格式规范、标识一致、记录清晰。

二、审计工作底稿的内容、范围和要素

（一）审计工作底稿的内容

1. 审计工作底稿的存在形式

审计工作底稿的存在形式可以是纸质、电子或其他介质形式。绝大多数审计工作底稿都是以电子形式存在，在保存的时候为了便于复核，注册会计师可以将电子或其他介质形式存在的审计工作底稿通过打印等方式，转换成纸质形式的审计工作底稿，并与其他纸质形式的审计工作底稿一并归档，同时单独保存这些以电子或其他介质形式存在的审计工作底稿。

2. 审计工作底稿通常包括的内容

审计工作底稿包括总体审计策略、具体审计计划、分析表、问题备忘录、重大事项概要、询证函回函、管理层声明书、核对表、有关重大事项的往来信件（包括电子邮件）以及对被审计单位文件记录的摘要或复印件等。

此外，审计工作底稿通常还包括业务约定书、管理建议书、项目组内部或项目组与被审计单位举行的会议记录、与其他人士（如其他注册会计师、律师、专家等）的沟通文件以及错报汇总表等。

3. 审计工作底稿不包括的内容

审计工作底稿通常不包括已被取代的审计工作底稿的草稿或财务报表的草稿、反映不全面或初步思考的记录、存在印刷错误或其他错误而作废的文本以及重复的文件记录等。由于这些草稿、错误的文本或重复的文件记录不直接构成审计结论和审计意见的支持性证据，因此注册会计师通常无需保留这些记录。

（二）审计工作底稿的范围

在确定审计工作底稿的格式、要素和范围时注册会计师一般要考虑以下七个方面的因素：

79

（1）被审计单位的规模和复杂程度以及企业的规模都会导致审计工作底稿的不同，大型企业的审计工作底稿比小型企业的审计工作底稿要多，复杂企业的审计工作底稿比简单企业的审计工作底稿要多。

（2）拟实施审计程序的性质影响审计工作底稿的格式、要素和范围。不同审计程序会使得注册会计师获取不同性质的证据，因此注册会计师可能会编制不同格式、内容和范围的审计工作底稿。

（3）识别出的重大错报风险。识别和评估的重大错报风险水平的不同会导致注册会计师执行的审计程序和获取的审计证据不同。当企业重大错报风险水平越高时注册会计师的审计范围会越大、审计证据要求越多，审计工作底稿也越多。

（4）已获取证据的重要程度。注册会计师通过执行不同的审计程序会获取不同证明力度的审计证据，有些审计证据的相关性和可靠性较高，有些审计证据则质量较差，因此注册会计师要区分不同审计证据进行有选择性的记录。

（5）识别出的例外事项的性质和范围。有时注册会计师在执行审计程序时会发现例外事项，如有些企业存在国外销售业务，那么该国外销售业务形成应收账款处理的时候，就要特别考虑汇率问题，因此可能导致审计工作底稿的范围不同。

（6）当从已执行审计工作或获取证据的记录中不易确定结论或结论的基础时，记录结论或结论基础的必要性。这里强调的是必要性，并不是应记录得出的各种可能结论，这要看是不是有必要进行记录，特别是在审计过程中注册会计师遇到的纠结、痛苦、思考的东西都要记录下来。例如，存货减值准备为什么按照40%计提，这个思考的过程就要记录在审计工作底稿中。

（7）审计方法和使用的工具。不同的审计方法及在审计过程中使用的不同的审计工具也会导致审计工作底稿的不同。注册会计师要根据不同情况确定审计工作底稿的格式、内容和范围都是为了达到审计准则所述的编制审计工作底稿的目的，特别是提供证据的目的。

（三）审计工作底稿的要素

审计工作底稿的格式应该包括以下内容：标题 、审计过程记录、审计结论、审计标识及其说明、索引号及编号、编制者姓名及编制日期和复核者姓名及复核日期、其他应说明事项。

1. 标题

审计工作底稿的标题应该包括被审计单位名称、审计项目名称以及审计项目时点或期间。

2. 审计过程记录

审计过程记录首先要弄清楚特定项目或事项的识别特征。识别特征是指被测试的项目或事项表现出的征象或标志。识别特征具有唯一性，唯一性是指从一堆总体中能根据这个特征找出个体并能够对其重新执行测试。例如，注册会计师执行询问这项审计程序，识别特征就是询问时间、询问者姓名和职位。需要注意的是，注册会计师不能仅询问姓名，因为存在重名的情况，不具有唯一性。又如订购单，识别特征是订购单的日期或订购单的编号。识别特征具体有以下一些识别的标识：

（1）如果对被审计单位生成的订购单进行细节测试时，注册会计师不可以将供货商作为主要识别特征而应将订购单的日期或唯一编号作为测试订购单的识别特征，因为供货商可能发生很多销售业务，不是唯一的。

（2）如果需要选取或复核既定总体内一定金额以上的所有项目的审计程序，注册会计师可以记录实施程序的范围并指明该总体。

（3）对于系统化抽样的审计程序，注册会计师可能会通过记录样本的来源、抽样的起点以及抽样间隔来识别已选取的样本。

（4）对于需要询问被审计单位中特定人员的审计程序，注册会计师可能会以询问的时间、被询问人的姓名以及职位作为识别特征。

（5）对于观察程序，注册会计师可以以观察的对象或观察过程、相关被观察人员及其各自的责任、观察的地点和时间作为识别特征。

除了弄清识别标识外，审计过程还应记录审计执行过程中遇到的重大事项、存在矛盾的地方以及这些矛盾的解决过程。

3. 审计结论

审计工作底稿要记录审计工作中形成的各种结论。注册会计师会根据实施的审计程序和获取的审计证据，得出相应的审计结论。这些结论十分重要，会作为注册会计师形成恰当审计意见、发表恰当审计报告意见的重要依据。

4. 审计标识及其说明

为了方便审计工作的执行，每张审计工作底稿都含有相关的标识，每个标识都有具体的含义，代表对已实施程序的性质和范围所做的相关解释。审计工作底稿可以使用各种审计标识，但应说明其含义，并保持前后一致。审计标识号及标识含义具体举例如表5-5所示。

表5-5　审计标识号及标识含义具体举例

标示号	标识含义	标示号	标识含义
∧	纵加核对	<	横加核对
B	与上年结转数核对一致	T	与原始凭证核对一致
G	与总分类账核对一致	S	与明细分类账核对一致
T/B	与试算平衡表核对一致	C	已发询证函
C ＼	已收回询证函		

5. 索引号及编号

在实务中，注册会计师可以按照所记录的审计工作的内容层次进行编号，主要为了区分不同层次类别的审计工作底稿内容。例如，某生产企业原材料汇总表的编号为B1、按类别列示的钢材的编号为B1-1，型材的编号为B1-1-1，板材的编号为B1-1-2，管材的编号为B1-1-3，金属制品的编号为B1-1-4。各表相互引用时，注册会计师需要在审计工作底稿中交叉注明索引号。

审计工作底稿需要注明索引号以方便对审计工作底稿的查询工作，相关审计工作底稿之间需要保持清晰的勾稽关系。这类似于图书馆查找书籍，通过书籍的对应编号可以查找到对应书库和书架上的图书。

6. 编制者姓名及编制日期和复核者姓名及复核日期

为了明确责任，在各自完成审计工作底稿相关的任务之后，编制者和复核者都应在工作底稿上签名并注明编制日期和复核日期。一旦出现问题，相关责任人需要承担责任。

7. 其他应说明事项

审计工作底稿的要素功能如表5-6所示。

表5-6　审计工作底稿的要素功能

序号	要素名称	功能
1	被审计单位名称	明确审计客体
2	审计项目名称	明确审计内容
3	审计项目时点或期间	明确审计范围
4	审计过程记录	记载审计人员实施的审计测试的性质、范围、样本选择等重要内容
5	审计标识及其说明	方便审计工作底稿的检查和审阅
6	审计结论	记录注册会计师的专业判断，为支持审计意见提供依据
7	索引号及页次	方便存取使用，便于日后参考及计算机处理
8	编制者姓名及编制日期	明确工作职责，便于追查审计步骤及顺序
9	复核者姓名及复核日期	明确复核责任
10	其他应说明事项	揭示影响注册会计师专业判断的其他重大事项，提供更详尽的补充信息

下面也可以通过具体的举例说明审计工作底稿的各组成要素，审计工作底稿中应该包含的具体内容参见表5-7。更多审计工作底稿举例可以参见本章附录部分。

表 5-7　审计工作底稿的格式举例（抽查盘点存货）

客户：W 公司		原材料抽查盘点表				页次：53 W/P　索引：E-2		
		编制人：小王　日期：2019-12-31				复核人：小张　日期：2020-02-31		
盘点标签号码	存货表号码	存货		盘点结果				差异/千克
		号码	内容	客户账面		审计人员认定/千克		
123	3	1-25	a	100	√	150		50
224	20	1-90	b	50	√	50		
367	25	2-30	c	2 000	√	2 000		
485	31	3-20	d	1 200	√	1 500		300
497	60	4-5	e	60	√	60		

审计过程：以上差异已由客户纠正，纠正差异后使被审计单位存货账户增加 500 元，抽查盘点存货总价值为 50 000 元，占全部存货的 20%。

审计结论：经追查至存货汇总表没有发现其他例外。我们认为错误并不重要。

审计标识："✓"，即已追查至被审计单位存货汇总表 E-5，并已纠正所有差异。

三、审计工作底稿的归档

（一）审计工作底稿的归档

1. 审计工作底稿归档工作的性质

在审计报告日后将审计工作底稿归整为最终审计档案是一项事务性的工作，不涉及实施新的审计程序或得出新的结论。事务性和业务性的区别在于业务性会涉及业务的某个环节，涉及实质性工作，如函证、盘点、抽查，这些属于业务性工作；事务性工作指复印、装订、复核等服务性工作。

如果在归档期间对审计工作底稿做出的变动属于事务性的，注册会计师可以做出变动，主要包括以下内容：

（1）删除或废弃被取代的审计工作底稿。

（2）对审计工作底稿进行分类、整理和交叉索引。

（3）对审计档案归整工作的完成核对表签字认可。

（4）记录在审计报告日前获取的、与审计项目组相关成员进行讨论并取得一致意见的审计证据。

2. 审计工作底稿归档后的变动

一般情况下，审计工作底稿归档后原则上不得变动，特殊情况下才可以变动。注册会计师发现有必要修改现有审计工作底稿或增加新的审计工作底稿的情形主要有以下两种：

（1）注册会计师已实施了必要的审计程序，取得了充分、适当的证据并得出了恰当的审计结论，但审计工作底稿的记录不够全面、不够充分。

（2）审计报告日后，发现例外情况要求注册会计师实施新的或追加审计程序，或者使注册会计师得出新的结论。

例外情况主要是指注册会计师在审计报告日后发现与已审计财务信息相关，且在审计报告日已经存在的事实，该事实如果被注册会计师在审计报告日前获知，可能影响审计报告。

3. 变动审计工作底稿时的记录要求

在完成最终审计档案的归整工作后，注册会计师如果发现有必要修改现有审计工作底稿或增加新的审计工作底稿，无论修改或增加的性质如何，都应记录下列事项：

（1）修改或增加审计工作底稿的具体理由是什么，理由是否足够充分。

（2）修改或增加审计工作底稿的时间和人员以及复核的时间和人员。写清相关人员和时间的目的是明确责任。

4. 审计工作底稿的保管

（1）审计工作底稿归档的期限。审计工作底稿的归档期限为审计报告日后 60 天内。如果注册会计师未能完成审计业务，审计工作底稿的归档期限为审计业务终止后的 60 天内。

（2）审计工作底稿的保存期限。会计师事务所应当自审计报告日起，对审计工作底稿至少保存 10 年。如果注册会计师未能完成审计业务，会计师事务所应当自审计业务终止日起，对审计工作底稿至少保存 10 年。

对于连续审计的情况，当期归整的永久性档案可能包括以前年度获取的资料。对于这些档案，会计师事务所应视为当期取得并保存 10 年。如果这些资料在某一个审计期间被替换，被替换资料可以从被替换的年度起至少保存 10 年。会计师事务所对审计工作底稿拥有所有权。

本章小结

本章主要讨论了审计证据和审计工作底稿的相关内容，核心知识点是审计证据、审计程序、审计工作底稿三大知识体系。审计证据主要应掌握审计证据的特征、审计证据的构成、审计证据的分类等。审计证据不会凭空产生，注册会计师必须实施审计程序去获取审计证据。本章重点介绍了 7 种获取审计证据的审计程序以及它们的特点和实现相关认定之间的关系。审计工作底稿部分主要讨论了审计工作底稿的定义、作用、要素以及保存归档时需要注意的一些问题。本章内容属于基础理论知识，知识要点比较多，需要认真学习掌握。

本章思维导图

本章思维导图如图 5-6 所示。

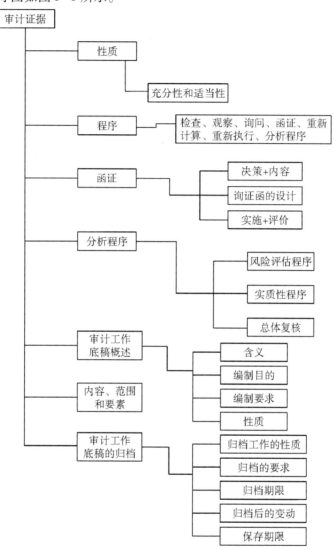

图 5-6 本章思维导图

本章附录

不同类型的审计工作底稿如附表5-1~附表5-3所示。

附表5-1　A会计师事务所
货币资金收入凭证抽查表

客户单位：　　　　　　　　　　＿＿＿年＿＿＿月＿＿＿日　　　　　　索引号：＿＿＿＿

序号	日期	凭证编号	业务内容	对方科目	收款方式		收入金额	核对内容						
					现金	银行		1	2	3	4	5	6	7

审计说明及调整：
①收入凭证与存入银行账户的解款单日期和金额相符。
②收款凭证金额已记入现金日记账或银行存款日记账。
③银行收款凭证与银行对账单核对相符。
④收款凭证与销售发票或收据核对相符。
⑤收款凭证的对应科目与付款单位的户名一致。
⑥收款凭证账务处理正确。
⑦收款凭证与对应科目（如销售和应收账款）明细账的记录一致

抽样测试说明：
随机抽取1~12月发生的不同收款业务＿＿＿笔进行测试，测试合格率为＿＿＿%，不合格率为＿＿＿%。
货币资金收款内部控制运行：正常（　　）基本正常（　　）不正常（　　）。
记账凭证编制及账簿记录：正常（　　）基本正常（　　）不正常（　　）

编制人：　　　　　　日期：　　　　　复核人：　　　　　　日期：

附表 5-2　A 会计师事务所
银行存款余额明细核对表

客户单位：　　　　　　　　　　____年____月____日　　　　　　索引号：____

序号	开户行	银行账号	日记账			调整数	审定数	附件资料		
			原币	汇率	本位币			对账单	调节表	函证

审计说明及调整：
①银行存款明细账与总账或会计报表的核对情况：一致（　）不一致（　）。
②主要银行存款对账单的取证情况：已获取（　）未获取（　）不适用（　）。
③银行明细账与对账单的核对情况：已完成（　）未完成（　）不适用（　）。
④银行存款未达账项的调整情况：已完成（　）未完成（　）不适用（　）。
⑤大额银行存款的函证程序：已函证（　）未函证（　）不适用（　）

审计结论：
经审计无调整事项，余额可以确认（　）……经审计调整后，余额可以确认（　）。

编制人：　　　　　日期：　　　　　复核人：　　　　　日期：

附表 5-3　A 会计师事务所
审计差异事项差异调整表

客户单位：　　　　　　　　　　____年____月____日　　　　　　索引号：____

序号	调整说明	资产负债表		利润表		调整余额	客户单位意见	索引号
		借方科目	贷方科目	借方科目	贷方科目			

编制人：　　　　　日期：　　　　　复核人：　　　　　日期：

第六章
审计风险和审计重要性

学习目标

1. 理解重要性的概念、重要性水平的制定。
2. 区分计划的重要性和实际执行的重要性。
2. 理解错报的概念与分类。
3. 理解"明显微小错报不等同于不重大"这句话的意思。

案例导入

2017 年 2 月，中注协约谈瑞华、立信两家会计师事务所，就面临保壳压力且变更审计机构的上市公司审计风险做出提示。

中注协的相关负责人指出，面临保壳压力的上市公司普遍存在主营业务不佳、盈利能力差、债务负担重等问题，部分公司还存在业绩承诺和利润补偿压力，管理层存在较强的舞弊动机，审计风险较高。

中注协提示，在审计过程中，会计师事务所应重点关注以下事项：

一是关注管理层舞弊风险。注册会计师在审计过程中应保持高度的职业怀疑，充分考虑管理层凌驾于内部控制之上的可能性；增加有针对性的审计程序，充分识别潜在的关联方交易；增加审计资源投入，认真分析和评估由于舞弊导致的重大错报风险，并加以有效应对。

二是关注重大资产重组事项。资产重组是上市公司实现扭亏、保壳的重要手段，注册会计师应当充分关注相关资产价值评估的合理性，资产置换、股权处置交易价格的公允性；关注资产重组相关交易会计处理的适当性，尤其要关注企业合并成本的确认和计量以及资产重组形成商誉的期末减值测试；关注重组交易现金流量的真实性以及资产重组相关信息披露的完整性。

三是关注重大或有事项。注册会计师应充分识别上市公司对外担保、合同纠纷、未决诉讼等重大或有事项，设计并实施有针对性的审计程序；充分关注相关会计处理的适当性，预计负债计提的合理性以及或有事项披露的完整性。

四是重视前后任注册会计师的沟通。后任注册会计师应根据执业准则要求，与前任注册会计师就上市公司管理层诚信情况，前任注册会计师与管理层在重大会计、审计等问题上存在的意见分歧，前任注册会计师向被审计单位治理层通报的管理层舞弊、违反法律法规行为以及值得关注的内部控制缺陷等事项进行沟通，并形成相应的审计工作底稿。

会计师事务所代表表示，中注协通过约谈方式提示审计风险的服务性监管措施，对做好上市公司年报审计工作帮助很大，会计师事务所将认真落实中注协约谈精神和专家提示意见，严格执行注册会计师执业准则及职业道德守则，全力确保年报审计工作质量。

问题：（1）面临保壳压力的上市公司存在哪些审计风险？

（2）会计师事务所、注册会计师该如何控制审计风险？

第一节　审计风险

一、审计风险概述

（一）审计风险的定义

《中国注册会计师审计准则第 1101 号——注册会计师的总体目标和审计工作的基本要求》第十三条中对审计风险做出定义：审计风险是指财务报表存在重大错报时，注册会计师发表不恰当审计意见的可能性。审计风险取决于重大错报风险和检查风险。

（二）审计风险的特征

1. 审计风险的客观性

现行审计采取抽样审计，没有检查总体，根据样本的特性来推断总体的特性，会导致样本的特性与总体的特性之间或多或少存在误差，这种误差可以控制，但难以消除。这种误差的客观存在导致审计人员要承担得出错误审计结论的风险。即便是全部检查，不是抽查，由于经济业务的复杂性、管理人员的道德品质等因素，仍会存在审计结果与客观实际不一致的情况。对于审计风险，注册会计师只能认识和尽可能地降低审计风险，在有限的空间和时间内改变风险存在和发生的条件，降低其发生的频率和减少损失的程度，而不能消除审计风险。

2. 审计风险的偶然性

审计风险是由于某些客观原因或审计人员并未意识到的主观原因造成的，即并非审计人员故意所为，审计人员在无意中接受了审计风险，又在无意中承担了审计风险带来的严重后果。肯定审计风险具有偶然性这一特征非常重要，因为只有在这一前提下，审计人员才会努力设法避免减少审计风险，对审计风险的控制才有意义。倘若审计人员因某种私利故意做出与事实不符的审计结论，则由此承担的责任并不形成真正意义上的审计风险，因为这种审计人员故意的舞弊行为谈不上再对审计风险进行控制，而这种行为本身就受到职业道德的谴责，并应承担法律责任。

3. 审计风险的可控性

注册会计师要为其审计报告的正确性承担责任风险，在风险导向审计理念下，注册会计师要主动去控制审计风险。只有正确认识审计风险的可控性，注册会计师才不会害怕审计风险，才能采取相应的措施加以避免，不会因为风险的存在，而不敢承接客户。只要风险降低到可接受的水平，注册会计师仍可对客户进行审计。

89

4. 审计风险的普遍性

审计活动的每一个环节都可能导致风险因素的产生。可能产生风险的因素有内部控制能力差、重要的数字遗漏、对项目的错误评价和虚假注释、项目的流动性强、项目的交易量大、经济萧条、财务状况不佳、抽样技术局限性等。从每一个具体风险看，其也是由多个因素组成的。因此，审计风险具有普遍性，存在于审计过程的每一个环节，任何一个环节的审计失误，都会增加最终的审计风险。

二、重大错报风险

(一) 财务报表层次和认定层次的重大错报风险

重大错报风险是指财务报表在审计前存在重大错报的可能性。重大错报风险与被审计单位的风险相关，且独立存在于财务报表的审计。在设计审计程序以确定财务报表整体是否存在重大错报时，注册会计师应当从财务报表层次和各类交易、账户余额以及披露认定层次方面考虑重大错报风险。

财务报表层次重大错报风险与财务报表整体存在广泛联系，可能影响多项认定。此类风险通常与控制环境有关，如管理层缺乏诚信、治理层形同虚设而不能对管理层进行有效监督等；也可能与其他因素有关，如经济萧条、企业所在行业处于衰退期。此类风险难以被界定于某类交易、账户余额、列报的具体认定，相反，此类风险增大了一个或多个不同认定发生重大错报的可能性，与由舞弊引起的风险密切相关。

注册会计师应当评估认定层次的重大错报风险，并根据既定的审计风险水平和评估的认定层次重大错报风险确定可接受的检查风险水平。某些类别的交易、账户余额、列报及其认定重大错报风险较高。例如，技术进步可能导致某项产品陈旧，进而导致存货易于发生高估错报（计价认定）；对高价值的、易转移的存货缺乏实物安全控制，可能导致存货的存在性认定出错；会计计量过程受重大计量不确定性影响，可能导致相关项目的准确性认定出错。注册会计师应当考虑各类交易、账户余额、列报认定层次的重大错报风险，以便针对认定层次的重大错报风险计划和实施进一步审计程序。

(二) 固有风险和控制风险

认定层次的重大错报风险又可以进一步细分为固有风险和控制风险。固有风险是指假设不存在相关的内部控制，某一认定发生重大错报的可能性，无论该错报单独考虑，还是连同其他错报构成重大错报的可能性。控制风险是指某项认定发生了重大错报，无论该错报单独考虑，还是连同其他错报构成重大错报，而该错报没有被企业的内部控制及时防止、发现和纠正的可能性。注册会计师既可以对两者进行单独评估，也可以对两者进行合并评估，一般是将两者合并考虑。

三、检查风险

(一) 检查风险的概念

检查风险是指某一认定存在错报，该错报单独或连同其他错报是重大的，但注册会计师未能发现这种错报的可能性。

　　检查风险取决于审计程序设计的合理性和执行的有效性。注册会计师通常无法将检查风险降低为零。其原因主要有两点：一是注册会计师通常并不对所有的交易、账户余额和列报进行检查；二是注册会计师可能选择了不恰当的审计程序，或者是审计程序执行不当，或者是错误理解了审计结论。第二类问题可以通过适当的计划、在项目组成员之间进行恰当的职责分配、保持职业怀疑态度以及监督、指导和复核助理人员执行的审计工作得以解决。

　　注册会计师应当合理设计审计程序的性质、时间和范围，并有效执行审计程序，以控制检查风险。注册会计师针对评估的认定层次重大错报风险设计和执行进一步的审计程序。

　　（二）检查风险与重大错报风险的反向变动关系

　　在既定的审计风险水平下，可接受的检查风险水平与认定层次重大错报风险的评估结果呈反向关系。审计风险的计算公式表示如下：

　　审计风险 = 重大错报风险 × 检查风险

　　从定性的角度看，评估的重大错报风险越高，注册会计师可接受的检查风险水平越低，反之亦然。换言之，当重大错报风险较高时，注册会计师必须扩大审计范围，尽量将检查风险降低，以便将整个审计风险降低至可接受的水平。如果重大错报风险较高，表明财务报表出现错报的可能性较大，则注册会计师在审计过程中就必须执行较多的测试，获取较多的证据。

　　各风险之间及各风险与审计证据的关系如表 6-1 所示。

表 6-1　各风险之间及各风险与审计证据的关系

审计风险 （可接受的水平）	重大错报风险	检查风险	审计证据的数量
一定（低）	低	高	少
一定（低）	中	中	中
一定（低）	高	低	多

四、审计风险的控制

　　注册会计师应当通过计划和实施审计工作，获取充分、适当的审计证据，将审计风险降至可接受的低水平，这是控制审计风险的总体要求。

　　在审计风险模型中，重大错报风险是企业的风险，不受注册会计师的控制。注册会计师只能通过实施风险评估程序来正确评估重大错报风险，并根据评估的两个层次的重大错报风险分别采取应对措施。需要明确的是，该风险评估只是一个判断，而不是对风险的精确计量。

　　注册会计师应当评估财务报表层次的重大错报风险，并根据评估结果确定总体应对措施。

　　注册会计师应当获取认定层次充分、适当的审计证据，以便能够在审计工作完成时，以可接受的低审计风险对财务报表整体发表审计意见。对于各类交易、账户余额、列报认定层次的重大错报风险，注册会计师可以通过控制检查风险将审计风险降至可接受的低水平。

第二节　审计重要性

一、重要性的概念

重要性是指被审计单位会计报表中错报或漏报的严重程度，这一程度在特定环境下可能影响会计报表使用者的判断或决策。重要性是审计学的一个基本概念。重要性取决于在具体环境下对错报金额和性质的判断。

《中国注册会计师审计准则第 1221 号——计划和执行审计工作时的重要性》对重要性的描述是：重要性取决于在具体环境下对错报金额和性质的判断。如果一项错报单独或连同其他错报可能影响财务报表使用者依据财务报表做出的经济决策，则该项错报是重大的。

对于审计重要性，我们应该从以下几个方面加以理解：

（1）如果合理预期错报（包括漏报）单独或汇总起来可能影响财务报表使用者依据财务报表做出的经济决策，则通常认为错报是重大的。

（2）对重要性的判断是根据具体环境做出的，不同的单位重要性有所不同，就算是同一单位在不同时期的重要性也不一定相同，重要性受错报的金额或性质的影响，或者受两者共同的影响。

（3）重要性的判断离不开注册会计师的职业判断。

（4）判断某事项对财务报表使用者是否重大，是在考虑财务报表使用者整体共同的财务信息需求的基础上做出的。因为财务报表使用者太多，并且不同的财务报表使用者对财务信息的需求差异很大，所以不考虑个别财务报表使用者财务信息的需求。

重要性实质上强调了一个"度"，在审计报告中注册会计师应当运用职业判断确定重要性。允许一定程度的不准确或不正确的存在，只要不要超过这个"度"，如果会计信息的错报或漏报可能影响到财务报表使用者的决策或判断，就可以认为是重要的，否则就是不重要的。在实务中，审计重要性水平是重要性的数量表示，是一个数量门槛或金额临界点。重要性包括数量和性质两个方面。在执行审计业务时，注册会计师还应当考虑重要性及其与审计风险的关系。

二、重要性的确定

在计划审计工作时，注册会计师应当确定一个可接受的重要性水平，以发现在金额上重大的错报。注册会计师在确定计划的重要性水平时应注意如何从数量与性质方面考虑财务报表层次和各类交易、账户余额、列报认定层次的重要性以及何时应考虑重要性。

（一）计划的重要性

1. 从性质方面考虑重要性

对财务报表使用者而言，错报能够影响预期使用人做出不一样的经济决策则该错报就是重大的。在此我们不做过多讨论，主要从数量方面考虑重要性。

2. 从数量方面考虑重要性

注册会计师应当考虑财务报表层次和各类交易、账户余额、列报认定层次的重要性。注册会计师应当合理运用重要性水平的判断基础，采用固定比率、变动比率等确定财务报表层次的重要性水平。判断基础通常包括资产总额、净资产、营业收入、净利润等。

重要性水平是针对错报的金额大小而言的。重要性水平是一个经验值，注册会计师通过职业判断确定重要性水平。在审计过程中，注册会计师应当考虑财务报表层次和各类交易、账户余额、列报认定层次的重要性水平。

（1）财务报表层次的重要性水平。由于财务报表审计的目标是注册会计师通过执行审计工作对财务报表发表审计意见，因此注册会计师应当考虑财务报表层次的重要性。只有这样，注册会计师才能得出财务报表是否公允反映的结论。注册会计师在制定总体审计策略时，应当确定财务报表层次的重要性水平。

确定多大错报会影响到财务报表使用者做出决策，是注册会计师运用职业判断的结果。很多注册会计师根据所在会计师事务所的惯例及自己的经验，考虑重要性水平。注册会计师通常先选择一个恰当的基准，再选用适当的百分比乘以该基准，从而得出财务报表层次的重要性水平。

财务报表整体重要性确定流程如图 6-1 所示。

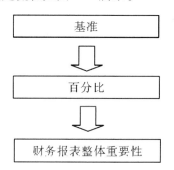

图 6-1　财务报表整体重要性确定流程

在实务中，有许多汇总性财务数据可以用于确定财务报表层次重要性水平的基准，如总资产、净资产、销售收入、费用总额、毛利、净利润等。在选择适当的基准时，注册会计师应当考虑的因素如下：

①财务报表的要素（如资产、负债、所有者权益、收入和费用等）、适用的会计准则和相关会计制度定义的财务报表指标（如财务状况、经营成果和现金流量）以及适用的会计准则和相关会计制度提出的其他具体要求。

②被审计单位是否存在财务报表使用者特别关注的报表项目（如特别关注与评价经营成果相关的信息）。

③被审计单位的性质及所在行业。

④被审计单位的规模、所有权性质以及融资方式。

注册会计师对基准的选择有赖于被审计单位的性质和环境。例如，对以盈利为目的的被审计单位而言，来自经常性业务的税前利润或税后净利润可能是一个适当的基准；而对于收益不稳定的被审计单位或非营利组织来说，选择税前利润或税后净利润作为判断重要性水平的基准就不合适。就资产管理公司来看，净资产可能是一个适当的基准。注册会计师通常选择一个相对稳定、可预测且能够反映被审计单位正常规模的基准。由于销售收入和总资产具有相对稳定性，注册会计师经常将其用作确定计划重要性水平的基准。

在确定恰当的基准后，注册会计师通常运用职业判断，合理选择百分比，据以确定重要性水平。以下是一些参考数值的举例：

①对以盈利为目的的企业，重要性水平为来自经常性业务的税前利润或税后净利润的 5%，或总收入的 0.5%。

②对非营利组织，重要性水平为费用总额或总收入的 0.5%。

③对共同基金公司，重要性水平为净资产的 0.5%。

如前所述，对重要性的评估需要职业判断。注册会计师执行具体审计业务时，可能认为采用比上述百分比更高或更低的比例是适当的。当根据不同的基准计算出不同的重要性水平时，注册会计师应当根据实际情况决定采用何种计算方法更为恰当。

此外，注册会计师在确定重要性时，通常考虑以前期间的经营成果和财务状况、本期的经营成果和财务状况、本期的预算和预测结果、被审计单位情况的重大变化（如重大的企业并购）以及宏观经济环境和所处行业环境发生的相关变化。例如，注册会计师在将净利润作为确定某被审计单位重要性水平的基准时，情况变化使该被审计单位本年度净利润出现意外的增加或减少，注册会计师可能认为选择近几年的平均净利润作为确定重要性水平的基准更加合适。

注册会计师在确定重要性水平时，不需考虑与具体项目计量相关的固有不确定性。例如，财务报表含有高度不确定性的大额估计，注册会计师并不会因此而确定一个比不含有该估计的财务报表的重要性更高或更低的重要性水平。

（2）各类交易、账户余额、列报认定层次的重要性水平。由于财务报表提供的信息由各类交易、账户余额、列报认定层次的信息汇集加工而成，注册会计师只有通过对各类交易、账户余额、列报认定层次实施审计，才能得出财务报表是否公允反映的结论。因此，注册会计师还应当考虑各类交易、账户余额、列报认定层次的重要性。

各类交易、账户余额、列报认定层次的重要性水平称为可容忍错报。可容忍错报的确定以注册会计师对财务报表层次重要性水平的初步评估为基础。可容忍错报是在不导致财务报表存在重大错报的情况下，注册会计师对各类交易、账户余额、列报确定的可接受的最大错报。

在确定各类交易、账户余额、列报认定层次的重要性水平时，注册会计师应当考虑以下主要因素。

①各类交易、账户余额、列报的性质及错报的可能性。

②各类交易、账户余额、列报的重要性水平与财务报表层次重要性水平的关系。由于各类交易、账户余额、列报确定的重要性水平即可容忍错报，对审计证据数量有直接的影响，因此注册会计师应当合理确定可容忍错报。

需要强调的是，在制定总体审计策略时，注册会计师应当对那些金额本身就低于所确定的财务报表层次重要性水平的特定项目做额外的考虑。注册会计师应当根据被审计单位的具体情况，运用职业判断，考虑是否能够合理地预计这些项目的错报将影响使用者依据财务报表做出的经济决策（如存在这种情况的话）。注册会计师在做出这一判断时，应当考虑的因素如下：

①会计准则、法律法规是否影响财务报表使用者对特定项目计量和披露的预期（如关联方交易、管理层及治理层的报酬）。

②与被审计单位所处行业及其环境相关的关键性披露（如制药企业的研究与开发成本）。

③财务报表使用者是否特别关注财务报表中单独披露的特定业务分部（如新近购买的业务）的财务业绩。

了解治理层和管理层对上述问题的看法与预期，可能有助于注册会计师根据被审计单位的具体情况做出这一判断。

（二）实际执行的重要性

根据《中国注册会计师审计准则第 1221 号——计划和执行审计工作时的重要性》的规定，实际执行的重要性是指注册会计师确定的低于财务报告整体的重要性的一个或多个金额，旨在将未更正错报的汇总数超过财务报表整体的重要性的可能性降低至适当的低水平。如果适用，实际执行的重要性还指注册会计师确定的低于特定类别的交易、账户余额或披露的重要性水平的一个或多个金额。

1. 确定实际执行的重要性应考虑的因素

确定实际执行的重要性应考虑的因素如下：

（1）对被审计单位的了解（这些了解在实施风险评估程序的过程中得到更新）。

（2）前期审计工作中识别出的错报的性质和范围。

（3）根据前期识别出的错报对本期错报做出的预期。

计划的重要性和实际执行的重要性之间的关系如图 6-2 所示。

计划的重要性　　　　　　实际执行的重要性

图 6-2　计划的重要性和实际执行的重要性之间的关系

2. 实际执行的重要性水平的确定

注册会计师在确定重要性水平时，往往会先确定财务报表层次的重要性水平。注册会计师通常在实际执行的时候使用一个较计划阶段的重要性水平低的重要性，以降低审计风险，实际执行的重要性水平一般为计划的重要性水平的 50% ~ 75%。具体乘上 50% 还是 75%，应根据表 6-2 的具体情形确定。

表 6-2   实际执行的重要性的确定

情形	经验值
（1）首次审计。 （2）连续审计，以前年度审计调整较多。 （3）项目总体风险较高。 （4）存在或预期存在值得关注的内部控制缺陷	50%
（1）连续审计，以前年度审计调整较少。 （2）项目总体风险较低。 （3）以前期间的审计经验表明内部控制运行有效	75%

实际执行的重要性，简单的理解就是注册会计师为了让最终的审计风险能够在可接受的范围内，在原有重要性的基础上再压缩重要性，以实际重要性在审计中进行判断，这样审计到最后，超过可以接受审计风险的可能性就大大降低了。

三、审计过程中对重要性的修改

重要性并非一经制定不能修改，但是要注意修改重要性的原因和理由，注册会计师一般基于以下几点原因可以修改财务报表整体的重要性和特定类别的交易、账户余额或披露的重要性水平（如适用）：

（1）审计过程中情况发生重大变化（如决定处置被审计单位的一个重要组成部分）。

（2）获取新信息。

（3）通过实施进一步审计程序，注册会计师对被审计单位及其经营所了解的情况发生变化。例如，注册会计师在审计过程中发现，实际财务成果与最初确定财务报表整体的重要性时使用的预期财务成果相比存在着很大差异，需要修改重要性。

四、重要性与审计风险的关系

注册会计师应对各类交易、账户余额、列报认定层次的重要性进行评估，以有助于确定进一步审计程序的性质、时间和范围，将审计风险降至可接受的低水平。

重要性与审计风险之间存在反向关系。重要性水平越高，审计风险越低；重要性水平越低，审计风险越高。注册会计师在确定审计程序的性质、时间和范围时应当考虑这种反向关系。

在确定审计程序后，如果注册会计师决定接受更低的重要性水平，审计风险将增加。注册会计师应当选用下列方法将审计风险降至可接受的低水平：

（1）如有可能，通过扩大控制测试范围或实施追加的控制测试，降低评估的重大错报风险，并支持降低后的重大错报风险水平。

（2）通过修改计划实施的实质性程序的性质、时间和范围，降低检查风险。

在评价审计程序结果时，注册会计师确定的重要性和审计风险可能与计划审计工作时评估的重要性和审计风险存在差异。在这种情况下，注册会计师应当重新确定重要性和审计风险，并考虑实施的审计程序是否充分。

五、错报

（一）错报的定义

错报是指某一财务报表项目的金额、分类、列报或披露，与按照适用的财务报告编制基础应当列示的金额、分类、列报或披露之间存在的差异；或者根据注册会计师的判断，为使财务报表在所有重大方面实现公允反映，需要对金额、分类、列报或披露做出的必要调整。导致错报的事项主要包括以下几种情况：

（1）收集或处理用以编制财务报表的数据时出现错误。

（2）遗漏某项金额或披露。

（3）由于疏忽或明显误解有关事实导致做出不正确的会计估计。

（4）注册会计师认为管理层对会计估计做出不合理的判断或对会计政策做出不恰当的选择和运用。

（二）累计识别出的错报

注册会计师可能将低于某一金额的错报界定为明显微小错报。

（1）明显微小错报不需要累积。注册会计师认为明显微小错报的汇总数不会对财务报表产生重大影响，因此对这类错报不需要累积。

（2）"明显微小错报"不等同于"不重大错报"。明显微小错报，无论单独或汇总起来，从规模、性质或其发生的环境来看都是明显微不足道的。

（3）明显微小错报可能是财务报表整体重要性水平的5%，一般不超过财务报表整体重要性的10%。

（三）错报的分类

错报来源于舞弊或错误，根据错报产生的原因，我们可以将错报分为事实错报、判断错报和推断错报三种，如表6-3所示。

表6-3　错报的分类

类型		内容
事实错报	定义	收集或处理数据错误，或者舞弊导致的对事实的误解或忽略，或者估计舞弊行为。本质是违反客观事实
	举例	存货、固定资产的入账价值录入错误，与发票、合同等不符
判断错报	定义	注册会计师认为由以下情形而导致的差异：管理层对会计估计做出不合理的判断、不恰当地选择和运用会计政策
	举例	投资性房地产公允价值不合理、存货发出采用后进先出法核算

表6-3（续）

类型		内容
推断 错报	定义	根据样本推断的总体错报
	举例	运用审计抽样，通过测试样本估计出的总体的错报减去在测试中发现的已经识别的具体错报

本章小结

本章主要介绍了重要性的概念、重要性的确定和错报等相关知识点。除了理解以上知识点外，学生通过本章的学习还应了解审计风险、重大错报风险、检查风险、固有风险、控制风险等基本概念。本章的内容属于基础理论知识，知识点比较多，需要学生认真学习掌握。

本章思维导图

本章思维导图如图 6-3 所示。

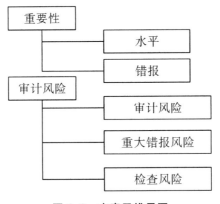

图 6-3　本章思维导图

第七章
审计抽样

学习目标

1. 了解审计抽样的概念和特征。
2. 了解审计抽样的种类与各种审计抽样的特征及应用。
3. 掌握实施风险评估程序、控制测试和实质性程序时对审计抽样的考虑。
4. 掌握样本的选取方法，掌握样本结果评价的程序及内容。

案例导入

资料一：甲公司系公开发行 A 股的上市公司，2018 年 3 月 20 日，北京 ABC 会计师事务所的 A 注册会计师和 B 注册会计师负责完成了对甲公司 2017 年会计报表的外勤审计工作。假定甲公司 2017 年财务报告于 2018 年 3 月 27 日经董事会批准和管理当局签署，于同日报送证券交易所。2018 年 4 月 30 日，甲公司召开 2017 年股东大会，审议通过了 2017 年财务报告。甲公司采用应付税款法核算所得税，所得税税率为 25%，每年分别按净利润的 10% 和 5% 提取法定盈余公积和法定公益金。

资料二：在应付票据项目的审计中，为了确定应付票据余额对应的业务是否真实、会计处理是否正确，A 注册会计师和 B 注册会计师拟从甲公司应付票据备查账簿中抽取若干笔应付票据业务，检查相关的合同、发票、货物验收单等资料，并检查会计处理的正确性。甲公司应付票据备查簿显示，应付票据项目 2017 年 12 月 31 日的余额为 15 000 000 元，由 72 笔应付票据业务构成。根据具体审计计划的要求，A 注册会计师和 B 注册会计师需要从中选取 6 笔应付票据业务进行检查。

问题：针对资料一，假定应付票据备查簿中记载的 72 笔应付票据业务是随机排列的，A 注册会计师和 B 注册会计师采用系统选样法选取 6 笔应付票据业务样本，并且确定随机起点为第 7 笔，请判断其余 5 笔应付票据业务分别是哪几笔？如果上述 6 笔应付票据业务的账面价值为 1 400 000 元，审计后认定的价值为 1 680 000 元，甲公司 2017 年 12 月 31 日应付票据业务账面价值为 15 000 000 元，并假定误差与账面价值存在比例关系，运用比率估值抽样法推断甲公司 2017 年 12 月 31 日应付票据的总体实际价值。

第一节 审计抽样的相关概念

注册会计师在获取充分、适当的证据时，需要选取项目进行测试。选取方法包括三种：一是对某总体包含的全部项目进行测试（如对资本公积项目）；二是对选出的特定项目进行测试，但不推断总体；三是审计抽样，以样本结果推断总体结论。在现实社会经济生活中，企业规模的扩大和经营复杂程度的不断上升，使注册会计师对每一笔交易进行检查变得既不可行，也没有必要。为了在合理的时间内以合理的成本完成审计工作，审计抽样应运而生。审计抽样旨在帮助注册会计师确定实施审计程序的范围，以获取充分、适当的审计证据，得出合理的结论，作为形成审计意见的基础。

一、审计抽样

（一）审计抽样的含义

审计抽样是指注册会计师对具有审计相关性的总体中低于100%的项目实施审计程序，使所有抽样单元都有被选取的机会。审计抽样为注册会计师针对总体得出结论提供合理基础。审计抽样能够使注册会计师获取和评价有关所选取项目某一特征的审计证据，以形成或有助于形成有关总体的结论。总体是指注册会计师从中选取样本并期望据此得出结论的整个数据集合。抽样单元是指构成总体的个体项目。

抽样是一个适用性较广的概念，不仅注册会计师执行审计工作时使用抽样，意见调查、市场分析或科学研究都可能用到抽样。但是，审计抽样不同于其他行业的抽样。例如，审计抽样可能为某账户余额的准确性提供进一步的证据，注册会计师通常只需要评价该账户余额是否存在重大错报，而不需要确定其初始金额，这些初始金额在审计抽样开始之前已由被审计单位记录并汇总完毕。在运用抽样方法进行意见调查、市场分析或科学研究时，类似的初始数据在抽样开始之前通常并未得到累积、编制或汇总。

（二）审计抽样的特征

审计抽样应当同时具备以下三个基本特征：

（1）对具有审计相关性的总体中低于100%的项目实施审计程序。

（2）所有抽样单元都有被选取的机会。

（3）可以根据样本项目的测试结果推断出有关抽样总体的结论。

审计抽样时，注册会计师应确定适合于特定审计目标的总体，并从中选取低于100%的项目实施审计程序。在某些情况下，注册会计师可能决定测试某类交易或账户余额中的每一个项目，即针对总体进行100%的测试，这就是通常所说的全查，而不是审计抽样。审计抽样时，所有抽样单元都应有被选取成为样本的机会，注册会计师不能存有偏向，只挑选具备某一特征的项目（如金额大或账龄长的应收账款）进行测试。如果只选取特定项目实施审计程序，则不是审计抽样。在这种情形下，注册会计师只能针对这些特定项目得出结论，而不能根据特定项目的测试结果推断总体的特征。

审计抽样时，注册会计师的目的并不是评价样本，而是对总体得出结论。如果注册会计师从某类交易或账户余额中选取低于100%的项目实施审计程序，却不准备据此推断总体的特征，就不是审计抽样。例如，注册会计师挑选几笔交易，追查其在被审计单位会计系统中的运行轨迹，以获取对被审计单位内部控制的总体了解，而不是评价该类交易的整体特征。

值得注意的是，只有当从抽样总体中选取的样本具有代表性时，注册会计师才能根据样本项目的测试结果推断出有关总体的结论。代表性是指在既定的风险水平下，注册会计师根据样本得出的结论，与对整个总体实施与样本相同的审计程序得出的结论类似。样本具有代表性并不意味着根据样本测试结果推断的错报一定与总体中的错报完全相同，如果样本的选取是无偏向的，该样本通常就具有了代表性。代表性与整个样本而非样本中的单个项目相关，与样本规模无关，与如何选取样本相关。此外，代表性通常只与错报的发生率而非错报的特定性质相关。例如，异常情况导致的样本错报就不具有代表性。选取测试项目的方法如图7-1所示。

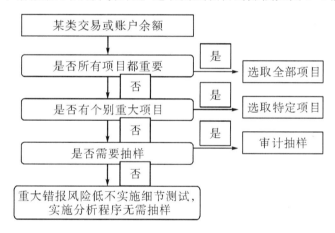

图7-1 选取测试项目的方法

（三）审计抽样的适用性

审计抽样并非在所有审计程序中都可使用，注册会计师拟实施的审计程序将对运用审计抽样产生重要影响。在风险评估程序、控制测试和实质性程序中，有些审计程序可以使用审计抽样，有些审计程序则不宜使用审计抽样。

风险评估程序通常不涉及审计抽样。如果注册会计师在了解控制的设计和确定控制是否得到执行的同时计划和实施控制测试，则可能涉及审计抽样，但此时审计抽样仅适用于控制测试。

当控制的运行留下轨迹时，注册会计师可以考虑使用审计抽样实施控制测试。对于未留下运行轨迹的控制，注册会计师通常实施询问、观察等审计程序，以获取有关控制运行有效性的审计证据，此时不宜使用审计抽样。此外，在被审计单位采用信息技术处理各类交易及其他信息时，注册会计师通常只需要测试信息技术一般控制，并从各类交易中选取一笔或几笔交易进行测试，就能获取有关信息技术应用控制运行有效性的审计证据，此时不需使用审计抽样。

实质性程序包括对各类交易、账户余额和披露的细节测试以及实质性分析程序。在实施细节测试时，注册会计师可以使用审计抽样获取审计证据，以验证有关财务报表金额的一项或多项认定（如应收账款的存在），或者对某些金额做出独立估计（如陈旧存货的价值）。如果注册会计师将某类交易或账户余额的重大错报风险评估为可接受的低水平，也可不实施细节测试，此时不需使用审计抽样。实施实质性分析程序时，注册会计师的目的不是根据样本项目的测试结果推断有关总体的结论，此时不宜使用审计抽样。

二、抽样风险和非抽样风险

在获取审计证据时，注册会计师应当运用职业判断，评估重大错报风险，并设计进一步审计程序，以将审计风险降至可接受的低水平。在使用审计抽样时，审计风险既可能受到抽样风险的影响，又可能受到非抽样风险的影响。抽样风险和非抽样风险通过影响重大错报风险的评估和检查风险的确定而影响审计风险。

（一）抽样风险

抽样风险是指注册会计师根据样本得出的结论可能不同于如果对总体实施与样本相同的审计程序得出的结论的风险。抽样风险是由抽样引起的，与样本规模和抽样方法相关。

1. 控制测试中的抽样风险

控制测试中的抽样风险包括信赖过度风险和信赖不足风险。信赖过度风险是指推断的控制有效性高于其实际有效性的风险。也可以说，尽管样本结果支持注册会计师计划信赖内部控制的程度，但实际偏差率不支持该信赖程度的风险。信赖过度风险与审计的效果有关。如果注册会计师评估的控制有效性高于其实际有效性，从而导致评估的重大错报风险水平偏低，注册会计师可能不适当地减少从实质性程序中获取的证据，因此审计的有效性下降。对于注册会计师而言，信赖过度风险更容易导致注册会计师发表不恰当的审计意见，因此更应予以关注。

相反，信赖不足风险是指推断的控制有效性低于其实际有效性的风险，也可以说，尽管样本结果不支持注册会计师计划信赖内部控制的程度，但实际偏差率支持该信赖程度的风险。信赖不足风险与审计的效率有关。当注册会计师评估的控制有效性低于其实际有效性时，评估的重大错报风险水平高于实际水平，注册会计师可能会增加不必要的实质性程序。在这种情况下，审计效率可能降低。

2. 细节测试中的抽样风险

在实施细节测试时，注册会计师也要关注两类抽样风险：误受风险和误拒风险。

误受风险是指注册会计师推断某一重大错报不存在而实际上存在的风险。如果账面金额实际上存在重大错报而注册会计师认为其不存在重大错报，注册会计师通常会停止对该账面金额继续进行测试，并根据样本结果得出账面金额无重大错报的结论。与信赖过度风险类似，误受风险影响审计效果，容易导致注册会计师发表不恰当的审计意见，因此注册会计师更应予以关注。

误拒风险是指注册会计师推断某一重大错报存在而实际上不存在的风险。与信赖不足风险类似,误拒风险影响审计效率。如果账面金额不存在重大错报而注册会计师认为其存在重大错报,注册会计师会扩大细节测试的范围并考虑获取其他审计证据,最终注册会计师会得出恰当的结论。在这种情况下,审计效率可能降低。

也就是说,无论在控制测试还是在细节测试中,抽样风险都可以分为两种类型:一类是影响审计效果的抽样风险,包括控制测试中的信赖过度风险和细节测试中的误受风险;另一类是影响审计效率的抽样风险,包括控制测试中的信赖不足风险和细节测试中的误拒风险。相较于影响审计效率的抽样风险,注册会计师更应关注影响审计效果的抽样风险。只要使用了审计抽样,抽样风险总会存在。抽样风险与样本规模呈反方向变动:样本规模越小,抽样风险越大;样本规模越大,抽样风险越小。无论是控制测试还是细节测试,注册会计师都可以通过扩大样本规模降低抽样风险。如果对总体中的所有项目都实施检查,就不存在抽样风险,此时审计风险完全由非抽样风险产生。

抽样风险对审计工作的影响如表 7-1 所示。

表 7-1 抽样风险对审计工作的影响

测试种类	影响审计效率的风险	影响审计效果的风险
控制测试	信赖不足风险	信赖过度风险
细节测试	误拒风险	误受风险

(二)非抽样风险

非抽样风险是指注册会计师由于任何与抽样风险无关的原因而得出错误结论的风险。注册会计师即使对某类交易或账户余额的所有项目实施审计程序,也可能仍未能发现重大错报或控制失效。在审计过程中,可能导致非抽样风险的原因主要包括下列情况:

(1)注册会计师选择了不适合实现特定目标的审计程序。例如,注册会计师依赖应收账款函证来揭露未入账的应收账款。

(2)注册会计师选择的总体不适合于测试目标。例如,注册会计师在测试销售收入完整性认定时将主营业务收入日记账界定为总体。

(3)注册会计师未能适当地定义误差(包括控制偏差或错报),导致注册会计师未能发现样本中存在的偏差或错报。例如,注册会计师在测试现金支付授权控制的有效性时,未将签字人未得到适当授权的情况界定为控制偏差。

(4)注册会计师未能适当地评价审计发现的情况。例如,注册会计师错误解读审计证据可能导致没有发现误差。注册会计师对所发现误差的重要性的判断有误,从而忽略了性质十分重要的误差,也可能导致得出不恰当的结论。

非抽样风险是由人为因素造成的,虽然难以量化非抽样风险,但通过采取适当的质量管理政策和程序,对审计工作进行适当的引导、监督和复核,仔细设计审计程序以及对审计实务进行适当改进,注册会计师可以将非抽样风险降至可接受的水平。

三、统计抽样和非统计抽样

所有的审计抽样都需要注册会计师运用职业判断，计划并实施抽样程序，评价样本结果。审计抽样时，注册会计师既可以使用统计抽样方法，也可以使用非统计抽样方法。

（一）统计抽样

统计抽样是指同时具备下列特征的抽样方法：一是随机选取样本项目；二是运用概率论评价样本结果，包括计量抽样风险。如果注册会计师严格按照随机原则选取样本，却没有对样本结果进行统计评估，或者基于非随机选样进行统计评估，都不能认为使用了统计抽样。

统计抽样有助于注册会计师高效地设计样本，计量所获取证据的充分性以及定量评价样本结果。但统计抽样又可能发生额外的成本。第一，统计抽样需要特殊的专业技能，因此使用统计抽样需要增加额外的支出对注册会计师进行培训。第二，统计抽样要求单个样本项目符合统计要求，这些也可能需要支出额外的费用。使用审计抽样软件能够适当降低统计抽样的成本。

（二）非统计抽样

不同时具备统计抽样两个基本特征的抽样方法为非统计抽样。统计抽样能够客观地计量抽样风险，并通过调整样本规模精确地控制风险，这是统计抽样与非统计抽样最重要的区别。不允许计量抽样风险的抽样方法都是非统计抽样，即便注册会计师按照随机原则选取样本项目，或者使用统计抽样的表格确定样本规模，如果没有对样本结果进行统计评估，仍然是非统计抽样。注册会计师使用非统计抽样时，也必须考虑抽样风险并将其降至可接受水平，但无法精确地测定抽样风险。

注册会计师在统计抽样与非统计抽样方法之间进行选择时主要考虑成本效益。不管是统计抽样还是非统计抽样，两种方法都要求注册会计师在设计、选取和评价样本时运用职业判断。如果设计适当，非统计抽样也能提供与统计抽样方法同样有效的结果。另外，对选取的样本项目实施的审计程序通常与使用的抽样方法无关。

四、属性抽样和变量抽样

属性抽样和变量抽样都是统计抽样方法。

（一）属性抽样

属性抽样是一种用来对总体中某一事件发生率得出结论的统计抽样方法。属性抽样在审计中最常见的用途是测试某一设定控制的偏差率，以支持注册会计师评估的控制风险水平。无论交易的规模如何，针对某类交易的设定控制预期都将以同样的方式运行。因此，在属性抽样中，设定控制的每一次发生或偏离都被赋予同样的权重，而不管交易的金额大小。

（二）变量抽样

变量抽样是一种用来对总体金额得出结论的统计抽样方法。变量抽样通常要回答下列问题：金额是多少？账户是否存在重大错报？变量抽样在审计中的主要用途是进行细节测试，以确定记录金额是否合理。

一般而言，属性抽样得出的结论与总体发生率有关，而变量抽样得出的结论与总体的金额有关。但有一个例外，即变量抽样中的货币单元抽样，注册会计师运用属性抽样的原理得出以金额表示的结论。

第二节 审计抽样在控制测试中的应用

一、样本设计阶段

（一）确定测试目标

注册会计师实施控制测试的目标是提供关于控制运行有效性的审计证据，以支持计划的重大错报风险评估水平。因此，控制测试主要关注控制在所审计期间的相关时点是如何运行的、控制是否得到一贯执行、控制由谁或以何种方式执行。注册会计师必须首先针对某项认定详细了解控制目标和内部控制政策与程序之后，方可确定从哪些方面获取关于控制是否有效运行的审计证据。

（二）定义总体

总体是指注册会计师从中选取样本并期望据此得出结论的整个数据集合。注册会计师在界定总体时，应当确保总体的适当性和完整性。

（1）适当性。总体应适合于特定的审计目标，包括适合于测试的方向。例如，要测试用以保证所有发运商品都已开单的控制是否有效运行，注册会计师从已开单的项目中抽取样本不能发现误差，因为该总体不包含那些已发运但未开单的项目。为发现这种误差，注册会计师将所有已发运的项目作为总体通常比较适当。又如，要测试现金支付授权控制是否有效运行，如果从已得到授权的项目中抽取样本，注册会计师不能发现控制偏差，因为该总体不包含那些已支付但未得到授权的项目。

（2）完整性。注册会计师应当从总体项目内容和涉及时间等方面确定总体的完整性。例如，如果注册会计师从档案中选取付款证明，除非确信所有的付款证明都已归档，否则注册会计师不能对该期间的所有付款证明得出结论。又如，如果注册会计师对某一控制活动在财务报告期间是否有效运行得出结论，总体应包括来自整个报告期间的所有相关项目。

在控制测试中，注册会计师必须考虑总体的同质性。同质性是指总体中的所有项目应该具有同样的特征。例如，如果被审计单位的出口和内销业务的处理方式不同，注册会计师应分别评价两种不同的控制情况，因此出现两个独立的总体。又如，虽然被审计单位的所有分支机构的经营可能都相同，但每个分支机构是由不同的人运行的，如果注册会计师对每个分支机构的内部控制和员工感兴趣，可以将每个分支机构作为一个独立的总体对待。另外，如果注册会计师关心的不是单个分支机构而是被审计单位整体的经营，且各分支机构的控制具有足够的相同之处，就可以将被审计单位视为一个单独的总体。

需要注意的是，被审计单位在被审计期间可能改变某个特定控制。如果某控制（旧控制）被用于实现相同控制目标的另一控制（新控制）取代，注册会计师需要确定是否测试这两个控制的运行有效性，或者只测试新控制。例如，如果注册会计师需要就与销售交易相关的控制的运行有效性获取证据，以支持重大错报风险的评估水平，且预期新控制与旧控制都是有效的，注册会计师可以将被审计期间的所有销售交易作为一个总体。在新控制与旧控制差异很大时，注册会计师也可以分别进行测试，因此出现两个独立的总体。不过，如果注册会计师对重大错报风险的评估主要取决于控制在被审计期间的后期或截至某个特定时点的有效运行，也可能主要测试新控制，而对旧控制不进行测试或仅进行少量测试。此时，新控制针对的销售交易是一个独立的总体。

（三）定义抽样单元

注册会计师定义的抽样单元应与审计测试目标相适应。抽样单元通常是能够提供控制运行证据的一份文件资料、一项记录或记录中的某一行，每个抽样单元构成了总体中的一个项目。在控制测试中，注册会计师应根据被测试的控制定义抽样单元。例如，如果测试目标是确定付款是否得到授权，且设定的控制要求付款之前授权人在付款单据上签字，抽样单元可能被定义为每一张付款单据。如果一张付款单据包含了对几张发票的付款，且设定的控制要求每张发票分别得到授权，那么付款单据上与发票对应的一行就可能被定义为抽样单元。

对抽样单元的定义过于宽泛可能导致缺乏效率。例如，如果注册会计师将发票作为抽样单元，就必须对发票上的所有项目进行测试。如果注册会计师将发票上的某一行作为抽样单元，则只需对被选取的行所代表的项目进行测试。如果定义抽样单元的两种方法都适合于测试目标，将某一行的项目作为抽样单元可能效率更高。

（四）定义偏差构成条件

注册会计师应根据对内部控制的了解，确定哪些特征能够显示被测试控制的运行情况，然后据此定义偏差构成条件。在控制测试中，偏差是指偏离对设定控制的预期执行。在评估控制运行的有效性时，注册会计师应当考虑其认为必要的所有环节。例如，设定的控制要求每笔支付都应附有发票、收据、验收报告和订购单等证明文件，且都盖上"已付"戳记。注册会计师认为盖上"已付"戳记的发票和验收报告足以显示控制的适当运行。在这种情况下，偏差可能被定义为缺乏盖有"已付"戳记的发票和验收报告等证明文件的款项支付。

（五）定义测试期间

注册会计师通常在期中实施控制测试。由于期中测试获取的证据只与控制截至期中测试时点的运行有关，注册会计师需要确定如何获取关于剩余期间的证据。注册会计师可以有以下两种做法：

（1）将测试扩展至在剩余期间发生的交易，以获取额外的证据。在这种情况下，总体由整个被审计期间的所有交易组成。

①初始测试。注册会计师可能将总体定义为包括整个被审计期间的交易，但在期中实施初始测试。在这种情况下，注册会计师可能估计总体中剩余期间将发生的交易的数量，并在期末审计时对所有发生在期中测试之后的被选取交易进行检查。例如，如果被审计单位在当年的前 10 个月开具了编号 1~10 000 的发票，注册会计师可能估计，根据企业的经营周期，剩下两个月中将开具 2 500 张发票，因此注册

会计师在选取所需的样本时用 1~12 500 作为编号。所选取的发票中，编号小于或等于 10 000 的样本项目在期中审计时进行检查，剩余的样本项目将在期末审计时进行检查。

②估计总体的特征。在估计总体规模时，注册会计师可能考虑上年同期的实际情况、变化趋势以及经营性质等因素。在实务中，一方面，注册会计师可能高估剩余项目的数量。年底时如果部分被选取的编号对应的交易没有发生（由于实际发生的交易数量低于预计数量），可以用其他交易代替。考虑到这种可能性，注册会计师可能希望比最低样本规模稍多选取一些项目，对多余的项目只在需要作为替代项目时才进行检查。另一方面，注册会计师也可能低估剩余项目的数量。如果剩余项目的数量被低估，一些交易将没有被选取的机会，因此样本不能代表注册会计师定义的总体。在这种情况下，注册会计师可以重新定义总体，将样本中未包含的项目排除在新的总体之外。对未包含在重新定义总体中的项目，注册会计师可以实施替代程序，例如，将这些项目作为一个独立的样本进行测试，或者对其进行 100% 的检查，或者询问剩余期间的情况。注册会计师应判断各种替代程序的效率和效果，并据此选择适合于具体情况的方法。

在许多情况下，注册会计师可能不需等到被审计期间结束，就能得出关于控制的运行有效性是否支持其计划评估的重大错报风险水平的结论。在对选取的交易进行期中测试时，注册会计师发现的误差可能足以使其得出结论：即使在发生于期中测试以后的交易中未发现任何误差，控制也不能支持计划评估的重大错报风险水平。在这种情况下，注册会计师可能决定不将样本扩展至期中测试以后发生的交易，而是相应地修正计划的重大错报风险评估水平和实质性程序。

（2）不将测试扩展至在剩余期间发生的交易。在这种情况下，总体只包括从年初到期中测试为止的交易，测试结果也只能针对这个期间进行推断，注册会计师可以使用替代方法测试剩余期间的控制有效性。

在确定是否需要针对剩余期间获取额外证据以及获取哪些证据时，注册会计师通常考虑下列因素：

①所涉及的认定的重要性。

②期中进行测试的特定控制。

③自期中以来控制发生的任何变化。

④控制改变实质性程序的程度。

⑤期中实施控制测试的结果。

⑥剩余期间的长短。

⑦对剩余期间实施实质性程序所产生的与控制的运行有关的证据。

注册会计师应当获取与控制在剩余期间发生的所有重大变化的性质和程度有关的证据，包括其人员的变化。如果发生了重大变化，注册会计师应修正其对内部控制的了解，并考虑对变化后的控制进行测试。注册会计师也可以考虑对剩余期间实施实质性分析程序或细节测试。

二、选取样本阶段

选取样本阶段流程如图 7-2 所示。

图 7-2　选取样本阶段流程

（一）确定抽样方法

选取样本时，只有从抽样总体中选出具有代表性的样本项目，注册会计师才能根据样本的测试结果推断有关总体的结论。因此，不管使用统计抽样还是非统计抽样，在选取样本项目时，注册会计师应当使总体中的每个抽样单元都有被选取的机会。在统计抽样中，注册会计师有必要使用适当的随机选样方法，如简单随机选样或系统随机选样。在非统计抽样中，注册会计师通常使用近似于随机选样的方法，如随意选样。计算机辅助审计技术（CAAT）可以提高选样的效率。选取样本的基本方法包括简单随机选样、系统选样、随意选样和整群选样。

1. 简单随机选样

使用这种方法，相同数量的抽样单元组成的每种组合被选取的概率都相等。注册会计师可以使用计算机或随机数表获得所需的随机数，选取匹配的随机样本。

简单随机选样在统计抽样和非统计抽样中均适用。

在没有事先编号的情况下，注册会计师需按一定的方法进行编号。例如，由 40 页、每页 50 行组成的应收账款明细表，可采用四位数字编号，前两位由 01 到 40 的整数组成，表示该记录在明细表中的页数，后两位数字由 01 到 50 的整数组成，表示该记录的行次。这样，编号 0 628 表示第 6 页第 28 行的记录。所需使用的随机数的位数一般由总体项目数或编号位数决定。前例中，可以采用 4 位随机数表，也可以使用 5 位随机数表的前 4 位数字或后 4 位数字。

例如，从前述应收账款明细表的 2 000 个记录中选择 10 个样本，总体编号规则如前所述，即前两位数字不能超过 40，后两位数字不能超过 50。从表 7-2 第一行第一列开始，使用后四位随机数，逐行向右查找，则选中的样本为编号为 2 044、2 114、1 034、3 821、1 642、1 530、2 438、1 729、1 635、0 209 的 10 个记录。

表 7-2　随机数表举例

行	列									
	1	2	3	4	5	6	7	8	9	10
1	32 044	69 037	29 655	92 114	81 034	40 582	01 584	77 184	85 762	46 505
2	23 821	96 070	82 592	81 642	08 971	07 411	09 037	81 530	56 195	98 425
3	82 383	94 987	66 441	28 677	95 961	78 346	37 916	09 416	42 438	48 432
4	68 310	21 729	71 635	86 069	38 157	95 620	96 718	79 554	50 209	17 705

表7-2（续）

行	列									
	1	2	3	4	5	6	7	8	9	10
5	94 856	76 940	22 165	01 414	01 413	37 231	05 509	37 489	56 459	52 983
6	95 000	61 958	83 430	98 250	70 030	05 436	71 814	45 978	09 277	13 827
7	20 764	64 638	11 359	32 556	89 822	02 713	81 293	52 970	25 080	33 555
8	71 401	17 964	50 940	95 753	34 905	93 566	36 318	79 530	51 105	26 952
9	38 464	75 707	16 750	61 371	01 523	69 205	32 122	03 436	1 489	02 086
10	59 442	59 247	74 955	82 835	98 378	83 513	47 870	20 795	01 352	89 906

2. 系统选样

系统选样也称等距选样，注册会计师需要确定选样间隔，即用总体中抽样单元的总数量除以样本规模，得到样本间隔；然后在第一个间隔中确定一个随机起点，从这个随机起点开始，按照选样间隔，从总体中顺序选取样本。

使用这种方法，注册会计师需要确定选样间隔，即用总体中抽样单元的总数量除以样本规模，得到样本间隔，然后在第一个间隔中确定一个随机起点，从这个随机起点开始，按照选样间隔，从总体中顺序选取样本。例如，如果销售发票的总体范围是652~3 151，设定的样本量是125，那么选样间距为20[（3 152-652）÷125]。注册会计师必须从第一个间隔（652~671）中随机选取一个样本项目，作为抽样起点。如果随机起点是661，那么其余的124个项目是681（661+20），701（68）+20）……以此类推，直至第3 141号。

使用系统选样方法，总体中的每一个抽样单元被选取的机会都相等，当从总体中人工选取样本时，这种方法尤为方便。但是，使用系统选样方法要求总体必须是随机排列的，如果抽样单元在总体内的分布具有某种规律性，则样本的代表性就可能较差，容易发生较大的偏差。例如，某建筑公司的员工工资清单按照项目组分类，每个项目组的工资都按照1个项目负责人和9个项目组成员的顺序排列，如果将员工工资清单作为总体，选样间隔为10。随着随机起点的不同，选择的样本要么包括所有的项目负责人，要么一个项目负责人都不包括。样本无法同时包括项目负责人和项目组成员，自然不具有代表性。

为克服系统选样法的这一缺点，审计人员可以采用两种办法：一是增加随机起点的个数，二是在确定选样方法之前对总体特征的分布进行观察。如果发现总体特征的分布呈随机分布，则采用系统选样方法；否则，考虑使用其他选样方法。

系统选样可以在非统计抽样中使用，在总体随机分布时也可以适用于统计抽样。

3. 随意选样

使用这种方法并不意味着注册会计师可以漫不经心地选择样本，注册会计师要避免任何有意识的偏向或可预见性（如回避难以找到的项目，或者总是选择或回避每页的第一个或最后一个项目），从而保证总体中的所有项目都有被选中的机会，使选择的样本具有代表性。

随意选样仅适用于非统计抽样。在使用统计抽样时，运用随意选样是不恰当的，因为注册会计师无法量化选取样本的概率。

4. 整群选样

使用这种方法，注册会计师从总体中选取一群（或多群）连续的项目。例如，总体为 2020 年的所有付款单据，从中选取 2 月 3 日、5 月 17 日和 7 月 19 日这三天的所有付款单据作为样本。整群选样通常不能在审计抽样中使用，因为大部分总体的结构都使连续的项目之间可能具有相同的特征，但与总体中其他项目的特征不同。虽然在有些情况下注册会计师检查一群项目可能是适当的审计程序，但当注册会计师希望根据样本做出有关整个总体的有效推断时，极少将整群选样作为适当的选样方法。

（二）确定样本规模

样本规模是指从总体中选取样本项目的数量。在审计抽样中，如果样本规模过小，就不能反映出审计对象总体的特征，注册会计师就无法获取充分的审计证据，其审计结论的可靠性就会大打折扣，甚至可能得出错误的审计结论。因此，注册会计师应当确定足够的样本规模，以将抽样风险降至可接受的低水平。相反，如果样本规模过大，则会增加审计工作量，造成不必要的时间和人力方面的浪费，加大审计成本，降低审计效率，从而失去审计抽样的意义。

1. 影响样本规模的因素

（1）可接受的信赖过度风险。控制测试中的抽样风险包括信赖过度风险和信赖不足风险。信赖过度风险与审计效果有关，信赖不足风险则与审计效率有关，信赖过度风险更容易导致注册会计师发表不恰当的审计意见。因此，在实施控制测试时，注册会计师主要关注信赖过度风险。

影响注册会计师可以接受的信赖过度风险的因素包括：

①该控制针对的风险的重要性。

②控制环境的评估结果。

③针对风险的控制程序的重要性。

④证明该控制能够防止、发现和改正认定层次重大错报的审计证据的相关性和可靠性。

⑤在与某认定有关的其他控制的测试中获取的证据的范围。

⑥控制的叠加程度。

⑦对控制的观察和询问获得的答复可能不能准确反映该控制得以持续适当运行的风险。

可接受的信赖过度风险与样本规模反向变动。注册会计师愿意接受的信赖过度风险越低，样本规模通常越大；反之，注册会计师愿意接受的信赖过度风险越高，样本规模越小。由于控制测试是控制是否有效运行的主要证据来源，因此可接受的信赖过度风险应确定在相对较低的水平上。通常，相对较低的水平在数量上是指 5%~10% 的信赖过度风险。注册会计师一般将信赖过度风险确定为 10%，特别重要的测试则可以将信赖过度风险确定为 5%。在实务中，注册会计师通常对所有控制测试确定一个统一的可接受信赖过度风险水平，然后对每一项测试根据计划的重大错报风险评估水平和控制有效性分别确定其可容忍偏差率。

（2）可容忍偏差率。在控制测试中，可容忍偏差率是指注册会计师设定的偏离规定的内部控制的比率，注册会计师试图对总体中的实际偏差率不超过该比率获取适当水平的保证。换言之，可容忍偏差率是注册会计师能够接受的最大偏差数量，如果偏差超过这一数量则减少或取消对内部控制的信赖。

可容忍偏差率与样本规模反向变动。在确定可容忍偏差率时，注册会计师应考虑计划评估的控制有效性。计划评估的控制有效性越低，注册会计师确定的可容忍偏差率通常越高，所需的样本规模越小。一个很高的可容忍偏差率通常意味着控制的运行不会大大降低相关实质性程序的程度。在这种情况下，由于注册会计师预期控制运行的有效性很低，特定的控制测试可能不需进行。反之，如果注册会计师在评估认定层次重大错报风险时预期控制的运行是有效的，注册会计师必须实施控制测试。换言之，注册会计师在风险评估时越依赖控制运行的有效性，确定的可容忍偏差率越低，进行控制测试的范围越大，样本规模增加。

偏离规定的内部控制将增加重大错报风险，但不是所有的偏离都一定导致财务报表出现重大错报。因此，与细节测试中设定的可容忍错报相比，注册会计师通常为控制测试设定相对较高的可容忍偏差率。在实务中，注册会计师通常认为，当偏差率为3%~7%时，控制有效性的估计水平较高。可容忍偏差率最高为20%，偏差率超过20%时，由于估计控制运行无效，注册会计师不需要进行控制测试。当估计控制运行有效时，如果注册会计师确定的可容忍偏差率较高就被认为不恰当。表7-3列示了可容忍偏差率和计划评估的控制有效性之间的关系。

表7-3 可容忍偏差率和计划评估的控制有效性之间的关系

计划评估的控制有效性	可容忍偏差率（近似值）
高	3%~7%
中	6%~12%
低	11%~12%
最低	不进行控制测试

（3）预计总体偏差率。对于控制测试，注册会计师在考虑总体特征时，需要根据对相关控制的了解或对总体中少量项目的检查来评估预期偏差率。注册会计师可以根据上年测试结果、内部控制的设计和控制环境等因素对预计总体偏差率进行评估。在考虑上年测试结果时，注册会计师应考虑被审计单位内部控制和人员的变化。在实务中，如果以前年度的审计结果无法取得或认为不可靠，注册会计师可以在抽样总体中选取一个较小的初始样本，以初始样本的偏差率作为预计总体偏差率的估计值。

预计总体偏差率与样本规模同向变动。在既定的可容忍偏差率下，预计总体偏差率越大，所需的样本规模越大。预计总体偏差率不应超过可容忍偏差率，如果预期总体偏差率高得无法接受，意味着控制有效性很低，注册会计师通常决定不实施控制测试，而实施更多的实质性程序。

（4）总体规模。除非总体非常小，一般而言，总体规模对样本规模的影响几乎为零。注册会计师通常将抽样单元超过5 000个的总体视为大规模总体。对大规模总体而言，总体的实际容量对样本规模几乎没有影响。对小规模总体而言，审计抽样比其他选择测试项目的方法的效率低。

（5）其他因素。控制运行的相关期间越长（年或季度），需要测试的样本越多，因为注册会计师需要对整个拟信赖期间控制的有效性获取证据。控制程序越复杂，测试的样本越多。样本规模还取决于所测试的控制的类型，通常对人工控制实施的测试要多过自动化控制，因为人工控制更容易发生错误和偶然的失败，而针对计算机系统的信息技术一般控制只要有效发挥作用，曾经测试过的自动化控制一般都能保持可靠运行。在确定被审计单位自动控制的测试范围时，如果支持其运行的信息技术一般控制有效，注册会计师测试一次应用程序控制便可能足以获得对控制有效运行的较高的保证水平。如果测试的控制包含人工监督和参与（如偏差报告、分析、评估、数据输入、信息匹配等），则通常比自动控制需要测试更多的样本。

表7-4列示了控制测试中影响样本规模的主要因素，并分别说明了这些影响因素在控制测试中的表现形式。

表7-4　控制测试中影响样本规模的主要因素

因素	与样本规模的关系
可接受的信赖过度风险	反向变动
可容忍偏差率	反向变动
预计总体偏差率	同向变动
总体规模	影响很小

2. 针对运行频率较低的内部控制的考虑

某些重要的内部控制并不经常运行。例如，银行存款余额调节表的编制可能是按月执行，针对年末结账流程的内部控制则是一年执行一次。注册会计师可以根据表7-5确定所需的样本规模。一般情况下，样本规模接近表7-5中选取的样本数量区间的下限是适当的。如果控制发生变化，或者曾经发现控制缺陷，样本规模更可能接近甚至超过表7-5中选取的样本数量区间的上限。如果拟测试的控制是针对相关认定的唯一控制，注册会计师往往可能需要测试更多的样本。

表7-5　针对运行频率较低的内部控制的考虑

控制执行频率	控制运行总规模/次	选取的样本数量/个
1次/季度	4	2
1次/月度	12	2~4
1次/半月	24	3~8
1次/每周	52	5~9

3. 确定样本量

实施控制测试时，注册会计师可能使用统计抽样，也可能使用非统计抽样。在非统计抽样中，注册会计师可以只对影响样本规模的因素进行定性的估计，并运用职业判断确定样本规模。使用统计抽样方法时，注册会计师必须对影响样本规模的因素进行量化，并利用根据统计公式开发的专门的计算机程序或专门的样本量表来确定样本规模。表7-6提供了在控制测试中确定的可接受信赖过度风险为10%时所使用的样本量。如果注册会计师需要其他信赖过度风险水平的抽样规模，必须使用统计抽样参考资料中的其他表格或计算机程序。

注册会计师根据可接受的信赖过度风险选择相应的抽样规模表，然后在预计总体偏差率栏找到适当的比率。注册会计师确定与可容忍偏差率对应的列。可容忍偏差率所在列与预计总体偏差率所在行的交点就是所需的样本规模。例如，注册会计师确定的可接受信赖过度风险为10%，可容忍偏差率为5%，预计总体偏差率为0，根据表7-6确定的样本规模为45。

表7-6 控制测试统计抽样样本规模——信赖过度风险10%

预计总体偏差率/%	可容忍偏差率						
	2%	3%	4%	5%	6%	7%	8%
0	114（0）	76（0）	57（0）	45（0）	38（0）	32（0）	28（0）
0.25	194（1）	129（1）	96（1）	77（1）	64（1）	55（1）	48（1）
0.50	194（1）	129（1）	96（1）	77（1）	64（1）	55（1）	48（1）
0.75	265（2）	129（1）	96（1）	77（1）	64（1）	55（1）	48（1）
1.00	*	176（2）	96（1）	77（1）	64（1）	55（1）	48（1）
1.25	*	221（3）	132（2）	77（1）	64（1）	55（1）	48（1）
1.50	*	*	132（2）	105（2）	64（1）	55（1）	48（1）
1.75	*	*	166（3）	105（2）	88（2）	55（1）	48（1）
2.00	*	*	198（4）	132（3）	88（2）	75（2）	48（1）

注：①括号内是可接受的偏差数。

②*表示样本规模太大，因而在大多数情况下不符合成本效益原则。

③本表假设总体足够大。

（三）选取样本并对其实施审计程序

使用统计抽样或非统计抽样时，注册会计师可以根据具体情况，从简单随机选样、系统选样或随意选样中挑选适当的选样方法选取样本。注册会计师应当针对选取的样本项目，实施适当的审计程序，以发现并记录样本中存在的控制偏差。

在对选取的样本项目实施审计程序时可能出现以下几种情况：

1. 无效单据

注册会计师选取的样本中可能包含无效的项目。例如，在测试与被审计单位的收据（发票）有关的控制时，注册会计师可能将随机数与总体中收据的编号对应。

但是，某一随机数对应的收据可能是无效的（如空白收据）。如果注册会计师能够合理确信该收据的无效是正常的且不构成对设定控制的偏差，就要用另外的收据替代。如果使用了随机选样，注册会计师要用一个替代的随机数与新的收据样本对应。

2. 未使用或不适用的单据

注册会计师对未使用或不适用单据的考虑与无效单据类似。例如，一组可能使用的收据号码中可能包含未使用的号码或有意遗漏的号码。如果注册会计师选择了一个未使用的号码，就应合理确信该收据号码实际上代表一张未使用收据且不构成控制偏差。之后注册会计师用一个额外的收据号码替换该未使用的收据号码。有时选取的项目不适用于事先定义的偏差。例如，如果偏差被定义为没有验收报告支持的交易，选取的样本中包含的电话费可能没有相应的验收报告。如果合理确信该交易不适用且不构成控制偏差，注册会计师要用另一笔交易替代该项目，以测试相关的控制。

3. 对总体的估计出现错误

如果注册会计师使用随机数选样方法选取样本项目，在控制运行之前可能需要预估总体规模和编号范围。当注册会计师将总体定义为整个被审计期间的交易但计划在期中实施部分抽样程序时，这种情况最常发生。如果注册会计师高估了总体规模和编号范围，选取的样本中超出实际编号的所有数字都被视为未使用单据。在这种情况下，注册会计师要用额外的随机数代替这些数字，以确定对应的适当单据。

4. 在结束之前停止测试

有时注册会计师可能在对样本的第一部分进行测试时发现大量偏差。其结果是，注册会计师可能认为，即使在剩余样本中没有发现更多的偏差，样本的结果也不支持计划的重大错报风险评估水平。在这种情况下，注册会计师要重估重大错报风险并考虑是否有必要继续进行测试。

5. 无法对选取的项目实施检查

注册会计师应当针对选取的每个项目，实施适合于具体审计目标的审计程序。有时被测试的控制只在部分样本单据上留下了运行证据。如果找不到该单据，或者由于其他原因注册会计师无法对选取的项目实施检查，注册会计师可能无法使用替代程序测试控制是否适当运行。如果注册会计师无法对选取的项目实施计划的审计程序或适当的替代程序，就要考虑在评价样本时将该样本项目视为控制偏差。另外，注册会计师要考虑造成该限制的原因以及该限制可能对其了解内部控制和评估重大错报风险产生的影响。

三、评价样本结果阶段

在完成对样本的测试并汇总控制偏差之后，注册会计师应当评价样本结果，对总体得出结论，即样本结果是否支持计划评估的控制有效性，从而支持计划的重大错报风险评估水平。在此过程中，无论是使用统计抽样还是使用非统计抽样方法，注册会计师都需要运用职业判断。

（一）计算偏差率

将样本中发现的偏差数量除以样本规模，就可以计算出样本偏差率。样本偏差率就是注册会计师对总体偏差率的最佳估计，因此在控制测试中无需另外推断总体偏差率，但注册会计师还必须考虑抽样风险。

在实务中，多数样本可能不会出现控制偏差。因为注册会计师实施控制测试，通常意味着准备信赖内部控制，预期控制有效运行。如果在样本中发现偏差，注册会计师需要根据偏差率和偏差发生的原因，考虑控制偏差对审计工作的影响。

$$样本偏差率 = \frac{发现的样本偏差数}{样本规模}$$

（二）考虑抽样风险

前已述及，抽样风险是指注册会计师根据样本得出的结论，可能不同于如果对总体实施与样本相同的审计程序得出的结论的风险。在控制测试中评价样本结果时，注册会计师应当考虑抽样风险。也就是说，如果总体偏差率（样本偏差率）低于可容忍偏差率，注册会计师还要考虑即使实际的总体偏差率大于可容忍偏差率时仍出现这种结果的风险。

1. 使用统计抽样方法

注册会计师在统计抽样中通常使用公式、表格或计算机程序直接计算在确定的信赖过度风险水平下可能发生的偏差率上限。表7-7列示了在控制测试中常用的风险系数。

表 7-7　在控制测试中常用的风险系数

样本中发现偏差的数量	信赖过度风险	
	5%	10%
0	3.0	2.3
1	4.8	3.9
2	6.3	5.3
3	7.8	6.7
4	9.2	8.0
5	10.5	9.3
6	11.9	10.6
7	13.2	11.8

（1）使用统计公式评价样本结果。

$$总体偏差上限 = \frac{风险系数}{样本量}$$

（2）使用样本结果评价表。注册会计师也可以使用样本结果评价表评价统计抽样的结果。表7-8列示了可接受的信赖过度风险为10%时的总体偏差率上限。

表 7-8　控制测试中统计抽样结果评价——信赖过度风险 10% 时的偏差率上限

样本规模	实际发现的偏差数										
	0	1	2	3	4	5	6	7	8	9	10
20	10.9	18.1	*	*	*	*	*	*	*	*	*
25	8.8	14.7	19.9	*	*	*	*	*	*	*	*
30	7.4	12.4	16.8	*	*	*	*	*	*	*	*
35	6.4	10.7	14.5	18.1	*	*	*	*	*	*	*
40	5.6	9.4	12.8	16.0	19.0	*	*	*	*	*	*
45	5.0	8.4	11.4	14.3	17.0	19.7	*	*	*	*	*
50	4.6	7.6	10.3	12.9	15.4	17.8	*	*	*	*	*
55	4.1	6.9	9.4	11.8	14.1	16.3	18.4	*	*	*	*

注：＊表示超过 20%。

本表以百分比表示偏差率上限，本表假设总体足够大。

计算出估计的总体偏差率上限后，注册会计师通常可以对总体进行如下判断：

（1）估计的总体偏差率上限低于可容忍偏差率，总体可以接受。

（2）估计的总体偏差率上限低于但接近可容忍偏差率，考虑是否接受总体，并考虑是否需要扩大测试范围。

（3）估计的总体偏差率上限大于或等于可容忍偏差率，总体不能接受，应当修正重大错报风险评估水平，并增加实质性程序的数量；或者对影响重大错报风险评估水平的其他控制进行测试，以支持计划的重大错报风险评估水平。

假定一：上例中，注册会计师对 55 个项目实施了既定的审计程序，且未发现偏差，注册会计师确定的总体最大偏差率为 4.18%，注册会计师可以得出如下结论：

（1）注册会计师认为总体实际偏差率超过 4.18% 的风险为 10%。

（2）注册会计师有 90% 的把握保证总体实际偏差率不超过 4.18%。

（3）由于注册会计师确定的可容忍偏差率为 7%，因此可以得出结论，总体的实际偏差率超过可容忍偏差率的风险很小，总体可以接受。

（4）样本结果证实注册会计师对控制运行有效性的估计和评估的重大错报风险水平是适当的。

（5）按计划实施审计程序。

假定二：上例中，注册会计师对 55 个项目实施了既定的审计程序，且发现 2 个偏差，注册会计师确定的总体最大偏差率为 9.64%，注册会计师可以得出如下结论：

（1）总体实际偏差率超过 9.64% 的风险为 10%。

（2）在可容忍偏差率为 7% 的情况下，注册会计师可以得出结论，总体的实际偏差率超过可容忍偏差率的风险很大，因此不能接受总体。

2. 使用非统计抽样方法

在非统计抽样中，抽样风险无法直接计量。注册会计师通常将估计的总体偏差率（样本偏差率）与可容忍偏差率相比较，以判断总体是否可以接受。

（1）样本偏差率大于可容忍偏差率，总体不能接受。

（2）样本偏差率大大低于可容忍偏差率，总体可以接受。

（3）样本偏差率低于但接近可容忍偏差率，总体不可接受。

（4）样本偏差率低于可容忍偏差率，其差额不大不小，考虑是否接受总体；考虑扩大样本规模或实施其他测试，以进一步收集证据。

（三）考虑偏差的性质和原因

除了关注偏差率和抽样风险之外，注册会计师还应当调查识别出所有偏差的性质和原因，并评价其对审计程序的目的和审计的其他方面可能产生的影响。无论是统计抽样还是非统计抽样，对样本结果的定性评估和定量评估都一样重要。即使样本的评价结果在可接受的范围内，注册会计师也应对样本中的所有控制偏差进行定性分析。

注册会计师对偏差的性质和原因的分析包括：是有意的还是无意的？是误解了规定还是粗心大意？是经常发生还是偶然发生？是系统的还是随机的？如果注册会计师发现许多偏差具有相同的特征，如交易类型、地点、生产线或时期等，则应考虑该特征是不是引起偏差的原因，是否存在其他尚未发现的具有相同特征的偏差。此时，注册会计师应将具有该共同特征的全部项目划分为一层，并对层中的所有项目实施审计程序，以发现潜在的系统偏差。

如果对偏差的分析表明是故意违背了既定的内部控制政策或程序，注册会计师应考虑存在重大舞弊的可能性。与错误相比，舞弊通常要求对其可能产生的影响进行更为广泛的考虑。在这种情况下，注册会计师应当确定实施的控制测试能否提供适当的审计证据，是否需要增加控制测试，是否需要使用实质性程序应对潜在的重大错报风险。

一般情况下，如果在样本中发现了控制偏差，注册会计师有两种处理办法。一是扩大样本规模，以进一步收集证据。例如，初始样本量为 45 个，如果发现了 1 个偏差，可以扩大样本盘，再测试 45 个样本，如果在追加测试的样本中没有再发现偏差，可以得出结论，样本结果支持计划评估的控制有效性，从而支持计划的重大错报风险评估水平。二是认为控制没有有效运行，样本结果不支持计划的控制运行有效性和重大错报风险的评估水平，因此提高重大错报风险评估水平，增加对相关账户的实质性程序。但是，如果确定控制偏差是系统偏差或舞弊导致，扩大样本规模通常无效，注册会计师需要采用第二种处理办法。

分析偏差的性质和原因时，注册会计师还要考虑已识别的偏差对财务报表的直接影响。控制偏差虽然增加了金额错报的风险，但并不一定导致财务报表中的金额错报。如果某项控制偏差更容易导致金额错报，该项控制偏差就更加重要。例如，与被审计单位没有定期对信用限额进行检查相比，如果被审计单位的销售发票出现错误，则注册会计师对后者的容忍度较低。这是因为被审计单位即使没有对客户的信用限额进行定期检查，其销售收入和应收账款的账面金额也不一定发生错报。但如果销售发票出现错误，通常会导致被审计单位确认的销售收入和其他相关账户金额出现错报。

（四）得出总体结论

在计算偏差率、考虑抽样风险、分析偏差的性质和原因之后，注册会计师需要运用职业判断得出总体结论。如果样本结果及其他相关审计证据支持计划评估的控制有效性，从而支持计划的重大错报风险评估水平，注册会计师可能不需要修改计划的实质性程序。如果样本结果不支持计划的控制运行有效性和重大错报风险的评估水平，注册会计师通常有以下两种选择：

①进一步测试其他控制（如补偿性控制），以支持计划的控制运行有效性和重大错报风险的评估水平。

②提高重大错报风险评估水平，并相应修改计划的实质性程序的性质、时间安排和范围。

（五）统计抽样示例

假设注册会计师准备使用统计抽样方法，测试现金支付授权控制运行的有效性。注册会计师做出下列判断：

（1）为发现未得到授权的现金支付，注册会计师将所有已支付现金的项目作为总体。

（2）定义的抽样单元为现金支付单据上的每一行。

（3）偏差被定义为没有授权人签字的发票和验收报告等证明文件的现金支付。

（4）可接受信赖过度风险为10%。

（5）可容忍偏差率为7%。

（6）根据上年测试结果和对控制的初步了解，预计总体的偏差率为1.75%。

（7）由于现金支付业务数量很大，总体规模对样本规模的影响可以忽略。

在表7-6中，信赖过度风险为10%时，7%的可容忍偏差率与1.75%的预计总体偏差率的交叉处为55，即所需的样本规模为55。注册会计师使用简单随机选样法选择了55个样本项目，并对其实施了既定的审计程序。

（1）假设在这55个项目中未发现偏差，注册会计师利用统计公式，在表7-7中查得风险系数为2.3，并据此计算出总体最大偏差率为4.18%（也可以选择表7-8，估计出总体的偏差率上限为4.1%，与利用公式计算的结果接近）。这意味着，如果样本量为55个且无一例偏差，总体实际偏差率超过4.18%的风险为10%，即有90%的把握保证总体实际偏差率不超过4.18%。由于注册会计师确定的可容忍偏差率为7%，因此我们可以得出结论，总体的实际偏差率超过可容忍偏差率的风险很小，总体可以接受。也就是说，样本结果证实注册会计师对控制运行有效性的估计和评估的重大错报风险水平是适当的。

（2）假设在这55个样本中发现两个偏差，注册会计师利用统计公式，计算出总体最大偏差率为9.64%（也可以选择样本结果评价表，估计出总体的偏差率上限为9.4%，与利用公式计算的结果接近）。这意味着，如果样本量为55个且有两个偏差，总体实际偏差率超过9.64%的风险为10%。在可容忍偏差率为7%的情况下，注册会计师可以得出结论，总体的实际偏差率超过可容忍偏差率的风险很大，因此不能接受总体。

四、记录抽样程序

注册会计师应当记录所实施的审计程序，以形成审计工作底稿。在控制测试中使用审计抽样时，注册会计师通常记录下列内容：

（1）对所测试的设定控制的描述。

（2）与抽样相关的控制目标，包括相关认定。

（3）对总体和抽样单元的定义，包括注册会计师如何考虑总体的完整性。

（4）对偏差的构成条件的定义。

（5）可接受的信赖过度风险、可容忍偏差率以及在抽样中使用的预计总体偏差率。

（6）确定样本规模的方法。

（7）选样方法。

（8）选取的样本项目。

（9）对如何实施抽样程序的描述。

（10）对样本的评价及总体结论摘要。

对样本的评价和总体结论摘要通常包含样本中发现的偏差数量、推断的偏差率、对注册会计师如何考虑抽样风险的解释以及关于样本结果是否支持计划的重大错报风险评估水平的结论。审计工作底稿中还可能记录偏差的性质、注册会计师对偏差的定性分析以及样本评价结果对其他审计程序的影响。

第三节　审计抽样在细节测试中的运用

一、样本设计阶段

（一）确定测试目标

细节测试的目的是识别财务报表中各类交易、账户余额和披露中存在的重大错报。在细节测试中，审计抽样通常用来测试有关财务报表金额的一项或多项认定（如应收账款的存在）的合理性。如果该金额是合理和正确的，注册会计师将接受与之相关的认定，认为财务报表金额不存在重大错报。

（二）定义总体

在实施审计抽样之前，注册会计师必须仔细定义总体，确定抽样总体的范围，确保总体的适当性和完整性。

1. 适当性

注册会计师应确信抽样总体适合于特定的审计目标。例如，注册会计师如果对已记录的项目进行抽样，就无法发现由于某些项目被隐瞒而导致的金额低估。为发现这类低估错报，注册会计师应从包含被隐瞒项目的来源选取样本。例如，注册会计师可能对期后的现金支付进行抽样，以测试由隐瞒采购导致的应付账款低估，或者对装运单据进行抽样，以发现由已装运但未确认为销售的交易所导致的销售收入低估问题。

值得注意的是，不同性质的交易可能导致借方余额、贷方余额和零余额多种情况并存，注册会计师需要根据风险、相关认定和审计目标进行不同的考虑。例如，"应收账款"账户可能既有借方余额，又有贷方余额。借方余额由赊销导致（形成资产），贷方余额则由预收货款导致（形成负债）。对于借方余额，注册会计师较为关心其存在性；对于贷方余额，注册会计师更为关心其完整性。如果贷方余额金额重大，注册会计师可能认为分别测试借方余额和贷方余额能更为有效地实现审计目标。此时，注册会计师可以将存在借方余额的"应收账款"账户与存在贷方余额的"应收账款"账户区分开来，作为两个独立的总体对待。

2. 完整性

总体的完整性包括代表总体的实物的完整性。例如，如果注册会计师将总体定义为特定时期的所有现金支付，代表总体的实物就是该时期的所有现金支付单据。由于注册会计师实际上是从该实物中选取样本，所有根据样本得出的结论只与该实物有关。如果代表总体的实物和总体不一致，注册会计师可能对总体得出错误的结论。因此，注册会计师必须详细了解代表总体的实物，确定代表总体的实物是否包括整个总体。注册会计师通常通过加总或计算来完成这一工作。例如，注册会计师可将发票金额总数与已记入总账的销售收入金额总数进行核对。如果注册会计师将选择的实物和总体比较之后，认为代表总体的实物遗漏了应包含在最终评价中的总体项目，注册会计师应选择新的实物，或者对被排除在实物之外的项目实施替代程序，并询问遗漏的原因。

在细节测试中，注册会计师还应当运用职业判断，判断某账户余额或交易类型中是否存在及存在哪些应该单独测试而不能放在抽样总体中的项目。某一项目可能由于金额较大或存在较高的重大错报风险而被视为单个重大项目，注册会计师应当对单个重大项目实施 100% 的检查，所有单个重大项目都不构成抽样总体。例如，应收账款中有 5 个重大项目，占到账面价值的 75%。注册会计师将这 5 个项目视为单个重大项目，逐一进行检查，这是选取特定项目而不是抽样，注册会计师只能根据检查结果对这 5 个项目单独得出结论。如果占到账面价值 25% 的剩余项目加总起来不重要，或者被认为存在较低的重大错报风险，注册会计师无需对这些剩余项目实施检查，或者仅在必要时对其实施分析程序。如果注册会计师认为这些剩余项目加总起来是重要的，要实施细节测试以实现审计目标，这些剩余项目就构成了抽样总体。

值得注意的是，在审计抽样时，销售收入和销售成本通常被视为两个独立的总体。为了减少样本量而仅将毛利率作为一个总体是不恰当的，因为收入错报并非总能被成本错报抵消，反之亦然。例如，当存在舞弊时，被审计单位记录了虚构的销售收入，该笔收入并没有与之相匹配的销售成本。如果仅将毛利率作为一个总体，样本量可能太小，无法发现收入舞弊。

（三）定义抽样单元

在细节测试中，注册会计师应根据审计目标和所实施审计程序的性质定义抽样单元。抽样单元可能是一个账户余额、一笔交易或交易中的一个记录（如销售发票

审 计 学

中的单个项目），甚至是每个货币单元。例如，如果抽样的目标是测试应收账款是否存在，注册会计师可能选择各应收账款明细账余额、发票或发票上的单个项目作为抽样单元。选择的标准是如何定义抽样单元能使审计抽样实现最佳的效率和效果。

注册会计师定义抽样单元时也应考虑实施计划的审计程序或替代程序的难易程度。如果将抽样单元界定为客户明细账余额，当某客户没有回函证实该余额时，注册会计师可能需要对构成该余额的每一笔交易进行测试。因此，如果将抽样单元界定为构成应收账款余额的每笔交易，审计抽样的效率可能更高。

（四）界定错报

在细节测试中，注册会计师应根据审计目标界定错报。例如，在对应收账款存在的细节测试中（如函证），客户在函证日之前支付、被审计单位在函证日之后不久收到的款项不构成错报。被审计单位在不同客户之间误登明细账也不影响应收账款总账余额。即使在不同客户之间误登明细账可能对审计的其他方面（如对舞弊的可能性或坏账准备的适当性的评估）产生重要影响，注册会计师在评价应收账款函证程序的样本结果时也不宜将其判定为错报。注册会计师还可能将被审计单位自己发现并已在适当期间予以更正的错报排除在外。

二、选取样本阶段

（一）确定抽样方法

在细节测试中进行审计抽样，可能使用统计抽样，也可能使用非统计抽样。注册会计师在细节测试中常用的统计抽样方法包括货币单元抽样和传统变量抽样。本书仅介绍传统变量抽样。

传统变量抽样运用正态分布理论，根据样本结果推断总体的特征。传统变量抽样涉及难度较大、较为复杂的数学计算，注册会计师通常使用计算机程序确定样本规模，一般不需懂得这些方法所用的数学公式。

传统变量抽样的优点主要包括：

（1）如果账面金额与审定金额之间存在较多差异，传统变量抽样可能只需较小的样本规模就能满足审计目标。

（2）注册会计师关注总体的低估时，使用传统变量抽样比货币单元抽样更合适。

（3）需要在每一层追加选取额外的样本项目时，传统变量抽样更易于扩大样本规模。

（4）对零余额或负余额项目的选取，传统变量抽样不需要在设计时予以特别考虑。

传统变量抽样的缺点主要包括：

（1）传统变量抽样比货币单元抽样更复杂，注册会计师通常需要借助计算机程序。

（2）在传统变量抽样中确定样本规模时，注册会计师需要估计总体特征的标准差，而这种估计往往难以做出，注册会计师可能利用以前对总体的了解或根据初始样本的标准差进行估计。

（3）如果存在非常大的项目，或者在总体的账面金额与审定金额之间存在非常大的差异，而且样本规模比较小，正态分布理论可能不适用，注册会计师更可能得出错误的结论。

（4）如果几乎不存在错报，传统变量抽样中的差异法和比率法将无法使用。

在细节测试中运用传统变量抽样时，常见的方法有以下三种：

1. 均值法

使用这种方法时，注册会计师先计算样本中所有项目审定金额的平均值，然后用这个样本平均值乘以总体规模，得出总体金额的估计值。总体估计金额和总体账面金额之间的差额就是推断的总体错报。均值法的计算公式如下：

（1）计算样本平均价值（每一笔业务的平均金额）。

$$样本平均金额 = \frac{样本审定金额}{样本规模}$$

（2）估计总体金额。

$$估计的总体金额 = 样本平均金额 \times 总体规模$$

（3）估计总体错报。

$$估计的总体错报金额 = 估计的总体金额 - 总体的账面金额$$

例如，注册会计师从总体规模为 1 000、账面金额为 1 000 000 元的存货项目中随机选择了 200 个项目作为样本。在确定了正确的采购价格并重新计算了价格与数量的乘积之后，注册会计师将 200 个样本项目的审定金额加总后除以 200，确定样本项目的平均审定金额为 980 元；然后计算估计的总体金额为 980 000 元（980 × 1 000）；推断的总体错报就是 20 000 元（1 000 000-980 000）。

2. 差额法

使用这种方法时，注册会计师先计算样本审定金额与账面金额之间的平均差额，再以这个平均差额乘以总体规模，从而求出总体的审定金额与账面金额的差额（总体错报）。差额法的计算公式如下：

（1）计算样本平均错报（每一笔业务的错报）。

$$样本平均错报 = \frac{样本审定金额 - 样本账面金额}{样本规模}$$

（2）估计总体错报。

$$估计的总体错报金额 = 样本平均错报 \times 总体规模$$

例如，注册会计师从总体规模为 1 000、账面金额为 1 040 000 元的存货项目中选取了 200 个项目进行检查。注册会计师逐一比较 200 个样本项目的审定金额和账面金额，并将账面金额（208 000 元）和审定金额（196 000 元）之间的差异加总，得出差异总额为 12 000 元，再用这个差额除以样本项目个数 200，得到样本平均错报 60 元。然后注册会计师用这个平均错报乘以总体规模，计算出总体错报为 60 000 元（60 × 1 000），因为样本的账面金额大于审定金额，估计的总体金额为 980 000 元（1 040 000-60 000）。

3. 比率法

使用这种方法时，注册会计师先计算样本的审定金额与账面金额之间的比率，再以这个比率去乘总体的账面金额，从而求出估计的总体金额。比率法的计算公式如下：

（1）计算样本比率（每一元账面金额的实际金额是多少）。

$$比率 = \frac{样本审定金额}{样本账面金额}$$

（2）估计总体金额。

估计的总体金额＝总体账面金额×比率

（3）估计总体错报。

估计的总体错报金额＝估计的总体金额－总体的账面金额

沿用差额法举例中用到的数据，如果注册会计师使用比率法，样本审定金额与样本账面金额的比率为 0.94（196 000÷208 000）。注册会计师用总体的账面金额乘以该比率，得到估计的总体金额为 977 600 元（104 000×0.94），推断的总体错报则为 62 400 元（1 040 000－977 600）。

如果未对总体进行分层，注册会计师通常不使用均值法，因为此时所需的样本规模可能太大，不符合成本效益原则。比率法和差额法都要求样本项目存在错报，如果样本项目的审定金额和账面金额之间没有差异，这两种方法使用的公式所隐含的机理就会导致错误的结论。注册会计师在评价样本结果时常常用到比率法和差额法，如果发现错报金额与项目的金额紧密相关，注册会计师通常会选择比率法；如果发现错报金额与项目的数量紧密相关，注册会计师通常会选择差额法。不过，如果注册会计师决定使用统计抽样，且预计没有差异或只有少量差异，就不应使用比率法和差额法，而应考虑使用其他的替代方法，如均值法或货币单元抽样。

（二）确定样本规模

1. 影响样本规模的因素

（1）可接受的抽样风险。细节测试中的抽样风险包括误受风险和误拒风险。

误受风险是指注册会计师推断某一重大错报不存在而实际上存在的风险。它与审计的效果有关，注册会计师通常更为关注。在确定可接受的误受风险水平时，注册会计师需要考虑下列因素：

①注册会计师愿意接受的审计风险水平。

②评估的重大错报风险水平。

③针对同一审计目标或财务报表认定的其他实质性程序（包括分析程序和不涉及审计抽样的细节测试）的检查风险。

误受风险与样本规模反向变动。在实务中，注册会计师愿意承担的审计风险通常为 5%～10%。当审计风险既定时，如果注册会计师将重大错报风险评估为低水平，或者更为依赖针对同一审计目标或财务报表认定的其他实质性程序，就可以在计划的细节测试中接受较高的误受风险，从而降低所需的样本规模。相反，如果注册会计师将重大错报风险水平评估为高水平，而且不执行针对同一审计目标或财务报表认定的其他实质性程序，可接受的误受风险将降低，所需的样本规模随之增加。

误拒风险是指注册会计师推断某一重大错报存在而实际上不存在的风险，它与审计的效率有关。与控制测试中对信赖不足风险的关注相比，注册会计师在细节测试中对误拒风险的关注程度通常更高。如果控制测试中的样本结果不支持计划的重大错报风险评估水平，注册会计师可以实施其他的控制测试以支持计划的重大错报风险评估水平，或者根据测试结果提高重大错报风险评估水平。由于替代审计程序比较容易实施，因此，对控制信赖不足给注册会计师和被审计单位造成的不便通常相对较小。但是，如果在某类交易或账户余额的账面金额可能不存在重大错报时却根据样本结果得出存在重大错报的结论，注册会计师采用替代方法花费的成本可能要大得多。通常，注册会计师需要与被审计单位的人员进一步讨论，并实施额外的审计程序。这些工作将大幅增加审计成本，而且时间上也可能不现实，例如，无法重返遥远的经营场所，或者实施额外程序将延迟财务报告的发布。误拒风险与样本规模反向变动。在实务中，如果注册会计师降低可接受的误拒风险，所需的样本规模将增加，以审计效率为代价换取对审计效果的保证程度。如果总体中的预期错报非常小，拟从样本获取的保证程度也较低，且被审计单位拟更正事实错报，这种情况下，误拒风险的影响降低，注册会计师不必过多关注误拒风险。

（2）可容忍错报。可容忍错报是指注册会计师设定的货币金额，注册会计师试图对总体中的实际错报不超过该货币金额获取适当水平的保证。在细节测试中，某账户余额、交易类型或披露的可容忍错报是注册会计师能够接受的最大金额的错报。

可容忍错报可以看成实际执行的重要性这个概念在抽样程序中的运用。与确定特定类别交易、账户余额或披露的重要性水平相关的实际执行的重要性，旨在将这些交易、账户余额或披露中未更正与未发现错报的汇总数超过这些交易、账户余额或披露的重要性水平的可能性降至适当的低水平。可容忍错报可能等于或低于实际执行的重要性，这取决于注册会计师考虑下列因素后做出的职业判断：

①事实错报和推断错报的预期金额（基于以往的经验和对其他交易类型、账户余额或披露的测试）。

②被审计单位对建议的调整所持的态度。

③某审计领域中，金额需要估计或无法准确确定的账户的数量。

④经营场所、分支机构或某账户中样本组合的数量，注册会计师分别测试这些经营场所、分支机构或样本组合，但需要将测试结果累积起来得出审计结论。

⑤测试项目占账户全部项目的比例。例如，如果注册会计师预期存在大量错报，或者管理层拒绝接受建议的调整，或者大量账户的金额需要估计，或者分支机构的数量非常多，或者测试项目占账户全部项目的比例很小，注册会计师很可能设定可容忍错报低于实际执行的重要性；反之，注册会计师可以设定可容忍错报等于实际执行的重要性。可容忍错报与样本规模反向变动。当误受风险一定时，如果注册会计师确定的可容忍错报降低，为实现审计目标所需的样本规模就增加。

（3）预计总体错报。在确定细节测试所需的样本规模时，注册会计师还需要考虑预计在账户余额或交易类别中存在的错报金额和频率。预计总体错报不应超过可容忍错报。在既定的可容忍错报下，预计总体错报的金额和频率越小，所需的样本规模也越小；相反，预计总体错报的金额和频率越大，所需的样本规模也越大。如果预期错报很高，注册会计师在实施细节测试时对总体进行100%检查或使用较大的样本规模可能较为适当。注册会计师在运用职业判断确定预计错报时，应当考虑被审计单位的经营状况和经营风险、以前年度对账户余额或交易类型进行测试的结果、初始样本的测试结果、相关实质性程序的结果以及相关控制测试的结果或控制在会计期间的变化等因素。

（4）总体规模。总体中的项目数量在细节测试中对样本规模的影响很小。因此，按总体的固定百分比确定样本规模通常缺乏效率。

（5）总体的变异性。总体的变异性是指总体的某一特征（如金额）在各项目之间的差异程度。在细节测试中，注册会计师确定适当的样本规模时要考虑特征的变异性。衡量这种变异或分散程度的指标是标准差。如果使用非统计抽样，注册会计师不需量化期望的总体标准差，但要用"大"或"小"等定性指标来估计总体的变异性。总体项目的变异性越低，通常样本规模越小。

如果总体项目存在重大的变异性，注册会计师可以考虑将总体分层。分层是指将总体划分为多个子总体的过程，每个子总体由一组具有相同特征的抽样单元组成。注册会计师应当仔细界定子总体，以使每一抽样单元只能属于一层。未分层总体具有高度变异性，其样本规模通常很大。最有效率的方法是根据预期会降低变异性的总体项目特征进行分层。分层可以降低每一层中项目的变异性，从而在抽样风险没有成比例增加的前提下减小样本规模，提高审计效率。

在细节测试中，分层的依据可能包括项目的账面金额、与项目处理有关的控制的性质、与特定项目（如更可能包含错报的那部分总体项目）有关的特殊考虑等。注册会计师通常根据金额对总体进行分层，这使注册会计师能够将更多审计资源投向金额较大的项目，而这些项目最有可能包含高估错报。例如，为了函证应收账款，注册会计师可以将"应收账款"账户按其金额大小分为三层，即账户金额在100 000元以上的，账户金额为5 000~100 000元的，账户金额在5 000元以下的。注册会计师根据各层的重要性分别采取不同的处理方法。对于金额在100 000元以上的"应收账款"账户，注册会计师应进行全部函证；对于金额在5 000~100 000元以及5 000元以下的"应收账款"账户，注册会计师可以采用适当的选样方法选取进行函证的样本。同样，注册会计师也可以根据表明更高错报风险的特定特征对总体分层。例如，在测试应收账款计价中的坏账准备时，注册会计师可以根据账龄对应收账款余额进行分层。

分层后的每一组子总体被称为一层，每层分别独立选取样本。对某一层中的样本项目实施审计程序的结果，只能用于推断构成该层的项目。如果注册会计师将某类交易或账户余额分成不同的层，需要对每层分别推断错报。在考虑错报对该类别的所有交易或账户余额的可能影响时，注册会计师需要综合考虑每层的推断错报。如果对整个总体得出结论，注册会计师应当考虑与构成整个总体的其他层有关的重大错报风险。例如，在对某一账户余额进行测试时，占总体数量20%的项目，其金额可能占该账户余额的90%。注册会计师只能根据该样本的结果推断至上述90%的金额。对于剩余10%的金额，注册会计师可以抽取另一个样本或使用其他收集审计证据的方法，单独得出结论，或者认为其不重要而不实施审计程序。表7-9列示了细节测试中影响样本规模的因素，并分别说明了这些影响因素在细节测试中的表现形式。

表 7-9　细节测试中影响样本规模的因素

影响因素	与样本规模的关系
可接受的误受风险	反向变动
可容忍错报	反向变动
预计总体错报	同向变动
总体规模	影响很小
总体的变异性	同向变动

2. 确定样本量

实施细节测试时，无论是使用统计抽样还是使用非统计抽样方法，注册会计师都应当综合考虑上述的影响因素，运用职业判断和经验确定样本规模。在情形类似时，注册会计师考虑的因素相同，使用统计抽样和非统计抽样确定的样本规模通常是可比的。必要时，注册会计师可以进一步调整非统计抽样计划。例如，增加样本盘或改变选样方法，使非统计抽样也能提供与统计抽样方法同样有效的结果。即使使用非统计抽样，注册会计师熟悉统计理论，对于其运用职业判断和经验考虑各因素对样本规模的影响也是非常有益的。

（1）利用样本规模确定表。表 7-10 提供了细节测试中基于货币单元抽样法的样本量。表 7-10 中可接受的误受风险为 5% 或 10%，如果注册会计师需要其他误受风险水平的抽样规模，必须使用统计抽样参考资料中的其他表格或计算机程序。例如，注册会计师确定的误受风险为 10%，可容忍错报与总体账面金额之比为 5%，预计总体错报与可容忍错报之比为 0.20，根据表 7-10，注册会计师确定样本规模为 69。

表 7-10　细节测试中货币单元抽样样本规模

误受风险/%	预计总体错报与可容忍错报之比	可容忍错报与总体账面金额之比							
		50%	30%	10%	8%	5%	4%	3%	2%
5	*	6	10	30	38	60	75	100	150
5	0.2	10	16	47	58	93	116	155	232
5	0.3	12	20	60	75	120	150	200	300
5	0.4	17	27	81	102	162	203	270	405
5	0.5	24	39	116	145	231	289	385	577
10	*	5	8	24	29	47	58	77	116
10	0.2	7	12	35	43	69	86	114	171
10	0.3	9	15	44	55	87	109	145	217
10	0.4	12	20	58	72	115	143	191	286
10	0.5	16	27	80	100	160	200	267	400

（2）注册会计师还可以使用下列公式确定样本规模：

$$样本规模 = \frac{总体账面金额}{可容忍错报} \times 保证系数$$

注册会计师可以从表 7-11 中选择适当的保证系数，再运用公式法确定样本规模。沿用上例的数据，如果注册会计师确定的误受风险为 10%，预计总体错报与可容忍错报之比为 0.20，根据表 7-11，保证系数为 3.41。由于可容忍错报与总体账面金额之比为 5%，注册会计师确定的样本规模为 69（3.41÷5% = 68.2，出于谨慎考虑，将样本规模确定为 69），这与根据表 7-10 得出的样本规模相同。

表 7-11　抽样确定样本规模时的保证系数

预计总体错报与可容忍错报之比	误受风险								
	5%	10%	15%	20%	25%	30%	35%	37%	50%
0	3.00	2.31	1.90	1.61	1.39	1.21	1.05	1.00	0.70
0.05	3.31	2.52	2.06	1.74	1.49	1.29	1.12	1.06	0.73
0.10	3.68	2.77	2.25	1.89	1.61	1.39	1.20	1.13	0.77
0.15	4.11	3.07	2.47	2.06	1.74	1.49	1.28	1.21	0.82
0.20	4.63	3.41	2.73	2.26	1.90	1.62	1.38	1.30	0.87
0.25	5.24	3.83	3.04	2.49	2.09	1.76	1.50	1.41	0.92
0.30	6.00	4.33	3.41	2.77	2.30	1.93	1.63	1.53	0.99

（三）选取样本并对其实施审计程序

注册会计师应当仔细选取样本，以使样本能够代表抽样总体的特征。注册会计师可以根据具体情况，从简单随机选样、系统选样或随意选样中挑选适当的选样方法选取样本，也可以使用计算机辅助审计技术提高选样的效果。

在选取样本之前，注册会计师通常先识别单个重大项目，然后从剩余项目中选取样本，或者对剩余项目分层，并将样本规模相应分配给各层。例如，排除需要100%检查的单个重大项目之后，剩余的应收账款账面金额为 1 200 000 元，注册会计师可以按照金额大小将其分成两层：第一层包含账面金额为 1 000 ~ 10 000 元的 150 个大额项目，该层账面金额小计为 860 000 元；第二层包含账面金额小于 1 000 元的 1 500 个小额项目，该层账面金额小计为 340 000 元。如果确定的样本量为 60，注册会计师可以根据各层账面金额在总体账面金额中的占比大致分配样本，从第一层选取 40 个项目（860 000/1 200 000 接近于 2/3），从第二层选取 20 个项目。注册会计师也可以将总体分为金额大致相等的两个部分，之后在这两个部分之间平均分配样本量。注册会计师从每一层中选取样本，但选取的方法应当能使样本具有代表性。

注册会计师应对选取的每一个样本实施适合于具体审计目标的审计程序。无法对选取的项目实施检查时，注册会计师应当考虑这些未检查项目对样本评价结果的影响。如果未检查项目中可能存在的错报不会改变注册会计师对样本的评价结果，注册会计师无需检查这些项目；反之，注册会计师应当实施替代程序，获取形成结论所需的审计证据。注册会计师还要考虑无法实施检查的原因是否影响计划的重大错报风险的评估水平或舞弊风险的评估水平。

选取的样本中可能包含未使用或无效的项目，注册会计师应当考虑设计样本时是如何界定总体的。如果总体包含所有的支票（无论是已签发支票，还是空白支票），注册会计师需要考虑样本中包含一个或多个空白支票的可能性。考虑到这种可能性，注册会计师可能希望比最低样本规模稍多选取一些项目，对多余的项目只在需要作为替代项目时才进行检查。

三、评价样本结果阶段

（一）推断总体的错报

注册会计师可以使用比率法、差额法等将样本中发现的错报金额用来估计总体的错报金额。

（1）比率法。其计算公式如下：

$$总体错报金额 = \frac{样本错报金额}{样本账面金额} \times 总体账面金额$$

适用范围：在错报金额与抽样单元金额相关时最为适用。

（2）差异法。其计算公式如下：

$$总体错报金额 = \frac{样本错报金额}{样本规模} \times 总体规模$$

适用范围：在错报金额与抽样单元相关时最为适用。

（二）考虑抽样风险

在细节测试中，推断的错报是注册会计师对总体错报做出的最佳估计。当推断的错报接近或超过可容忍错报时，总体中的实际错报金额很可能超过了可容忍错报。因此，注册会计师要将各交易类别或账户余额的错报总额与该类交易或账户余额的可容忍错报相比较，并适当考虑抽样风险，以评价样本结果。如果推断的错报总额低于可容忍、错报，注册会计师要考虑即使总体的实际错报金额超过可容忍错报，仍可能出现这一情况的风险。

在非统计抽样中，注册会计师运用职业判断和经验考虑抽样风险。例如，某账户的账面金额为 1 000 000 元，可容忍错报为 50 000 元，根据适当的样本推断的总体错报为 10 000 元，由于推断的总体错报远远低于可容忍错报，注册会计师可能合理确信，总体实际错报金额超过可容忍错报的抽样风险很低，因此可以接受。另外，如果推断的错报总额接近或超过可容忍错报，注册会计师通常得出总体实际错报超过可容忍错报的结论。当推断的错报总额与可容忍错报的差距既不很小又不很大时，注册会计师应当仔细考虑，总体实际错报超过可容忍错报的风险是否高得无法接受。在这种情况下，注册会计师可能会扩大样本规模，以降低抽样风险的影响，增加的样本盘通常至少是初始样本盘的一倍。如果推断的错报大于注册会计师确定样本规模时预计的总体错报，注册会计师也可能得出结论，认为总体实际错报金额超过可容忍错报的抽样风险是不可接受的。

（三）考虑错报的性质和原因

除了评价错报的金额和频率以及抽样风险之外，注册会计师还应当考虑以下情况：

（1）错报的性质和原因，是原则还是应用方面的差异，是错误还是舞弊导致，是误解指令还是粗心大意所致。

（2）错报与审计工作其他阶段之间可能存在的关系。

（四）得出总体结论

在推断总体的错报，考虑抽样风险、分析错报的性质和原因之后，注册会计师需要运用职业判断得出总体结论。如果样本结果不支持总体账面金额，且注册会计师认为账面金额可能存在错报，注册会计师通常会建议被审计单位对错报进行调查，并在必要时调整账面记录。依据被审计单位已更正的错报对推断的总体错报额进行调整后，注册会计师应当将该类交易或账户余额中剩余的推断错报与其他交易或账户余额中的错报总额累计起来，以评价财务报表整体是否存在重大错报。无论样本结果是否表明错报总额超过了可容忍错报，注册会计师都应当要求被审计单位的管理层记录已发现的事实错报（除非明显微小）。

如果样本结果表明注册会计师做出抽样计划时依据的假设有误，注册会计师应当采取适当的行动。例如，如果细节测试中发现的错报的金额或频率大于依据重大错报风险的评估水平做出的预期，注册会计师需要考虑重大错报风险的评估水平是否仍然适当。注册会计师也可能决定修改对重大错报风险评估水平低于最高水平的其他账户拟实施的审计程序。

（五）非统计抽样示例

假设注册会计师准备使用非统计抽样方法，通过函证测试 ABC 公司 2019 年 12 月 31 日应收账款余额的存在认定。2019 年 12 月 31 日，ABC 公司应收账款账户共有 935 个。其中，借方账户有 905 个，账面金额为 4 250 000 元；贷方账户有 30 个，账面金额为 5 000 元。

注册会计师做出下列判断：

（1）单独测试 30 个贷方账户，另有 5 个借方账户被视为单个重大项目（单个账户的账面金额大于 50 000 元，账面金额共计 500 000 元），需要实施 100% 的检查。因此，剩下的 900 个应收账款借方账户就是注册会计师定义的总体，总体账面金额为 3 750 000 元。

（2）注册会计师定义的抽样单元是每个应收账款明细账账户。

（3）考虑到总体的变异性，注册会计师根据各明细账账户的账面金额，将总体分成两层：第一层包含 250 个账户（单个账户的账面金额大于或等于 5 000 元），账面金额共计 2 500 000 元；第二层包含 650 个账户（单个账户的账面金额小于 5 000 元），账面金额共计 1 250 000 元。

（4）可接受的误受风险为 10%。

（5）可容忍的错报为 1 500 000 元。

（6）预计的总体错报为 30 000 元。

根据表 7-10，当可接受的误受风险为 10%，可容忍的错报与总体账面金额之比为 4%，预计总体错报与可容忍错报之比为 20% 时，样本量为 86。注册会计师运用职业判断和经验，认为这个样本规模是适当的，不需要调整。注册会计师根据各层账面金额在总体账面金额中的占比大致分配样本，从第一层选取 58 个项目，从第二层选取 28 个项目。

注册会计师对 91 个账户（86 个样本加上 5 个单个重大项目）逐一实施函证程序，收到了 80 个询证函回函。注册会计师对没有收到回函的 11 个账户实施了替代程序，认为能够合理保证这些账户不存在错报。在收到回函的 80 个账户中，有 4 个存在高估，注册会计师对其做了进一步调查，确定只是笔误导致，不涉及舞弊等因素。错报情况汇总如表 7-12 所示。

表 7-12　错报情况汇总

账户	总体账面总额 /元	样本账面金额 /元	样本审定金额 /元	样本错报金额 /元
单个重大账户	500 000	500 000	499 000	1 000
第一层	2 500 000	739 000	738 700	300
第二层	1 250 000	62 500	62 350	150
合计	4 250 000	1 301 500	1 300 050	1 450

注：为方便汇总错报，此表将单个重大账户一并纳入。但实际上，注册会计师需要对单个重大账户实施 100%的检查。

注册会计师运用职业判断和经验认为，错报金额与项目的金额而非数量紧密相关，因此选择比率法评价样本结果。注册会计师分别推断每一层的错报金额：第一层的推断错报金额约为 1 015 元，第二层的推断错报金额约为 3 000 元，再加上实施 100%检查的单个重大账户中发现的错报，注册会计师推断的错报总额为 5 015 元（1 000+1 015+3 000）。ABC 公司的管理层同意更正 1 450 元的事实错报。因此，剩余的推断错报为 3 565 元（5 015-1 450）。剩余的推断错报（3 565 元）远远低于可容忍错报（150 000 元），注册会计师认为总体实际错报金额超过可容忍错报的抽样风险很低，因此总体可以接受。也就是说，即使在其推断的错报上加上合理的抽样风险允许限度，也不会出现一个超过可容忍错报的总额。

注册会计师得出结论，样本结果支持应收账款账面金额。不过，注册会计师还应将剩余的推断错报与其他事实错报和推断错报汇总，以评价财务报表整体是否可能存在重大错报。

（六）统计抽样示例

假设注册会计师准备使用货币单元抽样法，通过函证测试 XYZ 公司 2019 年 12 月 31 日应收账款余额的存在认定。2019 年 12 月 31 日，XYZ 公司应收账款账户共有 602 个。其中，借方账户有 600 个，账面金额为 2 300 000 元；贷方账户有 2 个，账面金额为 3 000 元。

注册会计师做出下列判断：

（1）单独测试 2 个贷方账户，另有 6 个借方账户被视为单个重大项目（单个账户的账面金额大于 25 000 元，账面金额共计 300 000 元），需要实施 100% 的检查。

因此，剩下的 594 个应收账款借方账户就是注册会计师定义的总体，总体账面金额为 2 000 000 元。

（2）注册会计师定义的抽样单元是每个货币单元。

（3）可接受的误受风险为 10%。

（4）可容忍的错报为 40 000 元。

（5）预计的总体错报为 8 000 元。

根据表 7-10，当可接受的误受风险为 10%，可容忍的错报与总体账面金额之比为 2%，预计总体错报与可容忍错报之比为 20% 时，样本量为 171。注册会计师使用系统选样选取包含抽样单元的逻辑单元进行检查，选样间隔为 11 695 元（2 000 000 ÷ 171）。在实务中，注册会计师也可以将选样间隔略微下调，以方便选样。例如，将选样间隔从 11 695 元下调至 11 600 元，使样本量调增为 172）。

注册会计师对 177 个账户（171 个样本加上 6 个单个重大项目）逐一实施函证程序，收到了 155 个询证函回函。注册会计师对没有收到回函的 22 个账户实施了替代程序，认为能够合理保证这些账户不存在错报。在收到回函的 155 个账户中，有 4 个存在高估，注册会计师对其做了进一步调查，确定只是笔误导致，不涉及舞弊等因素。推断错报情况汇总如表 7-13 所示。

表 7-13 推断错报情况汇总

账户	账面金额/元	审定金额/元	错报金额/元	错报比例/%	选样间隔/元	推断错报/元
A1	50	40	10	20	11 695	2 339
A2	3 000	2 700	300	10	11 695	1 170
A3	200	190	10	5	11 695	585
A4	16 000	15 000	1 000	—	—	1 000
汇总					—	5 094

注：如果逻辑单元的账面金额大于或等于选样间隔，推断的错报就是该逻辑单元的实际错报盘额，账户 A4 正是这种情况。

注册会计师使用表 7-11 中的保证系数，考虑抽样风险的影响，计算总体错报的上限如表 7-14 所示。

表 7-14 计算总体错报的上限

推断错报/元	保证系数的增量	推断错报×保证系数的增量/元
2 339	1.58	3 696
1 170	1.44	1 685
585	1.36	769
小计		6 150
加上：基本精确度		2.31×11 695 = 27 015
加上：账户 A4 中的事实错报		1 000
总体错报上限		34 165

本例中，由于总体错报的上限小于可容忍错报，注册会计师得出结论，样本结果支持应收账款账面金额。

四、记录抽样程序

在细节测试中使用审计抽样时，注册会计师通常在审计工作底稿中记录下列内容：

（1）测试的目标，受到影响的账户和认定。

（2）对总体和抽样单元的定义，包括注册会计师如何考虑总体的完整性。

（3）对错报的定义。

（4）可接受的误受风险。

（5）可接受的误拒风险（如涉及）。

（6）估计的错报及可容忍错报。

（7）使用的审计抽样方法。

（8）确定样本规模的方法。

（9）选样方法。

（10）选取的样本项目。

（11）对如何实施抽样程序的描述以及在样本中发现的错报的清单。

（12）对样本的评价。

（13）总体结论概要。

（14）进行样本评估和做出职业判断时，认为重要的性质因素。

本章小结

少于100%的检查即为抽样。抽样是一种重要的现代审计技术。审计抽样可分为统计抽样与非统计抽样。两者的区别在于前者可以用概率的方法评价抽样风险，后者靠的是注册会计师的经验和职业判断去评价抽样风险。当然，统计抽样也需要注册会计师的职业判断。注册会计师在进行控制测试时，注册会计师应关注信赖不足风险、信赖过度风险。在进行实质性测试时，注册会计师应关注误拒风险、误受风险。

注册会计师在设计样本时，应当考虑审计目标、审计对象总体及抽样单位、抽样风险和非抽样风险、可信赖程度、可容忍误差、预期总体误差等基本因素。注册会计师可以采用随机选样、系统选样、随意选样的方法选取样本，随机选样有随机数表法和利用计算机产生的随机数选样法，非随机选样法有分层选样和整组选样。审计中常用的统计抽样技术能用于控制测试的属性抽样和用于细节测试的变量抽样。

属性抽样是利用样本的特征分析来估计总体的特征。属性抽样有确定测试目的、确定属性及偏离特征、确定总体、确定样本单位、确定可容忍差错率、确定可接受风险、估计总体差错发生率、确定样本规模、选取样本项目、样本检查与总体推断等步骤。属性抽样主要应用于对内部控制制度的符合测试。

变量抽样旨在通过样本的分析来推断总体数额的合理性，经常被审计人员用来对账户金额进行实质性测试。变量抽样步骤一般有确定测试目的、确定样本规模，选取样本项目、样本检查与总体推断。

本章应强调的主要术语是审计抽样、非统计抽样、经验抽样或判断抽样、统计抽样、属性抽样、变量抽样、样本项目、样本规模、样本、误差、可信赖程度、可容忍误差、预期总体误差、抽样风险、非抽样风险、误拒风险、误受风险、信赖不足风险、信赖过度风险、随机选样、系统选样、随机表等。

本章思维导图

本章思维导图如图 7-3 所示。

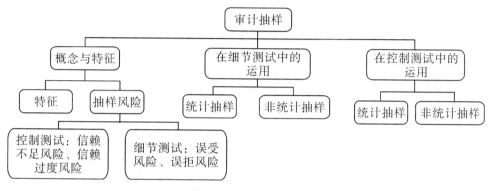

图 7-3　本章思维导图

第八章
审计计划

- -

学习目标

1. 理解和掌握审计计划的概念。
2. 理解接收业务委托前需要了解客户的哪些方面。
3. 了解业务约定书包含的内容。
4. 了解总体审计策略和具体审计计划及其具体内容。
5. 掌握注册会计师编制总体审计策略。

案例导入

美国联区金融集团租赁公司是一家从事金融服务的企业,该公司有可公开交易的债券上市,美国证券交易委员会要求其定期提供财务报表。经过 7 年的发展,联区金融集团租赁公司的雇员已超过 4 万名,在美国各地设有 10 个分支机构,未收回的应收租赁款接近 4 亿美元,占合并总资产的 35%。

1981 年年底,联区金融集团租赁公司进攻性市场策略的弊端开始显现,债务拖欠率日渐升高,该公司不得不采用多种非法手段来掩饰其财务状况已经恶化的事实。美国证券交易委员会指控联区金融集团租赁公司在其定期报送的财务报表中,始终没有对应收租赁款计提充足的坏账准备金。1981 年以前,坏账准备率为 1.5%,1981 年增至 2%,1982 年增至 3%。尽管对这种估计坏账损失的方式,美国证券交易委员会是认可的,但是固定比率太小。到 1982 年 9 月,该公司应收账款中超过欠款期限的金额高达 20% 以上,财务报表中该账户金额被严重低估。

美国证券交易委员会对塔奇·罗斯会计师事务所在联区金融集团租赁公司 1981 年度审计中的表现极为不满,指责该年度的审计“没有进行充分的计划和监督”。美国证券交易委员会宣称,该会计师事务所在编制联区金融集团租赁公司 1981 年度的审计计划及审计程序时,没有充分考虑该公司的大量审计风险因素。事实上,美国证券交易委员会发现,该公司 1981 年度的审计计划,大部分是以前年度审计计划的延续。该审计计划的缺陷如下:

(1) 该会计师事务所没有对超期应收租赁款账户的内部会计控制加以测试。由于审计计划没有测试公司的会计制度是否能准确地确定应收租赁款的超期时间,审计人员无法判断从客户那里获取的超龄汇总表是否准确。

(2) 该会计师事务所的审计计划只要求测试一小部分(8%)未收回的应收租赁款。由于把大部分注意力集中在金额超过 5 万美元、拖欠期达 120 天的超期应收租赁款上，审计人员忽略了相当部分无法收回的应收租赁款。

（3）尽管审计计划要求对客户坏账核销政策进行复核，但并没有要求外勤审计人员去确认该政策是否被实际执行。事实上，该公司并没有遵循其坏账核销政策。联区金融集团租赁公司实际采用的是一种核销坏账的预算方法，可以随时将大量无法收回的租赁款冲销坏账准备，而事先却根本没有对这些应收账款计提坏账准备金。美国证券交易委员会称，某些无法收回的应收租赁款挂账多达几年。

（4）会计师事务所无视联区金融集团租赁公司审计的复杂性以及非同寻常的高风险性，在所分派的执行1981年度审计聘约的审计人员中，大多数人对客户以及租赁行业的情况非常陌生。事实上，该公司的会计主管后来证明，会计师事务所第一次分派了一些对租赁行业少有涉猎或缺乏经验甚至一无所知的审计人员来执行审计。

最后，美国证券交易委员会决定对该会计师事务所进行惩罚，要其承担出具虚假会计报告带来的损失。

问题：（1）请问该案例中塔奇·罗斯会计师事务所制订的审计计划存在哪些问题？

（2）是什么原因导致该会计师事务所受到了美国证券交易委员会的惩罚？

第一节　初步业务活动

一、初步业务活动的含义和内容

初步业务活动是指注册会计师在本期审计业务开始时开展的有利于计划和执行审计工作，实现审计目标的活动总称。《中国注册会计师审计准则第1201号——计划审计工作》第六条规定，注册会计师应当在本期审计业务开始时开展初步业务活动。

初步业务活动的内容主要包括以下三个方面：

（一）针对保持客户关系和具体审计业务实施对应的质量管理程序

按照《中国注册会计师审计准则第1121号——对财务报表审计实施的质量管理》的规定，注册会计师针对保持客户关系和具体审计业务，实施相应的质量管理程序。注册会计师主要对被审计单位的主要股东、关键管理人员和治理层是否诚信进行评价，认为其诚信度是可以接受的。

（二）评价遵守职业道德规范的情况

按照《中国注册会计师审计准则第1121号——对财务报表审计实施的质量管理》的规定，注册会计师评价遵守相关职业道德要求（包括评价遵守独立性要求）的情况。主要对会计师事务所和签字注册会计师的独立性、胜任能力和时间精力进行评价，认为独立性、专业胜任能力等都符合职业道德要求。该项确认工作应该在安排其他审计工作之前，以确保注册会计师已经具备执行所需业务的独立性和专业胜任能力，且不存在因为诚信问题而影响注册会计师保持该项业务的意愿等情况。在连续审计业务中，这些初步业务活动通常是在上期审计工作结束后布局或将要结束时就已经开始了。

（三）及时签订或修改审计业务约定书

按照《中国注册会计师审计准则第1111号——就审计业务约定条款达成一致意见》的规定，注册会计师与被审计单位就审计业务约定条款达成一致意见。在做出接受或保持客户关系及具体审计业务决策后，注册会计师应当按照准则要求，在具体审计业务开始前，与被审计单位就业务约定条款达成一致意见，签订或修改审计业务约定书，以避免双方对审计业务的理解产生分歧。

二、初步业务活动的目的

注册会计师开展初步业务活动，以达到以下三个目的：

（1）确保注册会计师已具备执行业务需要的独立性和专业胜任能力。

（2）确保不存在因管理层诚信问题而影响注册会计师保持该项业务意愿的情况。

（3）确保与被审计单位不存在对业务约定条款的误解。

按照《中国注册会计师审计准则第1341号——书面声明》的规定，注册会计师应当要求管理层就其已履行的某些责任提供书面声明。因此，注册会计师需要获取针对管理层责任的书面声明、其他审计准则要求的书面声明以及在必要时需要获取用于支持其他审计证据（用以支持财务报表或者一项或多项具体认定）的书面声明。注册会计师需要使管理层意识到这一点。

如果管理层不认可其责任或不同意提供书面声明，注册会计师将有可能不能获取充分、适当的审计证据。在这种情况下，注册会计师承接此类审计业务是不恰当的，除非法律法规另有规定。如果法律法规要求承接此类审计业务，注册会计师可能需要向管理层解释这种情况的重要性及其对审计报告的影响。

三、审计业务约定书

审计业务约定书是指会计师事务所与被审计单位签订的，用以记录和确定审计业务的委托与受托关系、审计目标和范围、双方的责任以及报告的格式等事项的书面协议。审计业务约定书具有经济合同的性质，一经约定双方签字认可，即具有法律约束力。签署审计业务约定书的目的是约定双方的责任和义务，促使双方遵守约定事项并加强合作，以保护会计师事务所与被审计单位的利益。从审计工作本身来看，当委托和受托目标全部实现后，即审计工作全部完成后，注册会计师应将审计业务约定书妥善保管，作为一项重要的审计工作底稿资料，纳入审计档案管理。

（一）审计业务约定书的作用

审计业务约定书的作用主要表现在以下几个方面：

（1）增进会计师事务所与被审计单位之间的相互配合。

（2）作为被审计单位鉴定审计业务完成情况以及会计师事务所检查被审计单位约定义务履行情况的一个依据。

（3）避免双方对业务的理解产生分歧。

（4）在出现法律诉讼时是确定会计师事务所与被审计单位双方应负责任的重要依据。

（二）审计业务约定书的基本内容

审计业务约定书的具体内容和格式可能因被审计单位的不同而不同，但应当包括以下主要内容：

（1）财务报表审计的目标与范围。

（2）注册会计师的责任。

（3）管理层的责任。

（4）指出用于编制财务报表所使用的财务报告编制基础。

（5）提及注册会计师拟出具的审计报告的预期形式和内容以及对在特定情况下出具的审计报告可能不同于预期形式的内容说明。

（三）审计业务约定书的程序

（1）如果首次接受业务委托，实施下列程序：

①与委托人面谈，讨论下列事项：审计的目标；审计报告的用途；管理层对财务报表的责任；审计范围；执行审计工作的安排，包括出具审计报告的时间要求；审计报告格式和对审计结果的其他沟通形式；管理层提供必要的工作条件和协助；注册会计师不受限制地接触任何与审计有关的记录、文件和所需要的其他信息；与审计涉及的客户内部审计人员和其他员工工作上的协调（必要时）；审计收费，包括收费的计算基础和收费安排。

②初步了解客户及其环境，进行初步业务风险评估并予以记录。

③征得客户书面同意后，与前任注册会计师沟通。

（2）如果是连续审计，实施下列程序：

①了解审计的目标、审计报告的用途、审计范围和时间安排等是否发生变化。

②查阅以前年度审计工作底稿，重点关注非标准审计报告、管理建议书和重大事项概要等。

③初步了解客户及其环境发生的重大变化，进行初步业务风险评估并予以记录。

④考虑是否需要修改业务约定条款，是否需要提醒客户注意现有的业务约定条款。

（3）评价是否具备执行该项审计业务所需要的独立性和专业胜任能力。

（4）完成业务承接或保持评价表。

（5）签订审计业务约定书（适用于首次接受业务委托以及连续审计中修改长期审计业务约定书条款的情况）。

（四）审计业务约定书的特殊考虑

1. 连续审计

对于连续审计，注册会计师应当根据具体情况评估是否需要对审计业务约定条款做出修改以及是否需要提醒被审计单位注意现有的条款。

注册会计师可以决定不在每期都致送新的审计业务约定书或其他书面协议，然而下列因素可能导致注册会计师修改审计业务约定书条款或提醒被审计单位注意现有的业务约定条款：

（1）有迹象表明被审计单位误解审计目标和范围。

（2）需要修改约定条款或增加特别条款。

137

（3）被审计单位高级管理人员近期发生变动。

（4）被审计单位所有权发生重大变动。

（5）被审计单位业务的性质或规模发生重大变化。

（6）法律法规的规定发生变化。

（7）编制财务报表采用的财务报告编制基础发生变更。

（8）其他报告要求发生变化。

2. 审计业务约定条款的变更

在完成审计业务前，如果被审计单位或委托人要求将审计业务变更为保证程度较低的业务，注册会计师应当确定是否存在合理理由予以变更。

下列原因可能导致被审计单位要求变更业务：

（1）环境变化对审计服务的需求产生影响。

（2）对原来要求的审计业务的性质存在误解。

（3）无论是管理层施加的还是其他情况引起的审计范围受到限制。

上述第（1）项和第（2）项通常被认为是变更业务的合理理由，但如果有迹象表明该变更要求与错误的、不完整的或不能令人满意的信息有关，注册会计师不应认为该变更是合理的。

如果没有合理的理由，注册会计师不应同意变更业务。如果注册会计不同意变更审计业务约定条款，而管理层又不允许继续执行原审计业务，注册会计师应当：

（1）在适用的法律法规允许的情况下，解除审计业务约定。

（2）确定是否有约定义务或其他义务向治理层、所有者或监管机构等报告事项。

如果注册会计师认为变更的理由是合理的并且截止变更日已执行的审计工作可能与变更后的业务相关，为避免引起报告使用者的误解，对相关服务业务出具的报告不应提及原审计业务和在原审计业务中已执行的程序。

具体审计业务约定书示例如下：

审计业务约定书

编号：××××

甲方：A 股份有限公司　　　　　　乙方：B 会计师事务所

兹由甲方委托乙方对 2019 年度财务报表进行审计，经双方协商，达成以下约定：

一、审计的目标和范围

1. 乙方接受甲方委托，对甲方按照企业会计准则编制的 2019 年 12 月 31 日的资产负债表、2019 年度的利润表、所有者权益（或股东权益）变动表和现金流量表以及财务报表附注（以下统称财务报表）进行审计。

2. 乙方通过执行审计工作，对财务报表的下列方面发表审计意见：

（1）财务报表是否在所有重大方面按照企业会计准则的规定编制。

（2）财务报表是否在所有重大方面公允反映了甲方 2019 年 12 月 31 日的财务状况以及 2019 年度的经营成果和现金流量。

二、甲方的责任

1. 根据《中华人民共和国会计法》及《企业财务会计报告条例》的规定，甲方及甲方负责人有责任保证会计资料的真实性和完整性。因此，甲方管理层有责任妥善保存和提供会计记录（包括但不限于会计凭证、会计账簿及其他会计资料），这些记录必须真实、完整地反映甲方的财务状况、经营成果和现金流量。

2. 按照企业会计准则的规定编制和公允列报财务报表是甲方管理层的责任，这种责任包括：

（1）按照企业会计准则的规定编制财务报表，并使其实现公允反映。

（2）设计、执行和维护必要的内部控制，以使财务报表不存在由于舞弊或错误导致的重大错报。

3. 及时为乙方的审计工作提供与审计有关的所有记录、文件和所需的其他信息（在2020年3月1日之前提供审计所需的全部资料，如果在审计过程中需要补充资料，亦应及时提供），并保证所提供资料的真实性和完整性。

4. 确保乙方不受限制地接触其认为必要的甲方内部人员和其他相关人员。

5. 甲方管理层对其做出的与审计有关的声明予以书面确认。

6. 为乙方派出的有关工作人员提供必要的工作条件和协助，乙方将于外勤工作开始前提供主要事项清单。

7. 按照本约定书的约定及时足额支付审计费用以及乙方人员在审计期间的交通、食宿和其他相关费用。

8. 乙方的审计不能减轻甲方及甲方管理层的责任。

三、乙方的责任

1. 乙方的责任是在执行审计工作的基础上对甲方财务报表发表审计意见。乙方根据中国注册会计师审计准则（以下简称审计准则）的规定执行审计工作。审计准则要求注册会计师遵守中国注册会计师职业道德守则，计划和执行审计工作以对财务报表是否不存在重大错报获取合理保证。

2. 审计工作涉及实施审计程序，以获取有关财务报表金额和披露的审计证据。选择的审计程序取决于乙方的判断，包括对由于舞弊或错误导致的财务报表重大错报风险的评估。在进行风险评估时，乙方考虑与财务报表编制和公允列报相关的内部控制，以设计恰当的审计程序，但目的并非对内部控制的有效性发表意见。审计工作还包括评价管理层选用会计政策的恰当性和做出会计估计的合理性以及评价财务报表的总体列表。

3. 由于审计和内部控制的固有限制，即使按照审计准则的规定适当地计划和执行审计工作，仍不可避免地存在财务报表的某些重大错报可能未被乙方发现的风险。

4. 在审计过程中，乙方若发现甲方存在乙方认为值得关注的内部控制缺陷，应以书面形式向甲方治理层或管理层通报。但乙方通报的各种事项，并不代表已全面说明所有可能存在的缺陷或已提出所有可行的改进建议。甲方不得向任何第三方提供乙方出具的沟通文件。

5. 按照约定时间完成审计工作，出具审计报告。乙方应于2020年4月30日前出具审计报告。

6. 除下列情况外，乙方应对执行业务过程中知悉的甲方信息予以保密：

（1）法律法规允许披露，并取得甲方的授权。

（2）根据法律法规的要求，为法律诉讼、仲裁准备文件或提供证据，以及向监管机构报告发现的违法行为。

（3）在法律法规允许的情况下，在法律诉讼、仲裁中维护自己的合法权益。

（4）接受注册会计师协会或监管机构的执业质量检查，答复其询问和调查。

（5）法律法规、执业准则和职业道德规范规定的其他情形。

四、审计收费（略）

五、审计报告和审计报告的使用（略）

六、本约定书的有效时间（略）

七、约定事项的变更（略）

八、终止条款（略）

九、违约责任（略）

十、适用法律和争议解决（略）

A股份有限公司	B会计师事务所（盖章）
授权代表：（签名并盖章）	授权代表：（签名并盖章）
二○×九年×月×日	二○×九年×月×日

第二节　总体审计策略和具体审计计划

根据《中国注册会计师审计准则第1201号——计划审计工作》的规定，注册会计师应当计划审计工作，使审计业务以有效的方式得到执行。计划审计工作包括针对审计业务制定总体审计策略和制订具体审计计划，以将审计风险降低至可接受的低水平。项目负责人和项目组其他关键成员应当参与计划审计工作，提高计划审计工作的效率和效果。审计计划包含两个层次：总体审计策略和具体审计计划。注册会计师应当针对总体审计策略中识别的不同事项，制订具体审计计划，并考虑通过利用审计资源实现审计目标。总体审计策略的制订在具体审计计划之前，但是两项计划活动并不是孤立、不连续的过程，而是内在紧密联系的，对其中一项的决定可能会影响甚至改变对另外一项的决定。对此，注册会计师会在具体审计计划中制定相应的审计程序，并相应调整总体审计策略的内容，做出是否利用专家工作的决定。审计计划的层次如图 8-1 所示。

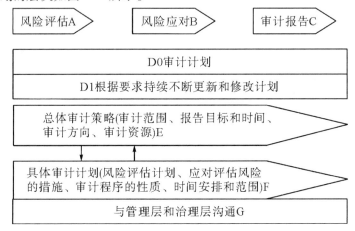

图 8-1　审计计划的层次

审计计划分为两个层次，总体审计策略（图 8-1 中的英文字母 E，下同）和具体审计计划（F）。

审计计划工作贯穿在整个审计过程中，并随着审计过程的展开需要不断修订。

整个审计过程可以划分为三大环节，审计计划工作贯穿于这三大环节，即风险评估（A）、风险应对（B）与审计报告（C）。

总体审计策略（E）主要确定审计范围、审计报告目标和时间安排、审计方向和审计资源，并且指导具体审计计划（F）的制订。

具体审计计划（F）包括计划实施的风险评估程序，根据评估的重大错报风险领域设计拟实施的进一步审计程序及计划其他审计程序的性质、时间安排和范围。

根据《中国注册会计师审计准则——第 1101 号——注册会计师的总体目标和审计工作的基本要求》的规定，注册会计师审计总体目标不仅需要对财务报表出具审计报告，而且应当将审计结果与管理层和治理层沟通，如审计意见类型、审计过程中不同环节识别的舞弊嫌疑或舞弊指控以及舞弊事实、与财务报表相关的内部控制重大缺陷等。

一、总体的审计策略

总体审计策略用以确定审计范围、时间安排、审计方向以及审计资源，并指导具体审计计划的制订。

总体审计策略的制定应当包括如图 8-2 所示的四个方面内容。

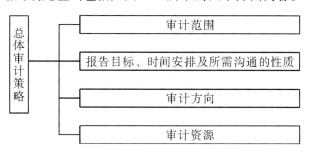

图 8-2 总体审计策略

（一）审计范围

确定审计范围时，注册会计师需要考虑下列三大类 14 项因素。

1. 通用考虑因素

（1）编制拟审计的财务信息所依据的财务报告编制基础，包括是否需要将财务信息调整至按照其他财务报告编制基础编制。

（2）特定行业的报告要求，如某些行业监管机构要求提交的报告。

（3）对利用在以前审计工作中获取的审计证据（如获取的与风险评估程序和控制测试相关的审计证据）的预期。

2. 集团审计因素

（1）预期审计工作涵盖的范围，包括应涵盖的组成部分的数量及所在地点。

（2）母公司和集团组成部分之间存在的控制关系的性质，以确定如何编制合并财务报表。

（3）由组成部分注册会计师审计组成部分的范围。

（4）拟审计的经营分部的性质，包括是否需要具备专门知识。

（5）除为合并目的执行的审计工作之外，还有对个别财务报表进行法定审计的需求。

3. 工作环境因素

（1）外币折算，包括外币交易的会计处理、外币财务报表的折算和相关信息的披露。

（2）内部审计工作的可获得性及注册会计师拟信赖内部审计工作的程度。

（3）被审计单位使用服务机构的情况以及注册会计师如何取得有关服务机构内部控制设计和运行有效性的证据。

（4）信息技术对审计程序的影响，包括数据的可获得性和对使用计算机辅助审计技术的预期。

（5）协调审计工作与中期财务信息审阅预期涵盖范围和时间安排以及中期审阅所获取的信息对审计工作的影响。

（6）与被审计单位人员的时间协调和相关数据的可获得性。

141

（二）报告目标、时间安排及所需沟通的性质

注册会计师需要考虑以下 7 项因素：

（1）被审计单位对外报告的时间表（终点），包括中间阶段和最终阶段。

（2）与管理层和治理层举行会谈，讨论审计工作的性质、时间安排和范围（管理层和治理层）。

（3）与管理层和治理层讨论注册会计师拟出具的报告的类型和时间安排以及沟通的其他事项（口头或书面沟通），包括审计报告、管理建议书和向治理层通报的其他事项。

（4）与管理层讨论预期就整个审计业务中对审计工作的进展进行的沟通。

（5）与组成部分注册会计师沟通拟出具的报告的类型和时间安排以及与组成部分审计相关的其他事项。

（6）项目组成员之间沟通的预期性质和时间安排，包括项目组会议的性质和时间安排以及复核已执行工作的时间安排。

（7）预期是否需要和第三方进行其他沟通，包括与审计相关的法定或约定的报告责任。

（三）审计方向

审计方向一共有 14 项考虑因素，我们可以将这些因素分为三大类来理解。

1. 初步风险识别

（1）确定或重新考虑。

（2）重大错报风险较高的审计领域。

（3）评估的财务报表层次的重大错报对指导、监督及复核的影响。

（4）项目组人员的选择和工作分工，包括向重大错报风险较高的审计领域分派具备适当经验的人员。

（5）项目预算，包括考虑为重大错报风险可能较高的审计领域分配适当的工作时间。

（6）如何向项目组成员强调在收集和评价审计证据过程中保持职业怀疑的必要性。

2. 考虑内部控制

（1）以往审计中对内部控制运行有效性评价的结果，包括所识别的控制缺陷的性质及应对措施。

（2）管理层重视设计和实施健全的内部控制的相关证据，包括这些内部控制得以适当记录的证据。

（3）基于交易规模、审计效率确定是否依赖内部控制。

（4）对内部控制重要性的重视程度。

3. 考虑重大变化

（1）影响被审计单位经营的重大发展变化，包括信息技术、业务流程、关键管理人员变化以及收购、兼并和分立。

（2）重大行业发展情况，如行业法规变化和新的报告规定。

（3）会计准则及会计制度的变化。

（4）其他重大变化，如影响被审计单位的法律环境的变化。

（四）审计资源

审计资源主要包括以下四项具体内容：

（1）向具体审计领域调配的资源，包括向高风险领域分派有适当经验的项目组成员，就复杂的问题利用专家工作等。

（2）向具体审计领域分配资源的多少，包括分派到重要地点监盘存货的项目组成员的人数，在集团审计中复核组成部分注册会计师工作的范围，向高风险领域分配的审计时间预算等。

（3）何时调配这些资源，包括是在期中审计阶段还是在关键的截止日期调配资源等。

（4）如何管理、指导、监督这些资源，包括预期何时召开项目组预备会和总结会，预期项目合伙人和经理如何进行复核，是否需要实施项目质量管理复核等。

总体审计策略计划书格式参见本章附录。

二、具体审计计划

具体审计计划比总体审计策略更加详细，其内容包括为获取充分、适当的审计证据以将审计风险降至可接受的低水平，项目组成员拟实施的审计程序的性质、时间和范围。具体审计计划应当包括风险评估程序、计划实施的进一步审计程序和计划实施的其他审计程序。

（一）风险评估程序

按照《中国注册会计师审计准则第1211号——通过了解被审计单位及其环境识别和评估重大错报风险》的要求，具体审计计划应该包括为了足够识别和评估财务报表重大错报风险，注册会计师计划实施的风险评估程序的性质、时间安排和范围。

（二）计划实施的进一步审计程序

按照《中国注册会计师审计准则第1231号——针对评估的重大错报风险采取的应对措施》的规定，针对评估的认定层次的重大错报风险，注册会计师计划实施的进一步审计程序的性质、时间安排和范围，即控制测试和实质性程序。

计划这些审计程序会随着具体审计计划的制订逐步深入，并贯穿于审计的整个过程。例如，计划风险评估程序在审计过程的较早阶段进行，而计划进一步审计程序的性质、时间安排和范围，取决于风险评估程序的结果。此外，注册会计师可能先执行与某些类别的交易、账户余额或披露相关的进一步审计程序，再计划其他所有的进一步审计程序。

进一步审计程序的总体方案是指注册会计师针对各类交易、账户余额和列报决定采用的总体方案（包括实质性方案或综合性方案）。具体审计程序通常包括控制测试和实质性程序的性质、时间和范围。

（三）计划实施的其他审计程序

审计计划应当包括根据审计准则的规定，注册会计师对审计业务需要实施的其他审计程序。计划的其他审计程序可以包括进一步程序中没有涵盖的、根据其他审计准则要求注册会计师应当执行的既定程序。

143

三、审计过程中对计划的更改

计划审计工作并非审计业务的一个孤立阶段，而是一个持续的、不断修正的过程，贯穿于整个审计业务的始终。俗语说："计划永远赶不上变化。"由于未预期事项、条件的变化或在实施审计程序中获取的审计证据等原因，注册会计师应当在审计过程中对总体审计策略和具体审计计划做出必要的更新和修改。

通常来讲，这些更新和修改涉及比较重要的事项。例如，对重要性水平的修改，对某类交易、账户余额和列报的重大错报风险的评估和进一步审计程序（包括总体方案和拟实施的具体审计程序）的更新和修改等。一旦计划被更新和修改，审计工作也就应当进行相应修正。

如果注册会计师在审计过程中对总体审计策略或具体审计计划做出重大修改，其应当在审计工作底稿中记录做出的重大修改及修改理由。

四、指导、监督与复核

注册会计师应当就对项目组成员工作的指导、监督与复核的性质、时间和范围制订计划。

对项目组成员工作的指导、监督与复核的性质、时间和范围主要取决于下列因素：

（1）被审计单位的规模和复杂程度。

（2）审计领域。

（3）重大错报风险。

（4）执行审计工作的项目组成员的素质和专业胜任能力。

五、首次接受审计委托的补充考虑

在首次接受审计委托前，注册会计师应当执行下列程序：

（1）针对建立客户关系和承接具体审计业务实施相应的质量管理程序。

（2）如果被审计单位变更了会计师事务所，按照职业道德规范和审计准则的规定，与前任注册会计师沟通。

对于首次接受审计委托，在制定总体审计策略和制订具体审计计划时，注册会计师还应当考虑下列事项：

（1）与前任注册会计师沟通做出安排，包括查阅前任注册会计师的审计工作底稿等。

（2）与管理层讨论的有关首次接受审计委托的重大问题，就这些重大问题与治理层沟通的情况以及这些重大问题是如何影响总体审计策略和具体审计计划的。

（3）针对期初余额获取充分、适当的审计证据而计划实施的审计程序。

（4）针对预见到的特别风险，分派具有相应素质和专业胜任能力的人员。

（5）根据会计师事务所关于首次接受审计委托的质量管理制度实施的其他程序。

本章小结

本章主要讨论审计计划相关知识，介绍了注册会计师在初步了解和评价客户的基础上，如何进行业务承接风险初步评价，决定是否接受业务委托。通过初步业务活动，签订审计业务约定书，确定审计项目组成员，编制完成总体审计策略和具体审计计划。重点掌握初步业务活动、总体审计策略和具体审计计划之间的区别。本章内容属于基础理论知识，知识要点比较多，需要学生认真学习掌握。

本章思维导图

本章思维导图如图 8-3 所示。

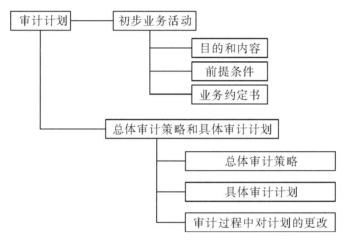

图 8-3　本章思维导图

本章附录

总体审计策略计划书

被审计单位：ABC 建设工程有限公司　　　　索引号：BE
项目：总体审计策略计划书　　　　　　　　财务报表截止日/期间：
编制人：×××　　　　　　　　　　　　　复核人：×××
日期：2019 年 2 月 6 日　　　　　　　　　日期：2019 年 2 月 6 日

一、审计工作范围

报告要求	
适用的财务报表编制基础（包括是否需要将财务信息按照其他财务报表编制基础进行转换）	
适用的审计准则	

与财务报告相关的行业特别规定	例如，监管机构发布的有关信息披露法规、特定行业主管部门发布的与财务报告相关的法规等
需要阅读的含有已审财务报表的文件中的其他信息	例如，上市公司年报
制定审计策略需考虑的其他因素	例如，单独出具报告的子公司

二、审计业务时间安排

（一）对外报告时间安排

审计工作	时间
1. 提交审计报告草稿	
2. 签署正式审计报告	
3. 公布已审计报表和审计报告	

（二）执行审计时间安排

执行审计时间安排	时间
1. 期中审计	
（1）制定总体审计策略	
（2）制订具体审计计划	
2. 期末审计	
存货监盘	

（三）沟通的时间安排

所需沟通	时间
与管理层及治理层的会议	
项目组会议	
与专家或有关人士沟通	
与其他注册会计师沟通	
与前任注册会计师沟通	

三、影响审计业务的重要因素

（一）重要性

确定的重要性水平	索引号
财务报表整体的重要性	
特定类别的交易、账户余额或披露的一个或多个重要性水平	
实际执行的重要性	
明显微小错报的临界值	

（二）可能存在较高重大错报风险的领域

可能存在较高重大错报风险的领域	索引号

（三）重要的组成部分和账户余额

重要的组成部分和账户余额	索引号
1. 重要的组成部分	
2. 重要的账户余额	

四、人员安排

（一）项目组主要成员的责任

职位	姓名	主要职责

（二）与项目质量管理复核人员的沟通（如适用）

沟通内容	负责沟通的项目组成员	沟通时间
风险评估		
对审计计划的讨论		
对财务报表的复核		

五、对专家或其他有关人士工作的利用

（一）对内部审计工作的利用

主要报表项目	拟利用的内部审计工作	索引号
	内部审计部分对各仓库的存货每半年至少盘点一次。在中期审计时，项目组已经对内部审计部门盘点步骤进行观察，其结果满意，因此项目组将审阅其年底的盘点结果，并缩小存在监盘的范围	

（二）对其他注册会计师工作的利用

其他注册会计师名称	利用其工作范围的程度	索引号

（三）对专家工作的利用

主要报表项目	专家姓名	主要职责及工作范围	利用专家工作的原因	索引号

六、其他事项

第九章
风险评估

学习目标

　　1. 掌握风险导向审计的思路和风险评估的思路。

　　2. 理解通过各种途径从各个角度了解被审计单位及其环境。

　　3. 理解基于对被审计单位各方面的了解，以识别和评估财务报表的重大错报风险。

　　4. 掌握企业内部控制、重大错报风险评估等知识点。

案例导入

　　ABC 会计师事务所首次接受委托，审计上市公司甲公司 2019 年财务报表，委派 A 注册会计师担任项目合伙人。A 注册会计师确定财务报表整体的重要性为 120 万元。甲公司主要从事电子产品的生产和销售，销售客户集中在海外市场。

　　资料一：

　　A 注册会计师在审计工作底稿中记录了所了解的甲公司的情况与环境，部分内容摘录如下：

　　（1）2019 年 3 月，甲公司终止使用运行多年的外购财务软件，改为使用自行研发的财务信息系统。

　　（2）自 2019 年 6 月起，甲公司的主要出口市场实施贸易保护政策，产品出口量减少了 50%。

　　（3）2019 年 8 月，甲公司大幅增加研发投入，试图通过研发新技术开拓新市场。

　　（4）2019 年 10 月，甲公司委托某电视台为其新产品播放广告，费用为每月 100 万元，甲公司当月预付了 3 个月的广告费用。

　　（5）2019 年 12 月 31 日，甲公司存货余额为 1 000 万元，迫于资金压力，将其中半数的存货按成本价的 80% 与乙公司签订了销售合同，但尚未执行。甲公司对此确认了 100 万元的预计负债。

　　资料二：

　　A 注册会计师在审计工作底稿中记录了甲公司的财务数据，部分内容摘录如表 9-1 所示。

表 9-1　甲公司财务数据　　　　　　　　　单位：万元

项目	未审数	已审数
	2019 年	2018 年
营业收入	2 100	2 000
营业成本	1 050	1 000
无形资产——专利技术	800	20
预付款项——某电视台	300	0
存货	1 000	600
存货跌价准备	100	0

问题：针对资料一第（1）至（5）项，结合资料二，假定不考虑其他条件，逐项指出资料一所列事项是否可能表明存在重大错报风险。如果认为可能表明存在重大错报风险，简要说明理由。

如果认为该风险为认定层次重大错报风险，说明该风险主要与哪些财务报表项目（仅限于应收账款、预付款项、无形资产、存货、营业收入、销售费用、管理费用、资产减值损失）的哪些认定相关（不考虑税务影响），将答案填入表 9-2。

表 9-2　答案

事项序号	是否可能表明存在重大错报风险（是/否）	理由	财务报表项目名称及认定
（1）			
（2）			
（3）			
（4）			
（5）			

注册会计师实施审计，目标是对财务报表不存在由于错误或舞弊导致的重大错报获取合理保证。风险导向审计是当今主流的审计方法，它要求注册会计师识别和评估重大错报风险，设计和实施进一步审计程序以应对评估的错报风险，并根据审计结果出具恰当的审计报告。本章主要介绍如何对重大错报风险进行识别、评估和应对，并最终将审计风险降至可接受的低水平。现代风险导向审计的业务流程如表 9-3 所示。

表 9-3　现代风险导向审计的业务流程

审计业务流程和程序		目的	用以规范的审计准则
风险评估程序	了解被审计单位及其环境，包括内部控制	评估财务报表总体层次和认定层次的重大错报风险	《中国注册会计师审计准则第 1211 号——通过了解被审计单位及其环境识别和评估重大错报风险》
进一步审计程序	（必要时）控制测试	测试内部控制在防止、发现和纠正认定层次重大错报方面的有效性，并据此重新评估认定层次的重大错报风险	《中国注册会计师审计准则第 1231 号——针对评估的重大错报风险采取的应对措施》
进一步审计程序	实质性程序	发现认定层次的重大错报，降低检查风险	《中国注册会计师审计准则第1301号——审计证据》

第一节　风险识别和评估概述

一、风险识别和评估的概念

在风险导向审计模式下，注册会计师以重大错报风险的识别、评估和应对为审计工作的主线，最终将审计风险控制在可接受的低水平。风险的识别和评估是审计风险控制流程的起点。风险识别和评估是指注册会计师通过实施风险评估程序，识别和评估财务报表层次和认定层次的重大错报风险。其中，风险识别是指找出财务报表层次和认定层次的重大错报风险，风险评估是指对重大错报发生的可能性和后果严重程度进行评估。

二、风险识别和评估的作用

《中国注册会计师审计准则第 1211 号——通过了解被审计单位及其环境识别和评估重大错报风险》作为专门规范风险评估的准则，规定注册会计师应当了解被审计单位及其环境，以充分识别和评估财务报表重大错报风险，设计和实施进一步审计程序。

了解被审计单位及其环境是必要程序，特别是为注册会计师在下列关键环节做出职业判断提供重要基础：

（1）确定重要性水平，并随着审计工作的进程评估对重要性水平的判断是否仍然适当。

（2）考虑会计政策的选择和运用是否恰当以及财务报表的列报是否适当。

（3）识别需要特别考虑的领域，包括关联方交易、管理层运用持续经营假设的合理性，或者交易是否具有合理的商业目的等。

（4）确定在实施分析程序时使用的预期值。

（5）设计和实施进一步审计程序，以将审计风险降至可接受的低水平。

（6）评价获取审计证据的充分性和适当性。

了解被审计单位及其环境是一个连续和动态地收集、更新与分析信息的过程，贯穿于整个审计过程的始终。注册会计师应当运用职业判断确定需要了解被审计单位及其环境的程度。

评价对被审计单位及其环境了解的程度是否恰当，关键是看注册会计师对被审计单位及其环境的了解是否足以识别和评估财务报表的重大错报风险。如果了解被审计单位及其环境获得的信息足以识别和评估财务报表的重大错报风险，设计和实施进一步审计程序，那么了解的程度就是恰当的。当然，注册会计师对被审计单位及其环境了解的程度要低于管理层为经营管理企业而对被审计单位及其环境需要了解的程度。

第二节 风险评估程序和信息来源

一、风险评估程序和信息来源

注册会计师了解被审计单位及其环境，目的是识别和评估财务报表重大错报风险。为了解被审计单位及其环境而实施的程序称为风险评估程序。注册会计师应当依据实施这些程序（风险评估程序）所获取的信息（被审计单位及其环境相关的内外部信息），评估重大错报风险。

注册会计师应当实施下列风险评估程序，以了解被审计单位及其环境：询问、分析程序、观察和检查。

值得注意的是，在对被审计单位及其环境获取了解的整个过程中，注册会计师应当实施上述所有风险评估程序，但是在了解被审计单位及其环境的每一方面时（审计准则要求从六个方面了解被审计单位及其环境），无需实施上述所有程序。例如，注册会计师在了解内部控制时通常不用分析程序。

（一）询问

询问管理层和被审计单位内部其他人员是注册会计师了解被审计单位及其环境的一个重要信息来源。必要时，注册会计师也可询问其他外部人员。例如，可以询问被审计单位聘请的外部法律顾问、专业评估师、投资顾问和财务顾问等。

注册会计师可以考虑向管理层和财务负责人询问下列事项：

（1）管理层关注的主要问题，如新的竞争对手、主要客户和供应商的流失、新的税收法规的实施以及经营目标或战略的变化等。

（2）被审计单位最近的财务状况、经营成果和现金流量。

（3）可能影响财务报告的交易和事项，或者目前发生的重大会计处理问题，如重大的并购事宜等。

（4）被审计单位发生的其他重要变化，如所有权结构、组织结构的变化以及内部控制的变化等。

注册会计师通过询问获取的大部分信息来自管理层和负责财务报告的人员。注册会计师也可以通过询问被审计单位内部的其他不同层级的人员获取信息，或者为识别重大错报风险提供不同的视角。例如：

（1）直接询问治理层，可能有助于注册会计师了解编制财务报表的环境。

（2）直接询问内部审计人员，可能有助于注册会计师了解本年度针对被审计单位内部控制设计和运行有效性而实施的内部审计程序以及管理层是否根据实施这些程序的结果采取了适当的应对措施。

（3）询问参与生成、处理或记录复杂（异常）交易的员工，可能有助于注册会计师评价被审计单位选择和运用某项会计政策的恰当性。

（4）直接询问内部法律顾问，可能有助于注册会计师了解有关信息，如诉讼、遵守法律法规的情况、影响被审计单位的舞弊或舞弊嫌疑、产品保证、售后责任、与业务合作伙伴的安排（如合营企业）和合同条款的含义等。

（5）直接询问营销或销售人员，可能有助于注册会计师了解被审计单位营销策略的变化、销售趋势或与客户的合同安排。

（二）分析程序

分析程序是指注册会计师通过研究不同财务数据之间以及财务数据与非财务数据之间的内在关系，对财务信息做出评价。分析程序还包括调查识别出的、与其他相关信息不一致或与预期数据严重偏离的波动和关系。

分析程序既可用于风险评估程序和实质性程序，也可用于对财务报表的总体复核。注册会计师实施分析程序有助于识别异常的交易或事项以及对财务报表和审计产生影响的金额、比率和趋势。在实施分析程序时，注册会计师应当预期可能存在的合理关系，并与被审计单位记录的金额、依据记录金额计算的比率或趋势相比较。如果发现异常或未预期到的关系，注册会计师应当在识别重大错报风险时考虑这些比较结果。

如果使用了高度汇总的数据，实施分析程序的结果可能仅初步显示财务报表存在重大错报，将分析程序的结果与识别重大错报风险时获取的其他信息一并考虑，可以帮助注册会计师了解并评价分析程序的结果。例如，被审计单位存在很多产品系列，各个产品系列的毛利率存在一定差异。对总体毛利率实施分析程序的结果可能仅初步显示销售成本存在重大错报，注册会计师需要实施更为详细的分析程序。例如，注册会计师对每一产品系列进行毛利率分析，或者将总体毛利率分析的结果连同其他信息一并考虑。

（三）观察和检查

观察和检查程序可以支持对管理层与其他相关人员的询问结果，并可以提供有关被审计单位及其环境的信息，注册会计师应当实施下列观察和检查程序：

（1）观察被审计单位的经营活动。例如，观察被审计单位人员正在从事的生产活动和内部控制活动，增加注册会计师对被审计单位人员如何进行生产经营活动及实施内部控制的了解。

（2）检查文件、记录和内部控制手册。例如，检查被审计单位的经营计划、策略、章程，与其他单位签订的合同、协议，各业务流程操作指引和内部控制手册等，了解被审计单位组织结构和内部控制制度的建立健全情况。

153

（3）阅读由管理层和治理层编制的报告。例如，阅读被审计单位年度和中期财务报告，股东大会、董事会会议、高级管理层会议的会议记录或纪要，管理层的讨论和分析资料，对重要经营环节和外部因素的评价，被审计单位内部管理报告以及其他特殊目的的报告（如新投资项目的可行性分析报告）等，了解自上一期审计结束至本期审计期间被审计单位发生的重大事项。

（4）实地察看被审计单位的生产经营场所和厂房设备。通过现场访问和实地察看被审计单位的生产经营场所和厂房设备，可以帮助注册会计师了解被审计单位的性质及其经营活动。在实地察看被审计单位的厂房和办公场所的过程中，注册会计师有机会与被审计单位管理层和担任不同职责的员工进行交流，可以增强注册会计师对被审计单位的经营活动及其重大影响因素的了解。

（5）追踪交易在财务报告信息系统中的处理过程（穿行测试）。这是注册会计师了解被审计单位业务流程及其相关控制时经常使用的审计程序。通过追踪某笔或某几笔交易在业务流程中如何生成、记录、处理和报告以及相关控制如何执行，注册会计师可以确定被审计单位的交易流程和相关控制是否与之前通过其他程序获得的了解一致，并确定相关控制是否得到执行。

（6）阅读外部信息也可能有助于注册会计师了解被审计单位及其环境。外部信息包括证券分析师、银行、评级机构出具的有关被审计单位及其所处行业的经济或市场环境等状况的报告，贸易与经济方面的报纸杂志，法规或金融出版物以及政府部门或民间组织发布的行业报告和统计数据等。

二、其他信息来源

注册会计师应当考虑在客户接受或保持过程中获取的信息是否与识别重大错报风险相关。

通常，对新的审计业务，注册会计师应在业务承接阶段对被审计单位及其环境有一个初步的了解，以确定是否承接该业务。对连续审计业务，注册会计师也应在每年的续约过程中对上年审计做总体评价，并更新对被审计单位的了解和风险评估结果，以确定是否续约。

注册会计师应当考虑向被审计单位提供其他服务（如执行中期财务报表审阅业务）获得的经验是否有助于识别重大错报风险。

以前期间获取的信息也是一项重要的信息来源。

对于连续审计业务，如果拟利用以往与被审计单位交往的经验和以前审计中实施审计程序获取的信息，注册会计师应当确定被审计单位及其环境自以前审计后是否已发生变化，进而可能影响这些信息对本期审计的相关性。例如，注册会计师通过前期审计获取的有关被审计单位组织结构、生产经营活动和内部控制的审计证据以及有关以往的错报和错报是否得到及时更正的信息，可以帮助其评估本期财务报表的重大错报风险。

但值得注意的是，被审计单位或其环境的变化可能导致此类信息在本期审计中已不具有相关性。

三、项目组内部的讨论

项目组内部的讨论在所有业务阶段都非常必要，可以保证所有事项得到恰当的考虑。通过安排具有较多经验的成员（如项目合伙人）参与项目组内部的讨论，其他成员可以分享其见解和以往获取的被审计单位的经验。《中国注册会计师审计准则第1211号——通过了解被审计单位及其环境识别和评估重大错报风险》要求项目合伙人和项目组其他关键成员应当讨论被审计单位财务报表存在重大错报的可能性以及如何根据被审计单位的具体情况运用适用的财务报告编制基础。项目合伙人应当确定向未参与讨论的项目组成员通报哪些事项。

讨论的内容和范围受项目组成员的职位、经验和所需要的信息的影响。表9-4列示了项目组讨论内容的三个主要领域和可能涉及的信息。

表9-4　项目组讨论内容

讨论的目的	讨论的内容
分享了解的信息	（1）被审计单位的性质、管理层对内部控制的态度、从以往审计业务中获得的经验、重大经营风险因素。 （2）已了解的影响被审计单位的外部和内部舞弊因素，可能为管理层或其他人员实施下列行为提供动机或压力： ①实施舞弊。 ②为实施构成犯罪的舞弊提供机会。 ③利用企业文化或环境，寻找使舞弊行为合理化的理由。 ④侵占资产（考虑管理层对接触现金或其他易被侵占资产的员工实施监督的情况）。 （3）确定财务报表哪些项目易于发生重大错报，表明管理层倾向于高估或低估收入的迹象
分享审计思路和方法	（1）管理层可能如何编报和隐藏虚假财务报告，如管理层凌驾于内部控制之上。根据对识别的舞弊风险因素的评估，设想可能的舞弊场景对审计很有帮助。例如，销售经理可能通过高估收入实现达到奖励水平的目的。这可能通过修改收入确认政策或进行不恰当的收入截止来实现。 （2）出于个人目的侵占或挪用被审计单位的资产行为如何发生。 （3）考虑管理层进行高估或低估账目的方法，包括对准备和估计进行操纵以及变更会计政策等，用于应对评估风险可能的审计程序或方法
为项目组指明审计方向	（1）强调在审计过程中保持职业怀疑态度的重要性。注册会计师不应认为管理层完全诚实，也不应将其作为罪犯对待。 （2）列示表明可能存在舞弊可能性的迹象。例如： ①识别警示信号，并予以追踪。 ②一个不重要的金额（如增长的费用）可能表明存在很大的问题，如管理层诚信。 （3）决定如何增加拟实施审计程序的性质、时间安排和范围的不可预见性。 （4）总体考虑每个项目组成员拟执行的审计工作部分、需要的审计方法、特殊考虑、时间、记录要求、如果出现问题应联系的人员、审计工作底稿复核以及其他预期事项。 （5）强调对表明管理层不诚实的迹象保持警觉的重要性

155

第三节　了解被审计单位及其环境

一、总体要求

注册会计师应当从下列方面了解被审计单位及其环境：

（1）相关行业状况、法律环境和监管环境及其他外部因素。

（2）被审计单位的性质。

（3）被审计单位对会计政策的选择和运用。

（4）被审计单位的目标、战略以及可能导致重大错报风险的相关经营风险。

（5）对被审计单位财务业绩的衡量和评价。

（6）被审计单位的内部控制。

上述第（1）项是被审计单位的外部环境，第（2）（3）（4）项以及第（6）项是被审计单位的内部因素，第（5）项则既有外部因素也有内部因素。值得注意的是，被审计单位及其环境的各个方面可能会互相影响。例如，被审计单位的行业状况、法律环境与监管环境以及其他外部因素可能影响到被审计单位的目标、战略以及相关经营风险，而被审计单位的性质、目标、战略、相关经营风险可能影响到被审计单位对会计政策的选择和运用以及内部控制的设计和执行。因此，注册会计师在对被审计单位及其环境的各个方面进行了解和评估时，应当考虑各因素之间的相互关系。

二、了解行业状况、法律环境和监管环境及其他外部因素

（一）实施的风险评估程序

了解行业状况、法律环境和监管环境及其他外部因素实施的风险评估程序如表9-5所示。

表9-5　了解行业状况、法律环境和监管环境及其他外部因素实施的风险评估程序

风险评估程序	执行人	执行时间	索引号
向被审计单位销售总监询问其主要产品、行业发展状况等信息			
查询券商编写的关于被审计单位及其所处行业的研究报告			
将被审计单位的关键业绩指标（销售毛利率、市场占有率等）与同行业中规模相近的企业进行比较分析			
……			

（二）了解的内容和评估出的风险

1. 行业状况

注册会计师应当了解被审计单位的行业状况，主要包括以下内容：

（1）所处行业的市场与竞争，包括市场需求、生产能力和价格竞争。

（2）生产经营的季节性和周期性。

（3）与被审计单位产品相关的生产技术。

（4）能源供应与成本。

（5）行业的关键指标和统计数据。

2. 法律环境与监管环境

了解法律环境与监管环境的主要原因在于：

（1）某些法律法规或监管要求可能对被审计单位经营活动有重大影响，如不遵守将导致停业等严重后果。

（2）某些法律法规或监管要求（如环保法规等）规定了被审计单位某些方面的责任和义务。

（3）某些法律法规或监管要求决定了被审计单位需要遵循的行业惯例和核算要求。

注册会计师应当了解被审计单位所处的法律环境与监管环境，主要包括以下内容：

①会计原则和行业特定惯例。

②受管制行业的法规框架。

③对被审计单位经营活动产生重大影响的法律法规，包括直接的监管活动。

④税收政策（关于企业所得税和其他税种的政策）。

⑤对被审计单位开展经营活动产生影响的政府政策，如货币政策（包括外汇管制）、财政政策、财政刺激措施（如政府援助项目）、关税或贸易限制政策等。

⑥影响行业和被审计单位经营活动的环保要求。

3. 其他外部因素

注册会计师应当了解影响被审计单位经营的其他外部因素，主要包括总体经济情况、利率、融资的可获得性、通货膨胀水平或币值变动等。

具体而言，注册会计师可能需要了解以下情况：当前的宏观经济状况以及未来的发展趋势如何。目前，国内或本地区的经济状况（如增长率、通货膨胀率、失业率、利率等）怎样影响被审计单位的经营活动。被审计单位的经营活动是否受到汇率波动或全球市场力量的影响。

（三）了解的重点和程度

注册会计师对行业状况、法律环境与监管环境以及其他外部因素了解的范围和程度会因被审计单位所处行业、规模以及其他因素（如在市场中的地位）的不同而不同。例如，对从事计算机硬件制造的被审计单位，注册会计师可能更关心市场和竞争以及技术进步的情况；对金融机构，注册会计师可能更关心宏观经济走势以及货币、财政等方面的宏观经济政策；对化工等产生污染的行业，注册会计师可能更关心相关环保法规。注册会计师考虑将了解的重点放在对被审计单位的经营活动可能产生重要影响的关键外部因素以及与前期相比发生的重大变化上。

注册会计师应当考虑被审计单位所在行业的业务性质或监管程度是否可能导致特定的重大错报风险，考虑项目组是否配备了具有相关知识和经验的成员。

例如，建筑行业长期合同涉及收入和成本的重大估计，可能导致重大错报风险；银行监管机构对商业银行的资本充足率有专门规定，不能满足这一监管要求的商业银行可能有操纵财务报表的动机和压力。

三、了解被审计单位的性质

(一)实施的风险评估程序

了解被审计单位的性质实施的风险评估程序如表9-6所示。

表9-6　了解被审计单位的性质实施的风险评估程序

风险评估程序	执行人	执行时间	索引号
向董事长等高管人员询问被审计单位所有权结构、治理结构、组织结构、近期主要投资、筹资情况			
向销售人员询问相关市场信息,如主要客户和合同、付款条件、主要竞争者、定价政策、营销策略等			
查阅组织结构图、治理结构图、公司章程以及主要销售、采购、投资、债务合同等			
实地察看被审计单位主要生产经营场所			
……			

(二)了解的内容和评估出的风险

1. 所有权结构

对被审计单位所有权结构的了解有助于注册会计师识别关联方关系并了解被审计单位的决策过程。注册会计师应当了解所有权结构以及所有者与其他人员或实体之间的关系,考虑关联方关系是否已经得到识别以及关联方交易是否得到恰当核算。例如,注册会计师应当了解被审计单位是属于国有企业、外商投资企业、民营企业,还是属于其他类型的企业,还应当了解其直接控股母公司、间接控股母公司、最终控股母公司和其他股东的构成以及所有者与其他人员或实体(如控股母公司控制的其他企业)之间的关系。注册会计师应当按照《中国注册会计师审计准则第1323号——关联方》的规定,了解被审计单位识别关联方的程序,获取被审计单位提供的所有关联方信息,并考虑关联方关系是否已经得到识别,关联方交易是否得到恰当记录和充分披露。

同时,注册会计师可能需要对其控股母公司(股东)的情况做进一步的了解,包括控股母公司的所有权性质、管理风格及其对被审计单位经营活动及财务报表可能产生的影响;控股母公司与被审计单位在资产、业务、人员、机构、财务等方面是否分开,是否存在占用资金等情况;控股母公司是否施加压力,要求被审计单位达到其设定的财务业绩目标。

2. 治理结构

良好的治理结构可以对被审计单位的经营和财务运作实施有效的监督,从而降低财务报表发生重大错报的风险。注册会计师应当了解被审计单位的治理结构。例如,董事会的构成情况、董事会内部是否有独立董事,治理结构中是否设有审计委员会或监事会及其运作情况。注册会计师应当考虑治理层是否能够在独立于管理层的情况下对被审计单位事务（包括财务报告）做出客观判断。

3. 组织结构

复杂的组织结构可能导致某些特定的重大错报风险。注册会计师应当了解被审计单位的组织结构，考虑复杂组织结构可能导致的重大错报风险，包括财务报表合并、商誉减值以及长期股权投资核算等问题。

例如，对于在多个地区拥有子公司、合营企业、联营企业或其他成员机构，或者存在多个业务分部和地区分部的被审计单位，不仅编制合并财务报表的难度增加，还存在其他可能导致重大错报风险的复杂事项，包括对子公司、合营企业、联营企业和其他股权投资类别的判断及其会计处理等。

4. 经营活动

了解被审计单位经营活动有助于注册会计师识别预期在财务报表中反映的主要交易类别、重要账户余额和列报。注册会计师应当了解被审计单位的经营活动，主要包括以下内容：

（1）主营业务的性质。例如，主营业务是制造业还是商品批发与零售，是银行、保险还是其他金融服务，是公用事业、交通运输还是提供技术产品和服务，等等。

（2）与生产产品或提供劳务相关的市场信息。例如，主要客户和合同、付款条件、利润率、市场份额、竞争者、出口、定价政策、产品声誉、质量保证、营销策略和目标等。

（3）业务的开展情况。例如，业务分部的设立情况、产品和服务的交付、衰退或扩展的经营活动的详情等。

（4）联盟、合营与外包情况。

（5）从事电子商务的情况。例如，是否通过互联网销售产品和提供服务以及从事营销活动。

（6）地区分布与行业细分。例如，是否涉及跨地区经营和多种经营，各个地区和各行业分布的相对规模以及相互之间是否存在依赖关系。

（7）生产设施、仓库和办公室的地理位置，存货存放地点和数量。

（8）关键客户。例如，销售对象是少量的大客户还是众多的小客户，是否有被审计单位高度依赖的特定客户（如超过销售总额10%的顾客），是否有造成高回收性风险的若干客户或客户类别（如正处在一个衰退市场中的客户），是否与某些客户订立了不寻常的销售条款或条件。

（9）货物和服务的重要供应商。例如，是否签订长期供应合同、原材料供应的可靠性和稳定性、付款条件以及原材料是否受重大价格变动的影响。

（10）劳动用工安排。例如，分地区用工情况、劳动力供应情况、工薪水平、退休金和其他福利、股权激励或其他奖金安排以及与劳动用工事项相关的法规。

（11）研究与开发活动及其支出。

（12）关联方交易。例如，有些客户或供应商是否为关联方，对关联方和非关联方是否采用不同的销售和采购条款。此外，被审计单位还存在哪些关联方交易，对这些交易采用怎样的定价政策。

5. 投资活动

了解被审计单位投资活动有助于注册会计师关注被审计单位在经营策略和方向上的重大变化。注册会计师应当了解被审计单位的投资活动，主要包括以下内容：

（1）近期拟实施或已实施的并购活动与资产处置情况，包括业务重组或某些业务的终止。注册会计师应当了解并购活动如何与被审计单位目前的经营业务相协调，并考虑它们是否会引发进一步的经营风险。例如，被审计单位并购了一个新的业务部门，注册会计师需要了解管理层如何管理这一新业务，而新业务又如何与现有业务相结合，发挥协同优势，如何解决原有经营业务与新业务在信息系统、企业文化等各方面的不一致。

（2）证券投资、委托贷款的发生与处置。

（3）资本性投资活动，包括固定资产和无形资产投资、近期或计划发生的变动以及重大的资本承诺等。

（4）不纳入合并范围的投资。例如，联营、合营或其他投资，包括近期计划的投资项目。

6. 筹资活动

了解被审计单位筹资活动有助于注册会计师评估被审计单位在融资方面的压力，并进一步考虑被审计单位在可预见未来的持续经营能力。注册会计师应当了解被审计单位的筹资活动，主要包括以下内容：

（1）债务结构和相关条款，包括资产负债表外融资和租赁安排。例如，获得的信贷额度是否可以满足营运需要；得到的融资条件及利率是否与竞争对手相似，如不相似，原因何在；是否存在违反借款合同中限制性条款的情况；是否承受重大的汇率与利率风险。

（2）主要子公司和联营企业（无论是否处于合并范围内）的重要融资安排。

（3）实际受益方及关联方。例如，实际受益方是国内的还是国外的，其商业声誉和经验可能对被审计单位产生的影响。

（4）衍生金融工具的使用。例如，衍生金融工具是用于交易目的还是用于套期目的以及运用的种类、范围和交易对手等。

7. 财务报告

了解影响财务报告的重要政策、交易或事项，例如：

（1）会计政策和行业特定惯例，包括特定行业的重要活动（如银行业的贷款和投资、医药行业的研究与开发活动）。

（2）收入确认惯例。

（3）公允价值会计核算。

（4）外币资产、负债与交易。

（5）异常或复杂交易（包括在有争议的或新兴领域的交易）的会计处理（如对股份支付的会计处理）。

四、了解被审计单位对会计政策的选择和运用

（一）实施的风险评估程序

了解被审计单位对会计政策的选择和运用实施的风险评估程序如表9-7所示。

表9-7　了解被审计单位对会计政策的选择和运用实施的风险评估程序

风险评估程序	执行人	执行时间	索引号
向财务总监询问被审计单位采用的主要会计政策、会计政策变更的情况、财务人员配备和构成情况等			
查阅被审计单位会计工作手册、操作指引等财务资料和内部报告			
……			

（二）了解的内容和评估出的风险

1. 重大和异常交易的会计处理方法

某些被审计单位可能存在与其所处行业相关的重大交易。例如，银行向客户发放贷款、证券公司对外投资、医药企业的研究与开发活动等。注册会计师应当考虑对重大的和不经常发生的交易的会计处理方法是否适当。

2. 在缺乏权威性标准或共识的领域采用重要会计政策产生的影响

在缺乏权威性标准或共识的领域，注册会计师应当关注被审计单位选用了哪些会计政策、为什么选用这些会计政策以及选用这些会计政策产生的影响。

3. 会计政策的变更

如果被审计单位变更了重要的会计政策，注册会计师应当考虑变更的原因及其适当性，即考虑会计政策变更是不是法律、行政法规或适用的会计准则和相关会计制度要求的变更；会计政策变更是否能够提供更可靠、更相关的会计信息。除此之外，注册会计师还应当关注会计政策的变更是否得到恰当处理和充分披露。

4. 新颁布的会计准则、法律法规以及被审计单位何时采用、如何采用这些规定

例如，当新的企业会计准则颁布施行时，注册会计师应考虑被审计的单位是否应采用新颁布的会计准则，如果采用，是否已按照新会计准则的要求做好衔接调整工作，并收集执行新会计准则需要的信息资料。

除上述与会计政策的选择和运用相关的事项外，注册会计师还应对被审计单位下列与会计政策运用相关的情况予以关注：

（1）是否采用激进的会计政策、方法、估计和判断。

（2）财会人员是否拥有足够的运用会计准则的知识、经验和能力。

（3）是否拥有足够的资源支持会计政策的运用，如人力资源及培训、信息技术的采用、数据和信息的采集等。

注册会计师应当考虑被审计单位是否按照适用的会计准则和相关会计制度的规定恰当地进行了列报，并披露了重要事项。列报和披露的主要内容包括财务报表及其附注的格式、结构安排、内容，财务报表项目使用的术语，披露信息的明细程度，

项目在财务报表中的分类以及列报信息的来源等。注册会计师应当考虑被审计单位是否已对特定事项做了适当的列报和披露。

五、了解被审计单位的目标、战略以及相关经营风险

（一）实施的风险评估程序

了解被审计单位的目标、战略以及相关经营风险实施的风险评估程序如表9-8所示。

表9-8　了解被审计单位的目标、战略以及相关经营风险实施的风险评估程序

风险评估程序	执行人	执行时间	索引号
向董事长等高级管理人员询问被审计单位实施的或准备实施的目标和战略			
查阅被审计单位经营规划和其他文件			
……			

（二）了解的内容和评估出的风险

1. 目标、战略与经营风险

目标是企业经营活动的指针。企业管理层或治理层一般会根据企业经营面临的外部环境和内部各种因素，制定合理可行的经营目标。战略是管理层为实现经营目标采用的方法。为了实现某一既定的经营目标，企业可能有多个可行战略。例如，如果目标是在某一特定期间内进入一个新的市场，那么可行的战略可能包括收购该市场内的现有企业、与该市场内的其他企业合资经营或自行开发进入该市场。随着外部环境的变化，企业应对目标和战略做出相应的调整。

经营风险是指可能对被审计单位实现目标和实施战略的能力产生不利影响的重要状况、事项、情况、作为（或不作为）所导致的风险，或者由于制定不恰当的目标和战略而导致的风险。不同的企业可能面临不同的经营风险，这取决于企业经营的性质、所处的行业、外部的监管环境、企业的规模和复杂程度。管理层有责任识别和应对这些风险。

注册会计师在了解可能导致财务报表重大错报风险的目标、战略及相关经营风险时，可以考虑的事项如表9-9所示。

表9-9　考虑的事项

考虑的事项	潜在的相关经营风险
行业发展	不具备足以应对行业变化的人力资源和业务专长
开发新产品或提供新服务	产品责任增加
业务扩张	对市场需求的估计不准确
新的会计要求	新的会计要求执行不当或不完整，或者会计处理成本增加

表9-9（续）

考虑的事项	潜在的相关经营风险
监管要求	法律责任增加
本期及未来的融资条件	无法满足融资条件而失去融资机会
信息技术的运用	信息系统与业务流程难以融合
实施战略的影响，特别是由此产生的需要运用新会计要求的影响	执行新会计要求不当或不完整

2. 经营风险对重大错报风险的影响

经营风险与财务报表重大错报风险是既有联系又相互区别的两个概念。前者比后者范围更广。注册会计师了解被审计单位的经营风险有助于其识别财务报表重大错报风险。但并非所有的经营风险都与财务报表相关，注册会计师没有责任识别或评估对财务报表没有重大影响的经营风险。

多数经营风险最终都会产生财务后果，从而影响财务报表。但并非所有的经营风险都会导致重大错报风险。经营风险可能对某类交易、账户余额和披露的认定层次重大错报风险或财务报表层次重大错报风险产生直接影响。例如，贷款客户的企业合并导致银行客户群减少，使银行信贷风险集中，由此产生的经营风险可能增加与贷款计价认定有关的重大错报风险。同样的风险，在经济紧缩时，可能具有更为长期的后果，注册会计师在评估持续经营假设的适当性时需要考虑这一问题。注册会计师应当根据被审计单位的具体情况考虑经营风险是否可能导致财务报表发生重大错报。

3. 被审计单位的风险评估过程

管理层通常制定识别和应对经营风险的策略，注册会计师应当了解被审计单位的风险评估过程。此类风险评估过程是被审计单位内部控制的组成部分。

4. 对小型被审计单位的考虑

小型被审计单位通常没有正式的计划和程序来确定其目标、战略并管理经营风险。注册会计师应当询问管理层或观察小型被审计单位如何应对这些事项，以获取了解，并评估重大错报风险。

六、了解被审计单位财务业绩的衡量和评价

被审计单位管理层经常会衡量和评价关键业绩指标（包括财的和非财务的）、预算及差异分析、分部信息和分支机构、部门或其他层次的业绩报告以及与竞争对手的业绩比较。此外，外部机构也会衡量和评价被审计单位的财务业绩，如分析师的报告和信用评级机构的报告。

（一）实施的风险评估程序

了解被审计单位财务业绩的衡量和评价实施的风险评估程序如表9-10所示。

163

表 9-10 了解被审计单位财务业绩的衡量和评价实施的风险评估程序

风险评估程序	执行人	执行时间	索引号
查阅被审计单位和员工业绩考核与激励性报酬政策、分布信息与不同层次部门的业绩报告等			
实施分析程序,将内部财务业绩指标与被审计单位设定的目标值进行比较,与竞争对手的业绩进行比较,分析业绩趋势等			
……			

(二)了解的内容和评估出的风险

1. 了解的主要方面

在了解被审计单位财务业绩衡量和评价情况时,注册会计师应当关注下列信息:

(1)关键业绩指标(财务的或非财务的)、关键比率、趋势和经营统计数据。

(2)同期财务业绩比较分析。

(3)预算、预测、差异分析,分部信息与分部、部门或其他不同层次的业绩报告。

(4)员工业绩考核与激励性报酬政策。

(5)被审计单位与竞争对手的业绩比较。

2. 关注内部财务业绩衡量的结果

内部财务业绩衡量可能显示未预期到的结果或趋势。在这种情况下,管理层通常会进行调查并采取纠正措施。与内部财务业绩衡量相关的信息可能显示财务报表存在错报风险。例如,内部财务业绩衡量可能显示被审计单位与同行业其他单位相比具有异常高的增长率或盈利水平,此类信息如果与业绩奖金或激励性报酬等因素结合起来考虑,可能显示管理层在编制财务报表时存在某种倾向的错报风险。因此,注册会计师应当关注被审计单位内部财务业绩衡量所显示的未预期到的结果或趋势、管理层的调查结果和纠正措施以及相关信息是否显示财务报表可能存在重大错报。

3. 考虑财务业绩衡量指标的可靠性

如果拟利用被审计单位内部信息系统生成的财务业绩衡量指标,注册会计师应当考虑相关信息是否可靠以及利用这些信息是否足以实现审计目标。许多财务业绩衡量中使用的信息可能由被审计单位的信息系统生成。如果被审计单位管理层在没有合理基础的情况下,认为内部生成的衡量财务业绩的信息是准确的,而实际上信息有误,那么根据有误的信息得出的结论也可能是错误的。如果注册会计师计划在审计中(如在实施分析程序时)利用财务业绩指标,应当考虑相关信息是否可靠以及在实施审计程序时利用这些信息是否足以发现重大错报。

4. 对小型被审计单位的考虑

小型被审计单位通常没有正式的财务业绩衡量和评价程序,管理层往往依据某些关键指标,作为评价财务业绩和采取适当行动的基础,注册会计师应当了解管理层使用的关键指标。

需要强调的是,注册会计师了解被审计单位财务业绩的衡量与评价,是为了考虑管理层是否面临实现某些关键财务业绩指标的压力。此外，了解管理层认为重要的关键业绩指标，有助于注册会计师深入了解被审计单位的目标和战略。这些压力既可能源于需要达到市场分析师或股东的预期，也可能产生于达到获得股票期权或管理层和员工奖金的目标。受压力影响的人员可能是高级管理人员（包括董事会），也可能是可以操纵财务报表的其他经理人员，如子公司或分支机构管理人员可能为达到奖金目标而操纵财务报表。

七、了解被审计单位的内部控制

在实务中，注册会计师应当从被审计单位整体层面和业务流程层面分别了解和评价被审计单位的内部控制。下面先介绍内部控制相关理论。

（一）内部控制的含义和要素

内部控制是被审计单位为了合理保证财务报的可靠性、经营的效率和效果以及对法律法规的遵守，由治理层、管理层和其他人员设计与执行的政策及程序。

内部控制包括下列五个要素：控制环境、被审计单位的风险评估过程、与财务报告相关的信息系统和沟通、控制活动、对控制的监督。在实务中，注册会计师一般从这五个方面对被审计单位的内部控制进行了解。

值得指出的是，本教材采用了美国反虚假财务报告委员会下属的发起人委员会（COSO）发布的内部控制框架，在了解和评价内部控制时，采用的具体分析框架及控制要素的分类可能并不唯一，重要的是控制能否实现控制目标。注册会计师可以使用不同的框架和术语描述内部控制的不同方面，但必须涵盖上述内部控制五个要素涉及的各个方面。

1. 控制环境

控制环境包括治理职能和管理职能以及治理层和管理层对内部控制及其重要性的态度、认识和措施。良好的控制环境是实施有效内部控制的基础。因此，财务报表层次的重大错报风险通常源于薄弱的控制环境。

2. 被审计单位的风险评估过程

任何经济组织在经营活动中都会面临各种各样的风险，风险对其生存和竞争能力产生影响。很多风险并不为经济组织所控制，但管理层应当确定可以承受的风险水平，识别这些风险并采取一定的应对措施。

被审计单位的风险评估过程包括识别与财务报告相关的经营风险以及被审计单位针对这些风险采取的措施。注册会计师应当了解被审计单位的风险评估过程和结果。

3. 与财务报告相关的信息系统和沟通

（1）与财务报告相关的信息系统。与财务报告相关的信息系统包括用以生成、记录、处理和报告交易、事项和情况，对相关资产、负债和所有者权益履行经营管理责任的程序和记录。

与财务报告相关的信息系统生成信息的质量对管理层能否做出恰当的经营管理决策以及编制可靠的财务报告具有重大影响。

（2）与财务报告相关的沟通。与财务报告相关的沟通包括使员工了解各自在与财务报告有关的内部控制方面的角色和职责、员工之间的工作联系以及向适当级别的管理层报告例外事项的方式。

公开的沟通渠道有助于确保例外情况得到报告和处理。沟通可以采用政策手册、会计和财务报告手册及备忘录等形式进行，也可以通过发送电子邮件、口头沟通和管理层的行动来进行。

4. 控制活动

控制活动是指有助于确保管理层的指令得以执行的政策和程序，具体包括授权、业绩评价、信息处理、实物控制以及职责分离。

在了解控制活动时，注册会计师应当重点考虑一项控制活动单独或连同其他控制活动，是否能够以及如何防止或发现并纠正各类交易、账户余额和披露存在的重大错报。注册会计师的工作重点是识别和了解针对重大错报可能发生的领域的控制活动。如果多项控制活动能够实现同一目标，注册会计师不必了解与该目标相关的每项控制活动。

5. 对控制的监督

对控制的监督是指被审计单位评价内部控制在一段时间内运行有效性的过程。对控制的监督涉及及时评估控制的有效性并采取必要的补救措施。

通常，管理层通过持续的监督活动、单独的评价活动或两者相结合实现对控制的监督。持续的监督活动通常贯穿于被审计单位日常重复的活动中，包括常规管理和监督工作。

（二）对内部控制了解的广度和深度

内部控制的目标旨在合理保证财务报告的可靠性、经营的效率和效果以及对法律法规的遵守。有些内部控制与财务报告相关，有些不相关。因此，注册会计师需要了解和评价的内部控制只是与财务报表审计相关的内部控制，并非被审计单位所有的内部控制。

对内部控制了解的深度是指在了解被审计单位及其环境时对内部控制了解的程度，包括评价控制的设计，并确定其是否得到执行，但不包括对控制是否得到一贯执行的测试。只有了解到一项内部控制设计合理且得到执行时，注册会计师才需要进一步对该项控制是否一贯有效执行进行测试，即控制测试。

当存在某些可以使控制得到一贯运行的自动化控制时，注册会计师对控制的了解足以测试控制运行的有效性。

例如，获取某一人工控制在某一时点得到执行的审计证据，并不能证明该控制在所审计期间内的其他时点也有效运行。但是，信息技术可以使被审计单位持续一贯地对大量数据进行处理，提高了被审计单位监督控制活动运行情况的能力，信息技术还可以通过对应用软件、数据库、操作系统设置安全控制来实现有效的职责划分。由于信息技术处理流程的内在一贯性，实施审计程序确定某项自动控制是否得到执行，也可能实现对控制运行有效性测试的目标。

（三）内部控制的人工和自动化成分

信息技术得到广泛使用，人工因素仍然会存在于这些系统之中。不同的被审计单位采用的控制系统中人工控制和自动化控制的比例是不同的。在一些小型的、生产经营不太复杂的被审计单位，其可能以人工控制为主；而在另外一些单位，其可能以自动化控制为主。内部控制可能既包括人工成分，又包括自动化成分，在风险评估及设计和实施进一步审计程序时，注册会计师应当考虑内部控制的人工和自动化特征及其影响。

1. 信息技术控制适用范围及相关内部控制风险

信息技术通常在下列方面提高被审计单位内部控制的效率和效果：

（1）在处理大量的交易或数据时，一贯运用事先确定的业务规则，并进行复杂运算。

（2）提高信息的及时性、可获得性和准确性。

（3）促进对信息的深入分析。

（4）提高对被审计单位的经营业绩及其政策和程序执行情况进行监督的能力。

（5）降低控制被规避的风险。

（6）通过对应用程序系统、数据库系统和操作系统执行安全控制，提高不兼容职务分离的有效性。

但是，信息技术也可能对内部控制产生特定风险。注册会计师应当从下列方面了解信息技术对内部控制产生的特定风险：

（1）依赖的系统或程序不能正确处理数据，或者处理了不正确的数据，或者两种情况并存。

（2）未经授权访问数据，可能导致数据的毁损或对数据不恰当的修改，包括记录未经授权或不存在的交易，或者不正确地记录了交易，多个用户同时访问同一数据库可能会造成特定风险。

（3）信息技术人员可能获得超越其职责范围的数据访问权限，因此破坏了系统应有的职责分工。

（4）未经授权改变主文档的数据。

（5）未经授权改变系统或程序。

（6）未能对系统或程序做出必要的修改。

（7）不恰当的人为干预。

（8）可能丢失数据或不能访问所需要的数据。

2. 人工控制的适用范围及相关内部控制风险

内部控制的人工成分在处理下列需要主观判断或酌情处理的情形时可能更为适当：

（1）存在大额、异常或偶发的交易。

（2）存在难以界定、预计或预测的错误的情况。

（3）针对变化的情况，需要对现有的自动化控制进行人工干预。

（4）监督自动化控制的有效性。

但是，由于人工控制由人执行，受人为因素的影响，也产生了特定风险。注册会计师应当从下列方面了解人工控制产生的特定风险：

（1）人工控制可能更容易被规避、忽视或凌驾。

（2）人工控制可能不具有一贯性。

167

（3）人工控制可能更容易产生简单错误或失误。

相对于自动化控制，人工控制的可靠性较低。为此，注册会计师应当考虑人工控制在下列情形中可能是不适当的：

（1）存在大量或重复发生的交易。

（2）事先可预计或预测的错误能够通过自动化控制参数得以防止或发现并纠正。

（3）用特定方法实施控制的控制活动可以得到适当设计和自动化处理。

（四）内部控制的局限性

1. 内部控制的固有局限性

内部控制无论如何有效，都只能为被审计单位实现财务报告目标提供合理保证。内部控制实现目标的可能性受其固有限制的影响。这些限制包括以下几项：

（1）在决策时人为判断可能出现错误和因人为失误而导致内部控制失效。例如，控制的设计和修改可能存在失误。同样，控制的运行可能无效。例如，由于负责复核信息的人员不了解复核的目的或没有采取适当的措施，内部控制生成的信息（如例外报告）没有得到有效使用。

（2）控制可能由于两个或更多的人员串通或管理层不当地凌驾于内部控制之上而被规避。例如，管理层可能与客户签订"背后协议"，修改标准的销售合同条款和条件，从而导致不适当的收入确认。又如，软件中的编辑控制旨在识别和报告超过赊销信用额度的交易，但这一控制可能被凌驾或不能得到执行。

（3）被审计单位内部行使控制职能的人员素质不适应岗位要求，也会影响内部控制功能的正常发挥。

（4）被审计单位实施内部控制的成本效益问题也会影响其效能。当实施某项控制成本大于控制效果而发生损失时，被审计单位就没有必要设置该控制环节或控制措施。

（5）内部控制一般都是针对经常而重复发生的业务设置的，如果出现不经常发生或未预计到的业务，原有控制就可能不适用。

2. 对小型被审计单位的考虑

小型被审计单位拥有的员工通常较少，限制了其职责分离的程度。但是，在业主管理的小型被审计单位，业主兼经理可以实施比大型被审计单位更有效的监督。这种监督可以弥补职责分离有限的局限性。另外，由于内部控制系统较为简单，业主兼经理更有可能凌驾于控制之上。注册会计师在识别由于舞弊导致的重大错报风险时需要考虑这一问题。

（五）在整体层面和业务流程层面了解内部控制

内部控制的某些要素（如控制环境）更多地对被审计单位整体层面产生影响，而其他要素（如信息系统与沟通、控制活动）则可能更多地与特定业务流程相关。整体层面的控制（包括对管理层凌驾于内部控制之上的控制）和信息技术一般控制通常在所有业务活动中普遍存在。业务流程层面控制主要是对工薪、销售和采购等具体业务活动的控制。因此，在实务中，注册会计师应当从被审计单位整体层面和业务流程层面分别了解和评价被审计单位的内部控制。

1. 在整体层面了解内部控制

在实务中，了解和评价被审计单位整体层面内部控制的工作通常包括以下内容：

（1）了解被审计单位整体层面内部控制的设计，并记录所获得的了解。

（2）针对被审计单位整体层面内部控制的控制目标，记录相关的控制活动。

（3）执行询问、观察和检查程序，评价控制的执行情况。

（4）记录被审计单位整体层面内部控制的设计和执行过程中存在的缺陷以及拟采取的应对措施。

通常了解被审计单位整体层面内部控制形成下列审计工作底稿：

（1）BB-1-1：了解和评价整体层面内部控制汇总表。

（2）BB-1-2：了解和评价控制环境。

（3）BB-1-3：了解和评价被审计单位风险评估过程。

（4）BB-1-4：了解和评价与财务报告相关的信息系统与沟通。

（5）BB-1-5：了解和评价内部控制活动。

（6）BB-1-6：了解和评价被审计单位对控制的监督。

整体层面的控制对内部控制在所有业务流程中得到严格的设计和执行具有重要影响。整体层面的控制较差甚至可能使最好的业务流程层面控制失效。例如，被审计单位可能有一个有效的采购系统，但如果会计人员不胜任，仍然会发生大量错误，且其中一些错误可能导致财务报表存在重大错报。管理层凌驾于内部控制之上（它们经常在企业整体层面出现）也是不好的公司行为中的普遍问题。

2. 在业务流程层面了解内部控制

在初步计划审计工作时，注册会计师需要确定在被审计单位财务报表中可能存在重大错报风险的重大账户及其相关认定。为实现此目的，注册会计师通常采取下列步骤：

（1）确定被审计单位的重要业务流程和重要交易类别。

（2）了解重要交易流程，并记录所获得的了解。

（3）确定可能发生错报的环节。

（4）识别和了解相关控制。

（5）执行穿行测试，证实对交易流程和相关控制的了解。

（6）进行初步评价和风险评估。

（7）对财务报告流程的了解。

在实务中，上述步骤可能同时进行。例如，注册会计师在询问相关人员的过程中，同时了解重要交易的流程和相关控制。

（1）确定被审计单位的重要业务流程和重要交易类别。在实务中，将被审计单位的整个经营活动划分为几个重要的业务循环，有助于注册会计师更有效地了解和评估重要业务流程及相关控制。通常，制造业企业审计可以划分为销售与收款循环、采购与付款循环、生产与存货循环、人力资源与工薪循环、投资与筹资循环等。

重要交易类别是指可能对被审计单位财务报表产生重大影响的各类交易。重要交易类别应与相关账户及其认定相联系。例如，对于一般制造业企业，销售收入和应收账款通常是重大账户，销售和收款都是重要交易类别。除了一般理解的交易以外，对财务报表具有重大影响的事项和情况也应包括在内。例如，计提资产的折旧或摊销，考虑应收款项的可回收性和计提坏账准备等。

（2）了解重要交易流程，并记录了解的情况。注册会计师可以通过下列方法获得对重要交易流程的了解：

①检查被审计单位的手册和其他书面指引。

②询问被审计单位的适当人员。

③观察所运用的处理方法和程序。

④穿行测试。

注册会计师要注意记录以下信息：输入信息的来源；所使用的重要数据档案，如客户清单及价格信息记录；重要的处理程序，包括在线输入和更新处理；重要的输出文件、报告和记录；基本的职责划分，即列示各部门所负责的处理程序。

注册会计师通常只是针对每一年的变化修改记录流程的审计工作底稿，除非被审计单位的交易流程发生重大改变。然而，无论业务流程与以前年度相比是否有变化，注册会计师每年都需要考虑上述注意事项，以确保对被审计单位的了解是最新的，并已包括被审计单位交易流程中相关的重大变化。

（3）确定可能发生错报的环节。

①确定控制目标。

②将控制目标与"有没有"控制程序相联系。

③控制程序与"薄弱环节"相联系。

注册会计师需要确认和了解被审计单位应在哪些环节设置控制，以防止或发现并纠正各重要业务流程可能发生的错报。注册会计师所关注的控制是那些能通过防止错报的发生，或者通过发现和纠正已有错报，从而确保每个流程中业务活动的具体流程（从交易的发生到记录于账目）能够顺利运转的人工或自动化控制程序。

尽管不同的被审计单位会为确保会计信息的可靠性而对业务流程设计和实施不同的控制，但设计控制的目的是实现某些控制目标（见表9-11）。实际上，这些控制目标与财务报表重大账户的相关认定相联系。注册会计师在此时通常不考虑列报认定，而在审计财务报告流程时考虑该认定。

表9-11　控制目标

控制目标	解释
完整性：所有的有效交易都已记录	必须有程序确保没有漏记实际发生的交易
存在和发生：每项已记录的交易均真实	必须有程序确保会计记录中没有虚构的或重复入账的项目
适当计量交易	必须有程序确保交易以适当的金额入账
恰当确定交易生成的会计期间（截止性）	必须有程序确保交易在适当的会计期间内入账（例如，月、季度、年等）
恰当分类	必须有程序确保将交易记入正确的总分类账，必要时，记入相应的明细账内

表9-11(续)

控制目标	解释
正确汇总和过账	必须有程序确保所有作为账簿记录中的借贷方余额都正确地归集（加总），确保加总后的金额正确过入总账和明细分类账

（4）识别和了解相关控制。通过对被审计单位的了解，包括在被审计单位整体层面对内部控制各要素的了解以及在上述程序中对重要业务流程的了解，注册会计师可以确定是否有必要进一步了解在业务流程层面的控制。一般而言，如果到此为止了解到业务流程层面的某些控制是无效的，或者注册会计师并不打算信赖控制，就没有必要进一步了解在业务流程层面的控制。

如果认为仅通过实质性程序无法将认定层次的检查风险降至可接受的水平，或者针对特别风险，注册会计师应当了解和评估相关的控制活动。

如果注册会计师计划对业务流程层面的有关控制进行进一步的了解和评价，那么针对业务流程中容易发生错报的环节，注册会计师应当确定被审计单位是否建立了有效的控制，以防止或发现并纠正这些错报；被审计单位是否遗漏了必要的控制；是否识别了可以最有效测试的控制。

识别和了解的程序："从高到低"地询问被审计单位各级别的负责人员。注册会计师先询问级别较高的人员，以确定其认为应该运行哪些控制以及哪些控制是重要的；再询问级别较低的人员，从级别较低人员处获取的信息，应向级别较高的人员核实其完整性，以确定其是否与级别较高的人员所理解的预定控制相符。

（5）执行穿行测试，证实对交易流程和相关控制的了解。为了解各类重要交易在业务流程中发生、处理和记录的过程，注册会计师通常会执行穿行测试。执行穿行测试可获得下列方面的证据：

①确认对业务流程的了解。

②确认对重要交易的了解是完整的，即在交易流程中所有与财务报表认定相关的可能发生错报的环节都已识别。

③确认所获取的有关流程中的预防性控制和检查性控制信息的准确性。

④评估控制设计的有效性。

⑤确认控制是否得到执行。

⑥确认之前所做的书面记录的准确性。

需要注意的是，如果不拟信赖控制，注册会计师仍需要执行适当的审计程序，以确认以前对业务流程及可能发生错报环节了解的准确性和完整性。

注册会计师将穿行测试的情况记录于审计工作底稿时，记录的内容包括穿行测试中查阅的文件、穿行测试的程序以及注册会计师的发现和结论。

（6）进行初步评价和风险评估。在识别和了解控制后，根据执行上述程序及获取的审计证据，注册会计师需要评价控制设计的合理性并确定其是否得到执行。注册会计师对控制的评价结论可能如下：

①所设计的控制单独或连同其他控制能够防止或发现并纠正重大错报，并得到执行。

②控制本身的设计是合理的，但没有得到执行。

③控制本身的设计就是无效的或缺乏必要的控制。

由于对控制的了解和评价是在穿行测试完成后又在测试控制运行有效性之前进行的，因此上述评价结论只是初步结论，仍可能随控制测试后实施实质性程序的结果而发生变化。

被审计单位如果拟更多地信赖这些控制，需要确信所信赖的控制在整个拟信赖期间都有效地发挥了作用，即注册会计师应对这些控制在该期间内是否得到一贯运行进行测试（必须进行控制测试）。

注册会计师也可能认为控制是无效的，包括控制本身设计不合理，不能实现控制目标，或者尽管控制设计合理，但没有得到执行。在这种情况下，注册会计师不需要测试控制运行的有效性，而直接实施实质性程序。

（7）对财务报告流程的了解。以上讨论了注册会计师如何在重要业务流程层面了解重大交易生成、处理和记录的流程，并评估在可能发生错报的环节控制的设计及其是否得到执行。在实务中，注册会计师还需要进一步了解有关信息从具体交易的业务流程过入总账、财务报表以及相关列报的流程，即财务报告流程及其控制。这一流程和控制与财务报表的列报认定直接相关。

财务报告流程包括以下步骤：将业务数据汇总计入总账的程序，即如何将重要业务流程的信息与总账和财务报告系统相连接；在总账中生成、记录和处理会计分录的程序；记录对财务报表常规和非常规调整的程序，如合并调整、重分类等；草拟财务报表和相关披露的程序。

在了解财务报告流程的过程中，注册会计师应当考虑对以下方面做出评估：

①主要的输入信息、执行的程序、主要的输出信息。

②每一财务报告流程要素中涉及信息技术的程度。

③管理层的哪些人员参与其中。

④记账分录的主要类型，如标准分录、非标准分录等。

⑤适当人员（包括管理层和治理层）对流程实施监督的性质和范围。

第四节　评估重大错报风险

评估重大错报风险是风险评估阶段的最后一个步骤。获取的关于风险因素和控制对相关风险的抵消信息（通过实施风险评估程序），通常将全部用于对财务报表层次以及各类交易、账户余额和披露认定层次评估重大错报风险。评估将作为确定进一步审计程序的性质、范围和时间安排的基础，以应对识别的风险。

一、评估财务报表层次和认定层次的重大错报风险

（一）评估重大错报风险时考虑的因素

评估重大错报风险时考虑的因素如表9-12所示。

表9-12 评估重大错报风险时考虑的因素

1. 已识别的风险是什么？	
财务报表层次	（1）源于薄弱的被审计单位整体层面内部控制或信息技术一般控制。 （2）与财务报表整体广泛相关的特别风险。 （3）与管理层凌驾和舞弊相关的风险因素。 （4）管理层愿意接受的风险，如小企业因缺乏职责分离导致的风险
认定层次	（1）与完整性、准确性、存在或计价相关的特定风险。 ①收入、费用和其他交易。 ②账户余额。 ③财务报表披露。 （2）可能产生多重错报的风险
相关内部控制程序	（1）特别风险。 （2）用于预防、发现或减轻已识别风险的恰当设计并执行的内部控制程序。 （3）仅通过执行控制测试应对的风险
2. 错报（金额影响）可能发生的规模有多大？	
财务报表层次	管理层凌驾、舞弊、未预期事件和以往经验
认定层次	（1）交易、账户余额或披露的固有性质。 （2）日常和例外事件。 （3）以往经验
3. 事件（风险）发生的可能性有多大？	
财务报表层次	（1）来自高层的基调。 （2）管理层风险管理的方法。 （3）采用的政策和程序。 （4）以往经验
认定层次	（1）相关的内部控制活动。 （2）以往经验
相关内部控制程序	识别对于降低事件发生可能性非常关键的管理层风险应对要素

173

（二）评估重大错报风险的审计程序

在评估重大错报风险时，注册会计师应当实施下列审计程序：

（1）在了解被审计单位及其环境（包括与风险相关的控制）的整个过程中，结合对财务报表中各类交易、账户余额和披露的考虑，识别风险。例如，被审计单位因相关环境法规的实施需要更新设备，可能面临原有设备闲置或贬值的风险；宏观经济的低迷可能预示应收账款的回收存在问题；竞争者开发的新产品上市，可能导致被审计单位的主要产品在短期内过时，预示将出现存货跌价和长期资产（如固定资产等）的减值。

（2）结合对拟测试的相关控制的考虑，将识别出的风险与认定层次可能发生错报的领域相联系。例如，销售困难使产品的市场价格下降，可能导致年末存货成本

高于其可变现净值而需要计提存货跌价准备，这显示存货的计价认定可能发生错报。

（3）评估识别出的风险，并评价其是否更广泛地与财务报表整体相关，进而潜在地影响多项认定。

（4）考虑发生错报的可能性（包括发生多项错报的可能性）以及潜在错报的重大程度是否足以导致重大错报。

注册会计师应当利用实施风险评估程序获取的信息，包括在评价控制设计和确定其是否得到执行时获取的审计证据，作为支持风险评估结果的审计证据。注册会计师应当根据风险评估结果，确定实施进一步审计程序的性质、时间安排和范围。

（三）识别两个层次的重大错报风险

在对重大错报风险进行识别和评估后，注册会计师应当确定，识别的重大错报风险是与特定的某类交易、账户余额和披露的认定相关，还是与财务报表整体广泛相关，进而影响多项认定。

某些重大错报风险可能与特定的某类交易、账户余额和披露的认定相关。例如，被审计单位存在复杂的联营或合资，这一事项表明长期股权投资账户的认定可能存在重大错报风险。又如，被审计单位存在重大的关联方交易，该事项表明关联方及关联方交易的披露认定可能存在重大错报风险。

某些重大错报风险可能与财务报表整体广泛相关，进而影响多项认定。例如，在经济不稳定的国家和地区开展业务、资产的流动性出现问题、重要客户流失、融资能力受到限制等，可能导致注册会计师对被审计单位的持续经营能力产生重大疑虑。又如，管理层缺乏诚信或承受异常的压力可能引发舞弊风险，这些风险与财务报表整体相关。

（四）控制环境对评估财务报表层次重大错报风险的影响

财务报表层次的重大错报风险很可能源于薄弱的控制环境。薄弱的控制环境带来的风险可能对财务报表产生广泛影响，难以限于某类交易、账户余额和披露，注册会计师应当采取总体应对措施。

例如，被审计单位治理层、管理层对内部控制的重要性缺乏认识，没有建立必要的制度和程序；或者管理层经营理念偏于激进，又缺乏实现激进目标的人力资源等，这些缺陷源于薄弱的控制环境，可能对财务报表产生广泛影响，需要注册会计师采取总体应对措施。

（五）控制对评估认定层次重大错报风险的影响

在评估重大错报风险时，注册会计师应当将所了解的控制与特定认定相联系。

这是由于控制有助于防止或发现并纠正认定层次的重大错报。注册会计师在评估重大错报发生的可能性时，除了考虑可能的风险外，还要考虑控制对风险的抵消和遏制作用。有效的控制会减少错报发生的可能性，而控制不当或缺乏控制，错报就有可能会变成现实。

控制可能与某一认定直接相关，也可能与某一认定间接相关。关系越间接，控制在防止或发现并纠正认定中错报的作用越小。例如，销售经理对分地区的销售网点的销售情况进行复核，与销售收入完整性的认定只是间接相关。相应地，该项控制在降低销售收入完整性认定中的错报风险方面的效果，要比与该认定直接相关的控制（如将发货单与开具的销售发票相核对）的效果差。

注册会计师可能识别出有助于防止或发现并纠正特定认定发生重大错报的控制。在确定这些控制是否能够实现上述目标时，注册会计师应当将控制活动和其他要素综合考虑。例如，注册会计师可以将销售和收款的控制置于其所在的流程和系统中考虑，以确定其能否实现控制目标。因为单个的控制活动（如将发货单与销售发票相核对）本身并不足以控制重大错报风险，只有多种控制活动和内部控制的其他要素综合作用才足以控制重大错报风险。

当然，也有某些控制活动可能专门针对某类交易或账户余额的个别认定。例如，被审计单位建立的、以确保盘点工作人员能够正确地盘点和记录存货的控制活动，直接与存货账户余额的存在和完整性认定相关。注册会计师只需要对盘点过程和程序进行了解，就可以确定控制是否能够实现目标。

注册会计师应当考虑对识别的各类交易、账户余额和披露认定层次的重大错报风险予以汇总和评估，以确定进一步审计程序的性质、时间安排和范围。表 9-13 列出了评估认定层次重大错报风险汇总表示例。

表 9-13　评估认定层次重大错报风险汇总表示例

重大账户	认定	识别的重大错报风险	风险评估结果
列示重大账户。例如，应收账款。	列示相关的认定。例如，存在、完整性、计价或分摊等	汇总实施审计程序识别出的与该重大账户的某项认定相关的重大错报风险	评估该项认定的重大错报风险水平（应考虑控制设计是否合理、是否得到执行）
……			

注：注册会计师也可以在该表中记录针对评估的认定层次重大错报风险而相应制订的审计方案。

（六）考虑财务报表的可审计性

注册会计师在了解被审计单位内部控制后，可能对被审计单位财务报表的可审计性产生怀疑。例如，对被审计单位会计记录的可靠性和状况的担心可能会使注册会计师认为可能很难获取充分、适当的审计证据，以支持对财务报表发表意见。又如，管理层严重缺乏诚信。注册会计师认为管理层在财务报表中做出虚假陈述的风险高到无法进行审计的程度。因此，如果通过对内部控制的了解发现下列情况，并对财务报表局部或整体的可审计性产生疑问，注册会计师应当考虑出具保留意见或无法表示意见的审计报告：

（1）被审计单位会计记录的状况和可靠性存在重大问题，不能获取充分、适当的审计证据以发表无保留意见。

（2）对管理层的诚信存在严重疑虑。

必要时，注册会计师应当考虑解除业务约定。

二、需要特别考虑的重大错报风险

（一）特别风险的含义

特别风险是指注册会计师识别和评估的、根据判断认为需要特别考虑的重大错报风险。

（二）确定特别风险时考虑的事项

在判断哪些风险是特别风险时，注册会计师应当至少考虑下列事项：

（1）风险是否属于舞弊风险。

（2）风险是否与近期经济环境、会计处理方法或其他方面的重大变化相关，因而需要特别关注。

（3）交易的复杂程度。

（4）风险是否涉及重大的关联方交易。

（5）财务信息计量的主观程度，特别是计量结果是否具有高度不确定性。

（6）风险是否涉及异常或超出正常经营过程的重大交易。

判断哪些风险是特别风险时，注册会计师不应考虑识别出的控制对相关风险的抵消效果。

（三）非常规交易和判断事项导致的特别风险

日常的、不复杂的、经正规处理的交易不太可能产生特别风险。特别风险通常与重大的非常规交易和判断事项有关。

非常规交易是指由于金额或性质异常而不经常发生的交易。例如，企业并购、债务重组、重大或有事项等。由于非常规交易具有下列特征，与重大非常规交易相关的特别风险可能导致更高的重大错报风险：

（1）管理层更多地干预会计处理。

（2）数据搜集和处理进行更多的人工干预。

（3）复杂的计算或会计处理方法。

（4）非常规交易的性质可能使被审计单位难以对由此产生的特别风险实施有效控制。

判断事项通常包括做出的会计估计（具有计量的重大不确定性），如资产减值准备金额的估计、需要运用复杂估值技术确定的公允价值计量等。由于下列原因，与重大判断事项相关的特别风险可能导致更高的重大错报风险：

（1）对涉及会计估计、收入确认等方面的会计原则存在不同的理解。

（2）所要求的判断可能是主观和复杂的，或者需要对未来事项做出假设。

（四）考虑与特别风险相关的控制

了解与特别风险相关的控制，有助于注册会计师制订有效的审计方案予以应对。对特别风险，注册会计师应当评价相关控制的设计情况，并确定其是否已经得到执行。由于与重大非常规交易或判断事项相关的风险很少受到日常控制的约束，注册会计师应当了解被审计单位是否针对该特别风险设计和实施了控制。

例如，做出会计估计所依据的假设是否由管理层或专家进行复核、是否建立做出会计估计的正规程序、重大会计估计结果是否由治理层批准等。又如，管理层在收到重大诉讼事项的通知时采取的措施，包括这类事项是否提交适当的专家（如内部或外部的法律顾问）处理、是否对该事项的潜在影响做出评估、是否确定该事项在财务报表中的披露问题以及如何确定等。

如果管理层未能实施控制以恰当应对特别风险，注册会计师应当认为内部控制存在重大缺陷，并考虑其对风险评估的影响。在此情况下，注册会计师应当就此类事项与治理层沟通。

三、仅通过实质性程序无法应对的重大错报风险

作为风险评估的一部分，如果认为仅通过实质性程序获取的审计证据无法应对认定层次的重大错报风险，注册会计师应当评价被审计单位针对这些风险设计的控制，并确定其执行情况。

在被审计单位对日常交易采用高度自动化处理的情况下，审计证据可能仅以电子形式存在，其充分性和适当性通常取决于自动化信息系统相关控制的有效性，注册会计师应当考虑仅通过实施实质性程序不能获取充分、适当审计证据的可能性。

例如，某企业通过高度自动化的系统确定采购品种和数量，生成采购订购单，并通过系统中设定的收货确认和付款条件进行付款。除了系统中的相关信息以外，该企业没有其他相关订购单和收货的记录。在这种情况下，如果认为仅通过实施实质性程序不能获取充分、适当的审计证据，注册会计师应当考虑依赖的相关控制的有效性，并对其进行了解、评估和测试。

在实务中，注册会计师可以用识别的重大错报风险汇总表（见表9-14）。

表 9-14　识别的重大错报风险汇总表

识别的重大错报风险	索引号	属于财务报表层次还是认定层次	是否属于特别风险（是/否）	是否属于仅通过实质性程序无法应对的重大错报风险（是/否）	受影响的交易类别	账户余额/元	列报认定
管理层凌驾控制之上的风险		财务报表层次	是	是			
存在对赌协议的营业收入业绩压力、收入舞弊风险		认定层次	是	是	营业收入	156 234 570.00	存在
……							

四、对风险评估的修正

注册会计师对认定层次重大错报风险的评估，可能随着审计过程中不断获取审计证据而做出相应的变化。

例如，注册会计师对重大错报风险的评估可能基于预期控制运行有效这一判断，即相关控制可以防止或发现并纠正认定层次的重大错报。但在测试控制运行的有效性时，注册会计师获取的证据可能表明相关控制在被审计期间并未有效运行。同样，在实施实质性程序后，注册会计师可能发现错报的金额和频率比在风险评估时预计的金额和频率要高。因此，如果通过实施进一步审计程序获取的审计证据与初始评估获取的审计证据相矛盾，注册会计师应当修正风险评估结果，并相应修改原计划

实施的进一步审计程序。

因此，评估重大错报风险与了解被审计单位及其环境一样，也是一个连续和动态地收集、更新与分析信息的过程，贯穿于整个审计过程的始终。

本章小结

本章属于审计的基础理论内容，是风险导向审计的核心内容。通过本章的学习，学生应明确风险导向审计的理念，掌握风险评估的理念与思路，掌握注册会计师在财务报表审计中对风险的识别和评估。

本章思维导图

本章思维导图如图 9-1 所示。

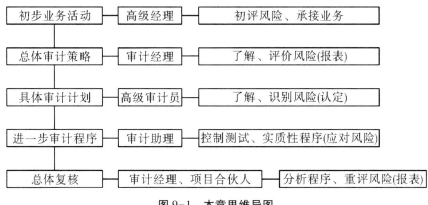

图 9-1 本章思维导图

第十章
风险应对

学习目标

　　1. 掌握风险应对程序的总体思路。

　　2. 掌握报表层风险的总体应对措施。

　　3. 掌握针对认定层风险的进一步审计程序。

　　4. 掌握控制测试。

　　5. 掌握实质性程序的理论。

　　6. 特别指出，针对认定层风险的进一步审计程序（包括控制测试和实质性程序）应结合后面循环审计的内容来学习。

案例导入

　　ABC 会计师事务所首次接受委托，审计上市公司甲公司 2019 年财务报表，委派 A 注册会计师担任项目合伙人。A 注册会计师确定财务报表整体的重要性为 120 万元。甲公司主要从事电子产品的生产和销售，销售客户集中在海外市场。A 注册会计师在审计工作底稿中记录了甲公司的财务数据，部分内容摘录如表 10-1 所示。

表 10-1　甲公司的财务数据（部分）　　　　单位：万元

项目	未审数	已审数
	2019 年	2018 年
营业收入	2 100	2 000
营业成本	1 050	1 000
无形资产——专利技术	800	20
预付款项——某电视台	300	0
存货	1 000	600
存货跌价准备	100	0

　　A 注册会计师在审计工作底稿中记录了所了解的甲公司的情况及其环境，部分内容摘录如下：

　　（1）2019 年 3 月，甲公司终止使用运行多年的外购财务软件，改为使用自行研发的财务信息系统。

（2）自 2019 年 6 月起，甲公司的主要出口市场实施贸易保护政策，产品出口量减少了 50%。

（3）2019 年 8 月，甲公司大幅增加研发投入，试图通过研发新技术开拓新市场。

（4）2019 年 10 月，甲公司委托某电视台为其新产品播放广告，费用为每月 100 万元，甲公司当月预付了 3 个月的广告费用。

（5）2019 年 12 月 31 日，甲公司存货余额为 1 000 万元，迫于资金压力，将其中半数的存货按成本价的 80% 与乙公司签订了销售合同，但尚未执行。甲公司对此确认了 100 万元的预计负债。

A 注册会计师在审计工作底稿中记录了实施的进一步审计程序，部分内容摘录如下：

（1）A 注册会计师在进行会计分录测试时发现，8 月的管理费用中记录了 5 月的差旅费发票，财务人员解释原因是业务人员报销延迟。考虑到不影响 2019 年的财务数据，未采取其他审计程序。

（2）为查找未入账的应付账款，A 注册会计师检查了资产负债表日后应付账款明细账贷方发生额的相关凭证，并结合存货监盘程序，检查了甲公司资产负债表日前后的存货入库资料，结果满意。

（3）甲公司网上零售业务量巨大，对该交易采用高度自动化处理，审计证据仅以电子形式存在。由于项目组不熟悉信息系统相关控制的审计，拟通过扩大细节测试的范围来应对该风险。

（4）会计师事务所与某信息技术专家签订了合作协议，约定由该专家对信息系统有效性相关的审计结果负责。A 注册会计师将该协议内容写入审计报告，以减轻注册会计师的相关责任。

问题：针对注册会计师实施的进一步审计程序，假定不考虑其他条件，逐项指出注册会计师的做法是否恰当，并说明理由。

《中国注册会计师审计准则第 1101 号——注册会计师的总体目标和审计工作的基本要求》要求注册会计师在审计过程中贯彻风险导向审计的理念，围绕重大错报风险的识别、评估和应对，计划和实施审计工作。

《中国注册会计师审计准则第 1211 号——通过了解被审计单位及其环境识别和评估重大错报风险》规范了注册会计师通过实施风险评估程序，识别和评估财务报表层次以及各类交易、账户余额和披露认定层次的重大错报风险。

《中国注册会计师审计准则第 1231 号——针对评估的重大错报风险采取的应对措施》规范了注册会计师针对评估的重大错报风险确定总体应对措施，设计和实施进一步审计程序。

因此，注册会计师应当针对评估的重大错报风险实施程序，即针对评估的财务报表层次重大错报风险确定总体应对措施，并针对评估的认定层次重大错报风险设计和实施进一步审计程序，以将审计风险降至可接受的低水平。

第一节 针对财务报表层次重大错报风险的总体应对措施

一、总体应对措施

注册会计师应当针对评估的财务报表层次重大错报风险确定总体应对措施。具体如下：

（1）向项目组强调保持职业怀疑的必要性。

（2）指派更有经验或具有特殊技能的审计人员，或者利用专家的工作。

（3）提供更多的督导。

（4）在选择拟实施的进一步审计程序时融入更多的不可预见的因素。

（5）对拟实施审计程序的性质、时间和范围做出总体修改。

财务报表层次的重大错报风险很可能源于薄弱的控制环境。如果控制环境存在缺陷，注册会计师在对拟实施审计程序的性质、时间安排和范围做出总体修改时应当考虑：

（1）在期末而非期中实施更多的审计程序。

（2）通过实施实质性程序获取更广泛的审计证据。

（3）增加拟纳入审计范围的经营地点的数量。

二、增加审计程序不可预见性的方法

（一）增加审计程序不可预见性的思路

注册会计师可以通过以下方法提高审计程序的不可预见性：

（1）对某些以前未测试的低于设定的重要性水平或风险较小的账户余额和认定实施实质性程序。

（2）调整实施审计程序的时间，使其超出被审计单位的预期。例如，从常规习惯测试12月的项目调整到测试9月、10月或11月的项目。

（3）采取不同的审计抽样方法，使当年抽取的测试样本与以前有所不同。

（4）选取不同的地点实施审计程序，或者预先不告知被审计单位所选定的测试地点。

（二）增加审计程序不可预见性的实施要点及注意事项

（1）注册会计师需要与被审计单位的高层管理人员事先沟通，要求实施具有不可预见性的审计程序，但不能告知其具体内容。注册会计师可以在签订审计业务约定书时明确提出这一要求。

（2）虽然对于不可预见性程度没有量化的规定，但审计项目组可以根据对舞弊风险的评估等确定具有不可预见性的审计程序。审计项目组可以汇总那些具有不可预见性的审计程序，并记录在审计工作底稿中。

（3）项目合伙人需要安排项目组成员有效地实施具有不可预见性的审计程序，但同时要避免使项目组成员处于困难境地。

（4）审计准则要求的常规程序不能增加不可预见性。

（三）增加审计程序不可预见性的示例

表10-2举例说明了一些具有不可预见性的审计程序。

表10-2　审计程序的不可预见性示例

审计领域	一些可能适用的具有不可预见性的审计程序
存货	向以前审计过程中接触不多的被审计单位员工询问，如采购、销售、生产人员等
	在不事先通知被审计单位的情况下，选择一些以前未曾到过的盘点地点进行存货监盘
销售和应收账款	向以前审计过程中接触不多或未曾接触过的被审计单位员工询问，如询问负责处理大客户账户的销售部人员
	改变实施实质性分析程序的对象，如对收入按明细类进行分析
	针对销售和销售退回延长截止测试期间
	实施以前未曾考虑过的审计程序。 （1）函证确认销售条款或者选定销售额较不重要、以前未曾关注的销售交易，如对出口销售实施实质性程序。 （2）实施更细致的分析程序，如使用计算机辅助审计技术复核销售及客户账户。 （3）测试以前未曾函证过的账户余额，如金额为负或零的账户，或者余额低于以前设定的重要性水平的账户。 （4）改变函证日期，即把所函证账户的截止日期提前或推迟。 （5）对关联公司销售和相关账户余额，除了进行函证外，再实施其他审计程序进行验证
采购和应付账款	如果以前未曾对应付账款余额普遍进行函证，可考虑直接向供应商函证确认余额，如果经常采用函证方式，可考虑改变函证的范围或时间
	对以前由于低于设定的重要性水平而未曾测试过的采购项目，进行细节测试
	使用计算机辅助审计技术审阅采购和付款账户，以发现一些特殊项，如是否有不同的供应商使用相同的银行账户
现金和银行存款	多选几个月的银行存款余额调节表进行测试
	对有大量银行账户的，考虑改变抽样方法
固定资产	对以前由于低于设定的重要性水平而未曾测试过的固定资产进行测试，考虑实地盘查一些价值较低的固定资产，如汽车和其他设备等
集团审计项目	修改组成部分审计工作的范围或区域（如增加某些不重要的组成部分的审计工作量或实地去组成部分开展审计工作）

三、报表层重大错报风险及总体应对措施对进一步审计程序总体方案的影响

财务报表层次重大错报风险难以限于某类交易、账户余额和披露的特点，意味着此类风险可能对财务报表的多项认定产生广泛影响，并相应增加注册会计师对认定层次重大错报风险的评估难度。因此，注册会计师评估的财务报表层次重大错报风险以及采取的总体应对措施，对拟实施进一步审计程序的总体审计方案具有重大影响。

　　拟实施进一步审计程序的总体审计方案包括实质性方案和综合性方案。其中，实质性方案是指注册会计师实施的进一步审计程序以实质性程序为主；综合性方案是指注册会计师在实施进一步审计程序时，将控制测试与实质性程序结合使用。当评估的财务报表层次重大错报风险属于高风险水平，并相应采取更强调审计程序不可预见性以及重视调整审计程序的性质、时间安排和范围等总体应对措施时，拟实施的进一步审计程序的总体方案往往更倾向于实质性方案。

　　（一）财务报表层次风险应对方案

　　财务报表层次风险应对方案如表 10-3 所示。

表 10-3　财务报表层次风险应对方案

财务报表层次重大错报风险	索引号	总体应对措施
被审计单位控制环境存在缺陷（如存在管理层凌驾控制之上的风险）		举例： （1）项目负责人向项目组强调在收集和评价审计证据过程中保持职业怀疑态度的必要性。 （2）在设计和选择进一步审计程序时，注意使某些程序不被管理层预见或事先了解。 （3）对拟实施审计程序的性质、时间和范围做出总体修改（如拟实施的总体方案侧重于实质性程序、消极函证改为积极函证、在期末而非期中实施更多的审计程序、扩大抽样范围等）

　　（二）对重要账户和交易拟采取的进一步审计程序方案（计划矩阵）

　　对重要账户和交易拟采取的进一步审计程序方案如表 10-4 所示。

表 10-4　对重要账户和交易拟采取的进一步审计程序方案（计划矩阵）

业务循环涉及的重要账户或列报	识别的重大错报风险								相关控制预期是否有效	拟实施的总体方案				
	重大错报风险水平	是否为特别风险	相关认定							总体方案		控制测试索引号	实质性程序	实质性程序索引号
			存在或发生	完整性	权利和义务	计价和分摊或准确性	截止	分类	列报和披露		综合性方案	实质性方案			
现金	低	否								是	√		√	√
银行存款	高	是	√							否		√		√
其他货币资金	高	否	√	√	√	√			√	否		√		√

第二节　针对认定层次重大错报风险的进一步审计程序

进一步审计程序相对于风险评估程序而言，是指注册会计师针对评估的各类交易、账户余额和披露认定层次的重大错报实施的审计程序，包括控制测试和实质性程序。

一、进一步审计程序的总体要求

注册会计师设计和实施的进一步审计程序的性质、时间和范围，应当与评估的认定层次重大错报风险具备明确的对应关系。其中，进一步审计程序的性质是最重要的。进一步审计程序（包括控制测试、实质性程序）的性质、时间和范围的确定将在第三节控制测试、第四节实质性程序中具体介绍，本节不再赘述。

在设计进一步审计程序时，注册会计师应当考虑下列因素：

（1）风险的重要性。风险的后果越严重，就越需要注册会计师关注和重视，越需要精心设计有针对性的进一步审计程序。

（2）重大错报发生的可能性。

（3）涉及的各类交易、账户余额和披露的特征。

（4）被审计单位采用的特定控制的性质。不同性质的控制（尤其是人工控制或自动化控制）对注册会计师设计进一步审计程序具有重要影响。

（5）注册会计师是否实施控制测试。如果注册会计师在风险评估时预期内部控制运行有效，随后拟实施的进一步审计程序就必须包括控制测试，且实质性程序自然会受到之前控制测试结果的影响。

二、进一步审计程序的总体方案

注册会计师在设计进一步审计程序拟实施的总体方案时，包括综合性方案和实质性方案。综合性方案指注册会计师拟实施的进一步审计程序，既包括控制测试，也包括实质性程序。实质性方案指注册会计师拟实施的进一步审计程序，仅包括实质性程序。

通常，注册会计师出于成本效益的考虑，可以采用综合性方案设计进一步审计程序，即将测试控制运行的有效性与实质性程序结合使用。

如果仅通过实质性程序无法应对重大错报风险（如在被审计单位对日常交易采用高度自动化处理的情况下），注册会计师就必须实施控制测试，才可能有效应对评估出的某一认定的重大错报风险。

（1）如果注册会计师的风险评估程序未能识别出与认定相关的任何控制，或者注册会计师认为综合性方案很可能不符合成本效益原则，注册会计师可能认为仅实施实质性程序就是适当的。

（2）当评估的财务报表层次重大错报风险属于高风险水平（并相应采取更强调审计程序不可预见性、重视调整审计程序的性质、时间和范围等总体应对措施）

时，拟实施进一步审计程序的总体方案往往更倾向于实质性方案。

（3）小型被审计单位可能不存在能够被注册会计师识别的控制活动，注册会计师实施的进一步审计程序可能主要是实质性程序。但是，注册会计师始终应当考虑在缺乏控制的情况下，仅通过实施实质性程序是否能够获取充分、适当的审计证据。

还需要特别说明的是，注册会计师对重大错报风险的评估毕竟是一种主观判断，可能无法充分识别所有的重大错报风险，同时内部控制存在固有局限性（特别是存在管理层凌驾于内部控制之上的可能性）。因此，无论选择何种方案，注册会计师都应当对所有重大类别的交易、账户余额和披露设计和实施实质性程序。

三、控制环境薄弱对进一步程序的影响

（1）控制环境薄弱，导致财务报表层次的重大错报风险，注册会计师应采用总体应对措施。

（2）如果控制环境存在缺陷，注册会计师在对拟实施审计程序的性质、时间安排和范围做出总体修改时应当考虑以下事项：

①在期末而非期中实施更多的审计程序。

②通过实施实质性程序获取更广泛的审计证据。

③增加拟纳入审计范围的经营地点的数量。

（3）控制环境薄弱，拟实施进一步审计程序的总体方案往往更倾向于实质性方案。

（4）确定针对剩余期间需要获取的补充审计证据时，控制环境越薄弱，注册会计师需要获取的剩余期间的补充证据越多。

（5）控制环境薄弱或对控制的监督薄弱，如拟信赖内部控制，在本期测试内部控制，不能利用以前获取的审计证据。

（6）控制环境和其他相关的控制越薄弱，注册会计师越不宜在期中实施实质性程序。

185

第三节 控制测试

一、控制测试的含义及要求

（一）控制测试的含义

控制测试是指用于评价内部控制在防止或发现并纠正认定层次重大错报方面的运行有效性的审计程序。注册会计师应当选择为相关认定提供证据的控制进行测试。

这一概念需要与风险评估程序中的了解内部控制进行区分。了解内部控制包含两层含义：一是评价控制的设计是否合理，二是确定控制是否得到执行。控制测试是在了解内部控制并初步评价内部控制有效（设计合理并得到执行）的基础上，进一步测试该控制是否得到一贯执行，最终评价内部控制是否确实有效、是否支持风险评估的结论。了解内部控制与控制测试所提到的控制目标和具体控制活动及相关认定是一样的，但所需获取的审计证据是不同的，因此两者执行的程序的时间和范围也有所不同。

（二）控制测试的要求

1. 控制测试的内容

注册会计师应当从下列方面获取关于控制是否有效运行的审计证据：

（1）控制在所审计期间的相关时点是如何运行的。

（2）控制是否得到一贯执行。

（3）控制由谁或以何种方式运行（如人工控制或自动化控制）。

从这三个方面来看，控制运行有效性强调的是控制能够在各个不同时点按照既定设计得以一贯执行。因此，在了解控制是否得到执行时，注册会计师只需抽取少量的交易进行检查或观察某几个时点。但在测试控制运行的有效性时，注册会计师需要抽取足够数量的交易进行检查或对多个不同时点进行观察。

测试控制运行的有效性与确定控制是否得到执行所需获取的审计证据虽然存在差异，但两者也有联系。注册会计师可以考虑在评价控制设计和获取其得到执行的审计证据的同时测试控制运行有效性，以提高审计效率。同时，注册会计师应当考虑这些审计证据是否足以实现控制测试的目的。

2. 无需控制测试的情形

（1）风险评估程序未能识别出与认定相关的任何控制。

（2）注册会计师认为综合性方案很可能不符合成本效益原则。

3. 必须控制测试的情形

（1）在评估认定层次重大错报风险时，预期控制的运行是有效的。

（2）仅实施实质性程序不足以提供认定层次充分、适当的审计证据（如在被审计单位对日常交易采用高度自动化处理的情况下）。

二、控制测试的性质

（一）控制测试性质的含义

控制测试的性质是指控制测试使用的审计程序的类型及其组合。

计划从控制测试中获取的保证水平是决定控制测试性质的主要因素之一。注册会计师应当选择适当类型的审计程序以获取有关控制运行有效性的保证。在计划和实施控制测试时，对控制有效性的信赖程度越高，注册会计师应当获取越有说服力的审计证据。当拟实施的进一步审计程序主要以控制测试为主，尤其是仅实施实质性程序无法或不能获取充分、适当的审计证据时，注册会计师应当获取有关控制运行有效性的更高的保证水平。

控制测试采用审计程序有询问、观察、检查和重新执行。

（1）询问。注册会计师可以向被审计单位适当员工询问，获取与内部控制运行情况相关的信息。然而，仅仅通过询问不能为控制运行的有效性提供充分的证据，注册会计师通常需要印证被询问者的答复，如向其他人员询问和检查执行控制时使用的报告、手册或其他文件等。因此，虽然询问是一种有用的手段，但询问必须和其他测试手段结合使用才能发挥作用。在询问过程中，注册会计师应当保持职业怀疑。

（2）观察。观察是测试不留下书面记录的控制（如职责分离）的运行情况的有效方法。例如，观察存货盘点控制的执行情况。观察也可运用于实物控制，如查看仓库门是否锁好、空白支票是否得到妥善保管。在通常情况下，注册会计师通过观察直接获取的证据比间接获取的证据更可靠。但是，注册会计师还要考虑其观察到的控制在注册会计师不在场时可能未被执行的情况。

（3）检查。对运行情况留有书面证据的控制，检查非常适用。书面说明、复核时留下的记号，或者其他记录在偏差报告中的标志，都可以被当成控制运行情况的证据。例如，检测销售发票是否有复核人员签字，检测销售发票是否附有客户订购单和出库单等。

（4）重新执行。例如，为了合理保证计价认定的准确性，被审计单位的一项控制是由复核人员核对销售发票上的价格与统一价格单上的价格是否一致。但是，要检查复核人员有没有认真执行核对，仅仅检查复核人员是否在相关文件上签字是不够的，注册会计师还需要自己选取一部分销售发票进行核对，这就是重新执行程序。如果需要进行大量的重新执行，注册会计师就要考虑通过实施控制测试以缩小实质性程序的范围是否有效率。

询问本身并不足以测试控制运行的有效性。因此，注册会计师需要将询问与其他审计程序结合使用。观察提供的证据仅限于观察发生的时点，因此将询问与检查或重新执行结合使用，可能比仅实施询问和观察获取更高水平的保证。观察程序可以单独使用。

（二）确定控制测试的性质时的要求

1. 考虑特定控制的性质

注册会计师应当根据特定控制的性质选择所需实施审计程序的类型。例如，某些控制可能存在反映控制运行有效性的文件记录，在这种情况下，注册会计师可以检查这些文件记录以获取控制运行有效的审计证据。某些控制可能不存在文件记录（如一项自动化的控制活动），或者文件记录与能否证实控制运行有效性不相关，注册会计师应当考虑实施检查以外的其他审计程序（如询问和观察）或借助计算机辅助审计技术，以获取有关控制运行有效性的审计证据。

2. 考虑测试与认定直接相关和间接相关的控制

例如，被审计单位可能针对超出信用额度的例外赊销交易设置报告和审核制度（与认定直接相关的控制）。在测试该项制度的运行有效性时，注册会计师不仅应当考虑审核的有效性，还应当考虑与例外赊销报告中信息准确性有关的控制（与认定间接相关的控制）是否有效运行。

3. 如何对一项自动化的应用控制实施控制测试

对于一项自动化的应用控制，由于信息技术处理过程的内在一贯性，注册会计师可以利用该项控制得以执行的审计证据和信息技术一般控制（特别是对系统变动的控制）运行有效性的审计证据，作为支持该项控制在相关期间运行有效性的重要审计证据。

（三）实施控制测试时对双重目的的实现

控制测试的目的是评价控制是否有效运行，细节测试的目的是发现认定层次的重大错报。尽管两者的目的不同，但注册会计师可以考虑针对同一交易同时实施控制测试和细节测试，以实现双重目的。例如，注册会计师通过检查某笔交易的发票可以确定其是否经过适当的授权，也可以获取关于该交易的金额、发生时间等细节证据。当然，如果拟实施双重目的测试，注册会计师应当仔细设计和评价测试程序。

（四）实施实质性程序的结果对控制测试结果的影响

如果通过实施实质性程序未发现某项认定存在错报，这本身并不能说明与该认定有关的控制是有效运行的；如果通过实施实质性程序发现某项认定存在错报，注册会计师应当在评价相关控制的运行有效性时予以考虑。因此，注册会计师应当考虑实施实质性程序发现的错报对评价相关控制运行有效性的影响（如降低对相关控制的信赖程度、调整实质性程序的性质、扩大实质性程序的范围等）。如果注册会计师实施实质性程序发现被审计单位没有识别出的重大错报，通常表明内部控制存在重大缺陷，注册会计师应当就这些缺陷与管理层和治理层进行沟通。

三、控制测试的时间

（一）控制测试的时间的含义

如前所述，控制测试的时间包含两层含义：一是何时实施控制测试，二是测试针对的控制适用的时点或期间。一个基本的原理是，如果测试特定时点的控制，注册会计师仅得到该时点控制运行有效性的审计证据；如果测试某一期间的控制，注册会计师可获取控制在该期间有效运行的审计证据。因此，注册会计师应当根据控制测试的目的确定控制测试的时间，并确定拟信赖的相关控制的时点或期间。

（二）如何考虑期中审计证据

前已述及，注册会计师可能在期中实施进一步审计程序。对于控制测试，注册会计师在期中实施此类程序具有更积极的作用。但需要说明的是，即使注册会计师已获取有关控制在期中运行有效性的审计证据，仍然需要考虑如何能够将控制在期中运行有效性的审计证据合理延伸至期末，一个基本的考虑是针对期中至期末这段剩余期间获取充分、适当的审计证据。因此，如果已获取有关控制在期中运行有效性的审计证据，并拟利用该证据，注册会计师应当实施下列审计程序：

（1）获取这些控制在剩余期间发生重大变化的审计证据。

（2）确定针对剩余期间还需获取的补充审计证据。

上述两项审计程序中，第一项是针对期中已获取审计证据的控制，考察这些控制在剩余期间的变化情况（包括是否发生了变化以及如何变化）。如果这些控制在剩余期间没有发生变化，注册会计师可能决定信赖期中获取的审计证据。如果这些控制在剩余期间发生了变化（如信息系统、业务流程或人事管理等方面发生变动），注册会计师需要了解并测试控制的变化对期中审计证据的影响。

上述两项审计程序中，第二项是针对期中证据以外的、剩余期间的补充证据。在执行该项规定时，注册会计师应当考虑下列因素：

（1）评估的认定层次重大错报风险的重大程度。

（2）在期中测试的特定控制（对自动化运行的控制，注册会计师更可能测试剩余期间信息系统一般控制的运行有效性）。

（3）在期中对有关控制运行有效性获取的审计证据的程度。

（4）剩余期间的长度。

（5）在信赖控制的基础上拟减少进一步实质性程序的范围。

（6）控制环境。在注册会计师总体上拟信赖控制的前提下，控制环境越薄弱（或把握程度越低），注册会计师需要获取的剩余期间的补充证据越多。

除了上述的测试剩余期间控制的运行有效性，测试被审计单位对控制的监督也能够作为一项有益的补充证据，以便更有把握地将控制在期中运行有效性的审计证据延伸至期末。被审计单位对控制的监督起到的是一种检验相关控制在所有相关时点是否都有效运行的作用。因此，通过测试剩余期间控制的运行有效性或测试被审计单位对控制的监督，注册会计师可以获取补充审计证据。

（三）如何考虑以前审计获取的审计证据

注册会计师考虑以前审计获取的有关控制运行有效性的审计证据，其意义在于：一方面，内部控制中的诸多要素对于被审计单位往往是相对稳定的（相对于具体的交易、账户余额和披露），因此注册会计师在本期审计时还是可以适当考虑利用以前审计获取的有关控制运行有效性的审计证据；另一方面，内部控制在不同期间可能发生重大变化，注册会计师在利用以前审计获取的有关控制运行有效性的审计证据时需要格外慎重，充分考虑各种因素。

（1）当控制在本期发生变化时，注册会计师应当考虑以前审计获取的有关控制运行有效性的审计证据是否与本期审计相关（内部控制发生重大变化，则不能利用以前年度控制测试的结果）。

（2）如果拟信赖的控制自上次测试后未发生变化，且不属于旨在减轻特别风险的控制，注册会计师应当运用职业判断确定是否在本期审计中测试其运行有效性以及本次测试与上次测试的时间间隔，但每三年（或每隔两年）至少对控制测试一次（所有拟信赖控制不应集中在本次审计中测试，而应在之后的两次审计中进行测试）。

在确定利用以前审计获取的有关控制运行有效性的审计证据是否适当以及再次测试控制的时间间隔时，注册会计师应当考虑的因素或情况如下：

①内部控制其他要素的有效性，包括控制环境、对控制的监督以及被审计单位的风险评估过程（控制环境薄弱或对控制的监督薄弱，在本期测试内部控制）。

②控制特征是人工控制还是自动化控制（人工控制稳定性差，在本期测试内部控制）。

③信息技术一般控制的有效性（一般控制薄弱，可能更少依赖以前审计获取的证据）。

④影响内部控制的重大人事变动（发生重大人事变动，不依赖以前审计获取的证据）。

⑤由于环境发生变化而特定控制缺乏相应变化导致的风险（不依赖以前审计获取的证据）。

189

⑥重大错报风险和对控制的信赖程度（重大错报风险较大或对控制的信赖程度较高，不依赖以前审计获取的证据）。

（3）不得依赖以前审计获取证据的情形。对于旨在减轻特别风险的控制，不论该控制在本期是否发生变化，注册会计师都不应依赖以前审计获取的证据。相应地，注册会计师如打算信赖内部控制，应当在每次审计中都测试这类控制。图 10-1 概括了注册会计师是否需要在本期测试某项控制的决策过程。

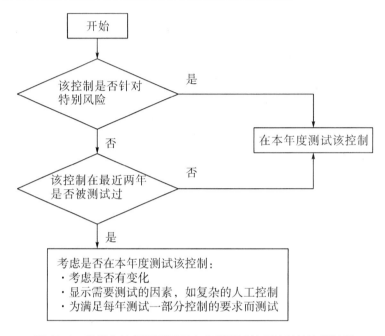

图 10-1　注册会计师是否需要在本期测试某项控制的决策过程

四、控制测试的范围

控制测试的范围主要是指某项控制活动的测试次数。

（一）确定控制测试范围的考虑因素

当针对控制运行的有效性需要获取更具说服力的审计证据时，注册会计师可能需要扩大控制测试的范围。在确定控制测试的范围时，除考虑对控制的信赖程度外，注册会计师还可能考虑的因素如表 10-5 所示。

表 10-5　确定控制测试范围的考虑因素

考虑因素	测试范围与其变动方向
在整个拟信赖的期间，被审计单位执行控制的频率	同向
在所审计期间，拟信赖控制运行有效性的时间长度	同向
控制的预期偏差	同向
通过测试与认定相关的其他控制获取的审计证据的范围	反向

表10-5(续)

考虑因素	测试范围与其变动方向
拟获取有关认定层次控制运行有效性的审计证据的相关性和可靠性	同向
可接受抽样风险	反向
可容忍偏差率	反向
总体规模	同向,超大总体,影响很小。
控制测试计划提供的保证水平、拟信赖控制运行有效性的程度	同向

注：控制测试范围无需考虑总体变异性。

（二）对自动化控制的测试范围的特别考虑

除非系统（包括系统使用的表格、文档或其他永久性数据）发生变动，注册会计师通常不需要增加自动化控制的测试范围。

对于一项自动化应用控制，一旦确定被审计单位正在执行该控制，注册会计师通常无需扩大控制测试的范围，但需要考虑执行下列测试以确定该控制持续有效运行：

（1）测试与该应用控制有关的一般控制的运行有效性。

（2）确定系统是否发生变动，如果发生变动，是否存在适当的系统变动控制。

（3）确定对交易的处理是否使用授权批准的软件版本。

需要注意的是，自动化控制的控制测试范围比手工控制的控制测试范围小。自动化控制的控制测试范围相比了解内部的范围也无需扩大。

（三）测试两个层次控制时注意的问题

控制测试可用于被审计单位每个层次的内部控制。整体层次控制测试通常更加主观（如管理层对胜任能力的重视）。对整体层次控制进行测试，通常比业务流程层次控制（如检查付款是否得到授权）更难以记录。因此，整体层次控制和信息技术一般控制的评价通常记录的是文件备忘录和支持性证据。注册会计师最好在审计的早期测试整体层次控制。原因在于对这些控制测试的结果会影响其他计划审计程序的性质和范围。

第四节 实质性程序

一、实质性程序的含义和要求

实质性程序是指用于发现认定层次重大错报的审计程序，包括对各类交易、账户余额和披露的细节测试以及实质性分析程序。

由于注册会计师对重大错报风险的评估是一种判断，可能无法充分识别所有的重大错报风险，并且由于内部控制存在固有局限性，无论评估的重大错报风险结果如何，注册会计师都应当针对所有重大类别的交易、账户余额和披露实施实质性程序。

二、实质性程序的性质

（一）实质性程序的性质的含义

实质性程序的性质是指实质性程序的类型及其组合。前已述及，实质性程序的两种基本类型包括细节测试和实质性分析程序。

细节测试是对各类交易、账户余额和披露的具体细节进行测试，目的在于直接识别财务报表认定是否存在错报及错报金额和原因。细节测试被用于获取与某些认定相关的审计证据，如存在、准确性、计价等。

实质性分析程序从技术特征上讲仍然是分析程序，主要是通过研究数据间关系评价信息，只是将该技术方法用做实质性程序。实质性分析程序更适用于在一段时间内存在可预期关系的大量交易。通常，在实施细节测试之前实施实质性分析程序，是符合成本效益原则的，因为细节测试需要检查很多资料，工作量大；分析程序只需分析数据之间的联系。

（二）细节测试的方向

对于细节测试，注册会计师应当针对评估的风险设计细节测试，获取充分、适当的审计证据，以达到认定层次所计划的保证水平。该规定的含义是，注册会计师需要根据不同的认定层次的重大错报风险设计有针对性的细节测试。例如，在针对存在或发生认定设计细节测试时，注册会计师应当选择包含在财务报表金额中的项目，并获取相关审计证据，即由报表项目对应的总账数据逆查到相关记账凭证及原始单据。又如，在针对完整性认定设计细节测试时，注册会计师应当选择有证据表明应包含在财务报表金额中的项目，并调查这些项目是否确实包括在内。如为应对被审计单位漏记本期应付账款的风险，注册会计师可以检查期后付款记录。

（三）设计实质性分析程序时考虑的因素

注册会计师在设计实质性分析程序时应当考虑的因素包括：

（1）对特定认定使用实质性分析程序的适当性。

（2）对已记录的金额或比率做出预期时，依据的内部或外部数据的可靠性。

（3）做出预期的准确程度是否足以在计划的保证水平上识别重大错报。

（4）已记录金额与预期值之间可接受的差异额。

考虑到数据及分析的可靠性，当实施实质性分析程序时，如果使用被审计单位编制的信息，注册会计师应当考虑测试与信息编制相关的控制以及这些信息是否在本期或前期经过审计。

三、实质性程序的时间

实质性程序的时间选择与控制测试的时间选择有共同点，也有很大的差异。共同点在于两类程序都面临着对期中审计证据和对以前审计获取的审计证据的考虑。两者的差异在于在控制测试中，期中实施控制测试并获取期中关于控制运行有效性审计证据的做法更具有一种"常态"；而由于实质性程序的目的在于更直接地发现重大错报，在期中实施实质性程序时更需要考虑其成本效益的权衡。

（一）是否在期中实施实质性程序考虑的因素

如前所述，在期中实施实质性程序，一方面消耗了审计资源，另一方面期中实施实质性程序获取的审计证据又不能直接作为期末财务报表认定的审计证据，注册会计师仍然需要消耗进一步的审计资源，使期中审计证据能够合理延伸至期末。于是，这两部分审计资源的总和是否能够显著小于完全在期末实施实质性程序所需消耗的审计资源，是注册会计师需要权衡的。因此，注册会计师在考虑是否在期中实施实质性程序时应当考虑以下因素：

（1）控制环境和其他相关的控制。控制环境和其他相关的控制越薄弱，注册会计师越不宜在期中实施实质性程序。

（2）实施审计程序所需信息在期中之后的可获得性。

（3）实质性程序的目标。

（4）评估的重大错报风险。注册会计师评估的某项认定的重大错报风险越高，注册会计师越应当考虑将实质性程序集中于期末（或接近期末）实施。

（5）各类交易或账户余额以及相关认定的性质。例如，某些交易或账户余额以及相关认定的特殊性质（如收入截止认定、未决诉讼）决定了注册会计师必须在期末（或接近期末）实施实质性程序。

（6）针对剩余期间，能否通过实施实质性程序或将实质性程序与控制测试相结合，降低期末存在错报而未被发现的风险。

（二）如何考虑期中审计证据

如果在期中实施了实质性程序，注册会计师有以下两种选择：

（1）针对剩余期间实施进一步的实质性程序。

（2）将实质性程序和控制测试结合使用。

（三）如何考虑以前审计获取的审计证据

在以前审计中实施实质性程序获取的审计证据，通常对本期只有很弱的证据效力或没有证据效力，不足以应对本期的重大错报风险。只有当以前获取的审计证据及其相关事项未发生重大变动时（如以前审计通过实质性程序测试过的某项诉讼在本期没有任何实质性进展），以前获取的审计证据才可能用做本期的有效审计证据。但即便如此，如果拟利用以前审计中实施实质性程序获取的审计证据，注册会计师应当在本期实施审计程序，以确定这些审计证据是否具有持续相关性。

四、实质性程序的范围

评估的认定层次重大错报风险和实施控制测试的结果是注册会计师在确定实质性程序的范围时的重要考虑因素。对实质性程序的范围的影响因素如下：

（1）注册会计师评估的认定层次的重大错报风险越高，需要实施实质性程序的范围越广。

（2）如果对控制测试结果满意，注册会计师应当考虑缩小实质性程序的范围。

（3）可接受抽样风险与实质性程序范围呈反向变动关系。

（4）可容忍错报与实质性程序范围呈反向变动关系。

（5）总体规模与实质性程序范围呈同向变动关系。

（6）计划的保证水平与实质性程序范围呈同向变动关系。

（7）总体变异性与实质性程序范围呈同向变动关系。

五、风险评估、控制测试与实质性程序三者间的关系

风险评估程序的结果决定是否进行控制测试以及控制测试的性质、时间和范围。控制测试的结果可能修正重大错报风险评估的结果。控制测试的结果决定实质性程序的性质、时间和范围，而实质性程序的结果可以验证控制测试的结果。

六、针对特别风险实施的进一步程序的特别要求

（一）特别风险的考虑因素

（1）风险是否属于舞弊风险。

（2）风险是否与近期经济环境、会计处理方法和其他方面的重大变化有关，进而需要特别关注。

（3）交易的复杂程度。

（4）风险是否涉及重大的关联方交易。

（5）财务信息计量的主观程度，特别是计量的结果是否具有高度不确定性。

（6）风险是否涉及异常或超出正常经营过程的重大交易。

（二）特别风险的特别要求

（1）在确定哪些风险是特别风险时，注册会计师应当考虑识别出的控制对相关风险的抵消效果前，根据风险的性质、潜在错报的程度和发生的可能性，判断风险是否属于特别风险。

（2）对特别风险，注册会计师应当评价相关控制的设计情况，并确定其是否已经得到执行。

（3）如果管理层未能实施控制以恰当应对特别风险，注册会计师应当认为内部控制存在重大缺陷，并考虑其对风险评估的影响。在此情况下，注册会计师应当就此类事项与治理层沟通。

（4）如果计划测试旨在减轻特别风险的控制运行的有效性，注册会计师不应依赖以前审计获取的关于内部控制运行有效性的审计证据。

（5）如果评估的认定层次重大错报风险是特别风险，注册会计师应当专门针对该风险实施实质性程序。

（6）注册会计师应当专门针对识别的特别风险实施实质性程序，注册会计师实施细节测试或将实质性分析程序与细节测试相结合。

（7）对于舞弊导致的重大错报风险（特别风险），为将期中得出的结论延伸至期末而实施的审计程序通常是无效的，注册会计师应当考虑在期末或接近期末实施实质性程序。

（8）特别风险属于审计工作底稿中的重大事项，属于审计工作底稿的内容。

（三）特别风险应对措施及结果汇总表

特别风险应对措施及结果汇总表举例如表10-6所示。

表 10-6　特别风险应对措施及结果汇总表举例

项目	经营目标	经营风险	特别风险	管理层应对或控制措施	财务报表项目及认定	审计措施	向被审计单位报告的事项
举例	被审计单位通过发展中小城市的新客户和放宽授信额度争取销售收入比上一年度增长25%	不严格执行对新客户的信用记录调查和筛选、放宽授信额度会增加坏账风险	应收账款坏账准备的计提可能不足	（1）财务部每月编制账龄分析报告	应收账款	（1）与销售经理讨论所执行的坏账风险评估程序	无（或详见与管理层或治理层沟通函）
				（2）对超过一年未收回的账款由销售人员与客户签订还款协议，其条款须经区域销售经理和销售经理批准	相关认定：计价和分摊	（2）与财务经理讨论坏账准备的计提	
				（3）销售部每月编制逾期应收账款还款协议签订及执行情况报告，经销售总监审阅并决定是否降低授信额度或暂停供货		（3）审阅账龄分析报告和还款协议签订及执行报告	
				（4）财务经理根据该报告并结合账龄分析报告，对有可能难以收回的应收账款计提坏账准备		（4）抽查还款协议和货款收回情况	

本章小结

本章属于审计测试流程的内容，是风险导向审计中的核心内容，属于比较重要的章节。通过本章的学习，学生需要明确注册会计师应当针对评估的财务报表层次重大错报风险确定总体应对措施，并针对评估的认定层次重大错报风险设计和实施进一步审计程序，以将审计风险降至可接受的低水平，并注意与财务报表循环审计控制测试和实质性程序结合学习。

本章思维导图

本章思维导图如图 10-2 所示。

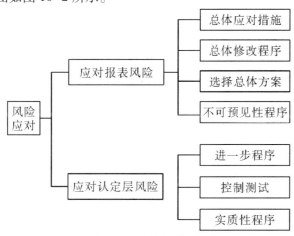

图 10-2　本章思维导图

195

第十一章
采购与付款循环审计

- -

学习目标

1. 了解采购与付款循环的主要单据和会计记录。
2. 掌握采购交易的内部控制。
3. 熟悉采购与付款循环的相关交易和金额存在的重大错报风险。
4. 掌握根据重大错报风险的评估结果设计进一步审计程序。
5. 熟悉测试采购与付款循环的内控控制。
6. 掌握采购与付款循环的实质性程序。

案例导入

　　S 公司于 2002 年设立，从事电子产品生产和销售，现有员工 2 000 人，采购部门共 20 人，2017 年全年采购原材料 15 000 万元，应付账款期末余额 2 800 万元。S 公司设有采购制度，对存货申购、验收、入库、付款都有相应规定。注册会计师陈磊受托进行 2018 年年度报表审计，对采购与付款循环进行内部控制测试。陈磊在检查 2017 年 12 月的供应商档案更改申请表以及当月的月度供应商更改信息报告时，发现编号为 506 号的档案，供应商已超过两年未与 S 公司发生业务往来，未及时变更和删除其档案。

　　问题：S 公司内部控制存在何种问题？在设计内控测试和实质性程序时，应如何考虑？

第一节　采购与付款循环概述

　　采购与付款循环主要指企业的采购交易与付款交易，即企业购买商品和劳务以及企业在经营活动中为获取收入而发生的直接或间接的支出。采购业务是企业生产经营活动的起点，其特点是发生的频率高、数量多、涉及供应商也多。在实务审计工作中采购与付款循环审计也是比较重要的业务。本章主要介绍采购原材料、商品等交易的审计；固定资产的采购和管理与普通的原材料等商品采购有较大不同，因此未包含在本章的内容中。

一、不同行业类型的采购和费用

不同的企业性质决定企业除了有一些共性的费用支出外，还会发生一些不同类型的支出（见表11-1）。

表11-1 不同行业类型的采购和费用

行业类型	典型的采购和费用支出
贸易行业	产品的选择和购买、产品的存储和运输、广告促销费用、售后服务费用
一般制造业	生产过程所需的设备支出，原材料、易耗品、配件的购买与存储支出，市场经营费用，把产成品运达顾客或零售商处发生的运输费用，管理费用
专业服务业	律师、会计师、财务顾问的费用支出，包括印刷、通信、差旅费以及电脑、车辆等办公设备的购置和租赁，书籍资料和研究设施的费用
……	……

本节以一般制造业的商品采购为例，介绍采购与付款循环中的主要业务活动及其相关内部控制。制造业被审计单位的采购与付款循环涉及的交易类别、财务报表科目、主要业务活动及主要单据与会计记录如表11-2所示。

表11-2 采购与付款循环涉及的交易类别、财务报表科目、主要业务活动及主要单据与会计记录

交易类别	相关财务报表科目	主要业务活动	主要单据及会计记录
采购	存货、其他流动资产、销售费用、管理费用、应付账款、其他	(1) 编制采购计划；(2) 维护供应商清单；(3) 请购商品和劳务；(4) 编制订购单；(5) 验收商品；	(1) 采购计划；(2) 供应商清单；(3) 请购单；(4) 订购单
	应付账款、预付账款等	(6) 储存已验收的商品；(7) 编制付款凭单；(8) 确认与记录负债	(1) 验收单；(2) 卖方发票；(3) 付款凭单
付款	应付账款、其他应付款、应付票据、货币资金等	(1) 办理付款；(2) 记录现金、银行存款支出；(3) 与供应商定期对账	(1) 转账凭证或付款凭证；(2) 应付账款明细账；(3) 库存现金日记账和银行存款日记账；(4) 供应商对账单

二、涉及的主要业务活动

风险评估工作中"了解被审计单位的内部控制"就包括了解各个业务循环的主要业务活动流程及其中包含的内部控制。采购与付款循环通常要经过这样的业务流程：请购→订货→验收→储存→编制付款凭单→确认与记录负债→付款→记账。

采购与付款循环业务流程如图11-1所示。

（一）制订采购计划

基于企业的生产经营计划，生产、仓库等部门定期编制采购计划，经部门负责

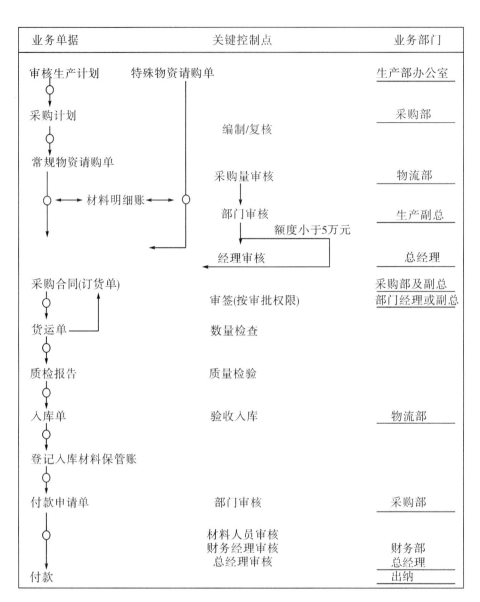

业务单据	关键控制点	业务部门

审核生产计划　　特殊物资请购单　　　　　　　　　　　　　　生产部办公室

采购计划　　　　　　　　　　　　　　　　　　　　　　　　　采购部

　　　　　　　　　　　编制/复核

常规物资请购单　　　　采购量审核　　　　　　　　　　　　　物流部

　　材料明细账　　　　　部门审核　　　　　　　　　　　　　　生产副总

　　　　　　　　　　　　　　　　额度小于5万元

　　　　　　　　　　　经理审核　　　　　　　　　　　　　　　总经理

采购合同(订货单)　　　　　　　　　　　　　　　　　　　　　采购部及副总
　　　　　　　　　　　审签(按审批权限)　　　　　　　　　　部门经理或副总

货运单　　　　　　　　　数量检查

质检报告　　　　　　　　质量检验

入库单　　　　　　　　　验收入库　　　　　　　　　　　　　物流部

登记入库材料保管账

付款申请单　　　　　　　部门审核　　　　　　　　　　　　　采购部

　　　　　　　　　　　材料人员审核
　　　　　　　　　　　财务经理审核　　　　　　　　　　　　财务部
　　　　　　　　　　　总经理审核　　　　　　　　　　　　　总经理

付款　　　　　　　　　　　　　　　　　　　　　　　　　　　出纳

图 11-1　采购与付款循环业务流程

人等适当的管理人员审批后提交采购部门，具体安排商品及服务采购。

（二）供应商认证及信息维护

企业通常对于合作的供应商事先进行资质等审核，将通过审核的供应商信息录入系统，形成完整的供应商清单，并及时对其信息变更进行更新。

采购部门只能向通过审核的供应商进行采购。

（三）请购商品和劳务

采购部门请购商品和劳务，并填写请购单。请购单可以手工填写也可以计算机编制。由于企业内不少部门都可以填写请购单，企业可以按部门设置请购单并连续编号，每张请购单必须经对这类支出预算负责的主管人员签字批准。请购商品和劳

务流程如图 11-2 所示。

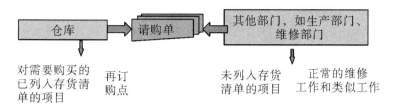

图 11-2　请购商品和劳务流程

（四）编制订购单

采购部门只能对经过批准的请购单发出订购单。为确定最佳的供应来源，对一些大额、重要的采购项目，企业应采取竞价方式来确定供应商。订购单应正确填写所需要的商品品名、数量、价格、厂商名称和地址等，预先予以顺序编号并经过被授权的采购人员签名。编制订购单流程如图 11-3 所示。

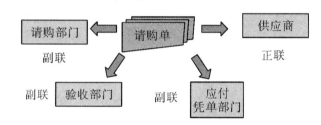

图 11-3　编制订购单流程

（五）验收商品

验收部门将验收商品与订购单比较，核对品名、摘要、数量、品质、到货时间等，之后再盘点商品并检查商品有无损坏。

验收部门制作验收单（一式多联），顺序编号。

验收人员将商品送交仓库或其他请购部门时，应取得经过签字的收据，或者要求其在验收单的副联上签收，以确立对所采购的资产应负的保管责任。编制验收单流程如图 11-4 所示。

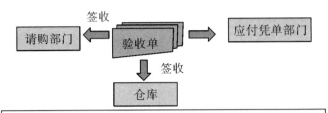

签收

请购部门 ← 验收单 → 应付凭单部门

签收

仓库

> 验收单是支持资产以及与采购有关的负债的"存在""发生"认定的重要凭证。定期独立检查验收单的顺序以确定每笔采购交易都已编制凭单,则与采购交易的"完整性"认定有关

图 11-4　编制验收单流程

（六）储存已验收的商品

储存已验收的商品环节包括以下两项内部控制：

（1）职责分离，即将已验收商品的保管与采购的其他职责相分离，减少未经授权的采购和盗用商品的风险。

（2）限制接近，即存放商品的仓储区应相对独立，限制无关人员接近。

这些控制与商品的"存在"认定有关。

（七）编制付款凭单

记录采购交易之前，应付凭单部门应编制付款凭单，编制付款凭单流程如图 11-5 所示。

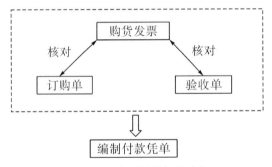

购货发票

核对 ↙ ↘ 核对

订购单　　　　验收单

⬇

编制付款凭单

图 11-5　编制付款凭单流程

这项功能的控制包括：

（1）确定供应商发票的内容与相关的验收单、订购单的一致性。

（2）确定供应商发票计算的正确性。

（3）编制有预先编号的付款凭单，并附上支持性凭证（如订购单、验收单和供应商发票等）。

（4）独立检查付款凭单计算的正确性。

（5）在付款凭单上填入应借记的资产或费用账户名称。

（6）由被授权人员在凭单上签字，以示批准照此凭单要求付款。所有未付凭单的副联应保存在未付凭单档案中，以待日后付款。

这些控制与存在、发生、完整性、权利和义务、计价和分摊等认定相关。

（八）确认与记录负债

正确确认已验收货物和已接受劳务的债务，要求准确、及时地记录负债。

应付账款确认与记录的一项重要控制是要求记录现金支出的人员不得经手现金、有价证券和其他资产。

（九）办理付款

办理付款流程如图 11-6 所示。

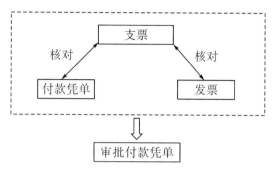

图 11-6　办理付款流程

编制和签署支票的有关控制包括：

（1）独立检查已签发支票的总额与所处理的付款凭单的总额的一致性。

（2）由被授权的财务部门的人员负责签署支票。

（3）被授权签署支票的人员应确定每张支票都附有一张已经适当批准的未付款凭单，并确定支票收款人姓名和金额与凭单内容的一致。

（4）支票一经签署就应在其凭单和支持性凭证上用加盖印戳或打洞等方式将其注销，以免重复付款。

（5）支票签署人不应签发无记名甚至空白的支票。

（6）支票应预先顺序编号，保证支出支票存根的完整性和作废支票处理的恰当性。

（7）确保只有被授权的人员才能接近未经使用的空白支票。

（十）记录现金、银行存款支出

记录现金、银行存款支出流程如图 11-7 所示。

图 11-7　记录现金、银行存款支出流程

记录银行存款支出的有关控制包括：

（1）会计主管应独立检查计入银行存款日记账和应付账款明细账的金额的一致性以及与支票汇总记录的一致性。

（2）通过定期比较银行存款日记账记录的日期与支票副本的日期，独立检查入账的及时性。

（3）独立编制银行存款余额调节表。

三、采购交易的内部控制

采购交易重要的内部控制可以归纳为如下几个方面：

（一）适当的职责分离

企业应确保办理采购与付款交易的不相容岗位相互分离、制约和监督。

采购与付款交易不相容岗位至少包括：请购与审批；询价与确定供应商；采购合同的订立与审批；采购与验收；采购、验收与相关会计记录；付款审批与付款执行。

（二）恰当的授权审批

付款需要由经授权的人员审批，审批人员在审批前需检查相关支持文件，并对其发现的例外事项进行跟进处理。

（三）凭证的预先编号及对例外报告的跟进处理

（1）人工执行。企业可以安排入库单编制人员以外的独立复核人员定期检查已经进行会计处理的入库单记录，确认是否存在遗漏或重复记录的入库单，并对例外情况予以跟进。

（2）信息技术（IT）环境。系统可以定期生成列明跳号或重号的入库单统计例外报告，由经授权的人员对例外报告进行复核和跟进，确认所有入库单都进行了处理，且没有重复处理。

第二节　采购与付款循环的重大错报风险

注册会计师必须对被审计单位的采购与付款循环的重大错报风险有一定认识，并详细了解被审计单位有关交易或付款的内部控制是否能预防、检查和纠正重大错报风险，在此基础上设计并实施进一步审计程序，才能有效应对重大错报风险。

一、识别和评估重大错报风险

为评估重大错报风险，注册会计师应详细了解有关交易或付款的内部控制。注册会计师可以通过审阅以前年度审计工作底稿、观察内部控制执行情况、询问管理层和员工、检查相关的文件和资料等方法加以了解，从而评估采购与付款循环的相关交易和余额存在的重大错报风险，为设计和实施进一步审计程序提供基础。影响采购与付款交易和余额的重大错报风险如图11-8所示。

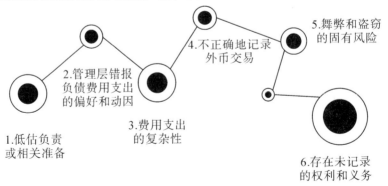

图11-8　影响采购与付款交易和余额的重大错报风险

（一）低估负债或相关准备

在承受反映较高盈利水平和营运资本的压力下，被审计单位管理层可能试图低估应付账款等负债或资产相关准备，包括低估对存货应计提的跌价准备。此类问题常集中体现在以下几个方面：

（1）遗漏交易，如未记录已收取货物但尚未收到发票的采购相关的负债或未记录尚未付款的已经购买的服务支出等。

（2）采用不正确的费用支出截止期，如将本期的支出延迟到下期确认。

（3）将应当及时确认损益的费用性支出资本化，然后通过资产的逐步摊销予以消化等。

这些将对完整性、截止、发生、存在、准确性和分类认定产生影响。

（二）管理层错报负债费用支出的偏好和动因

被审计单位管理层可能基于为了完成预算、满足业绩考核要求、保证从银行获得资金、吸引潜在投资者、误导股东、影响公司股价等动机，通过操纵负债和费用的确认控制损益。

（1）平滑利润。被审计单位通过多计准备或少计负债和准备，把损益控制在被审计单位管理层希望的程度。

（2）利用特别目的实体把负债从资产负债表中剥离，或者利用关联方间的费用定价优势制造虚假的收益增长趋势。

（3）被审计单位管理层把私人费用计入企业费用，把企业资金当成私人资金运作。

（三）费用支出的复杂性

例如，被审计单位以复杂的交易安排购买一定期间的多种服务，管理层对涉及的服务受益与付款安排所涉及的复杂性缺乏足够的了解，这可能导致费用支出分配或计提的错误。

（四）不正确地记录外币交易

当被审计单位进口用于出售的商品时，可能由于采用不恰当的外币汇率而导致该项采购的记录出现差错。此外，被审计单位还可能存在未能将运费、保险费和关税等与存货相关的进口费用进行正确分摊的风险。

（五）舞弊和盗窃的固有风险

如果被审计单位经营大型零售业务，由于所采购商品和固定资产的数量及支付的款项庞大、交易复杂，容易造成商品发运错误，员工和客户发生舞弊和盗窃的风险较高。如果那些负责付款的会计人员有权接触应付账款主文档，并能够通过在应付账款主文档中擅自添加新的账户来虚构采购交易，风险也会增加。

（六）存在未记录的权利和义务

这可能导致资产负债表分类错误及财务报表附注不正确或披露不充分。

二、根据重大错报风险的评估结果设计进一步审计程序

针对评估的财务报表层次重大错报风险，注册会计师应制订进一步审计程序的总体方案，包括确定针对相关认定计划采用综合性方案还是实质性方案以及考虑审

计程序的性质、时间安排和范围。

当存在下列情形之一时，注册会计师应当设计和实施控制测试（进一步审计程序采用综合性方案）：

（1）在评估认定层次重大错报风险时，预期控制的运行是有效的（在确定实质性程序的性质、时间安排和范围时，注册会计师拟信赖控制运行的有效性）。

（2）仅实施实质性程序并不能够提供认定层次充分、适当的审计证据。

采购及付款循环的重大错报风险及进一步审计程序总体审计方案举例如表 11-3 所示。

表 11-3　采购及付款循环的重大错报风险及进一步审计程序总体审计方案举例

重大错报风险描述	相关财务报表科目及认定	风险程度	是否信赖控制	进一步的审计程序的总体方案	拟从控制测试中获取的保证程度	拟从实质性程序中获取的保证程度
确认的负债及费用并未实际发生	应付账款/其他应付款：存在。销售费用/管理费用：发生	一般	是	综合性方案	高	低
不计提采购相关的负债或不计提尚未付款的已经购买的服务支出	应付账款/其他应付款：完整。销售费用/管理费用：完整	特别	是	综合性方案	高	中
采用不正确的费用支出截止期，如将本期的支出延迟到下期确认	应付账款/其他应付款：存在/完整。销售费用/管理费用：截止	一般	否	实质性方案	无	高
发生的采购未能以正确的金额记录	应付账款/其他应付款：计价和分摊。销售费用/管理费用：准确性	一般	是	综合性方案	高	低

第三节　采购与付款循环内部控制测试

一、采购与付款循环内部控制测试概述

当计划采用综合性方案时，注册会计师需要进行内部控制测试。表 11-4 以一般制造业为例，选取采购与付款循环的一些环节，说明注册会计师实施控制测试时常见的具体控制测试流程。

表 11-4　采购与付款循环的风险、存在的控制及控制测试程序

环节	可能发生错报	相关认定	内部控制测试程序
1. 制订采购计划①	采购计划未经适当审批	—	询问复核人复核采购计划的过程，检查采购计划是否经复核人恰当复核
2. 供应商认证及信息维护	新增供应商或供应商信息变更未经恰当的认证	存货：存在	询问复核人复核供应商数据变更请求的过程，抽样检查变更需求是否有相关文件支持及有复核人的复核确认
		应付账款：存在	
		其他费用：发生	
3. 请购商品和劳务②	重复请购或请购过多的商品	存货：存在	检查是否分部门设置请购单并连续编号，每张请购单是否经过对这类支出预算负责的主管人员签字批准
		应付账款：存在	
		其他费用：发生	
4. 编制订购单	采购订单与有效的请购单不符	存货：存在、准确性	询问复核人复核采购订单的过程，包括复核人提出的问题及跟进记录；抽样检查采购订单是否有对应的请购单及复核人签署确认
		应付账款/其他应付款：存在、准确性	
		其他费用：发生、准确性	
5. 验收商品	接收了缺乏有效采购订单或未经验收的商品	存货：存在、完整性	检查系统入库单编号的连续性，询问收货人员的收货过程，抽样检查入库单是否有对应一致的采购订单及验收单
		应付账款/其他应付款：存在、完整性	
		其他费用：发生、完整性	
6. 确认与记录负债	临近会计期末的采购未被记录在正确的会计期间	存货：完整性	检查是否有对遗漏、重复入库单的检查报告，检查这些例外报告生成逻辑；询问复核人对例外报告的检查过程，确认发现的问题是否及时得到了跟进处理
		应付账款：完整性	
		其他费用：完整性	
7. 办理付款	批准付款的发票上存在价格/数量错误或劳务尚未提供的情形	存货/成本：完整性、计价和分摊	将入库单与采购订单、发票核对，如信息不符，发票将列示于例外报告；检查例外报告的完整性及准确性；与复核人讨论其复核过程，抽样选取例外/删改情况报告
		应付账款：完整性、计价和分摊	

表11-4(续)

环节	可能发生错报	相关认定	内部控制测试程序
8. 记录现金、银行存款支出	现金支付未记录、未记录在正确的供应商账户（串户）或记录金额不正确	存货：计价与分摊	询问是否进行如下正确处理：由独立于负责现金交易处理的会计人员每月编制银行余额调节表；经授权的管理人员复核；抽样检查银行余额，检查其是否及时复核，存在问题是否得到恰当跟进处理以及复核人是否签署确认
		应付账款：存在、计价与分摊	
		其他费用：准确性	

注：①针对存货及应付账款的存在性认定，企业制订的采购计划及审批主要是企业为提高经营效率设置的流程及控制，注册会计师不需要对其执行专门的控制测试。

②请购单的审批与存货及应付账款的存在性认定相关，但如果企业存在将订购单、验收单和卖方发票的一致性进行核对的"三单核对"控制，该控制足以应对存货及应付账款的存在性风险，注册会计师可以直接选择"三单核对"控制作为关键控制进行测试，更能提高审计效率。

二、关键控制的选择和测试

注册会计师在实际工作中，并不需要对该流程的所有控制点进行测试，而是应该针对识别的可能发生错报环节，选择足以应对评估的重大错报风险的关键控制进行控制测试。

控制测试的具体方法需要根据具体控制的性质确定。例如，对于验收单连续编号的控制，如果该控制是人工控制，注册会计师可以根据样本量选取几个月经复核人复核的入库单清单，检查入库单的编号是否完整。若入库单编号跳号，注册会计师应与复核人跟进并通过询问确认跳号的原因。如需要，注册会计师进行佐证并考虑是否对审计存在影响。如果该控制是系统设置的，注册会计师可以选取系统生成的例外或删改情况报告，检查每一份报告并确定是否存在管理层复核的证据以及复核是否在合理的时间内完成。注册会计师应与复核人讨论其复核和跟进过程，如适当，确定复核人采取的行动及这些行动在此环境下是否恰当。注册会计师应确认是否发现了任何调整、调整如何得以解决以及采取的行动是否恰当。同时，专门的信息系统测试人员测试系统的相关控制以确认例外或删改报告的完整性和准确性。

三、控制测试工作底稿

控制测试过程应形成审计工作底稿，控制测试汇总表如表11-5所示。

表 11-5　控制测试汇总表

被审计单位：_____	索引号：____CGC-1____
项目：_____	财务报表截止日/期间：_____
编制：_____	复核：_____
日期：_____	日期：_____

1. 了解内部控制的初步结论

[注：根据了解本循环控制的设计并评估其执行情况所获取的审计证据，注册会计师对控制的评价结论可能是：①控制设计合理，并得到执行；②控制设计合理，未得到执行；③控制设计无效或缺乏必要的控制。]

2. 控制测试结论

表11-5（续）

编制说明：

（1）本审计工作底稿记录注册会计师测试的控制活动及结论。其中，"控制活动是否有效运行"一栏，应根据 CGC-3 表中的测试结论填写；"控制活动是否得到执行"一栏，应根据 CGL-4 表中的结论填写；其余栏目的信息取自采购与付款循环审计工作底稿 CGL-3 中所记录的内容。

（2）如果注册会计师不拟对与某些控制目标相关的控制活动实施控制测试，应直接执行实质性程序，对相关交易和账户余额的认定进行测试，以获取足够的保证程度。

控制目标（CGL-3）	被审计单位的控制活动（CGL-3）	控制活动对实现控制目标是否有效（是/否）（CGL-3）	控制活动是否得到执行（是/否）（CGL-4）	控制活动是否有效运行（是/否）（CGC-3）	控制测试结果是否支持实施风险评估程序获取的审计证据（支持/不支持）
只有经过核准的采购订单才能发给供应商	采购部门收到请购单后，对金额在人民币 10 万元以下的请购单由采购经理张明负责审批；金额在人民币 10 万元至人民币 50 万元的请购单由总经理王远负责审批；金额超过人民币 50 万元的请购单需经董事会审批	是	是	是	支持
确保供应商档案数据及时更新	采购信息管理员李辉每月复核供应商档案。对两年内未与 S 公司发生业务往来的供应商，采购员沈月填写更改申请表，经采购经理马国明审批后交信息管理部删除该供应商档案。每半年，采购经理马国明复核供应商档案	是	是	否①	不支持

207

（其他略。）

注①：我们检查了 S 公司 2017 年 12 月的供应商档案更改申请表以及当月的月度供应商更改信息报告，发现编号为 506 号的档案，供应商已超过两年未与公司发生业务往来，未及时变更和删除其档案。

当完成控制测试后，注册会计师根据控制测试的结果，对检查出未存在关键控制、未达到控制目标等的主要业务活动，需制订进一步的审计方案。当注册会计师通过控制测试发现被审计单位针对某项认定的相关控制存在缺陷，导致其需要提高对相关控制风险的评估水平，则注册会计师需要提高相关重大错报风险的评估水平，并进一步修改实质性审计程序的性质、时间安排和范围。

假设 S 公司财务报表层次不存在重大错报风险，受采购与付款循环影响的交易和账户余额层次亦不存在特别风险，并假定不拟信赖与交易和账户余额列报认定相关的控制活动，对相关交易和账户余额的审计方案如表 11-6 所示。

表 11-6 对相关交易和账户余额的审计方案

受影响的交易和账户余额	完整性（控制测试结果/需从实质性程序中获取的保证程度）	发生/存在（控制测试结果/需从实质性程序中获取的保证程度）	准确性/计价和分摊（控制测试结果/需从实质性程序中获取的保证程度）	截止（控制测试结果/需从实质性程序中获取的保证程度）	权利和义务（控制测试结果/需从实质性程序中获取的保证程度）	分类（控制测试结果/需从实质性程序中获取的保证程度）	列报（控制测试结果/需从实质性程序中获取的保证程度）
应付账款	不支持/高	支持/低	支持/低	—	支持/低	—	不支持/高
管理费用	不支持/高	支持/低	支持/低	不支持/高	—	支持/低	不支持/高
存货	不支持/高	支持/低	支持/低	不支持/高	—	支持/低	不支持/高

（其他略。）

第四节 采购与付款循环的实质性程序

一、应付账款的实质性程序

对于一般以营利为导向的企业，采购与付款交易的重大错报风险常见的是通过低估费用和应付账款，高估利润、粉饰财务状况。某些企业在经营情况和预算完成情况较好的年度，为平滑各年度利润，则高估费用和负债可能是注册会计师对其相关年度审计时需要应对的重大错报风险。

应付账款是企业在正常经营过程中，因购买材料、商品和接受劳务供应等经营活动而应付给供应商的款项。注册会计师应结合赊购交易进行应付账款的审计。

（一）应付账款的审计目标

应付账款的审计目标如下：

（1）确定资产负债表中记录的应付账款是否存在（存在认定）。

（2）确定所有应当记录的应付账款是否都已记录（完整性认定）。

（3）确定资产负债表中记录的应付账款是否为被审计单位应当履行的现时义务。

（4）确定应付账款是否以恰当的金额包括在财务报表中，与之相关的计价调整是否已恰当记录（计价认定）。

（5）确定应付账款是否已按照企业会计准则的规定在财务报表中做出恰当的列报。

应付账款审计目标与相关认定对应关系如表 11-7 所示。

表 11-7　应付账款审计目标与相关认定对应关系

审计目标	财务报表认定				
	存在	完整性	权利和义务	计价和分摊	与列报和披露相关的认定
确定资产负债表中记录的应付账款是否存在	√				
确定所有应当记录的应付账款是否均已记录		√			
确定资产负债表中记录的应付账款是否为被审计单位应当履行的现时义务			√		
确定应付账款是否以恰当的金额包括在财务报表中,与之相关的计价调整是否已恰当记录				√	
确定应付账款是否已按照企业会计准则的规定在财务报表中做出恰当的列报					√

审计目标与审计程序对应关系如表 11-8 所示。

表 11-8　审计目标与审计程序对应关系

可供选择的审计程序	审计目标（相关认定）
获取被审计单位与其供应商之间的对账单以及被审计单位编制的差异调节表,确定应付账款余额的准确性	完整性、计价和分摊
针对资产负债表日后付款项目,检查银行对账单及有关付款凭证,询问被审计单位内部或外部的知情人员,查找有无未及时入账的应付账款	完整性
结合存货监盘程序,检查被审计单位在资产负债日前后的存货入库资料（验收报告或入库单）,检查是否有大额料到而单未到的情况,确认相关负债是否计入了正确的会计期间	完整性
检查资产负债表日后应付账款明细账贷方发生额的相应凭证,关注其购货发票的日期,确认其入账时间是否合理	完整性
选择应付账款的重要项目,函证其余额和交易条款,对未回函的再次发函或实施替代的检查程序	存在权利和义务

（二）应付账款的实质性程序

（1）注册会计师应获取或编制应付账款明细表,并执行以下工作：

①复核加计是否正确,并与报表数、总账数和明细账合计数核对是否相符。

②检查非记账本位币应付账款的折算汇率及折算是否正确。

③分析出现借方余额的项目,查明原因,必要时,建议做重分类调整。

④结合预付账款、其他应付款等往来项目的明细余额,调查有无针对同一交易在应付账款和预付账款同时记账的情况、异常余额或与购货无关的其他款项（如关联方账户或雇员账户）,如有,应做出记录,必要时建议做调整。

（2）函证应付账款。注册会计师应获取适当的供应商相关清单，如本期采购量清单、所有现存供应商名单或应付账款明细账；询问该清单是否完整并考虑该清单是否应包括预期负债等附加项目。注册会计师应选取样本进行测试并执行如下程序：

①注册会计师应向债权人发送询证函。注册会计师应根据审计准则的规定对询证函保持控制，包括确定需要确认或填列的信息、选择适当的被询证者、设计询证函，包括正确填列被询证者的姓名和地址以及被询证者直接向注册会计师回函的地址等信息，必要时再次向被询证者寄发询证函等。

②注册会计师应将询证函回函确认的余额与已记录金额相比较，如存在差异，检查支持性文件，评价已记录金额是否适当。

③注册会计师应对未做回复的函证实施替代程序，如检查至付款文件（如现金支出、电汇凭证和支票复印件），相关的采购文件（如采购订单、验收单、发票和合同）或其他适当文件。

④如果认为回函不可靠，注册会计师应评价对评估的重大错报风险及其他审计程序的性质、时间安排和范围的影响。

（3）检查应付账款是否计入了正确的会计期间，是否存在未入账的应付账款。

①对本期发生的应付账款增减变动，注册会计师应检查至相关支持性文件，确认会计处理是否正确。

②注册会计师应检查资产负债表日后应付账款明细账贷方发生额的相应凭证，关注其验收单、购货发票的日期，确认其入账时间是否合理。

③注册会计师应获取并检查被审计单位与其供应商之间的对账单以及被审计单位编制的差异调节表，确定应付账款金额的准确性。

④注册会计师应针对资产负表日后付款项目，检查银行对账单及有关付款凭证（如银行汇款通知、供应商收据等），询问被审计单位内部或外部的知情人员，查找有无未及时入账的应付账款。

⑤注册会计师应结合存货监盘程序，检查被审计单位在资产负债表日前后的存货入库资料（验收报告或入库单），检查相关负债是否计入了正确的会计期间。

如果注册会计师通过这些审计程序发现某些未入账的应付账款，应将有关情况详细记入审计工作底稿，并根据其重要性确定是否需建议被审计单位进行相应的调整。

（4）寻找未入账负债的测试。注册会计师应获取期后收取、记录或支付的发票明细，包括获取支票登记簿、电汇报告、银行对账单（根据被审计单位情况不同）以及入账的发票和未入账的发票。注册会计师应从中选取项目（尽量接近审计报告日）进行测试并实施以下程序：

①检查支持性文件，如相关的发票、采购合同或申请、收货文件以及接受劳务明细，以确定收到商品或接受劳务的日期及应在期末之前入账的日期。

②追踪已选取项目至应付账款明细账、货到票未到的暂估入账或预提费用明细表，并关注费用计入的会计期间。调查并跟进所有已识别的差异。

③评价费用是否被记录于正确的会计期间，并相应确定是否存在期末未入账负债。

（5）注册会计师应检查应付账款长期挂账的原因并做出记录，对确实无需支付的应付款的会计处理是否正确。

（6）如存在应付关联方的款项，了解交易的商业理由；检查证实交易的支持性文件（如发票、合同、协议及入库和运输单据等相关文件）；检查被审计单位与关联方的对账记录或向关联方函证。

（7）检查应付账款是否已按照企业会计准则的规定在财务报表中做出恰当列报和披露。

二、除折旧/摊销、人工费用以外的一般费用的实质性程序

折旧/摊销和人工费用一般分别在固定资产循环、人力资源和职工薪酬循环中涵盖，此处提及的是除这些以外的一般费用。

（一）一般费用的审计目标

一般费用的审计目标通常包括：确定利润表中记录的一般费用是否确认发生（发生认定），确定所有应当记录的费用是否都已记录（完整性认定），确定一般费用是否以恰当的金额包括在财务报表中（准确性认定），确定费用是否已计入恰当的会计期间（截止认定）。

（二）一般费用的实质性程序

（1）注册会计师应获取一般费用明细表，复核其加计数是否正确，并与总账和明细账合计数核对是否正确。

（2）实质性分析程序如下：

①注册会计师应考虑可获取信息的来源、可比性、性质和相关性以及与信息编制相关的控制，评价在对记录的金额或比率做出预期时使用数据的可靠性。

②注册会计师应将费用细化到适当层次，根据关键因素和相互关系（如本期预算、费用类别与销售数量、职工人数的变化之间的关系等）设定预期值，评价预期值是否足够精确以识别重大错报。

③注册会计师应确定已记录金额与预期值之间可接受的、无需做进一步调查的可接受的差异额。

④注册会计师应将已记录金额与期望值进行比较，识别需要进一步调查的差异。

⑤注册会计师应调查差异，询问管理层，针对管理层的答复获取适当的审计证据；根据具体情况在必要时实施其他审计程序。

（3）注册会计师应从资产负债表日后的银行对账单或付款凭证中选取项目进行测试，检查支持性文件（如合同或发票），关注发票日期和支付日期，追踪已选取项目至相关费用明细表，检查费用所计入的会计期间，评价费用是否被记录于正确的会计期间。

（4）注册会计师应对本期发生的费用选取样本，检查其支持性文件，确定原始凭证是否齐全，记账凭证与原始凭证是否相符以及账务处理是否正确。

（5）注册会计师应抽取资产负债表日前后的凭证，实施截止测试，评价费用是否被记录于正确的会计期间。

（6）注册会计师应检查一般费用是否已按照企业会计准则及其他相关规定在财

务报表中做出恰当的列报和披露。

本章小结

本章主要介绍采购与付款循环涉及的各项业务活动以及常见的重大错报风险。注册会计师应当对其中各环节的风险评估设计不同的进一步审计方案，注意掌握常见的控制测试流程及实质性程序，特别要注意前后审计思路的连贯。当实质性程序发现重大错报时，注册会计师应要考虑控制测试的结论是否可靠。

本章思维导图

本章思维导图如图 11-9 所示。

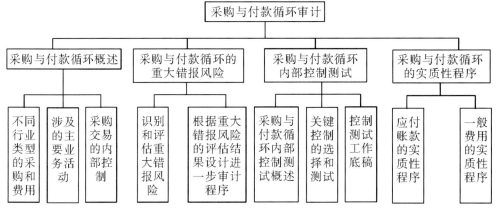

图 11-9　本章思维导图

第十二章
生产与存货循环审计

学习目标

1. 掌握生产与存货循环审计的总体思路。
2. 了解生产与存货循环的主要单据和会计记录。
3. 熟悉一般制造业生产与存货循环的相关交易和可能存在的重大错报风险。
4. 掌握根据重大错报风险的评估结果设计进一步审计程序。
5. 熟悉测试生产与存货循环的内控控制。
6. 掌握存货项目的实质性程序。

案例导入

S公司于2002年设立,从事电子产品生产和销售,现有员工2 000人,生产部门共1 400人,2017年资产负债表中列示存货14 000万元,其中原材料4 000万元,库存商品6 000万元,在产品2 000万元,存货跌价准备300万元。S公司设有生产及存货管理制度,对存货生产、收发、保存等都有相应规定。注册会计师陈磊受托进行2018年年度报表审计,对生产与存货循环进行内部控制测试。陈磊在检查中发现12月入库单遗失13 012号到13 200号,出库单遗失53 322号到53 330号;在抽查的入库单中有10张未见验收人签字。此外,会计部门未填写存货货龄分析表。

问题:S公司内部控制存在何种问题?在设计内控测试和实质性程序时,应如何考虑?

第一节　生产与存货循环概述

一、不同行业类型的存货性质

生产与存货循环的活动主要指由原材料转化为产成品的有关活动。在不同类型的行业,生产与存货循环有很大的差别。不同行业类型的存货性质如表12-1所示。

表 12-1　不同行业类型的存货性质

行业类型	存货性质
一般制造业	采购的原材料、易耗品和配件等，生成的半成品和产成品
贸易行业	从厂商、批发商或其他零售商处采购的商品

二、涉及的主要凭证与会计记录

本章以一般制造业企业为例进行介绍，表 12-2 针对生产与存货循环中的两个主要方面，即生产及成本核算和存货管理两个方面，分别简要列示了该循环通常涉及的财务报表项目、主要业务活动以及常见的主要凭证和会计记录。

表 12-2　生产与存货循环涉及的交易类别、财务报表项目、
主要业务活动及常见的主要凭证和会计记录汇总表

交易类别	涉及的财务报表项目	主要业务活动	常见的主要凭证和会计记录
生产	存货	计划和安排生产 发出原材料 生产产品和成本核算	生产通知单 原材料通知单 领料单 产量统计记录表 生产统计报告 入库单 材料费用分配表 工时统计记录表 人工费用分配汇总表 制造费用分配汇总表 存货明细账
存货管理	存货 营业成本 资产减值损失	产成品入库及存货保管 发出产成品 提取存货跌价准备	验收单 入库单 存货台账 盘点计划 盘点表单 盘点明细表 出库单 营业成本明细账 存货货龄分析表 可变现净值计算表

三、了解内部控制

对于一般制造业企业而言，生产和存货通常是重大的业务循环，注册会计师需要在审计计划阶段了解该循环涉及的业务活动及相关的内部控制。注册会计师通常通过实施下列程序，了解生产和存货循环的业务活动与相关内部控制：

（1）询问参与生产和存货循环各业务活动的被审计单位人员，一般包括生产部门、仓储部门、人事部门和财务部门的员工与管理人员。

（2）获取并阅读企业的相关业务流程图或内部控制手册等资料。

（3）观察生产和存货循环中特定控制的运用，如观察生产部门如何将完工产品移送入库并办理手续。

（4）检查文件资料，如检查原材料领料单、成本计算表、产成品出入库单等。

（5）实施穿行测试，即追踪一笔交易在财务报告信息系统中的处理过程，如选取某种产成品，追踪该产品制订生产计划、领料生产、成本核算、完工入库的整个过程。

四、主要业务活动和相关内部控制

在审计工作的计划阶段，注册会计师应当对生产与存货循环中的业务活动进行充分了解和记录，通过分析业务流程中可能发生重大错报的环节，进而识别和了解被审计单位为应对这些可能的错报而设计的相关控制，并通过诸如穿行测试等方法对这些流程和相关控制加以证实。

我们以一般制造型企业为例简要地介绍生产和存货循环通常涉及的主要业务活动及相关的内部控制。

生产与存货循环涉及的主要业务活动包括计划和安排生产、发出原材料、生产产品、核算产品成本、产成品入库及储存、发出产成品、存货盘点、计提存货跌价准备等。上述业务活动通常涉及生产计划部门、仓储部门、生产部门、人事部门、销售部门、货运部门、会计部门等。

（一）计划和安排生产

生产计划部门的职责是根据客户订购单或对销售预测和产品需求的分析来决定生产授权。生产计划部门如决定授权生产，即签发预先顺序编号的生产通知单。该部门通常应将发出的所有生产通知单顺序编号并加以记录控制。

对于计划和安排生产这项主要业务活动，有些被审计单位的内部控制要求根据经审批的月度生产计划书，由生产计划经理签发预先按顺序编号的生产通知单。

（二）发出原材料

仓储部门的责任是根据从生产部门收到的领料单发出原材料。领料单通常一式三联。仓库发料后，仓储部门将其中一联连同材料交给领料部门，一联留在仓库部门登记材料明细账，一联交会计部门进行材料收发核算和成本核算。

对于发出原材料这项主要业务活动，有些被审计单位的内部控制要求如下：

（1）领料单应当经生产主管批准，仓库管理员凭经批准的领料单发料。领料单一式三联，分别作为生产部门存根联、仓库联和财务联。

（2）仓库管理员应把领料单编号、领用数量、规格等信息输入计算机系统，经仓储经理复核并以电子签名方式确认后，系统自动更新材料明细台账。

（三）生产产品

生产部门在收到生产通知单及领取原材料后，据以执行生产任务。生产工人完成生产任务后，将完成的产品交生产部门查点，之后转交检验员验收并办理入库手续；或者将完成的产品移交下一个部门，做进一步加工。

（四）核算产品成本

为了正确核算并有效控制产品成本，一方面，生产过程中的各种记录、生产通知单、领料单、计工单、入库单等文件资料都要汇集到会计部门，由会计部门对其进行检查和核对，了解和控制生产过程中存货的实物流转；另一方面，会计部门要设置相应的会计账户，会同有关部门对生产过程中的成本进行核算和控制。

对于生产产品和核算产品成本这两项主要业务活动，有些被审计单位的内部控制要求如下：

（1）生产成本记账员应根据原材料领料单财务联，编制原材料领用日报表，与计算机系统自动生成的生产记录日报表核对材料耗用和流转信息；由会计主管审核无误后，生成记账凭证并过账至生产成本及原材料明细账和总分类账。

（2）生产部门记录生产各环节所耗用工时数，包括人工工时数和机器工时数，并将工时信息输入生产记录日报表。

（3）每月末，由生产车间与仓库核对原材料和产成品的转出与转入记录，如有差异，仓库管理员应编制差异分析报告，经仓储经理和生产经理签字确认后交会计部门进行调整。

（4）每月末，由计算机系统对生产成本中各项组成部分进行归集，按照预设的分摊公式和方法，自动将当月发生的生产成本在完工产品和在产品之间按比例分配；同时，将完工产品成本在各不同产品类别之间分配，由此生成产品成本计算表和生产成本分配表；由生产成本记账员编制成生产成本结转凭证，经会计主管审核批准后进行账务处理。

（五）产成品入库及储存

产成品入库必须由仓储部门先行点验和检查，之后签收。签收后，仓储部门将实际入库数量通知会计部门。

对于产成品入库和储存这项主要业务活动，有些被审计单位的内部控制要求如下：

（1）产成品入库时，质量检验员应检查并签发预先按顺序编号的产成品验收单，由生产小组将产成品送交仓库，仓库管理员应检查产成品验收单，并清点产成品数量，填写预先顺序编号的产成品入库单经质检经理、生产经理和仓储经理签字确认后，由仓库管理员将产成品入库单信息输入计算机系统，计算机系统自动更新产成品明细台账并与采购订购单编号核对。

（2）存货存放在安全的环境（如上锁、使用监控设备）中，只有经过授权的工作人员可以接触及处理存货。

（六）发出产成品

产成品的发出必须由独立的发运部门进行。发运部门装运产成品时必须持有经有关部门核准的发运通知单，并据此编制出库单。出库单一般一式四联，一联交仓储部门，一联由发运部门留存，一联送交客户，一联作为开发票的依据。

有些被审计单位可能设计以下内部控制要求：

（1）产成品出库时，由仓库管理员填写预先顺序编号的出库单，并将产成品出库单信息输入计算机系统，经仓储经理复核并以电子签名方式确认后，计算机系统自动更新产成品明细台账并与发运通知单编号核对。

（2）产成品装运发出前，由运输经理独立检查出库单、销售订购单和发运通知单，确定从仓库提取的商品附有经批准的销售订购单，并且所提取商品的内容与销售订购单一致。

（3）月末生产成本记账员根据计算机系统内状态为"已处理"的订购单数量，编制销售成本结转凭证，结转相应的销售成本，经会计主管审核批准后进行账务处理。

（七）存货盘点

管理人员编制盘点指令，安排适当人员对存货实物（包括原材料、在产品和产成品等所有存货类别）进行定期盘点，将盘点结果与存货账面数量进行核对，调查差异并进行适当调整。

对于盘点存货这项业务活动，有些被审计单位的内部控制要求如下：

（1）生产部门和仓储部门在盘点日前对所有存货进行清理和归整，便于盘点顺利进行。

（2）每一组盘点人员中应包括仓储部门以外的其他部门人员，即不能由负责保管存货的人员单独负责盘点存货，安排不同的工作人员分别负责初盘和复盘。

（3）盘点表和盘点标签事先连续编号，发放给盘点人员时登记领用人员，盘点结束后回收并清点所有已使用和未使用的盘点表与盘点标签。

（4）为防止存货被遗漏或重复盘点，所有盘点过的存货贴盘点标签，注明存货品名、数量和盘点人员，完成盘点前检查现场确认所有存货都已贴上盘点标签。

（5）仓储部门将不属于本单位的代其他方保管的存货单独堆放并做标识，将盘点期间需要领用的原材料或出库的产成品分开堆放并做标识。

（6）仓储部门汇总盘点结果，与存货账面数量进行比较，调查分析差异原因，并对认定的盘盈和盘亏提出账务调整，经仓储经理、生产经理、财务经理和总经理复核批准后入账。

（八）计提存货跌价准备

财务部门根据存货货龄分析表信息及相关部门提供的有关存货状况的信息，结合存货盘点过程中对存货状况的检查结果，对出现损毁、滞销、跌价等降低存货价值的情况进行分析计算，计提存货跌价准备。

对于计提存货跌价准备这项业务活动，有些被审计单位的内部控制要求如下：

（1）财务部门定期编制存货货龄分析表，管理人员复核该分析表，确定是否有必要对滞销存货计提存货跌价准备，并计算存货可变现净值，据此计提存货跌价准备。

（2）生产部门和仓储部门每月上报"残、次、冷、背"存货明细，采购部门和销售部门每月上报原材料和产成品最新价格信息，财务部门据此分析存货跌价风险并计提跌价准备，由财务经理和总经理复核批准并入账。

第二节 生产与存货循环的重大错报风险

一、生产与存货循环存在的重大错报风险

对存货年末余额的测试，通常是审计中最复杂也最费时的部分。对存货存在和存货价值的评估常常十分困难。相应地，实施存货项目审计的注册会计师应具备较高的专业素质和丰富的相关业务知识，分配较多的审计工时，运用多种有针对性的审计程序。

注册会计师必须对被审计单位的生产与存货循环的重大错报风险有一定认识，并详细了解被审计单位有关生产与存货核算和管理的内部控制是否能预防、检查和纠正重大错报风险，在此基础上设计并实施进一步审计程序，才能有效应对重大错报风险。

（一）存货审计复杂的主要原因

（1）存货通常是资产负债表中的一个主要项目，而且是构成营运资本的最大项目。

（2）存货往往存放于不同的地点，这使得对存货的实物控制和盘点都很困难。企业必须将存货置放于便于产品生产和销售的地方，但是这种分散也带来了审计的困难。

（3）存货项目的多样性也给审计带来了困难。例如，化学制品、宝石、电子元件以及其他的高科技产品。

（4）存货的陈旧以及成本分配也使得存货的估价存在困难。

（5）不同企业采用的存货计价方法存在多样性。

（二）导致存货重大错报风险的因素

1. 交易的数量和复杂性

一般制造业企业的交易数量庞大、业务复杂，这就增加了错误和舞弊的风险。

2. 成本核算的复杂性

一般制造业企业的成本核算比较复杂，虽然原材料和直接人工等直接成本的归集与分配比较简单，但间接费用的分配可能较为复杂，并且同一行业中的不同企业也可能采用不同的认定和计量基础。

3. 产品的多元化

产品存在多样化，这可能要求请专家来验证其质量、状况或价值。另外，计算库存存货数量的方法也可能是不同的。例如，计量煤堆、筒仓里的谷物或糖、黄金或贵重宝石、化工品和药剂产品的存储量的方法都可能不一样。

4. 某些存货项目的可变现净值难以确定

例如，价格受全球经济供求关系影响的存货，由于其可变现净值难以确定，因此会影响存货采购价格和销售价格的确定，并将影响注册会计师评估与存货计价和分摊认定有关的风险。

5. 将存货存放在很多地点

大型企业可能将存货存放在很多地点，并且可以在不同的地点之间配送存货，这将增加商品途中毁损或遗失的风险，或者导致存货在两个地点被重复列示，还可能产生转移定价的错误或舞弊。

6. 寄存的存货

有时候存货虽然还存放在企业，但可能已经不归企业所有；反之，企业的存货也可能被寄存在其他企业。

由于存货与企业各项经营活动的紧密联系，存货的重大错报风险往往与财务报表其他项目的重大错报风险紧密相关。例如，收入确认的错报风险往往与存货的错报风险共存，采购交易的错报风险往往与存货的错报风险共存，存货成本核算的错报风险往往与营业成本的错报风险共存等。

（三）存货重大错报风险影响的认定

（1）存货实物可能不存在。

（2）属于被审计单位的存货可能未在账面上反映。

（3）存货的所有权可能不属于被审计单位。

（4）存货的单位成本可能存在计算错误。

（5）存货的账面价值可能无法实现，即跌价损失准备的计提可能不充分。

二、根据重大错报风险评估结果设计进一步审计程序

注册会计师基于生产与存货循环的重大错报风险评估结果，制订实施进一步审计程序的总体方案，包括综合性方案和实质性方案（见表12-3），继而实施控制测试和实质性程序，以应对识别出的认定层次的重大错报风险。

表12-3　生产和存货循环的重大错报风险和进一步审计程序总体方案

重大错报风险描述	相关财务报表项目及认定	风险程度	是否信赖控制	进一步审计程序的总体方案	拟从控制测试中获取的保证程度	拟从实质性程序中获取的保证程度
存货实物可能不存在	存货存在	特别	是	综合性	中	高
存货单位成本可能存在计算错误	存货计价和分摊,营业成本准确性	一般	是	综合性	中	低
已销售产品成本可能没有准确结转至营业成本	存货计价和分摊,营业成本准确性	一般	是	综合性	中	低
存货的账面价值可能无法实现	存货计价和分摊	特别	否	实质性	无	高

然而，无论是采用综合性方案还是采用实质性方案，获取的审计证据都应当能够从认定层次应对所识别的重大错报风险，直至针对该风险涉及的全部相关认定都已获取了足够的保证程度。我们将在接下来的章节中，说明内部控制测试和实质性程序是如何通过"认定"与识别的重大错报风险相对应的。

第三节　生产与存货循环内部控制测试

一、生产与存货循环内部控制测试概述

当计划采用综合性方案时，注册会计师需要进行内部控制测试。表12-4以一般制造业企业为例，选取上述生产与存货循环的一些环节，说明注册会计师实施控制测试时常见的具体控制测试流程。

表12-4　生产与存货循环的风险及对应的控制测试程序

环节	可能发生错报（风险）	相关认定	内部控制测试程序
1. 发出原材料	原材料的发出可能未经授权	生产成本：发生	选取领料单，检查是否有生产主管的签字授权
2. 生产产品	生产工人的人工成本可能未得到准确反映	生产成本：准确性	所有员工有专属员工代码和部门代码，员工考勤记录计入相应员工代码。检查系统中员工的部门代码设置是否与其实际职责相符。询问并检查财务经理复核工资费用分配表的过程和记录
3. 核算产品成本	生产成本和制造费用在不同产品之间、在产品和产成品之间的分配可能不正确	存货：计价和分摊 营业成本：准确性	询问财务经理如何执行复核及调查。选取产品成本计算表及相关资料，检查财务经理的复核记录
4. 产成品入库及储存	已完工产品的生产成本可能没有转移到产成品中	存货：计价和分摊	询问和检查成本会计将产成品收发存报表和成本计算表进行核对的过程和记录
5. 发出产成品	销售发出的产成品可能没有准确转入营业成本	存货：计价和分摊 营业成本：准确性	检查系统设置的自动结转功能是否正常运行，成本结转方式是否符合公司成本核算政策。通常，财务经理和总经理每月对毛利率进行比较分析，对异常波动进行调查和处理。询问和检查其分析的过程和记录，并对异常波动的调查和处理结果进行核实
6. 存货盘点	存货可能被盗，因材料领用或产品销售未入账而出现账实不符	存货：存在	检查仓库与会计月末和年末的盘点表，检查签名是否齐全，及对差异结果的处理
7. 计提存货跌价准备	可能存在"残、次、冷、背"的存货，影响存货的价值	存货：计价和分摊 资产减值损失：完整性	询问财务经理识别减值风险并确定减值准备的过程，检查总经理的复核批准记录

二、关键控制的选择和测试

实施控制测试时，注册会计师应考虑被审计单位的实际情况进行选择和测试，不能千篇一律。一方面，被审计单位所处行业不同、规模不一、内部控制制度的设计和执行方式不同，以前期间接受审计的情况也各不相同；另一方面，受审计时间、审计成本的限制，注册会计师除了确保审计质量、审计效果外，还需要提高审计效率，尽可能地消除重复的测试程序，保证检查某一凭证时能够一次完成对该凭证的全部审计测试程序，并按最有效的顺序实施审计测试。因此，在审计实务工作中，注册会计师需要从实际出发，设计适合被审计单位具体情况的实用高效的控制测试计划。

另外，由于生产与存货循环和其他业务循环的紧密联系，生产与存货循环中某些审计程序，特别是对存货余额的审计程序，与其他相关业务循环的审计程序同时进行将更为有效。例如，原材料的采购和记录是作为采购与付款循环的一部分进行测试的，人工成本（包括直接人工成本和制造费用中的人工费用）是作为工薪循环的一部分进行测试的。因此，在对生产与存货循环的内部控制实施测试时，注册会计师要考虑其他业务循环的控制测试是否与本循环相关，避免重复测试。

第四节　生产与存货循环的实质性程序

221

在完成控制测试之后，注册会计师基于控制测试的结果（控制运行是否有效），确定从控制测试中已获得的审计证据及其保证程度，确定是否需要对具体审计计划中设计的实质性程序的性质、时间安排和范围做出适当调整。例如，如果控制测试的结果表明内部控制未能有效运行，注册会计师需要从实质性程序中获取更多的相关审计证据，注册会计师可以修改实质性程序的性质，如采用细节测试而非实质性分析程序、获取更多的外部证据等，或者修改实质性审计程序的范围，如扩大样本规模。

一、存货审计的内容与目标

（一）存货审计的内容

存货审计涉及数量和单价两个方面。

（1）针对存货数量的实质性程序主要是存货监盘（库存），包括对第三方保管（代管）的存货实施函证等程序，对在途存货检查相关凭证和期后入库记录等。

（2）针对存货单价的实质性程序包括对购买及生产成本（价值构成）的审计程序和对存货可变现净值（价值实现）的审计程序。

（二）存货审计的目标

（1）账面存货余额对应的实物是否真实存在。

（2）属于被审计单位的存货是否都已入账。

（3）存货是否属于被审计单位。

（4）存货单位成本的计量是否准确。

（5）存货的账面价值是否可以实现。

二、存货的一般审计程序

注册会计师应获取年末存货余额明细表，并执行以下工作：

（1）复核单项存货金额的计算（单位成本×数量）和明细表的加总计算是否准确。

（2）将本年末存货余额与上年末存货余额进行比较，总体分析变动原因。

注册会计师应实施实质性分析程序。存货的实质性分析程序中较常见的是对存货周转天数的实质性分析程序。其程序如下：

（1）根据对被审计单位的经营活动、供应商、贸易条件、行业惯例和行业现状的了解，确定存货周转天数的预期值。

（2）根据对本期存货余额组成、实际经营情况、市场情况、存货采购情况等的了解，确定可接受的差异额。

（3）计算实际存货周转天数和预期周转天数之间的差异。

（4）通过询问管理层和相关员工，调查存在重大差异的原因，并评估差异是否表明存在重大错报风险，是否需要设计恰当的细节测试程序以识别和应对重大错报风险。

三、存货监盘

注册会计师进行存货监盘的目的在于获取有关存货数量和状况的审计证据。如果存货对财务报表是重要的，注册会计师应当实施相应的审计程序，对存货的存在和状况获取充分、适当的审计证据。

（一）存货监盘计划

有效的存货监盘需要制订周密、细致的计划。为了避免误解并有助于有效地实施存货监盘，注册会计师通常需要与被审计单位就存货监盘等问题达成一致意见。因此，注册会计师首先应当充分了解被审计单位存货的特点、盘存制度和存货内部控制的有效性等情况，并在获取、审阅和评价被审计单位预定的盘点程序的基础上，编制存货监盘计划，对存货监盘做出合理安排。

1. 制订存货监盘计划应考虑的相关事项

（1）与存货相关的重大错报风险。存货通常具有较高水平的重大错报风险，影响重大错报风险的因素具体包括存货的数量和种类、成本归集的难易程度、陈旧过时的速度或易损坏程度、遭受失窃的难易程度。

（2）与存货相关的内部控制的性质。在制订存货监盘计划时，注册会计师应当了解被审计单位与存货相关的内部控制，并根据内部控制的完善程度确定进一步审计程序的性质、时间安排和范围。

（3）管理层对存货盘点是否制定了适当的程序，并下达了正确的指令。注册会计师一般需要复核或与管理层讨论其存货盘点程序。在复核或与管理层讨论其存货盘点程序时，注册会计师应当考虑下列主要因素，以评价其能否合理地确定存货的数量和状况：盘点的时间安排；存货盘点范围和场所的确定；盘点人员的分工及胜任能力；盘点前的会议及任务布置；存货的整理和排列，对毁损、陈旧、过时、残次及所有权不属于被审计单位的存货的区分；存货的计量工具和计量方法；在产品完工程度的确定方法；存放在外单位的存货的盘点安排；存货收发截止的控制；盘点期间存货移动的控制；盘点表单的设计、使用与控制；盘点结果的汇总以及盘盈或盘亏的分析、调查与处理。如果认为被审计单位的存货盘点程序存在缺陷，注册会计师应当提请被审计单位调整。

（4）存货盘点的时间安排。如果存货盘点在财务报表日以外的其他日期进行，注册会计师除实施存货监盘相关审计程序外，还应当实施其他审计程序，以获取审计证据，确定存货盘点日与财务报表日之间的存货变动是否已得到恰当的记录。

（5）被审计单位是否一贯采用永续盘存制。存货数量的盘存制度一般分为实地盘存制和永续盘存制。存货盘存制度不同，注册会计师需要做出的存货监盘安排也不同。如果被审计单位通过实地盘存制确定存货数量，则注册会计师要参加此种盘点。如果被审计单位采用永续盘存制，注册会计师应在年度中一次或多次参加盘点。

（6）存货的存放地点（包括不同存放地点的存货的重要性和重大错报风险），以确定适当的监盘地点。如果被审计单位的存货存放在多个地点，注册会计师可以要求被审计单位提供一份完整的存货存放地点清单（包括期末库存量为零的仓库、租赁的仓库以及第三方代被审计单位保管存货的仓库等），并考虑其完整性。

（7）是否需要专家协助。注册会计师可能不具备其他专业领域专长与技能。在确定资产数量或资产实物状况（如矿石堆），或者在收集特殊类别存货（如艺术品、稀有玉石、房地产、电子器件、工程设计等）的审计证据时，注册会计师可以考虑利用专家的工作。

2. 存货监盘计划的主要内容

（1）存货监盘的目标、范围以及时间安排。

①存货监盘的主要目标包括获取被审计单位资产负债表日有关存货数量和状况以及有关管理层存货盘点程序可靠性的审计证据，检查存货数量是否真实完整，是否归属被审计单位，存货有无毁损、陈旧、过时、残次和短缺等状况。

②存货监盘范围的大小取决于存货的内容、性质以及与存货相关的内部控制的完善程度和重大错报风险的评估结果。

③存货监盘的时间，包括实地察看盘点现场的时间、观察存货盘点的时间和对已盘点存货实施检查的时间等，应当与被审计单位实施存货盘点的时间相协调。

（2）存货监盘的要点及关注的事项。存货监盘的要点主要包括注册会计师实施存货监盘程序的方法、步骤，各个环节应注意的问题以及所要解决的问题。

注册会计师需要重点关注的事项包括盘点期间的存货移动、存货的状况、存货的截止确认、存货的各个存放地点及金额等。

（3）参加存货监盘人员的分工。注册会计师应当根据被审计单位参加存货盘点人员分工、分组情况、存货监盘工作量的大小和人员素质情况，确定参加存货监盘的人员组成以及各组成人员的职责和具体的分工情况，并加强督导。

（4）检查存货的范围。注册会计师应当根据对被审计单位存货盘点和对被审计单位内部控制的评价结果确定检查存货的范围。在实施观察程序后，如果认为被审计单位内部控制设计良好且得到有效实施，存货盘点组织良好，注册会计师可以相应缩小实施检查程序的范围。

（二）存货监盘程序

1. 评价管理层用以记录和控制存货盘点结果的指令和程序

注册会计师需要考虑这些指令和程序是否包括下列方面：

（1）适当控制活动的运用。例如，收集已使用的存货盘点记录，清点未使用的存货盘点表单，实施盘点和复盘程序。

（2）准确认定在产品的完工程度，流动缓慢（呆滞）、过时或毁损的存货项目以及第三方拥有的存货（如寄存货物）。

（3）在适用的情况下用于估计存货数量的方法，如可能需要估计煤堆的重量。

（4）对存货在不同存放地点之间的移动以及截止日前后出入库的控制。

2. 观察管理层制定的盘点程序的执行情况

例如，对存货盘点时及其前后的存货移动的控制程序的观察，有助于注册会计师获取有关管理层指令和程序是否得到适当设计与执行的审计证据。尽管盘点存货时最好能保持存货不发生移动，但在某些情况下存货的移动是难以避免的。如果在盘点过程中被审计单位的生产经营仍将持续进行，注册会计师应通过实施必要的检查程序，确定被审计单位是否已经对此设置了相应的控制程序，确保在适当的期间内对存货做出了准确记录。获取有关截止性信息（如存货移动的具体情况）的复印件，有助于日后对存货移动的会计处理实施审计程序。

（1）注册会计师一般应当获取盘点日前后存货收发及移动的凭证，检查库存记录与会计记录期末截止是否正确。

（2）在存货入库和装运过程中采用连续编号的凭证时，注册会计师应当关注盘点日前的最后编号。

（3）如果被审计单位使用运货车厢或拖车进行存储、运输或验收入库，注册会计师应当详细列出存货场地上满载和空载的车厢或拖车，并记录各自的存货状况。

3. 检查存货

在监盘中检查存货不一定确定存货的所有权，但有助于确定存货的存在以及识别过时、毁损或陈旧的存货。注册会计师应把所有过时、毁损或陈旧存货的详细情况记录下来。这既便于进一步追查这些存货的处置情况，也能为测试被审计单位存货跌价资金准备计提的准确性提供证据。

4. 执行抽盘

（1）抽查方向。注册会计师可以从存货盘点记录中选取项目追查至存货实物以及从存货实物中选取项目追查至盘点记录，以获取有关盘点记录准确性和完整性的审计证据。

（2）抽查范围。注册会计师应尽量避免让被审计单位事先了解抽盘的存货项目。

（3）处理差异。因为检查的存货通常仅是已盘点存货的一部分，所以在检查中发现的错误很可能意味着被审计单位的存货盘点还存在其他错误。一方面，注册会计师应查明原因，及时提请被审计单位更正；另一方面，注册会计师应考虑错误的潜在范围和重大程度，在可能的情况下，扩大检查范围以减少错误的发生。

5. 需要特别关注的情况

（1）存货盘点范围。在盘点存货前，注册会计师应当观察盘点现场，确定应纳入盘点范围的存货是否已经适当整理和排列，并附有盘点标识，防止遗漏或重复盘点。对未纳入盘点范围的存货，注册会计师应当查明未纳入的原因。

（2）所有权不属于被审计单位的存货。对所有权不属于被审计单位的存货，注册会计师应取得其规格、数量等有关资料，观察这些存货实际存放情况，确定是否已单独存放、标明，且未被纳入盘点范围。

即使被审计单位声明不存在受托代存存货，注册会计师在存货监盘时也应当关注是否存在某些存货不属于被审计单位的迹象，以避免盘点范围不当。

（3）对特殊类型存货的监盘。在审计实务中，注册会计师应当根据被审计单位所处行业的特点、存货的类别和特点以及内部控制等具体情况，并在通用的存货监盘程序基础上，设计特殊类型存货监盘程序（见表12-5）。

表12-5　特殊类型存货监盘程序

存货类型	盘点方法与潜在问题	可供实施的审计程序
木材、钢筋盘条、管子	通常无标签，但在盘点时会做上标记或用粉笔标识。 难以确定存货的数量或等级	检查标记或标识。 利用专家或被审计内部有经验人员的工作
堆积型存货（如糖、煤、钢废料）	通常既无标签也不做标记。在估计存货数量时存在困难	运用工程估测、几何计算、高空勘测，并依赖详细的存货记录
使用磅秤测量的存货	在估计存货数量时存在困难	在监盘前和监盘过程中都应检验磅秤的精准度，并留意磅秤的位置移动与重新调校程序。将检查和重新称量程序相结合。检查称量尺度的换算问题
散装物品（如贮窖存货，使用桶、箱、罐、槽等容器储存的液体、气体、谷类粮食、流体存货等）	在盘点时通常难以识别和确定。 在估计存货数量时存在困难。 在确定存货质量时存在困难	使用容器进行监盘或通过预先编号的清单列表加以确定。 使用浸蘸、测量棒、工程报告以及依赖永续存货记录。 选择样品进行化验与分析，或利用专家的工作
贵金属、石器、艺术品、收藏品	在存货辨认与质量确定方面存在困难	选择样品进行化验与分析，或者利用专家的工作
生产纸浆用木材、牲畜	在存货辨认与数量确定方面存在困难。可能无法对此类存货的移动实施控制	通过高空摄影以确定其存在性，对不同时点的数量进行比较，并依赖永续存货记录

6. 存货监盘结束时的工作

存货盘点结束前，注册会计师应当做好以下几个方面的工作：

（1）再次观察盘点现场，以确定所有应纳入盘点范围的存货是否都已盘点。

（2）取得并检查已填用、作废以及未使用盘点表单的号码记录，确定其是否连续编号，查明已发放的表单是否都已收回，并与存货盘点的汇总记录进行核对。

（3）如果存货盘点日不是资产负债表日，注册会计师应当实施适当的审计程序，确定盘点日与资产负债表日之间存货的变动是否已得到恰当的记录。

注册会计师可以实施的程序示例包括：

（1）比较盘点日和财务报表日之间的存货信息以识别异常项目，并对其执行适当的审计程序（如实地查看等）。

（2）对存货周转率或存货销售周转天数等实施实质性分析程序。

（3）对盘点日至财务报表日之间的存货采购和存货销售分别实施双向检查。例如，注册会计师对存货采购从入库单查至其相应的永续盘存记录及从永续盘存记录查至其相应的入库单等支持性文件，对存货销售从货运单据查至其相应的永续盘存记录及从永续盘存记录查至其相应的货运单据等支持性文件。

（4）测试存货销售和采购在盘点日和财务报表日的截止是否正确。

7. 特殊情况的处理

（1）存货盘点日不是资产负债表日。注册会计师应当实施适当的审计程序，确定盘点日与资产负债表日之间存货的变动是否已得到恰当的记录。注册会计师可以实施的程序如下：

①比较盘点日和财务报表日之间的存货信息以识别异常项目，并对其执行适当的审计程序。

②对存货周转率或存货销售周转天数等实施实质性分析程序。

③对盘点日至财务报表日之间的存货采购和存货销售分别实施双向检查。

④测试存货销售和采购在盘点日与财务报表日的截止是否正确。

（2）在存货盘点现场实施存货监盘不可行。如果在现场进行存货监盘不可行，注册会计师应实施替代审计程序，以获取有关存货的存在和状况的充分、适当的审计证据，如检查盘点日后出售、盘点日之前取得或购买的特定存货的文件记录。如果无法实施替代程序或替代程序不可行，注册会计师应考虑按规定发表非无保留审计意见。

（3）因不可预见的情况导致无法实施现场监盘。如果因不可预见情况无法在存货盘点现场实施监盘，注册会计师应当另择日期监盘，并对间隔期内的交易实施审计程序。

（4）由第三方保管或控制的存货。如果由第三方保管或控制的存货对财务报表是重要的，注册会计师应实施下列一项或两项审计程序，以获取该存货存在状况的充分、适当的审计证据：

①有被审计单位存货的第三方函证存货的数量和状况。

②实施检查或其他适合具体情况的审计程序。

其他审计程序包括：

①实施或安排其他注册会计师实施对第三方的存货监盘。

②获取其他注册会计师或服务机构注册会计师针对用以保证存货得到恰当盘点和保管的内部控制的适当性而出具的报告。

③检查与第三方持有的存货相关的文件记录，如仓储单。

④当存货被作为抵押品时，要求其他机构或人员进行确认。

⑤考虑由第三方保管存货的商业理由的合理性，检查被审计单位和第三方所签署的存货保管协议的相关条款、复核被审计单位调查以及评价第三方工作的程序等。

四、存货计价测试

存货监盘程序主要是对存货的数量进行测试。为验证财务报表上存货余额的真实性，注册会计师还应当对存货的计价进行审计。

存货计价测试包括存货单位成本测试与存货跌价损失准备测试两个方面。

（一）存货单位成本测试

1. 原材料的单位成本测试

注册会计师通常基于企业的原材料计价方法（如先进先出法、加权平均法等），结合原材料的历史购买成本，测试其账面成本是否准确，测试程序包括核对原材料采购的相关凭证（主要是与价格相关的凭证，如合同、采购订单、发票等）以及验证原材料计价方法的运用是否正确。

2. 产成品和在产品的单位成本测试

针对产成品和在产品的单位成本，注册会计师需要对成本核算过程实施测试，包括测试直接材料成本、直接人工成本、制造费用和生产成本在当期完工产品与在产品之间分配四项内容。

（1）直接材料成本测试。对采用定额单耗的企业，注册会计师可以选择某一成本报告期若干种具有代表性的产品成本计算单，获取样本的生产指令或产量统计记录及其直接材料单位消耗定额，根据材料明细账或采购业务测试审计工作底稿中各该直接材料的单位实际成本，计算直接材料的总消耗量和总成本，与该样本成本计算单中的直接材料成本核对。

对未采用定额单耗的企业，注册会计师可以获取材料费用分配汇总表、材料发出汇总表（或领料单）、材料明细账（或采购业务测试审计工作底稿）中各项直接材料的单位成本，做如下检查：成本计算单中直接材料成本与材料费用分配汇总表中该产品负担的直接材料费用是否相符，分配标准是否合理；将抽取的材料发出汇总表或领料单中若干种直接材料的发出总量和各该种材料的实际单位成本之积，与材料费用分配汇总表中各该种材料费用进行比较。

对采用标准成本法的企业，注册会计师可以获取样本的生产指令或产量统计记录、直接材料单位标准用量、直接材料标准单价以及发出材料汇总表或领料单，检查下列事项：根据生产量、直接材料单位标准用量和标准单价计算的标准成本与成本计算单中的直接材料成本核对是否相符；直接材料成本差异的计算与账务处理是否正确。

（2）直接人工成本测试。对采用计时工资制的企业，注册会计师应获取样本的实际工时统计记录、员工分类表和员工工薪手册（工资率）及人工费用分配汇总表，做如下检查：成本计算单中直接人工成本与人工费用分配汇总表中该样本的直接人工费用核对是否相符；样本的实际工时统计记录与人工费用分配汇总表中该样本的实际工时核对是否相符；抽取生产部门若干天的工时台账与实际工时统计记录核对是否相符。当没有实际工时统计记录时，注册会计师应根据员工分类表及员工工薪手册中的工资率，计算复核人工费用分配汇总表中该样本的直接人工费用是否合理。

对采用计件工资制的企业，注册会计师应获取样本的产量统计报告、个人（小组）产量记录和经批准的单位工薪标准或计件工资制度，检查下列事项：根据样本的统计产量和单位工薪标准计算的人工费用与成本计算单中直接人工成本核对是否相符；抽取若干个直接人工（小组）的产量记录，检查是否被汇总计入产量统计报告。

对采用标准成本法的企业，注册会计师应获取样本的生产指令或产量统计报告、工时统计报告和经批准的单位标准工时、标准工时工资率、直接人工的工薪汇总表等资料，检查下列事项：根据产量和单位标准工时计算的标准工时总量与标准工时工资率之积同成本计算单中直接人工成本核对是否相符；直接人工成本差异的计算与账务处理是否正确，并注意直接人工的标准成本在当年内有无重大变更。

（3）制造费用测试。注册会计师应获取样本的制造费用分配汇总表、按项目分列的制造费用明细账与制造费用分配标准有关的统计报告以及其相关原始记录，做如下检查：制造费用分配汇总表中，样本分担的制造费用与成本计算单中的制造费用核对是否相符；制造费用分配汇总表的合计数与样本所属成本报告期的制造费用明细账总计数核对是否相符；制造费用分配汇总表选择的分配标准（机器工时数、直接人工工资、直接人工工时数、产量等）与相关的统计报告或原始记录核对是否相符，并对费用分配标准的合理性做出评估。如果企业采用预计费用分配率分配制造费用，注册会计师应针对制造费用分配过多或过少的差额，检查其是否做了适当的账务处理。如果企业采用标准成本法，注册会计师应检查样本中标准制造费用的确定是否合理，计入成本计算单的数额是否正确，制造费用差异的计算与账务处理是否正确，并注意标准制造费用在当年度内有无重大变更。

（4）生产成本在当期完工产品与在产品之间分配的测试。注册会计师应检查成本计算单中在产品数量与生产统计报告或在产品盘存表中的数量是否一致；检查在产品约当产量计算或其他分配标准是否合理；计算复核样本的总成本和单位成本。

（二）存货跌价损失准备测试

注册会计师应充分关注管理层对存货可变现净值的确定及存货跌价准备的计提。

1. 识别需要计提跌价损失准备的存货项目

（1）注册会计师可以通过询问管理层和相关部门员工，了解被审计单位如何收集有关滞销、过时、陈旧、毁损、残次存货的信息并为之计提必要的跌价损失准备。

（2）如果被审计单位编制存货货龄分析表，注册会计师可以通过审阅分析表识别滞销或陈旧的存货。

（3）注册会计师应结合存货监盘过程中检查存货状况而获取的信息，以判断被审计单位的存货跌价损失准备计算表是否有遗漏。

2. 检查可变现净值的计量是否合理

在存货计价审计中，由于被审计单位对期末存货采用成本与可变现净值孰低的方法计价，因此注册会计师应充分关注其对存货可变现净值的确定及存货跌价准备的计提。

可变现净值是指企业在日常活动中，存货的估计售价减去至完工时估计将要发生的成本、估计的销售费用以及相关税费后的金额。企业确定存货的可变现净值，应当以取得的确凿证据为基础，并考虑持有存货的目的以及资产负债表日后事项的影响等因素。

本章小结

首先，本章介绍生产与存货循环中的主要业务活动，以便于学生学习控制测试流程。其次，在开展生产与存货循环审计工作前，注册会计师应先进行风险评估，对被审计单位可能存在的重大错报风险进行了解，并设计审计方案。再次，在控制测试时，注册会计师应注意选择关键控制环节进行测试；在实质性程序中，注册会计师应注意掌握对存货的数量与计价两方面不同的取证方法。对存货监盘工作量大、涉及工作人员多，注册会计师应注意整体把控，事前计划、事中控制、事后复核都要谨慎进行。注册会计师应在计价测试时应注意结合不同企业所采用的不同的计价方法进行检查，并注意是否符合一贯性原则。最后，注册会计师应对存货跌价准备，并注意结合监盘等多方证据进行检查。

本章思维导图

本章思维导图如图 12-1 所示。

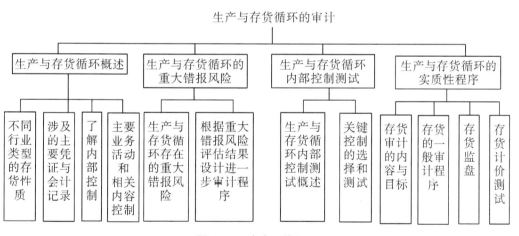

图 12-1　本章思维导图

第十三章
销售与收款循环审计

学习目标

1. 熟悉销售与收款循环的业务流程。
2. 掌握销售与收款循环存在的重大错报风险。
3. 掌握销售与收款循环的审计目标。
4. 熟悉销售与收款循环的审计测试逻辑。
5. 掌握销售与收款循环相关的控制测试和实质性程序。

案例导入

ABC公司是一家生产日用品的公司，并向全国各地的各种客户（包括大型超市、小型零售商以及个人客户）销售。ABC公司拥有一个大型制造厂、三个大型仓库和一个总部。日用品一经生产，就储存在其中一个仓库里，直到送抵客户。客服人员接到电话订单时先把订单信息写在一张白纸上，之后再手动输入订单系统中，由系统生成正式的订单。在输入订单前，客服人员需向仓库确认一下是否有货，如果缺货，则给客户回电话取消订单。另一种方式是网上订单。客户直接在网上下单，下单后系统自动生成正式的销售订单，订单网站链接公司的库存状况，系统会自动检查是否有货，有货状态下方可成功下单，但是订单可以超过客户的信用额度20%。销售订单生成后，系统按客户地址对订单进行排序。为完成2018年销售额增长30%的目标，公司决定对当年所有客户（包括新增客户）不需经过信用审核即可赊销。销售订单生成后，系统自动生成的发货清单和按顺序编号的发货单（GDN）传送到仓库。仓库根据发货清单中将货物打包，并同时负责货物发运。货物发送后，系统将一份GDN副本发送给总部，由开票员工根据GDN和价目表开具连续编号的销售发票，公司有一份价目表，每三年更新一次。较大的客户可以享受折扣，由开票员工在开具发票时手动输入折扣比例。发票开具后，由专人在当天把发票送到会计部，如果当天的发票数量较少则与下一天的发票一起送，会计人员根据销售发票记账。

问题：（1）ABC公司的销售业务流程中是否存在控制缺陷？有哪些控制缺陷？

（2）这些控制缺陷该如何改善？

第一节　了解销售与收款业务流程及风险评估

一、销售与收款循环业务流程

销售与收款循环业务流程如图 13-1 所示。

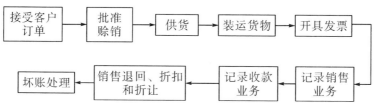

图 13-1　销售与收款循环业务流程

（一）接受客户订单

客户提出订货要求是整个销售与收款循环的起点，客户的订购单只有在符合企业管理层的授权标准时才能被接受，通常由销售单管理部门的主管来决定是否同意销售，批准了客户订购单之后，销售单管理部门根据审批后的客户订购单编制连续编号的销售单。销售单是证明管理层有关销售交易的"发生"认定的凭据之一，也是此笔销售的交易轨迹的起点之一。

（二）批准赊销

赊销业务需经过信用管理部门根据管理层的赊销政策在每个客户的已授权的信用额度内进行审核。企业的信用管理部门通常应对每个新客户进行信用调查，包括获取信用评审机构对客户信用等级的评定报告。无论是否批准赊销，都要求被授权的信用管理部门人员在销售单上签署意见，然后再将已签署意见的销售单送回销售单管理部门。信用批准控制的目的是降低坏账风险，因此这些控制与应收账款账面余额的"计价和分摊"认定有关。

（三）供货

已获批准的销售单的一联送到仓库，仓库按销售单供货，并编制连续编号的出库单。设立这项控制程序的目的是防止仓库在未经授权的情况下擅自发货。

（四）装运货物

发运部门按经批准的销售单装运货物。发运部门与仓储部门的职责应当分离，有助于避免负责装运货物的职员在未经授权的情况下装运产品。

（五）开具发票

开具账单部门开具并向客户寄送事先连续编号的销售发票。开具账单部门职员需注意：在编制每张销售发票之前，独立检查是否存在发运凭证和相应的经批准的销售单；依据已授权批准的商品价目表开具销售发票；独立检查销售发票计价和计算的正确性；将发运凭证上的商品总数与相对应的销售发票上的商品总数进行比较。

（六）记录销售业务

会计部门根据附有有效装运凭证、销售单的销售发票记录销售业务。在手工会计系统中，记录销售的过程包括区分赊销、现销，按销售发票编制转账凭证或现金、银行存款收款凭证，再据以登记销售明细账和应收账款明细账或库存现金、银行存款日记账。

（七）记录收款业务

处理货币资金收入时最重要的是要保证全部货币资金都必须如数、及时地记入库存现金、银行存款日记账或应收账款明细账，并如数、及时地将现金存入银行。

（八）销售退回、折扣和折让

客户如果对商品不满意，销售企业一般都会接受退货，或者给予一定的销售折让。客户如果提前支付货款，销售企业可能会给予一定的销售折扣。发生此类事项时，销售企业必须经授权批准，并应确保与办理此类事项有关的部门和职员各司其职，分别控制实物和进行会计处理。

（九）坏账处理

根据应收账款可回收性计提足额的坏账准备，提取的数额必须能够抵补企业以后无法收回的销货款，若客户因经营不善、宣告破产、死亡等原因而不支付货款，销售企业认为某项货款再也无法收回，就必须注销这笔货款，经适当审批后及时进行会计调整。

销售与收款循环涉及的主要业务活动、凭证、重要控制以及相关认定如表 13-1 所示。

表 13-1 销售与收款循环涉及的主要业务活动、凭证、重要控制以及相关认定

主要业务活动	涉及凭证及记录	相关主要部门	重要控制	主要涉及的认定
1. 接受客户订单	客户订货单、销售单	销售部门	①客户订单已被授权审批；②销售单连续编号	营业收入"发生"认定、"完整性"认定
2. 批准赊销	销售单	信用管理部门	①信用管理部门与销售部门职责分离；②信用审核后，信用管理部门经理在销售单上签字	应收账款的"计价和分摊"认定
3.（按销售单）供货	出库单（销售单）	仓储部门	①根据已批准的销售单供货；②编制连续编号的出库单	营业收入"发生"认定、"完整性"认定
4.（按销售单）装运货物	（销售单）发运凭证	装运部门	①装运部门与仓储部门的职责分离；②装运部门按经批准的销售单装运货物；③（企业设立自己的装运部门情况下）发运凭证连续编号	营业收入"发生"认定、"完整性"认定

表13-1(续)

主要业务活动	涉及凭证及记录	相关主要部门	重要控制	主要涉及的认定
5. 开具发票	（销售单、发运凭证）、商品价目表、销售发票	开票部门（或岗位）	①根据发运凭证、相应的经批准的销售单以及已授权批准的商品价目表开具销售发票；②发票事先连续编号；③独立检查销售发票计价和计算的正确性	营业收入的"发生"认定、"完整性"认定、"准确性"认定
6. 记录销售业务	销售发票、明细账、收款凭证、转账凭证、顾客月末对账单	会计部门	①记录销售的职责应与处理销售交易的其他职责相分离；②只依据附有有效装运凭证、销售单的销售发票记录销售业务；③定期独立检查应收账款的明细账与总账的一致性；④定期向客户寄送对账单	营业收入的"发生"认定、"完整性"认定、"准确性"认定
7. 办理和记录现金及银行存款收入	汇款通知书、收款凭证、现金日记账、银行存款日记账	会计部门	①关注货币资金失窃的可能性；②收取货款与记录货款的职责分离	银行存款"完整性"认定、应收账款"存在"认定
8. 办理和记录销货退回	贷项通知书、入库单	会计部门、仓库	①必须授权批准；②控制实物流；③根据有效的贷项通知书和入库单做会计处理；	应收账款"存在"认定、"计价和分摊"认定、营业收入"发生"认定、"完整性"认定、存货"存在"认定、"完整性"认定等
9. 注销坏账	坏账审批表	赊销部门、会计部门	①获取货款无法收回的确凿证据；②适当审批	应收账款的"计价和分摊"认定
10. 提取坏账准备	应收账款账龄分析表	会计部门	坏账准备提取数额必须能抵补企业以后无法收回的货款	应收账款的"计价和分摊"

233

二、销售与收款循环存在的重大错报风险

销售与收款循环涉及的财务报表项目包括营业收入、应收账款、应收票据、预收账款、长期应收款、应交税费、税金及附加等，主要项目是营业收入和应收账款。以一般制造业企业为例，销售与收款循环存在的重大错报风险主要包括以下几项：

（1）收入的舞弊风险。收入是利润的来源，直接关系到企业的财务状况和经营成果。有的企业为了隐瞒真实的盈利情况，通过虚增（应收账款的"存在"认定、营业收入的"发生"认定）或隐匿（应收账款、营业收入的"完整性"认定）收入来粉饰财务报表。在财务报表舞弊案件中，收入确认往往是注册会计师审计的高风险领域。

（2）收入的复杂性导致容易出现错误。由于有的企业产品的特殊性或销售方式特殊性，因此管理层可能对这些特殊情况下涉及的交易风险缺乏经验判断，收入确认上就容易出现错误。

（3）销售交易可能未计入正确的会计期间，尤其是报表日前后期间发生的销售交易。处理不及时或错误及其他因素使得销售交易未确认于正确的会计期间，从而导致财务报表上列报的收入金额存在高估或低估的可能性。另外，销售退回可能未得到恰当会计处理出现截止性问题。

（4）发生的销售交易未能得到准确的记录。例如，被审计单位未按照经过授权批准的商品价目表上的单价、未仔细核对发运凭证上记录的实际发货数量开具发票、计算错误等原因导致收入入账金额不正确。

（5）可能未计入恰当的会计账户。把属于营业收入性质的销售交易计入了营业外收入账户，或者把不属于营业收入性质的交易计入了营业收入账户，导致分类错误。

（6）应收账款坏账准备计提不正确。

（7）应收账款存在质押、贴现或者已出售的情况却没有恰当的列报和披露。

第二节　销售与收款循环的审计测试

一、涉及的财务报表项目和认定

销售与收款循环涉及的主要财务报表项目和认定如表 13-2 所示。

表 13-2　销售与收款循环涉及的主要财务报表项目和认定

认定类别	具体认定
与交易或事项相关的认定	发生：所有已记录的销售交易都已发生并与被审计单位相关
	完整：本会计年度所有已发生的销售交易都已记录
	准确：与销售交易相关的金额都得到恰当的记录
	截止：所有销售交易都记录在正确的会计期间
	分类：所有销售交易都记录于恰当的会计账户
	列报和披露：所有销售交易和事项都已得到恰当的列报和披露

表13-2(续)

认定类别	具体认定
与账户余额相关的认定	存在：记录的应收账款都是真实存在的
	权利和义务：被审计单位记录的应收账款是其拥有或控制的
	完整：所有应当记录的应收账款都已记录
	计价和分摊：所有应收账款的金额都得到恰当记录
	列报和披露：所有应收账款余额已得到恰当的列报和披露

二、常用的审计测试程序

常用的控制测试和实质性程序如表 13-3 所示。

表 13-3 常用的控制测试和实质性程序

认定	常用的控制测试	常用的实质性程序
销售交易的"发生"、应收账款的"存在"	检查发票是否附有发运凭证及销售单（或客户订购单）；检查客户的赊购是否经过授权批准；询问是否寄发对账单，并检查其顾客的回函档案	追查主营业务收入明细账中的分录至销售发票及发运凭证；将发运凭证与存货永续记录中的发运分录进行核对；复核主营业务收入总账、明细账以及应收账款明细账；对应收账款执行函证程序
销售交易、应收账款的"完整性"	检查发运凭证是否连续编号；检查销售发票是否连续编号；检查未处理订单是否有序管理	追查发运凭证、销售发票至主营业务收入明细账和应收账款明细账中的分录；将本年的毛利率与上一年以及行业平均水平进行比较，并调查分析重大异常；核对主营业务收入或应收账款明细账至总账；核对客户对账单回函与被审计单位的会计记录
销售交易的"准确性"	检查销售发票是否有复核人签字；检查对账单是否定期寄出；观察发票开具过程，确认开票人是否仔细核对商品价目表和发运凭证后开票	抽选部分销售发票进行核对至商品价目表的单价和发运凭证的商品数量，并重新计算开票金额，确认金额计算的准确性；复核加计主营业务收入明细账金额，并核对至总账金额；将本年度营业收入总额与上一年以及行业平均水平进行比较，并调查分析重大异常；复核应收账款借方累计发生额与主营业务收入关系是否合理

235

表13-3(续)

认定	常用的控制测试	常用的实质性程序
应收账款的"计价和分摊"	检查商品价目表是否适时更新并经过适当批准; 检查赊销是否经过授权批准; 询问是否定期做应收账款账龄分析,根据具体情况计提坏账准备	追查主营业务收入明细账中的记录至销售发票; 追查销售发票上的详细信息至发运凭证、经批准的商品价目表和客户订购单; 将本期坏账准备计提额与上期进行对比分析,并调查分析重大异常; 检查坏账的冲销和转回是否属实,是否经过授权批准,有关会计处理是否正确; 计算应收账款周转率、周转天数等指标,与上期数、行业同期指标进行对比,并调查分析重大异常; 复核加计应收账款明细账,并核对至总账,检查是否相符
销售交易的"分类"	询问被审计单位是否适时复核和更新账户列表; 检查有关凭证上内部复核和检查的标记	抽取部分会计分录,结合原始凭证内容,检查会计科目是否适当; 检查有无特殊的销售行为,如附有销售退回条件的商品销售、委托代销、售后回购、以旧换新、商品需要安装和检验的销售、分期收款销售、出口销售、售后租回等,选择恰当的审计程序进行审核
销售交易的"截止"	询问被审计单位人员装运凭证是否每天及时送达开票部门开票,销售发票是否每天及时送达会计部门记录	抽取报表日前后一段时间的销售交易凭证,检查装运凭证、销售发票以及记账凭证三者的日期是否同属一个会计期间
列报和披露	—	检查财务报表上销售与收款循环相关的交易和账户余额是否符合企业会计准则的披露要求,如果被审计单位是上市公司,还需检查其披露是否符合证券监管部门的特别规定

三、主要实质性程序

(一) 应收账款的主要实质性程序

应收账款余额审计一般包括应收账款账面余额审计和相应的坏账准备审计两部分。

(1) 向被审计单位获取或编制应收账款明细表。注册会计师应复核加计检查是否正确,并与总账数和明细账合计数核对是否相符;结合坏账准备科目与报表数核对是否相符；检查非记账本位币应收账款的折算汇率及折算是否正确；分析有贷方余额的项目，查明原因，必要时，建议做重分类调整；结合其他应收款、预收款项等往来项目的明细余额，调查有无同一客户多处挂账、异常余额或与销售无关的其他款项（如代销账户、关联方账户或员工账户）；如有，应做出记录，必要时提出调整建议。

（2）对应收账款执行分析程序。

①注册会计师应复核应收账款借方累计发生额与主营业务收入关系是否合理，并将当期应收账款借方发生额占主营业务收入净额的百分比与管理层考核指标和被审计单位相关赊销政策比较，分析是否存在重大异常并查明原因。

②注册会计师应计算应收账款周转率、应收账款周转天数等指标，并与被审计单位相关赊销政策、被审计单位以前年度指标、同行业同期相关指标对比，分析是否存在重大异常并查明原因。

（3）检查应收账款账龄分析是否正确。应收账款的账龄通常是指资产负债表中的应收账款从销售实现、产生应收账款之日起，至资产负债表日止所经历的时间。应收账款账龄分析表的合计数减去已计提的相应坏账准备后的净额，应该等于资产负债表中的应收账款项目余额。

（4）对应收账款实施函证程序。应收账款函证程序是注册会计师就资产负债表日未结算的应收账款余额直接向被审计单位的客户获取书面确认。这个程序主要证实应收账款余额的存在、权利和义务认定。

①函证决策。除非有充分证据表明应收账款对被审计单位财务报表而言是不重要的，或者函证很可能是无效的，否则注册会计师应当对应收账款进行函证。

②函证范围。注册会计师不需要对被审计单位所有应收账款进行函证。函证数量的大小、范围由应收账款在全部资产中的重要程度、被审计单位内部控制的有效性、以前期间的函证结果等因素决定。一般情况下，注册会计师应选择以下项目作为函证对象：大额或账龄较长的项目；与债务人发生纠纷的项目；重大关联方项目；主要客户（包括关系密切的客户）；新增客户项目；交易频繁，但期末余额较小甚至为零的项目；可能产生重大错报或舞弊的非正常的项目。

③函证方式。函证方式分为积极的函证方式和消极的函证方式。注册会计师可以采用积极的函证方式或消极的函证方式实施函证，也可将两种方式结合使用。

④函证时间。注册会计师通常以资产负债表日为截止日，在资产负债表日后适当时间内实施函证。

⑤函证的控制。注册会计师通常利用被审计单位提供的应收账款明细账户名称及客户地址等资料据以编制询证函，但注册会计师应当对确定需要确认或填列的信息、选择适当的被询证者、设计询证函以及发出和跟进（包括收回）询证函等方面保持控制。

⑥对不符事项的处理。收回的询证函若有差异，注册会计师要进行分析，查找原因，确定是否构成错报。如果不符事项构成错报，注册会计师应当评价该错报是否表明存在舞弊，并重新考虑所实施审计程序的性质、时间和范围。

对应收账款而言，登记入账的时间不同而产生的不符事项主要表现为：询证函发出时，债务人已经付款，而被审计单位尚未收到货款；询证函发出时，被审计单位的货物已经发出并已做销售记录，但货物仍在途中，债务人尚未收到货物；债务人由于某种原因将货物退回，而被审计单位尚未收到；债务人对收到的货物的数量、质量及价格等方面有异议而全部或部分拒付货款等。

⑦对函证结果的总结和评价。重新考虑对内部控制的原有评价是否适当，控制测试的结果是否适当，分析程序的结果是否适当，相关的风险评价是否适当等。

如果函证结果表明没有审计差异，注册会计师可以合理地推论，全部应收账款总体是正确的。

如果函证结果表明存在审计差异，则应当估算应收账款总额中可能出现的累计差错是多少，估算未被选中进行函证的应收账款的累计差错是多少。为取得对应收账款累计差错更加准确的估计，注册会计师也可以进一步扩大函证范围。

注册会计师应当将询证函回函作为审计证据，纳入审计工作底稿管理，询证函回函的所有权归属所在会计师事务所。

（5）对未函证的应收账款实施替代审计程序。注册会计师应抽查有关原始凭据，如销售合同、销售订购单、销售发票副本、发运凭证及回款单据等，以验证与其相关的应收账款的真实性。

（6）检查坏账的确认和处理。

①取得或编制坏账准备明细表，复核加计是否正确，与坏账准备总账数、明细账合计数核对是否相符。

②将应收账款坏账准备本期计提数与资产减值损失相应明细项目的发生额核对是否相符。

③检查应收账款坏账准备计提和核销的批准程序，取得书面报告等证明文件，评价计提坏账准备依据的资料、假设以及方法。

（7）检查是否有不属于结算业务的债权。不属于结算业务的债权，不应在应收账款中进行核算。

（8）检查应收账款的所有权和控制权情况。被审计单位存在贴现、质押或出售等情况不具有所有权或者控制权的应收账款不能确认为其应收账款。

（9）确定应收账款的列报是否恰当。

（二）主营业务收入的主要实质性程序

（1）实施实质性分析程序。

①注册会计师应将本期的主营业务收入与上期的主营业务收入、销售预算或预测数等进行比较，分析主营业务收入及其构成的变动是否异常，并调查异常变动的原因。

②注册会计师应计算本期重要产品的毛利率，与上期或预算、预测数据比较，检查是否存在异常，各期之间是否存在重大波动，并查明原因。

③注册会计师应比较本期各月各类主营业务收入的波动情况，分析其变动趋势是否正常，是否符合被审计单位季节性、周期性的经营规律，查明异常现象和重大波动的原因。

④注册会计师应将本期重要产品的毛利率与同行业企业进行对比，分析是否存

在重大异常并查明原因。

（2）实施检查程序。

①注册会计师应获取产品价格目录，抽查售价是否符合价格政策，并注意销售给关联方或关系密切的重要客户的产品价格是否合理，有无以低价或高价结算的方法相互之间转移利润的现象。

②注册会计师应抽取本期一定数量的发运凭证，审查存货出库日期、品名、数量等是否与销售发票、销售合同、记账凭证等一致。

③注册会计师应抽取本期一定数量的记账凭证，审查入账日期、品名、数量、单价、金额等是否与销售发票、发运凭证、销售合同等一致。

④注册会计师应检查有无特殊的销售行为，如附有销售退回条件的商品销售、委托代销、售后回购、以旧换新、商品需要安装和检验的销售、分期收款销售、出口销售、售后租回等，选择恰当的审计程序进行审核。

（5）实施函证程序。注册会计师应结合对应收账款实施的函证程序，选择主要客户函证本期销售额。

（6）实施销售的截止测试。对销售实施截止测试的主要目的在于确认被审计单位主营业务收入的会计记录归属期是否正确。测试的关键是检查发票开具日期、记账日期和发货日期这三个日期是否归属于同一适当会计期间。

注册会计师可以考虑选择以下审计路线实施主营业务收入的截止测试：

①以主营业务收入的账簿记录为起点。从资产负债表日前后若干天的账簿记录查至记账凭证，检查发票存根与发运凭证，目的是证实已入账主营业务收入是否在同一期间已开具销售发票并发货，有无多计主营业务收入。这种方法主要是为了查找多计的收入。

②以发运凭证为起点。从资产负债表日前后若干天的已经客户签收的发运凭证查至销售发票开具情况与账簿记录，确定主营业务收入是否已计入恰当的会计期间。这种方法主要是为了查找少计的收入。

③以销售发票为起点。从财务报表日前后若干天的销售发票存根查至发运凭证与账簿记录，确定已开具销售发票的货物是否已发货并于同一会计期间确认收入。这种方法主要是为了查找少计的收入。

（7）注册会计师应确定主营业务收入的列报是否恰当。

本章小结

本章主要介绍了销售与收款循环的业务流程、该流程中各个环节涉及的主要业务活动和凭证以及关键控制点、可能存在的重大错报风险以及受影响的交易、账户余额、相关披露等，并列举了与之相对应的常用的控制测试和实质性程序。最后本章重点介绍了应收账款和主营业务收入的一些主要实质性程序。

本章思维导图

本章思维导图如图 13-2 所示。

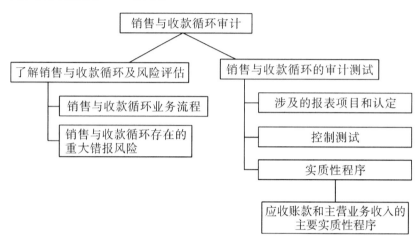

图 13-2　本章思维导图

第十四章
货币资金审计

学习目标

1. 掌握货币资金审计的含义。
2. 熟悉货币资金的内部控制。
3. 掌握库存现金审计和银行存款审计的主要实质性测试程序。
4. 了解货币资金审计的基本理论框架。

案例导入

甲公司与 ABC 会计师事务所签订了审计业务约定书，由 ABC 会计师事务所对甲公司 2017 年财务报表进行审计。A 注册会计师负责对甲公司 2017 年财务报表实施审计，审计过程中对甲公司的货币资金内部控制进行了解，并对甲公司的货币资金审计，有关货币资金内部控制及货币资金审计的部分事项如下：

（1）甲公司设立现金出纳岗和银行出纳岗。现金出纳员负责办理现金收支业务和现金日记账登记，并兼任会计稽核、档案保管等职务。银行出纳员负责办理银行存款收支业务，并登记银行存款日记账。月末，银行出纳员取得银行对账单并编制银行存款余额调节表。

（2）甲公司采取分散收款方式。各部门收款员所收现金每隔 3 天向财务部门出纳员汇总审批手续。出纳员直接从所收现金中预付给某出差人员 3 000 元，其余现金当日送存银行。

（3）A 注册会计师对甲公司的库存现金进行监盘库存现金，并取得甲公司 2017 年 12 月 31 日银行存款余额调节表以及开户银行 2018 年 1 月 31 日的银行对账单。

（4）A 注册会计师向开户银行寄发银行询证函，并直接收取寄回的询证函回函。

问题：（1）针对上述事项（1）和事项（2），甲公司货币资金内部控制是否存在缺陷？如果存在，简要说明理由。甲公司可以采取哪些措施建立一个良性货币资金内部控制？

（2）监盘库存现金，除了可以证实资产负债表中列示库存现金是否存在之外，还可以实现哪些审计目标？

（3）A 注册会计师向开户银行发询证函，银行存款函证是指什么？向开户银行询证的作用有哪些？

第一节　货币资金审计概述

货币资金是企业流动性最强的一种资产，是企业开展经营活动的重要支付手段和流通方式。货币资金高流动性的特点，使得控制货币资金的风险也相应增高。因此，加强货币资金合规、高效运营，防范货币资金丢失、被盗、挪用等事项出现，成为企业资金管理的重要内容。

货币资金审计主要包括库存现金、银行存款和其他货币资金的审计。开展货币资金审计，有利于减少货币资金涉及各项业务中舞弊的发生，从而进一步完善内部控制制度的有效性，对于企业资金管理起着十分重要的作用。

一、货币资金审计涉及的主要凭证与会计记录

货币资金审计涉及的主要凭证和会计记录如下：
（1）现金盘点表。
（2）银行对账单。
（3）银行存款余额调节表。
（4）有关科目的记账凭证（如库存现金收付款凭证、银行收付款凭证）。
（5）有关会计账簿（如库存现金日记账、银行存款日记账）。

二、货币资金与业务循环的关系

货币资金的增减涉及多个业务循环，一般货币资金的收入审计主要体现在销售与收款循环、投资与筹资循环审计中，货币资金的支付审计主要体现在采购与付款循环、生产与存货循环、人力资源与工薪循环和投资与筹资循环审计中。货币资金与各业务循环的关系如图 14-1 所示。

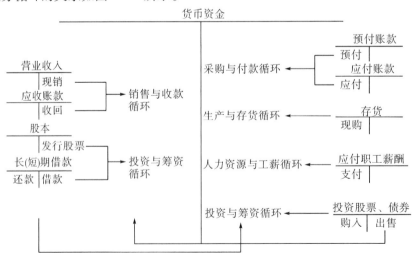

图 14-1　货币资金与各业务循环的关系

第二节　货币资金内部控制及控制测试

一、货币资金内部控制概述

为了保证企业货币资金的管理合法合规、安全完整，企业必须建立健全相关的内部控制制度，并且保证内部控制的设计与运行有效满足企业的经营发展目标的实现。尽管不同的企业间性质、规模、人员情况等存在差异，但货币资金内部控制制度存在共性。通常，一个企业良好的货币资金内部控制包括但不限于以下内容：

（一）岗位分离与授权审批

（1）企业应当建立货币资金岗位分工制度，明确出纳与会计核算人员的职责范围，实现账钱分管，即出纳人员不得兼任收入、支出、费用、债权债务账目及总账的登记工作。

（2）企业应当对货币资金业务建立严格的授权审批制度，明确审批人对货币资金业务授权审批的方式、权限、流程等相关内容，严禁超越授权范围办理审批业务。

（3）企业应当按照有关规定开展货币资金的支付业务，即支付申请、支付审批、支付复核和办理支付。

①支付申请。企业有货币资金支付需求的部门或人员提出支付申请，准确详细说明款项的用途、金额、支付渠道等内容，并附相关的证明资料。

②支付审批。审批人应根据其职责、权限进行审核批准。涉及审批人员存在多个层级的情况下，需由所有审批人员都审批完，该支付业务才算审批结束。对不符合规定的货币支付申请，审批人应拒绝批准。

③支付复核。财务会计部应当对批准后的货币资金支付申请进行复核，复核货币资金支付申请的批准范围、权限是否正确，手续及相关文件是否齐备，支付方式、支付单位是否妥当等。复核无误后，出纳人员办理支付手续。

④办理支付。出纳人员应当根据复核无误的支付申请，按规定办理货币资金支付手续，并及时登记库存现金日记账和银行存款日记账。

（4）对于重大的货币资金支付业务，企业通常在审批工作开展前进行集体决策。

（5）企业严禁未经授权的机构或人员办理货币资金业务或直接接触货币资金。

（二）库存现金和银行存款的管理

（1）企业应当对库存现金进行限额管理，一旦超出限额需及时存入银行账户。

（2）企业应明确现金开支的范围，不属于现金开支范围的业务应当通过银行办理转账结算。

（3）企业不得坐支现金，如遇特殊情况，应及时报开户银行审批。

（4）企业取得的货币资金收入应及时入账，不得私设"小金库"，不得账外设账，严禁收款不入账。

（5）企业应当严格按照《支付结算办法》等有关规定，加强银行账户的管理，严格按照规定开立账户，办理存款、取款和结算。银行账户的开立应当符合企业经营管理实际需要。企业不得随意开立多个账户，禁止企业内设管理部门自行开立银行账户。企业应当定期检查、清理银行账户的开立及使用情况，发现问题应及时处理。企业应当加强对银行结算凭证的填制、传递以及保管等环节的管理与控制。

（6）不准签发没有资金保证的票据或支票，不准签发、取得和转让没有真实交易和债权债务的票据，不准违反规定开立和使用账户、办理存取款和结算业务。

（7）企业应当指定专人定期核对银行账户（每月至少核对一次），编制银行存款余额调节表，使银行存款账面余额与银行对账单调节相符。如调节不符，企业应查明原因，及时处理。

出纳人员一般不得同时从事银行对账单的获取、银行存款余额调节表的编制工作。确需出纳人员办理上述工作的，企业应当指定其他人员定期进行审核、监督。

实行网上交易、电子支付等方式办理资金支付业务的企业，应当与承办银行签订网上银行操作协议，明确双方在资金安全方面的责任与义务、交易范围等。操作人员应当根据操作授权和密码进行规范操作。使用网上交易、电子支付方式的企业办理资金支付业务，不应因支付方式的改变而随意简化、变更必需的授权审批程序。企业在严格实行网上交易、电子支付操作人员不相容岗位相互分离控制的同时，应当配备专人加强对交易和支付行为的审核。

（8）企业应当定期和不定期对库存现金进行盘点，确保库存现金账目余额与实际库存现金余额相符。

（三）票据及有关印章的管理

（1）企业应当加强与货币资金相关票据的管理，明确各类票据的购买、保管、领用、背书转让、注销等环节的职责权限和流程，并根据类别、用途等专设登记簿进行记录，防止空白票据遗失和被盗。

（2）企业应当加强银行预留印章、财务专用章和个人名章的管理。财务专用章应由专人保管，个人名章必须由本人或其授权人员保管。企业严禁一人保管货币资金支付款项所需的全部印章。按规定需要有关负责人签字或盖章审批的经济业务，必须严格履行盖章或签字手续。

（四）监督检查

（1）企业应当建立货币资金业务的监督检查制度，明确监督检查机构或人员的职责权限，应定期或不定期地进行监查，及时发现问题，优化货币资金管理机制。

（2）货币资金监督检查的内容主要包括：

①货币资金业务相关岗位及人员的设置情况。企业应重点检查是否存在货币资金业务职务不相容的现象。

②货币资金授权批准制度的执行情况。企业应重点检查货币资金支出的授权批准手续是否齐全、是否存在越权审批行为以及是否存在按规定应审批而略过审批的不合规行为。

③支付款项印章的保管情况。企业应重点检查是否存在办理付款业务所需的全部印章交由一人保管的现象。

④票据的保管情况。企业应重点检查票据的购买、领用、保管手续流程是否清

晰合理，登记记录是否及时完整，是否存在管理漏洞。

二、货币资金内部控制的控制测试

通过对货币资金内部控制的控制测试，注册会计师可以合理确定货币资金相关项目实质性程序的性质、时间安排和范围。

（一）了解货币资金内部控制

注册会计师可以通过检查被审计单位有关内部控制的规章制度、手册等资料，或者询问被审计单位会计、出纳等相关财务人员，了解货币资金内部控制的设计和实际执行情况，包括货币资金岗位分工、授权批准、支付流程、监督检查等情况。一般通过询问和观察等调查手段收集到足够信息后，注册会计师将根据已知的调查情况编制流程图，也可以采用编写货币资金内部控制文字说明的方法。如果以前年度的审计工作底稿中有流程图，注册会计师可以根据本次调查结果进行有关修正，以检查货币资金内部控制是否有效执行。

（二）抽取并检查收款凭证

注册会计师为了测试货币资金收款的内部控制，通常应从收款凭证中选取适当数量的样本，并对其进行以下检查与核对：

（1）核对收款凭证与存入银行账户的日期和金额是否相符。

（2）核对收款凭证与库存现金、银行存款日记账的日期、金额是否相符。

（3）核对收款凭证与银行对账单是否相符。

（4）核对收款凭证与应收账款等相关明细账的有关记录是否相符。

（5）核对实收货币资金的收款凭证、销货发票、销货清单等相关凭证是否一致。

（三）抽取并检查付款凭证

注册会计师为了测试货币资金收款的内部控制，通常应从收款凭证中选取适当数量的样本，并对其进行以下检查与核对：

（1）检查付款的授权批准手续是否符合规定。

（2）核对库存现金、银行存款日记账的付出金额是否正确。

（3）核对付款凭证与银行对账单是否相符。

（4）核对付款凭证与应付账款等相关明细账的记录是否一致。

（5）核对实付金额与购货发票等相关凭据是否相符。

（四）抽取一定期间的库存现金、银行存款日记账与总账核对

首先，注册会计师应抽取一定期间的库存现金、银行存款日记账，重新计算以判断金额是否出现加总错误的情况。如果存在计算错误的情况，尤其是发现错误问题较多，则说明被审计单位货币资金的会计记录可靠性不足。其次，注册会计师应当根据检查日记账中得出的线索信息，进一步核对总账中库存现金、银行存款、应收账款、应付账款等有关账户的记录情况。

（五）抽取一定期间的银行存款余额调节表进行检查

注册会计师应检查被审计单位是否定期与银行进行逐笔对账，且按月编制银行存款余额调节表并复核。注册会计师应当抽取一定期间的银行存款余额调节表，核

对银行存款日记账、银行对账单以及未达账项的情况，比较被审计单位和银行记录的金额与时间是否相符，确定被审计单位是否按月正确编制并复核银行存款余额调节表。如果检查发现相差很大，被审计对象就可能存在收入未及时存入银行的情况。

（六）评价货币资金的内部控制

注册会计师在完成上述程序后，根据收集的各项审计证据，对货币资金内部控制的设计与运行整体情况进行评价，以确定现行的货币资金内部控制的可靠性以及存在的薄弱环节，之后据此更有针对性地确定货币资金实质性程序中的性质、时间安排和范围，以降低检查风险。

第三节　库存现金审计

库存现金包括企业的人民币现金和外币现金。库存现金是企业流动性最强的资产。库存现金审计是对库存现金及其收付款业务和保管情况的真实性、合法性进行的审查与核实。根据现金管理制度，企业可以留用的现款通常金额较小，在企业资产总额中的占比不大，但是企业收付款业务繁多、流动性强，导致库存现金管理易发生错误与舞弊事件。因此，注册会计师应当重视库存现金的审计。

一、库存现金审计的目标

库存现金审计的目标一般包括确定被审计单位资产负债表中的现金在财务报表日是否确实存在、是否为被审计单位所拥有；确定被审计单位在特定期间内发生的现金收支业务是否都已记录完毕，有无遗漏；确定现金余额是否正确；确定现金在财务报表中的披露是否恰当。

二、库存现金的实质性测试

库存现金的实质性测试程序如图14-2所示，一般包括以下内容：

（1）核对现金日记账与总账的余额是否相符。注册会计师测试现金余额的起点是核对现金日记账与总账的余额是否相符，编制货币资金审定表。如果不相符，注册会计师应查明原因，并建议做出适当调整。

（2）盘点库存现金。盘点库存现金是证实资产负债表所列现金是否存在的一项重要程序。盘点库存现金通常包括对已收到但未存入银行的现金、零用金、找换金等的盘点。盘点库存现金的时间和人员应视被审计单位的具体情况而定，但必须有出纳员和被审计单位会计主管人员参加，并由注册会计师进行监督。盘点库存现金的步骤和方法如下：

①查看被审计单位制订的监盘计划，以确定监盘时间。注册会计师对库存现金的监盘最好实施突击性的检查，时间最好选择在上午上班前或下午下班时，监盘范围一般包括被审计单位各部门经管的所有现金。

②查阅库存现金日记账并同时与现金收付凭证相核对。一方面，注册会计师检查库存现金日记账的记录与凭证的内容和金额是否相符；另一方面注册会计师了解

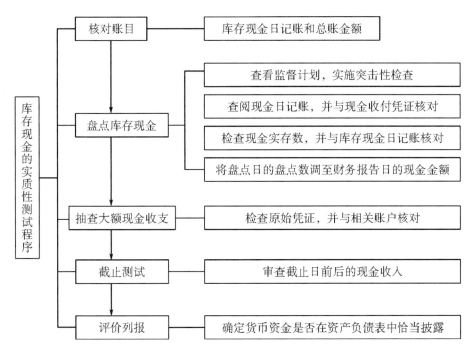

图 14-2　库存现金的实质性测试程序

凭证日期与库存现金日记账日期是否相符或接近。

③检查被审计单位现金实存数，并将该监盘金额与库存现金日记账余额进行核对。如果有差异，注册会计师应要求被审计单位查明原因，必要时应提请被审计单位做出调整。如果无法查明原因，注册会计师应要求被审计单位按管理权限批准后做出调整。若有冲抵库存现金的借条、未提现支票、未做报销的原始凭证，注册会计师应在库存现金监盘表中注明，必要时应提请被审计单位做出调整。

④在非资产负债表日进行监盘时，注册会计师应将监盘金额调整至资产负债表日的金额（结账日的应结存数＝盘点日的盘点数−结账至盘点期间的增加数＋结账至盘点期间的减少数），并对变动情况实施程序。

（3）抽查大额现金收支。注册会计师应抽查大额现金收支的原始凭证内容是否完整、有无授权批准，并核对相关账户的进账情况。如有与被审计单位生产经营业务无关的收支事项，注册会计师应查明原因，并做相应的记录。

（4）检查现金收支的正确截止。被审计单位资产负债表上的现金数额，应以结账日实有数额为准。因此，注册会计师必须验证现金收支的正确截止日期。通常，注册会计师可以对结账日前后一段时期内现金收支凭证进行审计，以确定是否存在跨期事项。

（5）检查库存现金是否在资产负债表中恰当披露。根据规定，库存现金在资产负债表中"货币资金"项下反映，注册会计师应在实施上述审计程序后，确定库存现金账户的期末余额是否恰当，据以确定货币资金是否在资产负债表中做恰当披露。

第四节　银行存款审计

银行存款是企业存放在银行或其他非银行金融机构的各种款项。按照国家有关规定，凡是独立核算的企业都必须在当地银行开设账户。企业在银行开设账户后，除按规定的限额保留库存现金外，超过限额部分都应及时存入银行。企业一切支出，除规定可以用现金直接支付外，在经营过程中发生的一切货币收支结算业务都必须通过银行存款账户进行结算。相较于现金结算，企业通过银行存款结算办理的业务涉及面更广、内容更复杂、金额更大、收付款凭证数量更多，是货币资金审计的重要组成部分。

一、银行存款审计的目标

银行存款审计的目标主要包括确定被审计单位资产负债表中的银行存款在财务报表日是否确实存在、是否为被审计单位拥有；确定被审计单位在特定期间内发生的银行存款收支业务是否都已记录完毕，有无遗漏；确定银行存款的余额是否正确；确定银行存款在财务报表中的披露是否恰当。

二、银行存款的实质性测试

注册会计师对银行存款的实质性测试程序如图 14-3 所示，一般包括以下几个方面：

（1）核对银行存款日记账余额与总账余额是否相符。注册会计师在审查银行存款余额时，首先应做的是核对银行存款日记账余额与总账余额是否相符。如果不相符，注册会计师应查明原因，将其作为继续审查银行存款余额的基础。

（2）实施分析程序。注册会计师应比较银行存款余额的本期实际数与预算数以及与上年度账户的差异变动，对本期数字与上期实际数或本期预算数的异常差异或显著波动必须进一步追查原因，确定审计重点。注册会计师应通过计算银行存款累计余额应收利息收入，分析比较被审计单位银行存款应收利息收入与实际利息收入的差异是否恰当，评估利息收入的合理性，检查是否存在高息资金拆借。如果存在高息资金拆借，注册会计师应进一步分析拆出资金的安全性。

（3）取得并检查银行存款对账单。注册会计师可以考虑对银行存款对账单的信息实施以下程序：

①获取相关账户相关期间的全部银行对账单，分析是否存在银行日记账漏记交易的可能性。

②如果对被审计单位银行对账单的真实性存有疑虑，注册会计师可以在被审计单位的协助下亲自到银行获取银行对账单。在获取银行对账单时，注册会计师要全程关注银行对账单的打印过程。

③从银行对账单中选取交易的样本与被审计单位银行日记账记录进行核对，从被审计单位银行存款日记账上选取样本，核对至银行对账单。

④浏览银行对账单，选取大额异常交易。如果银行对账单上有一收一付相同金额或分次转出相同金额等，注册会计师应检查被审计单位银行存款日记账上有无该

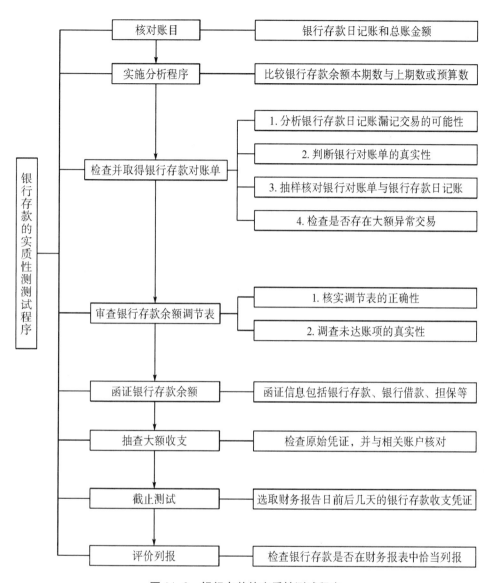

图 14-3　银行存款的实质性测试程序

坝收付金额记录。

（4）审查银行存款余额调节表。审查结算日银行存款余额调节表是证实资产负债表所列货币资金中银行存款是否存在的一个重要方法。银行存款余额调节表通常应由被审计单位根据不同的银行账户及货币种类分别编制。其格式如表 14-1 所示。

对银行存款余额调节表的审计内容一般包括以下几项：

①核实银行存款余额调节表数据计算的正确性。注册会计师对银行存款余额调节表数据计算正确性的核实，主要应从以下几个方面来进行：第一，核实银行对账单、银行存款余额调节表上的列示是否正确。第二，将银行对账单记录与银行日记账逐笔核对，核实银行存款余额调节表上各调节项目的列示是否真实完整，任何漏记、多记调节项目的现象都应引起注册会计师的高度警惕。第三，在核对银行存款

日记账账面余额和银行对账单余额的基础上，复核上述未达账项及其加减调节情况，并验证调节后两者的余额计算是否正确、是否相符，如果不相符，应说明其中一方或双方存在记账差错，并要进一步追查原因，扩大测试范围。

②调查未达账项的真实性。未达账项的真实性调查主要包括以下几个方面：第一，列示未兑现支票清单，注明开票日期和收款人姓名或单位，并调查金额较大的未兑现支票、可提现的未兑现支票以及注册会计师认为较为重要的未兑现支票。第二，追查截止日银行对账单上的在途存款，并在银行存款余额调节表上注明存款日期。第三，审查至截止日银行已收、被审计单位未收的款项的性质及其款项来源。第四，审查至截止日银行已付、被审计单位未付款项的性质及其款项来源。

表 14-1　银行存款余额调节表

单位名称：　　　　　　　　　　编制人：　　　　　　　　　日期：

账号：　　　　　　　　　　　　复核人：　　　　　　　　　日期：

开户行：　　　　　　　　　　　　　　　　　　　　　　　　币别：

项目	金额	项目	金额
银行对账单余额 （　年　月　日）		企业银行存款日记账余额 （　年　月　日）	
加：企业已收、银行尚未入账金额		加：银行已收、企业尚未入账金额	
其中：1.		其中：1.	
2.		2.	
……		……	
减：企业已付、银行尚未入账金额		减：银行已付、企业尚未入账金额	
其中：1.		其中：1.	
2.		2.	
……		……	
调整后银行对账单余额		调整后企业银行存款日记账余额	
经办会计人员（签字）：		会计主管（签字）：	

对于未达账项（包括银行方面的未达账项和被审计单位方面的未达账项），注册会计师一般应追查至此年年初的银行对账单，查清年终的银行对账单，查明年终的未达账项，并从日期上进一步判断业务发生的真实性，注意被审计单位有无利用未达账项来掩饰某种舞弊行为。

一般而言，银行存款余额调节表应由被审计单位编制并向注册会计师提供，但在某些情况下（如被审计单位内部控制比较薄弱），注册会计师也可以亲自编制银行存款余额调节表。

（5）函证银行存款余额。函证是指注册会计师在执行审计业务过程中，需要以被审计单位名义向有关单位发函询证，以验证被审计单位的银行存款是否真实、合法、完整。注册会计师在执行审计业务时，可以用被审计单位的名义向有关单位发函询证。各商业银行、政策性银行、非银行金融机构要在收到询证函之日起 10 个工作日内，根据函证的具体要求，及时回函并可以按照国家的有关规定收取询证费用。各有关企业或单位应根据函证的具体要求回函。

函证银行存款余额是证实资产负债表所列银行存款是否存在的重要程序。通过向往来银行进行函证，注册会计师不仅可以了解被审计单位资产的存在，而且可以了解其欠银行的债务。函证还可以用于发现被审计单位未登记的银行借款和未披露的或有负债。

函证时，注册会计师应向被审计单位在本年存过款（含外埠存款、银行汇票存款、银行本票存款、信用证存款）的所有银行发函，其中包括被审计单位存款账户已结清的银行，因为有可能存款账户已结清，但仍有银行借款或其他负债存在。同时，虽然注册会计师已直接从某一银行取得了银行对账单和所有已付支票，但仍应向该银行进行函证。

银行询证函

×××银行：

本公司聘请×××会计师事务所正在对本公司×××年度财务报表进行审计，按照中国注册会计师执业准则的要求，应当询证本公司与贵行的存款、借款往来等事项。下列数据出自本公司账簿记录，如与贵行记录相符，请在本函下端"信息证明无误"处签章证明；如有不符，请在"信息不符"处列明不符金额。有关询证费用可直接从本公司×××存款账户中收取。回函请直接寄至×××会计师事务所。

回函地址：×××　　　　　　　　　　邮编：×××

电话：×××　传真：×××　　　　　联系人：×××

截至××年××月××日，本公司与贵行相关的信息列示如下：

1. 银行存款（见表 14-2）

表 14-2　银行存款

账户名称	银行账号	币种	利率	余额	起止日期（活期/定期/保证金）	是否被抵押或质押	备注

除以上所述，本公司并无其他在贵行的存款。

2. 银行借款（见表 14-3）

表 14-3　银行借款

账户名称	币种	余额	借款日期	还款日期	利率	担保人	备注

除以上所述，本公司并无其他自贵行的借款。

3. 截至函证日之前的 12 个月内已注销的账户（见表 14-4）

表 14-4　已注销的账户

账户名称	银行账号	币种	注销账户日

除以上所述，本公司并无其他截至函证日的年度内已注销的账户。

4. 委托存款（见表 14-5）

表 14-5　委托存款

账户名称	银行账号	借款方	币种	利率	余额	存款起止日期	备注

除以上所述，本公司并无其他通过贵行办理的委托存款。

5. 委托贷款（见表 14-6）

表 14-6　委托贷款

账户名称	银行账号	贷款方	币种	利率	余额	贷款起止日期	备注

除以上所述，本公司并无其他通过贵行办理的委托贷款。

6. 担保（如采用抵押或质押方式提供担保的，应在备注中说明抵押物或质押物情况，见表 14-7）

表 14-7　担保

被担保人	担保方式	担保金额	担保期限	担保事由	备注

除以上所述，本公司并无其他向贵行提供的担保。

7. 尚未支付的银行承兑汇票（见表 14-8）

表 14-8　尚未支付的银行承兑汇票

银行承兑汇票号码	票面金额	出票日	到期日

除以上所述，本公司并无其他由贵行承兑而尚未支付的银行承兑汇票。

8. 已贴现而尚未到期的商业汇票（见表4-9）

表14-9　已贴现而尚未到期的商业汇票

商业汇票号码	付款人名称	承兑人名称	票面金额	票面利率	出票日	到期日	贴现日	贴现率	贴现净额

除以上所述，本公司并无其他向贵行已贴现而尚未到期的商业汇票。

9. 贵行托收的商业汇票（见表14-10）

表14-10　贵行托收的商业汇票

商业汇票号码	承兑人名称	票面金额	出票日	到期日

除以上所述，本公司并无其他由贵行托收的商业汇票。

10. 未完成的已开具而不能撤销的信用证（见表14-11）

表14-11　未完成的已开具而不能撤销的信用证

信用证号码	受益人	信用证金额	到期日	未使用金额

除以上所述，本公司并无其他由贵行开具而不能撤销的信用证。

11. 未完成的外汇买卖合约（见表14-12）

表14-12　未完成的外汇买卖合约

类别	合约号码	买卖币种	未履行的合约买卖金额	汇率	交收日期
贵行卖予本公司					
本公司卖予贵行					

除以上所述，本公司并无其他与贵行未完成的外汇买卖合约。

12. 存放于银行的有价证券或其他产权文件（见表14-13）

表14-13　存放于银行的有价证券或其他产权文件

有价证券名称	数量	金额

除以上所述，本公司并无其他存放贵行的有价证券。

13. 其他相关重大事项——（如无除前面所述外的其他相关重大事项，则应填写"无"）

经办人：

（公司盖章）

年　月　日

以下仅供被函证银行使用

结论：

信息证明无误。 <div style="text-align:right">经办人： （银行盖章） 年　月　日</div>
信息不符。请列明不符金额及具体内容。 <div style="text-align:right">经办人： （银行盖章） 年　月　日</div>

（6）检查一年以上定期存款或限定用途存款。一年以上的定期存款或限定用途的银行存款，不属于企业的流动资产，应列于其他资产类下。对此，注册会计师应查明情况，做出相应的记录。

（7）抽查大额现金和银行存款的收支。注册会计师应抽查大额现金收支、银行存款（含外埠存款、银行汇票存款、银行本票存款、信用证存款）收支的原始凭证内容是否完整，有无授权批准，并核对相关账户的进账情况。如果有与被审计单位生产经营业务无关的收支事项，注册会计师应查明原因并做相应的记录。

（8）检查银行存款收支的正确截止。被审计单位资产负债表中的现金数额应以结账日实有数额为准。因此，注册会计师必须验证现金收支的截止日期。通常，注册会计师可以对结账日前后一段时期内现金收支凭证进行审计，以确定是否存在跨期事项。

企业资产负债表中银行存款数字应当包括当年最后一天收到的所有存放在银行的款项，而不得包括其后收到的款项；同样，企业年终前开出的支票，不得在年后入账。为了确保银行存款收付的正确截止，注册会计师应当在清点支票及支票存根时，确定各银行账户最后一张支票的号码，同时查实该号码之前的所有支票都已开出。在结账日未开出的支票及其后开出的支票，都不得作为结账日的存款收付入账。

（9）检查银行存款是否在资产负债表中恰当披露。根据规定，企业的银行存款在资产负债表中"货币资金"项目下反映。因此，注册会计师应在实施上述审计程序后，确定银行存款账户的期末余额是否恰当，从而确定资产负债表中"货币资金"项目中的数字是否得到恰当披露。

第五节 其他货币资金审计

其他货币资金包括企业到外地进行临时或零星采购而汇往采购地银行开立采购专户的款项所形成的外埠款项、企业为取得银行汇票按照规定存入银行的款项所形成的银行汇票存款、企业为取得银行本票按照规定存入银行的款项而形成的银行本票存款、在途货币资金和信用证存款等。

一、其他货币资金审计的目标

其他货币资金审计的目标主要包括确定被审计单位资产负债表中的其他货币资金在财务报表日是否确实存在、是否为被审计单位所拥有；确定被审计单位在特定期间内发生的其他货币资金收支业务是否都已记录完毕，有无遗漏；确定其他货币资金的金额是否正确；确定其他货币资金在财务报表中的披露是否恰当。

二、其他货币资金的实质性测试

注册会计师对其他货币资金的实质性测试程序主要如下：

（1）核对外埠存款、银行汇票存款、银行本票存款、在途货币资金等各明细账期末合计数与总账数是否相符。

（2）函证外埠存款户、银行汇票存款户、银行本票存款户期末余额。

（3）抽查一定样本量的原始凭证进行测试，检查其经济内容是否完整，有无适当的审批授权，并核对相关账户的进账情况。

（4）抽取资产负债表日后的大额收支凭证进行截止测试，如有跨期收支事项，应做适当调整。

（5）检查其他货币资金在财务报表中的披露是否恰当。

本章小结

货币资金是企业资产的重要组成部分，是企业资产中流动性最强的一种资产。根据货币资金存放地点及用途的不同，货币资金分为库存现金、银行存款及其他货币资金。

货币资金审计涉及的凭证和会计记录主要有库存现金盘点表、银行对账单、银行存款余额调节表、有关科目的记账凭证、有关会计账簿等。

货币资金内部控制内容包括岗位分工及授权批准制度、库存现金和银行存款的管理制度、票据及有关印章的管理制度和监督检查制度。

对货币资金的内部控制进行控制测试的主要程序包括了解货币资金内部控制；抽取并检查收款凭证；抽取并检查付款凭证；抽取一定期间的库存现金、银行存款日记账与总账核对；抽取一定期间的银行存款余额调节表，查验其是否按月正确编制并核对；评价货币资金内部控制。

货币资金审计主要包括库存现金、银行存款和其他货币资金审计。在库存现金

255

审计中，监盘库存现金、检查收付款凭证等是主要的审计程序。银行存款审计中，检查银行存款余额对账单和银行存款余额调节表、函证银行存款等是主要的审计程序。

本章思维导图

本章思维导图如图 14-4 所示。

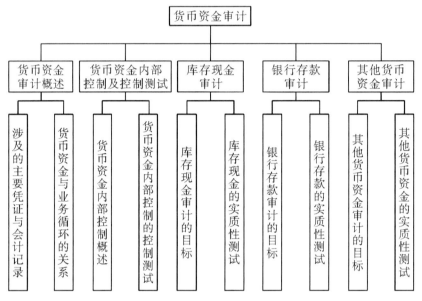

图 14-4　本章思维导图

第十五章　完成审计工作

第十五章
完成审计工作

学习目标

1. 掌握持续经营假设的概念。
2. 掌握期后事项的概念。
3. 掌握审计人员应该运用哪些程序对期后事项进行审计。
4. 理解什么是管理当局的书面声明书及声明书的内容。
5. 掌握公司治理层的概念。
6. 熟悉审计人员应该和公司治理层沟通的问题。

案例导入

注册会计师要采取质疑的思维方式，对引起疑虑的情形保持警觉

2014 年 12 月 18 日，中国注册会计师协会（以下简称中注协）发布通知，要求证券资格会计师事务所及注册会计师做好上市公司 2014 年年报审计工作。中注协表示，在 2014 年年度财务报表审计过程中，注册会计师要特别关注 ST 公司、所处行业与当前宏观经济形势具有较强相关性的公司的持续经营能力。

独立性是注册会计师执行审计业务的灵魂，也是执业道德的精髓。对此，中注协要求，会计师事务所要严格执行审计报告签字注册会计师和质量管理复核人等关键人员的定期轮换、禁止股票交易以及向审计客户提供非鉴证服务时的独立性要求，持续强化独立性监控，切实做到从实质上和形式上始终保持自身的独立性，维护执业的客观和公正。

职业怀疑是注册会计师综合技能不可或缺的一部分。对此，中注协要求注册会计师要在审计的各个阶段始终保持高度的职业怀疑态度和应有的关注，采取质疑的思维方式，对引起疑虑的情形保持警觉；要对管理层和治理层进行客观评价，不盲目依赖以往对管理层和治理层诚信形成的判断；要充分关注重大风险领域，尤其是涉及主观判断和估计的事项，审慎评价审计证据。

值得关注的是，在 2014 年年度财务报表审计过程中，中注协特别要求注册会计师要准确把握企业会计准则的最新变化，应当特别注意几个方面事项，实施恰当的审计程序，获取充分、适当的审计证据。

在收入的确认与计量方面，注册会计师应当关注收入的真实性和准确性，收入确认的时点、依据是否恰当；通过比率或趋势分析、非财务信息和财务数据之间的

关系分析，关注收入异常波动情况及偶发的、交易价格明显偏离市场价格或商业理由明显不合理的交易；通过银行存款、应收账款、存货等其他项目的审计，对收入的合理性进行佐证。

在关联方关系及其交易方面，注册会计师要关注重大或异常交易的对方是否是未披露的关联方，警惕管理层利用关联方虚构销售及关联方交易的非关联化。对于管理层以前未识别或未向注册会计师披露的关联方或重大关联交易，注册会计师应当重新评估被审计单位识别关联方的内部控制是否有效以及是否存在管理层舞弊导致的重大错报风险。

在持续经营方面，注册会计师要特别关注ST公司、所处行业与当前宏观经济形势具有较强相关性的公司的持续经营能力，充分关注可能导致被审计单位持续经营能力产生重大疑虑的事项并实施进一步程序。注册会计师应当了解管理层对其持续经营能力的评估及是否计划采取或者正在采取改善持续经营能力的相关措施，并考虑改善措施能否消除对其持续经营能力的重大疑虑，要对公司持续经营改善措施的可行性做出独立的职业判断，并考虑对审计报告意见类型的影响。此外，注册会计师需要特别注意的还包括资产减值、会计政策和会计估计变更、政府补助、重大非常规交易、集团审计、审计报告等。

2014年3月25日，中注协发布上市公司2013年年报审计情况快报。该快报显示，截至2014年3月24日，12家会计师事务所共出具非标准审计报告20份，其中非标准财务报表审计报告13份，非标准内部控制审计报告7份。上述20份非标准审计报告总共涉及19家上市公司，其中"＊ST长油"因净资产为-200 258.77万元，流动负债高于流动资产580 341.15万元，持续经营能力产生重大疑虑的重大不确定性而被出具非标准审计意见。

该快报显示，"＊ST长油"2013年度发生亏损591 863.98万元，截至2013年12月31日，净资产为-200 258.77万元，流动负债高于流动资产580 341.15万元。这些情况表明存在可能导致对"＊ST长油"持续经营能力产生重大疑虑的重大不确定性。注册会计师提醒财务报表使用者对上述事项予以关注。

该快报称，"＊ST长油"子公司长航油运（新加坡）有限公司以前年度与境外船东公司签订了不可撤销的油轮长期期租合同，本年新加坡公司对长期期租合同确认了预计损失。由于无法获取充分、适当的审计证据，注册会计师无法确定该事项对"＊ST长油"财务报表的影响是否恰当。据了解，财务报表被出具非标准审计意见可能有诸多后果，其中之一便是上市公司再融资受到影响。

问题：（1）请问注册会计师为什么要特别关注ST公司？

（2）持续经营能力会对被审计单位造成什么影响？如何影响注册会计师实施的审计计划、审计程序和发表的审计意见？

第一节　完成审计工作概述

一、评价审计中的重大发现

审计完成阶段是审计的最后一个阶段。注册会计师按业务循环完成财务报表各项目的审计测试和一些特殊项目的审计工作后，在审计完成阶段应汇总审计测试结果，进行更具综合性的审计工作。在审计完成阶段，项目合伙人和审计项目组考虑重大发现与事项。

注册会计师在审计计划阶段对重要性的判断，与其在评估审计差异时对重要性的判断是不同的。如果在审计完成阶段确定的修订后的重要性水平远远低于在计划阶段确定的重要性水平，注册会计师应重新评估已获取的审计证据的充分性和适当性。

二、汇总审计差异

注册会计师应根据审计重要性原则对审计差异予以初步确定并汇总，并建议被审计单位进行调整，使经审计的财务报表所载信息能够公允地反映被审计单位的财务状况、经营成果和现金流量。对审计差异内容的"初步确定并汇总"直至形成"经审计的财务报表"的过程，主要是通过编制审计差异调整表和编制试算平衡表得以完成的（见图15-1）。

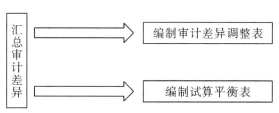

图 15-1　汇总审计差异

（一）编制审计差异调整表

审计差异内容按是否需要调整账户记录可分为核算错误和重分类错误。核算错误是因企业对经济业务进行了不正确的会计核算而引起的错误，用审计重要性原则来衡量每一项核算错误，又可以把这些核算错误区分为建议调整的不符事项和不建议调整的不符事项（未调整不符事项）。重分类错误是由于企业未按照适用的财务报告基础列报财务报表而引起的错误。

1. 建议调整的不符事项

（1）单笔核算误差超过所涉及会计报表项目（或账项）层次的重要性水平的。

（2）单笔核算误差低于所涉及会计报表项目（或账项）层次的重要性水平，但性质重要的。

（3）单笔核算错误大大低于所涉及财务报表项目（或账项）层次的重要性水

平，并且性质不重要的事项，一般应视为未调整不符事项。但是，当若干笔同类型未调整不符事项汇总数超过财务报表项目（或账项）层次的重要性水平时，注册会计师应从中选取几笔转为建议调整的不符事项，过入调整分录汇总表，使未调整不符事项汇总金额降至重要性水平之下。注册会计师最后要将建议调整的不符事项汇总至账项调整分录汇总表中。

2. 不建议调整的不符事项

（1）在一般情况下，单笔核算误差低于所涉及会计报表项目（或账项）层次的重要性水平，但性质不重要的。

（2）在特殊情况下，如果若干笔同类型未调整的不符事项汇总数超过会计报表项目（或账项）层次的重要性水平时，注册会计师应从中选取几笔转为建议调整的不符事项。注册会计师最后将不需调整的不符事项汇总登记在未更正错报汇总表中。

3. 重分类错误

注册会计师在审计会计报表时要求对一些项目进行重新分类，因此要编制重分类分录。重分类分录只要求调整报表，不需调整账户。为了汇总重分类分录，注册会计师要编制重分类分录汇总表。

需要重分类的账户主要有应收账款和预收账款，应付账款和预付账款，长期债权投资中属于一年内到期的长期债权投资，长期借款、应付债券中属于一年内到期的长期负债，货币资金中一年以上的银行定期存款。

无论是建议调整的不符事项、重分类错误还是未调整的不符事项，在审计工作底稿中通常都是以会计分录的形式反映的。注册会计师应编制账项调整分录汇总表、重分类调整分录汇总表、未更正错报汇总表。

注册会计师确定了建议调整的不符事项和重分类错误后，应以书面方式及时征求被审计单位对需要调整财务报表事项的意见。若被审计单位予以采纳，注册会计师应取得被审计单位同意调整的书面确认；若被审计单位不予采纳，注册会计师应分析原因，并根据未调整不符事项的性质和重要程度，确定是否在审计报告中予以反映以及如何反映。

注册会计师应针对被审计单位错误的处理，形成调整分录。调整分录的编制按照"调表不调账"的原则，将发现的审计差异直接调整财务报表的相关项目，即使涉及损益项目也不应通过"以前年度损益调整"科目调整。注册会计师编制审计差异调整表的流程如图 15-2 所示。

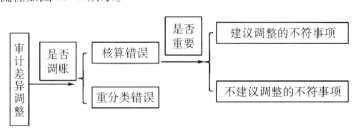

图 15-2　编制审计差异调整表的流程

（二）编制试算平衡表

调整分录汇总表（见表 15-1）和重分类分录汇总表（见表 15-2）编制完成，注册会计师再据以编制资产负债表试算平衡表工作底稿和利润及利润分配表试算平衡表工作底稿。会计报表最终反映的数额应以试算平衡表调整后数额为准。

（1）期末未审数（审计前金额）根据被审计单位提供的未审财务报表填列。

（2）账项调整根据注册会计师编制的账项调整分录汇总表中的调整分录（被审计单位同意调整的）填列。

（3）重分类调整根据注册会计师编制的重分类调整分录汇总表填列。

（4）审定金额根据审计前金额±调整金额填列。

表 15-1　调整分录汇总表　　　　单位：万元

序号	调整内容及项目	索引号	调整金额		影响利润	备注
			借方	贷方		
1	资产减值损失		45.7		−45.7	
	应收账款			15		
	其他应收款			15		
	预付账款			15.7		
2	……					
合计						

表 15-2　重分类分录汇总表　　　　单位：元

序号	重分类内容及项目	索引号	调整金额		备注
			借方	贷方	
1	预付账款		2 000		
	应付账款			2 000	
2	应收账款		1 600		
	预收账款			1 600	
3	……				
合计					

在编制完试算平衡表后，注册会计师应注意核对财务报表相应的勾稽关系。例如，资产负债表试算平衡表左边的未审数、审定数、报表反映的各栏合计数应分别等于其右边相应各栏合计数；资产负债表试算平衡表左边的调整金额栏中的借方合计数与贷方合计数之差应等于右边的调整金额栏中的贷方合计数与借方合计数之差；资产负债表试算平衡表左边的重分类金额栏中的借方合计数与贷方合计数之差应等于右边的重分类金额栏中的贷方合计数与借方合计数之差，等等。

资产负债表试算平衡表、利润表试算平衡表分别如表 15-3、表 15-4 所示。

表 15-3　资产负债表试算平衡表

客户　　　　　　　　　　　　　　　签名　　　　　　　　　　　　日期
项目试算平衡表工作底稿（T/B）　　编制　　　　　　　　　　　　索引号
会计期间　　　　　　　　　　　　　复核　　　　　　　　　　　　页次

项目	未审数	调整金额		重分类金额		审定数	项目	未审数	调整金额		重分类金额		审定数
		借方	贷方	借方	贷方				借方	贷方	借方	贷方	
流动资产：							流动负债：						
货币资金							短期借款						
交易性金融资产							交易性金融负债						
衍生金融资产							衍生金融负债						
应收票据及应收账款							应付票据及应付账款						
预付款项							预收款项						
其他应收款							合同负债						
存货							应付职工薪酬						
合同资产							应交税费						
持有待售资产							其他应付款						
一年内到期的非流动资产							持有待售负债						
其他流动资产							一年内到期的非流动负债						
流动资产合计							其他流动负债						
非流动资产：							流动负债合计						
债权投资							非流动负债：						
其他债权投资							长期借款						
长期应收款							应付债券						
长期股权投资							长期应付款						
其他权益工具投资							预计负债						
其他非流动金融资产							递延收益						
投资性房地产							递延所得税负债						
固定资产							其他非流动负债						
在建工程							非流动负债合计						
生产性生物资产							负债合计						
油气资产							所有者权益（或股东权益）：						
无形资产							实收资本（或股本）						
开发支出							其他权益工具						
商誉							资本公积						
长期待摊费用							其他综合收益						
递延所得税资产							盈余公积						
其他非流动资产							未分配利润						
非流动资产合计							所有者权益（或股东权益）合计						
资产总计							负债和所有者权益（或股东权益）合计						

表 15-4　利润表试算平衡表

客户　　　　　　　　　　　　　　　签名　　　　　　　　　　日期
项目试算平衡表工作底稿（T/B）　　　编制　　　　　　　　　　索引号
会计期间　　　　　　　　　　　　　复核　　　　　　　　　　页次

项目	未审数	调整金额		重分类金额		审定数
		借方	贷方	借方	贷方	
一、营业收入						
减：营业成本						
税金及附加						
销售费用						
管理费用						
研发费用						
财务费用						
资产减值损失						
加：其他收益						
投资收益（损失以"-"号填列）						
其中：对联营企业和合营企业的投资收益						
公允价值变动收益（损失以"-"号填列）						
二、营业利润（亏损以"-"号填列）						
加：营业外收入						
减：营业外支出						
三、利润总额（亏损总额以"-"号填列）						
减：所得税费用						
四、净利润（净亏损以"-"号填列）						
五、其他综合收益的税后净额						
六、综合收益总额						
七、每股收益						
（一）基本每股收益						
（二）稀释每股收益						

三、复核审计工作底稿和财务报表

复核审计工作底稿和财务报表包括项目组内部复核、项目合伙人复核和项目质量复核。

（一）项目组内部复核

项目组内部复核人员应当包括由经验较为丰富的项目组成员对经验较为缺乏的项目组成员的工作进行指导、监督和复核。会计师事务所对较为复杂、审计风险较高的领域，需要指派经验丰富的项目组成员复核，必要时可以由项目合伙人执行复核。例如，舞弊风险的评估与应对、重大会计估计及其他复杂的会计问题、审核会议记录和重大合同、关联方关系和交易、持续经营存在的问题等。

执行复核时，复核人员需要考虑的事项如下：

（1）审计工作是否已按照执业准则和适用的法律法规的规定执行。

（2）重大事项是否已提请进一步考虑。

（3）相关事项是否已进行适当咨询，由此形成的结论是否已得到记录和执行。

（4）是否需要修改已执行审计工作的性质、时间安排和范围。

（5）已执行的审计工作是否支持形成的结论，并已得到适当记录。

（6）已获取的审计证据是否充分、适当。

（7）审计程序的目标是否已实现。

审计项目组内部复核贯穿审计全过程。例如，在审计计划阶段复核记录审计策略和审计计划的工作底稿，在审计执行阶段复核记录控制测试和实质性程序的工作底稿，在审计完成阶段复核记录重大事项、审计调整及未更正错报的工作底稿等。

（二）项目合伙人复核

项目合伙人应对管理和实现审计项目的高质量承担总体责任。项目合伙人应当在签署审计报告前复核财务报表、审计报告以及相关审计工作底稿，包括对关键审计事项的描述（如适用）。项目合伙人应当在与管理层、治理层或相关监管机构签署正式书面沟通文件之前对其进行复核。在审计报告日或审计报告日之前，项目合伙人应当通过复核审计工作底稿与项目组讨论，确信已获取充分、适当的审计证据，支持得出的结论和拟出具的审计报告。

执行复核时，项目合伙人的复核内容如下：

（1）重大事项。

（2）重大判断，包括与在审计中遇到的困难或有争议事项相关的判断以及得出的结论。

（3）根据项目合伙人的职业判断，与项目合伙人的职责有关的其他事项。

（三）项目质量复核

会计师事务所应当就项目质量复核制定政策和程序，并对上市实体财务报表审计业务、法律法规要求实施项目质量复核的审计业务或其他业务以及会计师事务所认为的应对一项或多项质量风险有必要实施项目质量复核的审计业务或其他业务实施项目质量复核。

四、检查企业持续经营能力

注册会计师对持续经营假设进行审计是为了确定被审计单位以持续经营假设为基础编制财务报表是否合理。

（一）管理层的责任和注册会计师的责任

1. 管理层的责任

管理层应当根据企业会计准则的规定，对持续经营能力做出评估，考虑运用持续经营假设编制财务报表的合理性。

2. 注册会计师的责任

注册会计师应当按照审计准则的要求，实施必要的审计程序，获取充分、适当的审计证据，确定可能导致对持续经营能力产生重大疑虑的事项或情况是否存在重大不确定性，并考虑对审计报告的影响。

（二）计划审计工作与实施风险评估程序

注册会计师应当考虑是否存在可能导致对持续经营能力产生重大疑虑的事项或情况以及相关的经营风险，评价管理层对持续经营能力做出的评估，并考虑已识别的事项或情况对重大错报风险评估的影响。

（三）评价管理层对持续经营能力做出的评估

管理层对持续经营能力的评估应考虑管理层做出评估的过程、依据的假设、应对的计划及其实施的可行性。

（1）管理层对持续经营能力的合理评估期间应是自资产负债表日起的下一个会计期间末。

（2）如果管理层没有对持续经营能力做出初步评估，注册会计师应当与管理层讨论运用持续经营假设的理由。

（四）超出管理层评估期间的事项或情况

询问管理层是否知悉超出评估期间的、可能导致对持续经营能力产生重大疑虑的事项或情况以及相关经营风险。除实施询问程序外，注册会计师没有责任设计其他审计程序。

（五）实施追加的审计程序

当识别出可能导致对持续经营能力产生重大疑虑的事项或情况时，注册会计师应当实施进一步审计程序。

（1）如果被审计单位不能持续经营，但财务报表仍按照持续经营假设编制，审计人员应出具否定意见的审计报告。

（2）如果认为被审计单位选取假设不再适当而选用了其他基础编制财务报表，审计人员应当实施补充的审计程序。

（3）如果管理层拒绝审计人员的要求，审计人员应将其视为审计范围受限，考虑出具保留意见或无法表示意见的审计报告。

第二节　期后事项

一、期后事项的含义及种类

（一）期后事项的含义

期后事项是指资产负债表日至审计报告日之间发生的事项以及注册会计师在审计报告日后知悉的事实（见图 15-3）。

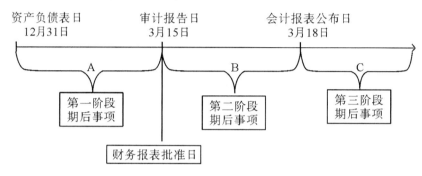

图 15-3　期后事项示意图

（二）期后事项的种类

1. 资产负债表日后调整事项

资产负债表日后调整事项是指对资产负债表日已经存在的情况提供了新的或进一步证据的事项。这类事项影响财务报表金额，需要提请被审计单位管理层调整财务报表及与之相关的披露信息。比较常见的资产负债表日后调整事项如下：

（1）资产负债表日后诉讼案件结案。

（2）资产负债表日后取得确凿证据，表明某项资产在资产负债表日已发生减值或需要调整已确认的减值。

（3）资产负债表日后进一步确认了资产负债表日前购入资产的成本或售出资产的收入。

（4）资产负债表日后发现了财务报表舞弊或差错。

2. 资产负债表日后非调整事项

资产负债表日后非调整事项是指表明资产负债表日后发生的情况的事项。这类事项虽然不影响财务报表金额，但是可能影响对财务报表的正确理解，需提请被审计单位管理层在财务报表附注中做适当披露。此类事项主要如下：

（1）资产负债表日后发生重大诉讼、仲裁、承诺。

（2）资产负债表日后因自然灾害导致资产发生重大损失。

（3）资产负债表日后资产价格、税收政策、外汇汇率发生重大变化。

（4）资产负债表日后发行股票和债券以及其他巨额举债。

（5）资产负债表日后资本公积转增资本。

（6）资产负债表日后发生巨额亏损。

（7）资产负债表日后发生企业合并或处置子公司。

（8）资产负债表日后企业利润分配方案中拟分配的以及经审议批准宣告发放的股利或利润。

二、注册会计师对期后事项的审计责任及程序

（一）第一时段：资产负债表日至审计报告日

（1）审计责任：主动识别。

（2）采取的措施及处理：了解管理层为确保识别期后事项而建立的程序；询问是否发生期后事项；查阅股东会等在资产负债表日后举行的会议纪要；查阅近期的中期财务报表及会计记录与往来信函；查阅资产负债表日后近期内的预算、现金流量预测等；咨询律师；获得管理层声明书。

（3）处理：拒绝修改（保留意见或否定意见）。

（二）第二时段：审计报告日至会计报表公布日

（1）审计责任：被动识别。

（2）采取的措施及处理：被审计单位修改报表时，应获取充分、适当的审计证据，签署双重日期或出具新的审计报告；被审计单位不修改报表时，考虑出具保留意见或否定意见的审计报告；若审计报告已提交，通知治理层不得报出；若已经报出，应采取措施防止他人信赖报表。

（3）处理：同意修改，注意修改审计报告日。不同意修改，若已提交，应阻止对外报出，防止信赖报告；若未提交，修改审计报告及报告日期。

（三）第三时段：会计报表公布之后

（1）审计责任：没有义务识别。

（2）采取的措施及处理：被审计单位修改报表时，实施必要审计程序；复核管理层采取的措施是否确保所有收到原报表和报告人士了解情况；延伸实施审计程序；修改或出具新审计报告。管理层未采取任何行动时，采取措施防止他人信赖报告，并将采取的措施通知治理层。

（3）处理：同意修改，重新出具报告，加强调事项段，调整报告日期；不同意修改，防止信赖报告；临近下期公布，按照法律法规的规定处理。

第三节　与治理层的沟通

根据《中国注册会计师审计准则第 1151 号——与治理层的沟通》的规定，在上市公司审计中，注册会计师应当就自身的独立性与治理层进行书面沟通。此外，注册会计师还应当及时向治理层通报审计中发现的与治理层监督财务报告过程的责任相关的重大事项。保持有效的双向沟通关系，有利于注册会计师与治理层履行各自的职责。

需要特别强调的是，除法律法规和审计准则另有规定的情形之外，沟通函文件

仅供被审计单位董事会使用，会计师事务所对第三方使用不承担任何责任，未经会计师事务所的事先书面同意，沟通函文件不得被引用、提及或向其他人披露。注册会计师与治理层沟通的事项如下：

一、注册会计师与财务报表审计相关的责任

注册会计师应当与治理层沟通注册会计师与财务报表审计相关的责任。

（1）注册会计师负责对管理层在治理层监督下编制的财务报表形成和发表意见。

（2）财务报表审计并不减轻管理层或治理层的责任。

注册会计师与财务报表审计相关的责任通常包含在审计业务约定书或记录审计业务约定条款的其他适当形式的书面协议中。

二、计划的审计范围和时间安排

在与治理层就计划的审计范围和时间安排进行沟通时，尤其是在治理层部分或全部成员参与管理被审计单位的情况下，注册会计师需要保持职业谨慎，避免损害审计的有效性。

沟通的事项可能包括以下内容：

（1）注册会计师拟如何应对由于舞弊或错误导致的特别风险以及重大错报风险评估水平较高的领域。

（2）注册会计师对与审计相关的内部控制采取的方案。

（3）在审计中对重要性概念的运用。

（4）实施计划的审计程序或评价审计结果需要的专门技术或知识的性质和程度，包括利用专家的工作。

（5）适用时，注册会计师对哪些事项可能需要重点关注因而可能构成关键审计事项所做的初步判断。

（6）针对适用的财务报告编制基础或被审计单位所处的环境、财务状况或活动发生的重大变化对单一报表及披露产生的影响，注册会计师拟采取的应对措施。

不宜沟通的事项包括以下内容：

（1）在与治理层就计划的审计范围和时间安排进行沟通时，尤其是在治理层部分或全部成员参与管理被审计单位的情况下，需保持职业谨慎，避免损害审计的有效性。

（2）沟通具体审计程序的性质和时间安排、重要性水平及其金额等，可能因被预见而降低其有效性，均不宜与治理层沟通。

三、审计中发现的重大问题

注册会计师应当与治理层沟通审计中发现的下列重大问题：

（1）注册会计师对被审计单位会计实务（包括会计政策、会计估计和财务报表披露）重大方面的质量的看法。

（2）审计工作中遇到的重大困难。

（3）已与管理层讨论或需要书面沟通的审计中出现的重大事项以及注册会计师要求提供的书面声明，除非治理层全部成员参与管理被审计单位。

（4）审计中出现的、根据职业判断认为对监督财务报告过程重大的其他事项，可能包括已更正的、含有已审计财务报表的文件中的其他信息存在的对事实的重大错报或重大不一致。

四、值得关注的内部控制缺陷

值得关注的内部控制缺陷是指注册会计师根据职业判断认为足够重要从而值得治理层关注的内部控制的一个缺陷或多个缺陷的组合。注册会计师应当以书面形式及时向治理层通报审计过程中识别出的值得关注的内部控制缺陷。

五、注册会计师的独立性

注册会计师需要遵守与财务报表审计相关的职业道德要求，包括对独立性的要求。其通常包括以下内容：
①对独立性的不利影响。
②法律法规和职业规范规定的防范措施、被审计单位采取的防范措施以及会计师事务所内部自身的防范措施。

六、补充事项

补充事项不一定与监督财务报告流程有关，但对治理层监督被审计单位的战略方向或与被审计单位受托责任相关的义务很可能是重要的。审计准则并不要求注册会计师设计程序来识别与治理层沟通的补充事项。注册会计师识别和沟通这类事项对审计目的而言，只是附带的，没有专门针对这些事项实施其他程序，也没有实施程序来确定是否还存在其他的同类事项。

本章小结

本章主要介绍完成审计工作的相关知识。通过本章的学习，学生应了解完成审计工作的概述，包括如何评价审计中的重大发现、汇总差异、复核审计工作底稿和财务报表以及评估企业持续经营能力；通过本章的学习，学生应对期后事项的概念和种类进行了解，知道在不同阶段注册会计师的责任及采取的不同处理方式；通过本章的学习，学生应了解注册会计师需要与治理层沟通的事项。本章内容属于基础理论知识，知识要点比较多，学生需要认真学习掌握。

本章思维导图

本章思维导图如图 15-4 所示。

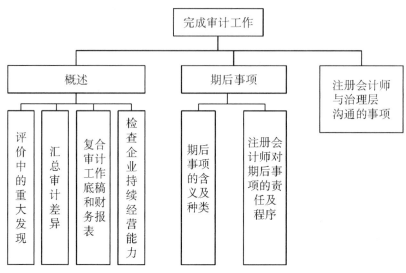

图 15-4　本章思维导图

第十六章
审计报告

学习目标

1. 了解审计报告的含义和特征以及审计报告的作用。
2. 理解什么是沟通关键审计事项。
3. 理解无保留意见的含义，掌握审计报告的意见类型。
4. 掌握非无保留意见的区分。
5. 了解什么是带强调事项段和其他事项段的审计意见。

案例导入

出具审计报告存虚假记载，信永中和被中国证监会罚没 450 万元

中国证监会对信永中和会计师事务所（特殊普通合伙，以下简称信永中和）出具行政处罚决定书。经查明，信永中和（注册会计师郭晋龙、夏斌）在怀集登云汽配股份有限公司（以下简称登云股份）首次公开发行股票（IPO）财务报表审计服务中存在以下违法事实：

一、信永中和为登云股份IPO及2014年年报提供审计服务过程中违反依法制定的业务规则

（一）信永中和在审计过程中未对三包索赔费用予以充分关注，未充分追查函证回函差异、执行函证替代程序不充分等，导致函证程序失效

登云股份2011—2013年的三包索赔费用存在巨幅波动：2011年较2010年大幅增长，2012年后又呈逐年明显下降趋势，特别是2013年上半年三包索赔费用仅3.4万元。信永中和的审计工作底稿中均未取得相应证据核实登云股份给出的解释。

三包索赔费用客户的回函存在以下问题：对于潍柴动力回函盖章不符的情况未做出有效解释；未充分追查广西玉柴机器股份有限公司、东风康明斯发动机有限公司函证回函差异；在未收到东风朝阳朝柴动力有限公司回函的情况下，执行函证替代程序不充分。

（二）未对登云股份与江苏申源特钢有限公司资金往来的性质持续保持应有的职业审慎，从而未能发现登云股份少确认贴现费用的情形

按照合同约定，登云股份向江苏申源特钢有限公司（以下简称申源特钢）以承兑汇票方式支付货款的金额不得超过总采购金额的70%。2013年1月至6月登云股份向申源特钢的采购金额为3 258.72万元（含税），登云股份实际向申源特钢支付

的承兑汇票为 3 926.01 万元，超出合同约定可使用承兑汇票限额 1 644.9 万元；2014 年登云股份向申源特钢的采购金额为 6 545.59 万元（含税），登云股份实际向申源特钢支付的承兑汇票为 10 030.06 万元，超出合同约定可使用承兑汇票限额 5 448.15 万元。

信永中和未对登云股份与申源特钢资金往来的性质持续保持应有的职业审慎，未发现登云股份少确认贴现费用的情形。

（三）未对登云股份 2013 年 6 月的销售收入进行充分核查

信永中和在对登云股份 2012 年年报的审计工作中，在登云股份美国子公司（以下简称美国登云）主营业务收入科目审计工作底稿部分，注册会计师抽凭范围包括发票号码、装箱单、运单等单据是否齐全，装箱单、运单的型号和数量与记账凭证是否一致，快递是否到达目的地，提货单是否齐全。信永中和在对登云股份 2013 年年报的审计工作中，在美国登云主营业务收入科目审计底稿部分，注册会计师抽凭范围包括与发票信息是否一致，提货单或快递单是否签字，单据是否齐全，发票号、订单号、装箱单号或快递单号。信永中和仅仅抽查了 2013 年 6 月 15 日、6 月 21 日美国登云业务的是否制作了装箱单、是否提供发票两项内容，抽凭范围不恰当。

信永中和检查了登云股份对美国登云两笔业务的销售发票和发货清单，两批货物在登云股份登记的出具发票日期分别为 6 月 15 日和 6 月 16 日，发货时间也分别为 6 月 15 日和 6 月 16 日，而美国登云对金色能源（Golden Engine）公司的销售发票日期分别显示为 6 月 15 日和 6 月 21 日，美国登云确认收入的时间与登云股份发货时间相差无几，明显不符合正常海运周期。信永中和未对上述异常情况保持职业谨慎，未按规定对登云股份 2013 年 6 月末的销售收入进行充分核查。

（四）报告签署情况

信永中和对登云股份 2010 年年报、2011 年年报、2012 年年报、2013 年半年报、2014 年年报出具了无保留意见的审计报告，签字注册会计师为郭晋龙和夏斌。

二、信永中和未勤勉尽责，对登云股份 2013 年年报出具的审计报告存在虚假记载

信永中和未充分关注三包索赔费用的异常情况，未考虑到三包索赔费用回函差异的影响，未进一步采取恰当核查措施，导致未能发现登云股份三包索赔费用未入账的情况。登云股份 2013 年三包索赔费 5 020 406.98 元未计入当年销售费用，其中信永中和因未勤勉尽责而未能发现的三包索赔费用为 2 422 328.73 元。

信永中和未对发行人与申源特钢资金往来的性质持续保持应有的职业审慎，从而未能发现登云股份少确认贴现费用的情形。登云股份 2013 年贴现票据产生的利息未计提费用为 2 929 311.2 元。

信永中和未保持应有的职业审慎，未对相关公司进行充分核查或者追加必要的审计程序，导致 2013 年未能发现山东旺特、山东富达美、广州富匡全贸易有限公司（以下简称广州富匡全）、肇庆市达美汽车零件有限公司（以下简称肇庆达美）、APC 公司等与登云股份的关联关系及关联交易。

信永中和对登云股份 2013 年年报出具了无保留意见的审计报告，签字注册会计

师为郭晋龙和夏斌。以上事实，有信永中和的审计工作底稿、审计报告、询证函、会计凭证、购销合同、提货单、企业工商登记资料、相关人员询问笔录等证据证明，足以认定。

三、责任认定

信永中和未勤勉尽责，出具的登云股份 2013 年审计报告存在虚假记载，构成《中华人民共和国证券法》（以下简称《证券法》）第二百二十三条所述"证券服务机构未勤勉尽责，所制作、出具的文件有虚假记载"的行为，郭晋龙、夏斌是直接负责的主管人员。

中国证监会认为，会计师事务所和注册会计师作为资本市场的"守门人"，应当依法履行职责，注册会计师作为具体实施审计工作的人员，应当在职责范围内发表独立的专业意见并承担相应的法律责任。注册会计师在对企业 IPO 和年报审计过程中出具的审计报告是广大投资者获取发行人和上市公司真实信息的重要渠道，也是投资者做出投资决策的重要参考，更是监管部门发行核准和上市公司监管的重要基础。注册会计师应当保持足够的职业审慎，勤勉尽责地开展工作，恪守执业准则，保证所出具的法律文件不存在虚假记载、误导性陈述和重大遗漏。

第一，信永中和未对三包索赔费用予以充分关注，未充分追查函证回函差异，执行函证替代程序不充分，未对登云股份与申源特钢资金往来的性质持续保持应有的职业审慎，未对登云股份部分销售收入进行充分核查，在相关公司存在异常关联线索的情况下，未保持应有的职业审慎，未进行充分核查或追加必要的审计程序。上述行为均属违反审计准则的行为，构成"未勤勉尽责"。中国证监会在做出行政处罚决定时已考虑了审计的固有限制。中国证监会评判注册会计师工作的标准是注册会计师是否按照审计准则的规定恰当地计划和执行了审计工作，而非要求注册会计师对审计对象的财务报表提供绝对保证。因此，中国证监会对此项申辩意见不予采纳。

第二，中国证监会严格按照《证券法》等法律法规及中国注册会计师执业准则等相关规定认定会计师事务所及其签字注册会计师的违法责任，并区分上市公司的会计责任与注册会计师的审计责任。登云股份财务造假的会计责任与注册会计师的审计责任是相互独立的，中国证监会追究注册会计师行政责任的依据并非登云股份的财务造假行为，而是注册会计师自身在执业过程中违反业务规则、未勤勉尽责、出具的文件存在虚假记载的行为。因此，中国证监会对此项申辩意见不予采纳。

信永中和对登云股份 IPO 及 2014 年年报提供审计服务的过程中违反依法制定的业务规则，构成《证券法》第二百二十六条所述"证券服务机构违反本法规定或者依法制定的业务规则"的行为。根据当事人违法行为的事实、性质、情节与社会危害程度，依据《证券法》第二百二十六条的规定，中国证监会决定：责令信永中和改正，没收违法所得 188 万元，并处以 188 万元罚款。

信永中和未勤勉尽责，出具的登云股份 2013 年审计报告存在虚假记载，构成《证券法》第二百二十三条所述"证券服务机构未勤勉尽责，所制作、出具的文件有虚假记载"的行为，郭晋龙、夏斌是直接负责的主管人员。根据当事人违法行为的事实、性质、情节与社会危害程度，依据《证券法》第二百二十三条的规定，中国证监会决定：责令信永中和改正，没收业务收入32万元，并处以32万元罚款；对郭晋龙、夏斌给予警告，并分别处以5万元罚款。

综上所述，中国证监会决定：

第一，责令信永中和改正，没收业务收入32万元，没收违法所得188万元，并处以220万元罚款。

第二，对郭晋龙、夏斌给予警告，并分别处以5万元罚款。

问题：（1）请问这个案例给你什么启发？

（2）审计报告意见类型有哪些？不同情况下如何出具审计报告？

（3）注册会计师对发表的审计报告承担什么责任？

第一节　审计报告概述

一、审计报告的含义及特征

（一）审计报告的含义

审计报告是指注册会计师按照审计准则的要求，在执行审计工作的基础上，对财务报表发表审计意见的书面文件。注册会计师要在该意见中表述清楚财务报表整体是否在所有重大方面按照财务报告的编制基础编制以及是否实现了公允反映。

（二）审计报告的特征

（1）注册会计师应当按照审计准则的规定执行审计工作。

（2）注册会计师必须在实施审计工作的基础上，满足出具审计报告的要求才能出具审计报告。

（3）注册会计师通过对财务报表发表审计意见来完成审计业务约定书的责任。

（4）注册会计师应当以书面形式出具审计报告。

注册会计师应该在实施审计程序、获取审计证据的基础上得出审计结论，完成审计工作，对被审计单位的财务报表发表审计意见。注册会计师在审计报告上签名并盖章，就表示对其出具的审计报告负责。

注册会计师应当将已审计的财务报表附于审计报告之后，以便财务报表使用者正确理解和使用审计报告，并防止被审计单位替换、更改已审计的财务报表。

二、审计报告的作用

（一）鉴证作用

注册会计师以超然独立的第三方身份签发审计报告，对被审计单位财务报表的合法性和公允性发表审计意见，最后出具相应的鉴证报告。这种审计意见具有鉴证作用。

（二）保护作用

注册会计师作为独立的第三方，站在公正公允的角度上通过实施审计程序、获取审计证据，对被审计单位的财务报表在所有重大方面是否存在重大错报发表不同的审计意见。经注册会计师审计以后的财务报表，可以提高或降低财务报表使用者对财务报表的信赖程度，在一定程度上对被审计单位的财产、债权人和股东的权益及企业利害关系人的利益起到保护作用。

（三）证明作用

最终出具的审计报告，表明注册会计师已经完成了审计的相关工作。审计报告是对注册会计师审计任务完成情况及其结果所做的总结，表明审计工作的质量并明确注册会计师的审计责任。

审计报告的作用如图 16-1 所示。

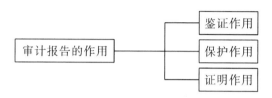

图 16-1　审计报告的作用

第二节　审计报告的基本内容

一、审计报告的要素

审计报告应当包括下列十大要素：标题，收件人，审计意见段，形成审计意见的基础，管理层对财务报表的责任段，注册会计师的责任段，按照相关要求履行财务报表责任（如适用），注册会计师的签名和盖章，会计师事务所的名称、地址和盖章，报告日期。

（一）要素一：标题

审计报告具有统一的标题，标题统一规范为"审计报告"。

（二）要素二：收件人

审计报告应当按照审计业务的约定载明收件人。在某些国家或地区，法律法规或业务约定条款可能指定审计报告的致送对象。注册会计师通常将审计报告致送给财务报表使用者，一般是被审计单位的股东或治理层。不同性质的企业的收件人有所不同，具体如表 16-1 所示。

表 16-1　不同性质的企业的收件人

公司性质	收件人
股份有限公司	ABC 股份有限公司全体股东
有限责任公司	ABC 有限责任公司全体董事会成员
合伙企业	ABC 合伙企业全体合伙人
独资企业	ABC 公司

（三）要素三：审计意见段

审计意见段由两部分构成：第一部分指出已审计的财务报表，第二部分说明注册会计师发表的审计意见。

1. 第一部分：已审计的财务报表

已审计的财务报表应当包括下以下五个方面的内容：

（1）被审计单位的名称，如 ABC 股份有限公司。

（2）表明财务报表已经审计，如"我们审计了"。

（3）构成整套财务报表的每一财务报表的名称，如资产负债表、利润表、股东权益变动表、现金流量表。

（4）提及财务报表附注和重要会计政策概要以及其他解释性信息，如财务报表附注。

（5）指明构成整套财务报表的每一财务报表的日期或涵盖的期间。

2. 第二部分：注册会计师发表的审计意见

如果对财务报表发表无保留意见，除非法律法规另有规定，审计意见应当使用"我们认为，财务报表在所有重大方面按照适用的财务报告编制基础（如企业会计准则）编制，公允反映了……"的措辞。审计意见要说明财务报表在所有重大方面按照适用的财务报告编制基础编制，公允反映了财务报表旨在反映的事项。例如，对于按照企业会计准则编制的财务报表，这些事项是"被审计单位期末的财务状况、截至期末某一期间的经营成果和现金流量"。审计报告的类型对应的审计意见如表 16-2 所示。

表 16-2　审计报告的类型对应的审计意见

审计报告的类型	审计意见
标准的无保留意见	我们认为，A 公司财务报表已经按照企业会计准则的规定编制，在所有重大方面公允反映了 A 公司 2019 年 12 月 31 日的财务状况以及 2019 年度的经营成果和现金流量
带强调事项段	我们提醒财务报表使用者关注，如财务报表附注所述，截止财务报表批准日，甲公司对 A 公司提出的诉讼尚在审理当中，其结果具有较大的不确定性。本段内容并不影响已发表的审计意见
带其他事项段	甲公司以 2019 年 12 月 31 日为会计期间截止日的年度财务报表由乙会计师事务所审计，乙注册会计师对其 2019 年的财报于 2020 年 4 月 30 日出具了无保留意见审计报告
保留意见	我们认为，除"形成保留意见的基础部分"所述事项可能产生的影响外，A 公司财务报表已经按照企业会计准则的规定编制，在所有重大方面公允反映了 A 公司 2019 年 12 月 31 日的财务状况以及 2019 年度的经营成果和现金流量
否定意见	我们认为，由于"形成否定意见的基础部分"所述事项的重要性，A 公司财务报表并没有在所有重大方面按照企业会计准则编制，未能公允反映了 A 公司 2019 年 12 月 31 日的财务状况以及 2019 年度的经营成果和现金流量
无法表示意见	我们认为，由于"形成无法表示意见的基础部分"所述事项的重要性，我们无法获取充分、适当的审计证据以为发表审计意见提供基础，因此我们无法对 A 公司的财务报表发表审计意见。

（四）要素四：形成审计意见的基础

审计报告应当包含标题为"形成审计意见的基础"的部分。该部分提供关于审计意见的重要背景，应当紧接在审计意见部分之后。其具体应该包括以下内容：

（1）说明注册会计师按照审计准则的规定执行了审计工作。

（2）提及审计报告中用于描述审计准则规定的注册会计师责任的部分。

（3）声明注册会计师按照与审计相关的职业道德要求对被审计单位保持了独立性，并履行了职业道德方面的其他责任。声明中应当指明适用的职业道德要求，如中国注册会计师职业道德守则。

（4）说明注册会计师是否相信获取的审计证据是充分、适当的，为发表审计意见提供了基础。

（五）要素五：管理层对财务报表的责任段

审计报告应当包含标题为"管理层对财务报表的责任"的部分。管理层对财务报表的责任段应当说明编制财务报表是管理层的责任。这种责任包括以下几个方面的内容：

（1）按照适用的财务报告编制基础编制财务报表，并使其实现公允反映。

（2）设计、执行和维护必要的内部控制，以使财务报表不存在由于舞弊或错误导致的重大错报。

（3）评估被审计单位的持续经营能力和使用持续经营假设是否适当，并披露与持续经营相关的事项（如适用）。对管理层评估责任的说明应当包括描述在何种情况下使用持续经营假设是适当的。

审计报告中对管理层责任的说明包括提及以上责任，这有助于向财务报表使用者解释执行审计工作的前提。如果管理层不明确其责任或不愿签署书面文件确认其责任，那么注册会计师承接此类业务是不恰当的。

（六）要素六：注册会计师的责任段

审计报告应当包含标题为"注册会计师对财务报表审计的责任"的部分，其中应当包括下列内容：

（1）说明注册会计师的目标是对财务报表整体是否不存在由于舞弊或错误导致的重大错报获取合理保证，并出具包含审计意见的审计报告。

（2）说明合理保证是高水平的保证，但按照审计准则执行的审计并不能保证一定会发现存在的重大错报。

（3）说明错报可能由于舞弊或错误导致。在说明错报可能由于舞弊或错误导致时，注册会计师应当从下列两种做法中选取一种：

①描述如果合理，预期错报单独或汇总起来可能影响财务报表使用者依据财务报表作出的经济决策，则通常认为错报是重大的。

②根据适用的财务报告编制基础，提供关于重要性的定义或描述。

注册会计师对财务报表审计的责任部分还应当包括下列内容：

（1）说明在按照审计准则执行审计工作的过程中，注册会计师运用职业判断，并保持职业怀疑。

（2）通过说明注册会计师的责任，对审计工作进行描述。这些责任如下：

277

①识别和评估由于舞弊或错误导致的财务报表重大错报风险，设计和实施审计程序以应对这些风险，并获取充分、适当的审计证据，作为发表审计意见的基础。由于舞弊可能涉及串通、伪造、故意遗漏、虚假陈述或凌驾于内部控制之上，未能发现由于舞弊导致的重大错报的风险高于未能发现由于错误导致的重大错报的风险。

②了解与审计相关的内部控制，以设计恰当的审计程序，但目的并非对内部控制的有效性发表意见。当注册会计师有责任在财务报表审计的同时对内部控制的有效性发表意见时，应当略去上述"目的并非对内部控制的有效性发表意见"的表述。

③评价管理层选用会计政策的恰当性和作出会计估计及相关披露的合理性。

④对管理层使用持续经营假设的恰当性得出结论。同时，根据获取的审计证据，就可能导致对被审计单位持续经营能力产生重大疑虑的事项或情况是否存在重大不确定性得出结论。如果注册会计师得出结论认为存在重大不确定性，审计准则要求注册会计师在审计报告中提请报表使用者关注财务报表中的相关披露。如果披露不充分，注册会计师应当发表非无保留意见。注册会计师的结论基于截至审计报告日可获得的信息。然而，未来的事项或情况可能导致被审计单位不能持续经营。

⑤评价财务报表的总体列报、结构和内容（包括披露），并评价财务报表是否公允反映相关交易和事项。

注册会计师对财务报表审计的责任部分还应当包括下列内容：

（1）说明注册会计师与治理层就计划的审计范围、时间安排和重大审计发现等事项进行沟通，包括沟通注册会计师在审计中识别的值得关注的内部控制缺陷。

（2）对上市实体财务报表审计，指出注册会计师就已遵守与独立性相关的职业道德要求向治理层提供声明，并与治理层沟通可能被合理认为影响注册会计师独立性的所有关系和其他事项以及相关的防范措施（如适用）。

（3）对上市实体财务报表审计以及决定按照《中国注册会计师审计准则第15号——在审计报告中沟通关键审计事项》的规定沟通关键审计事项的其他情况，说明注册会计师从已与治理层沟通的事项中确定哪些事项对本期财务报表审计最为重要，因而构成关键审计事项。注册会计师应当在审计报告中描述这些事项，除法律法规禁止公开披露这些事项外，或者在极少数情形下，注册会计师合理预期在审计报告中沟通某事项造成的负面后果超过在公众利益方面产生的益处，因而决定不应在审计报告中沟通该事项。

（七）要素七：按照相关要求履行财务报表责任（如适用）

除审计准则规定的注册会计师对财务报表出具审计报告的责任外，相关法律法规可能对注册会计师设定了其他报告责任。在某些情况下，相关法律法规可能要求或允许注册会计师将对这些其他责任的报告作为对财务报表出具的审计报告的一部分。在另外一些情况下，相关法律法规可能要求或允许注册会计师在单独出具的报告中进行报告。

（八）要素八：注册会计师的签名和盖章

审计报告应当由注册会计师签名并盖章。注册会计师在审计报告上签名并盖章，主要是为了明确法律责任。会计师事务所应当建立健全全面质量管理制度与程序以及各审计项目的质量管理程序，严格按照有关规定和要求在审计报告上签名并盖章。

审计报告签名必须要"双签"。"双签"是指由两名具备相关业务资格的注册会计师签名盖章，并经会计师事务所盖章后审计报告才有效。这里要求由两名具有签字权的注册会计师签名，相互之间可以起到监督的作用，注册会计师太多则容易导致责任的相互推诿。

不同体制的会计师事务所，签字人员会存在差异。合伙制的会计师事务所，应当由一名对审计项目负最终复核责任的合伙人和一名负责该项目的注册会计师签名并盖章。有限责任制的会计师事务所，应当由会计师事务所的主任会计师或其授权的副主任会计师和一名负责该项目的注册会计师签名并盖章。

（九）要素九：会计师事务所的名称、地址和盖章

审计报告应当载明会计师事务所的名称和地址，并加盖会计师事务所公章。注册会计师在审计报告中载明会计师事务所地址时，标明会计师事务所所在的城市即可。在实务中，审计报告通常会载于会计师事务所统一印刷的、标有该所详细通信地址的信笺上，因此无需在审计报告中注明详细地址。

（十）要素十：报告日期

审计报告应当注明报告日期。审计报告的日期指完成审计工作的日期。审计报告日不应早于注册会计师获取充分、适当的审计证据（包括管理层认可对财务报表的责任且批准财务报表报告的日期），并在此基础上对财务报表形成审计意见的日期。

在确定审计报告日时，注册会计师应当确信已获取下列两方面的审计证据：

（1）构成整套财务报表的所有报表（包括附注）已编制完成。

（2）被审计单位的董事会、管理层或类似机构已经认可其对财务报表负责。

只有在注册会计师获取证据证明构成整套财务报表的所有报表（包括附注）已经编制完成，并且管理层已认可其对财务报表责任的情况下，注册会计师才能得出已经获取充分、适当的审计证据的结论。在实务中，注册会计师在正式签署审计报告前，通常把审计报告草稿和已审计财务报表草稿一同提交给管理层。如果管理层批准并签署已审计财务报表，注册会计师即可签署审计报告。注册会计师签署审计报告的日期通常与管理层签署已审计财务报表的日期为同一天，或者晚于管理层签署已审计财务报表的日期。

二、与财务报表一同列报的补充信息

在某些情况下，被审计单位根据法律法规的要求，或者出于自愿选择，与财务报表一同列报适用的财务报告编制基础未作要求的补充信息。例如，被审计单位列报补充信息以增强财务报表使用者对适用的财务报告编制基础的理解，或者对财务报表的特定项目提供进一步解释。这种补充信息通常在补充报表中或作为额外的附注进行列示。

如果被审计单位将适用的财务报告编制基础未作要求的补充信息与已审计财务报表一同列报，注册会计师应当根据职业判断，评价补充信息是否由于其性质和列报方式而构成财务报表的必要组成部分。如果补充信息构成财务报表的必要组成部

分，应当将其涵盖在审计意见中。

如果认为适用的财务报告编制基础未作要求的补充信息不构成已审计财务报表的必要组成部分，注册会计师应当评价这些补充信息的列报方式是否充分、清楚地使其与已审计财务报表相区分。如果未能充分、清楚地区分，注册会计师应当要求管理层改变未审计补充信息的列报方式。如果管理层拒绝改变，注册会计师应当指出未审计的补充信息，并在审计报告中说明补充信息未审计。

第三节　沟通关键审计事项

《中国注册会计师审计准则第 1504 号——在审计报告中沟通关键审计事项》要求，注册会计师在上市实体整套通用目的的财务报表审计报告中增加关键审计事项部分，用于沟通关键审计事项，除法律法规另有规定外，当对财务报表发表无法表示意见时，注册会计师不得在审计报告中包含关键审计事项部分。该准则要求，注册会计师在上市实体整套通用目的的财务报表审计报告中以及注册会计师决定、委托方要求或法律法规要求在审计报告中沟通关键审计事项的审计报告中，增设"关键审计事项"段，用以描述关键审计事项。该准则定义了关键审计事项，并就如何在审计报告中恰当表述关键审计事项做出了规范。

一、沟通关键审计事项的含义

关键审计事项是指注册会计师根据职业判断认为对本期财务报表审计最为重要的事项。关键审计事项从注册会计师与治理层沟通过的事项中选取。未被沟通过的事项不得作为关键审计事项。

沟通关键审计事项旨在通过提高已执行审计工作的透明度增加审计报告的沟通价值。沟通关键审计事项能够为财务报表预期使用者提供额外的信息，以帮助其了解注册会计师根据职业判断认为对本期财务报表审计最为重要的事项。沟通关键审计事项还能够帮助财务报表预期使用者了解被审计单位以及已审计财务报表中涉及重大管理层判断的领域。

在审计报告中沟通关键审计事项，能够为财务报表预期使用者就被审计单位、已审计财务报表或已执行审计工作相关的事项进一步与管理层和治理层沟通提供基础。以治理层沟通的事项作为起点确定关键审计事项如图 16-2 所示。

图 16-2　以治理层沟通的事项作为起点确定关键审计事项

在审计报告中沟通关键审计事项以注册会计师就财务报表整体形成审计意见为背景。在审计报告中沟通关键审计事项不能代替下列事项：

（1）管理层按照适用的财务报告编制基础在财务报表中做出的披露，或者为使财务报表实现公允反映而做出的披露（如适用）。

（2）注册会计师按照《中国注册会计师审计准则第 1502 号——在审计报告中发表非无保留意见》的规定，根据审计业务的具体情况发表非无保留意见。

（3）当可能导致被审计单位持续经营能力产生重大疑虑的事项或情况存在重大不确定性时，注册会计师按照《中国注册会计师审计准则第 1324 号——持续经营》的规定进行报告。

在审计报告中沟通关键审计事项也不是注册会计师就单一事项单独发表意见。

二、沟通关键审计事项的确定

注册会计师应当从与治理层沟通过的事项中确定在执行审计工作时重点关注过的事项。在确定关键审计事项时，从性质上可以从以下三个方面考虑是否属于关键审计事项：

（一）识别到的特别风险和具有较高重大错报风险的领域

特别风险通常与重大的非常规交易和判断事项有关，通常是注册会计师重点关注过的事项。但需要注意的是，并非所有的特别风险都一定是注册会计师重点关注过的。

（二）与涉及重要管理层判断（包括具有高度不确定性的会计估计）的财务报表领域有关的重要的审计判断

通常情况下，涉及重大管理层判断的领域是注册会计师重点关注过的，一般也会被认定为特别风险。除此之外，对于那些虽然未被认定为特别风险但具有高度不确定性的会计估计，注册会计师也需要考虑是否是在执行审计工作时重点关注过的事项。这类会计估计通常较为复杂，且高度依赖管理层的判断，某些情况下还可能涉及管理层的专家和注册会计师的专家的参与。注册会计师还需要特别关注对财务报表有重大影响的会计政策以及会计政策变更，特别是被审计单位采用的会计政策与行业内其他公司存在重大差异的情况。

（三）本期发生的重大事项或交易对审计的影响

对财务报表或审计工作具有重大影响的事项或交易可能属于重点关注领域，并可能被识别为特别风险。例如，在审计过程中的各个阶段，注册会计师可能已与管理层和治理层就重大关联方交易或超出被审计单位正常经营过程之外的重大交易，或者在其他方面显得异常的交易对财务报表的影响进行了大量讨论。管理层可能已就这些交易的确认、计量、列报或披露作出困难或复杂的判断，这可能已对注册会计师的总体审计策略产生重大影响。影响管理层假设或判断的经济、会计、法规、行业或其他方面的重大变化也可能影响注册会计师的总体审计方法，由此成为需要注册会计师重点关注的事项。

"最为重要的事项"并不意味着只有一项，其数量受被审计单位规模和复杂程度、业务和经营环境的性质以及审计业务具体事实和情况的影响。注册会计师需要以被审计单位和审计工作为背景，综合考虑就相关事项与治理层沟通的性质和程度、该事项对预期使用者理解财务报表整体的重要程度、与该事项相关的会计政策的复杂程度或主观程度、与该事项相关的错报的性质和重要程度、为应对该事项需要付出的审计努力的性质和程度（包括利用专家的工作、向项目组以外的成员咨询等）、执业人员遇到的困难的性质和严重程度、与该事项相关的控制缺陷的严重程度、该事项是否涉及多项相联系的审计考虑等因素，确定这些事项的相对重要程度，以确定多少以及哪些事项是"最为重要的事项"。

三、关键审计事项与审计报告其他要素之间的关系

（一）导致发表非无保留意见的事项和与持续经营相关的重大不确定性优先于关键审计事项

《中国注册会计师审计准则 1504 号——在审计报告中沟通关键审计事项》强调，在审计报告中沟通关键审计事项不能代替以下情况：

（1）注册会计师按照《中国注册会计师审计准则第 1502 号——在审计报告中发表非无保留意见》的规定发表非无保留意见。

（2）当可能导致对被审计单位持续经营能力产生重大疑虑的事项或情况存在重大不确定性时，注册会计师按照《中国注册会计师审计准则第 1324 号——持续经营》的规定进行报告。

以上两种情况，就其性质而言都属于关键审计事项。但是，这些事项不得在审计报告的关键审计事项部分进行描述，而应当分别在形成保留（否定）意见的基础部分或与持续经营相关的重大不确定性部分进行描述，并在关键审计事项部分提及形成保留（否定）意见的基础部分或与持续经营相关的重大不确定性部分。

（二）关键审计事项优先于强调事项和其他事项

根据《中国注册会计师审计准则第 1503 号——在审计报告中增加强调事项段和其他事项段》的规定，注册会计师在审计报告中增加强调事项段和其他事项段的前提条件是该事项未被确定为在审计报告中沟通的关键审计事项。

如果某事项构成关键审计事项，除上述导致发表非无保留意见的事项和与持续经营相关的重大不确定性之外，注册会计师应在关键审计事项部分描述，而不得在强调事项段或其他事项段描述。

四、关键审计事项的沟通

《中国注册会计师审准则第 1151 号——与治理层的沟通》要求注册会计师与被审计单位治理层沟通审计过程中的重大发现，包括注册会计师对被审计单位会计实务（包括会计政策、会计估计和财务报表披露）重大方面的质量的看法以及审计过程中遇到的重大困难等，以便于治理层履行其监督财务报告过程的职责，也便于注册会计师履行审计职责。在现行准则规范下，除非注册会计师针对这些事项发表无保留意见，否则这部分沟通事项将不在审计报告中披露。

（1）不在审计报告中沟通某项关键审计事项的情形。

《中国注册会计师审计准则第 1504 号——在审计报告中沟通关键审计事项》对

在特殊情况下不在审计报告中沟通关键审计事项的情形做出了以下规范：

①法律法规禁止公开披露某事项。

②在极少数情形下，如果合理预期在审计报告中沟通某事项造成的负面后果超过在公众利益方面产生的益处，注册会计师确定不应在审计报告中沟通该事项。

（2）如果确定不在审计报告中沟通某项关键审计事项，注册会计师应当考虑取得有关法律的建议，并考虑从管理层获取关于公开披露该事项为何不适当的书面声明，包括管理层对这种沟通可能带来的负面后果的严重程度的看法。

五、关键审计事项的举例

下面列举的关键审计事项披露在 XYZ 会计师事务所对上市公司 ABC 公司 2021 年度财务报表出具的审计报告中。XYZ 会计师事务所在与 ABC 公司治理层沟通过的事项中，选出在执行审计工作时重点关注过的事项，又从这些重点关注过的事项中选出下述事项作为关键审计事项，并在审计报告中披露。

（一）案例一：商誉减值测试

1. 事项描述

截至 2021 年 12 月 31 日，贵公司因收购 Y 公司而确认了××万元的商誉。贵公司管理层于每年年末对商誉进行减值测试。本年度，Y 公司产生了经营损失，该商誉出现减值迹象。

报告期末，贵公司管理层对 Y 公司的商誉进行了减值测试，以评价该项商誉是否存在减值。管理层采用现金流预测模型来计算商誉的可收回金额，并将其与商誉的账面价值相比较。该模型所使用的折现率、预计现金流，特别是未来收入增长率等关键指标需要作出重大的管理层判断。通过测试，管理层得出商誉没有减值的结论。

2. 实施的审计程序

我们针对管理层减值测试所实施的审计程序包括：

（1）对管理层的估值方法予以评估。

（2）基于对相关行业的了解，我们检查了管理层假设的合理性，如收入增长率、折现率等。

（3）检查录入数据与支持证据的一致性。例如，已批准的预算以及考虑这些预算的合理性。

3. 实施审计程序的结果

我们认为，基于目前所获取的信息，管理层在对商誉减值进行测试时所使用的假设是合理的，相关信息在财务报表附注中所作出的披露是适当的。

（二）案例二：研发费用资本化

1. 事项描述

贵公司开发了大量的系统运行软件以及业务相关技术，并正在进一步开发其他技术以提高效率和产能。本年度，贵公司资本化的研发费用为××万元。

由于资本化的研发费用金额较大，且评估其是否达到企业会计准则规定的资本化标准涉及重大的管理层判断（特别是以下领域），因此该领域是关键审计事项。

283

（1）项目的技术可行性。

（2）项目产生足够未来经济利益的可能性。

我们尤其注意到贵公司目前正在投资开发新技术以满足其未来发展的需要，因此我们重点关注了这些在建项目的未来经济利益是否能够支撑资本化金额，这些项目包括：

（1）为提高公司开发、运营和拓展能力，重建其技术平台的项目，如能够投入使用，其经济利益需要在较长的期限内实现，因此涉及更多判断。

（2）由于某些开发技术的创新性而使其未来经济利益涉及重大判断的项目。

鉴于新软件和系统的开发，我们也关注了已经资本化的现有软件及系统的账面余额是否发生减值。

2. 实施的审计程序及结果

我们获取了本年度资本化的研发费用的明细表，并将其调节至总账中记录的金额，未发现重大异常。

我们测试了资本化金额超过××万元的所有项目和剩余样本中抽取的金额较小的项目，具体如下：

（1）我们获取了管理层就这些项目进行资本化的原因作出的解释，包括项目的技术可行性以及项目产生足够未来经济利益的可能性等方面。我们还对负责各选定项目的项目开发经理进行访谈，以印证上述解释并了解具体项目，从而使我们能够独立评估这些项目是否满足企业会计准则规定的资本化条件。我们发现项目经理给出的解释与我们从管理层获得的解释以及我们对业务发展的理解一致，并认可管理层得出的这些支出满足资本化条件的评价。

（2）我们询问了管理层及相关项目经理，新软件和系统的开发是否代替了资产负债表中任何现有资产或使其减值。除财务报表附注××所披露的××万元的减值准备外，我们未发现进一步的减值迹象。我们还根据我们对新建项目及现有项目的了解，考虑是否存在任何项目中的软件因受开发活动的影响而停止使用或减少使用年限。我们未发现重大异常。

（3）为确定支出是否可直接归属于各个项目，我们获取了单个项目耗用工时的清单，抽查了项目记录的某些工时数，并与相关项目经理讨论以了解项目，确认所测试的员工的确参与了项目，并确定这些员工所执行工作的性质。我们通过将耗用工时清单中某位员工的总工时数与其标准费率相乘来确认记录的工时工资与资本化的金额相一致。

（4）我们还按照相当于公司技术开发小组平均工资的每小时费率对上述的标准小时费率进行了调节。我们认为所用费率能恰当反映内部开发员工的薪酬水平，未发现重大异常。

第四节 年度报告和其他信息

一、年度报告和其他信息的定义

（一）年度报告的定义

年度报告是指管理层或治理层根据法律法规的规定或惯例，一般以年度为基础编制的、旨在向所有者（或类似的利益相关方）提供实体经营情况和财务业绩及财务状况（财务业绩及财务状况反映于财务报表）信息的一个文件或一系列文件的组合。一份年度报告包含或随附财务报表和审计报告，通常包括实体的发展，未来前景、风险和不确定事项，治理层声明以及包含治理事项的报告等信息。

根据法律法规或惯例的要求，以下一项或多项文件可能构成年度报告：

（1）董事会报告。

（2）公司董事会、监事会及董事、监事、高级管理人员保证年度报告内容的真实、准确、完整，不存在虚假记载、误导性陈述或重大遗漏，并承担个别和连带法律责任的声明。

（3）公司治理情况说明。

（4）内部控制自我评价报告。

年度报告可能以纸质的形式提供给使用者，也可能以电子形式，包括载于被审计单位网站的形式提供给使用者。

（二）其他信息的定义

其他信息是指在被审计单位年度报告中包含的除财务报表和审计报告以外的财务信息和非财务信息。

其他信息的错报是指对其他信息作出的不正确陈述或其他具有误导性的信息，包括遗漏或掩饰对恰当理解其他信息披露的事项必要的信息。例如，其他信息声称说明了管理层使用的关键业绩指标，则遗漏某项管理层使用的关键业绩指标可能表明其他信息未经正确陈述或具有误导性。

二、其他信息的含义

《中国注册会计师准则第 1521 号——注册会计师对其他信息的责任》规定，其他信息是指注册会计师对被审计单位年度报告中包含的除财务报表和审计报告之外的其他信息的责任，无论其他信息是财务信息还是非财务信息。

其他信息主要包括管理层或治理层的经营报告、财务数据摘要、员工情况数据、计划的资本性支出、财务比率、董事和高级管理人员的姓名、择要列示的季度数据。

根据其他信息的含义，我们可以总结以下几点：

（1）其他信息首先是被审计单位以年度为基础编制的年度报告。

（2）年度报告包含或随附财务报表和审计报告，通常包括实体的发展，未来前景、风险和不确定事项，治理层声明以及包含治理事项的报告等信息。

（3）其他信息不包括财务信息初步公告和证券发行文件，包括招股说明书。

三、注册会计师对其他信息的责任

（一）注册会计师应当获取其他信息

（1）注册会计师应当通过与管理层讨论，确定哪些文件组成年度报告以及被审计单位计划公布这些文件的方式和时间安排。

（2）注册会计师应当就及时获取组成年度报告的文件的最终版本与管理层作出适当安排。如果可能，注册会计师应当在审计报告日之前获取。

（3）如果组成年度报告的部分或全部文件在审计报告日后才能取得，注册会计师应当要求管理层提供书面声明，声明上述文件的最终版本将在可获取时并且在被审计单位公布前提供给注册会计师，以使注册会计师可以完成准则要求的程序。

如果治理层需要在被审计单位发布其他信息前批准其他信息，其他信息的最终版本应为治理层已经批准的用于发布的版本。

如果使用者只能通过被审计单位的网站获取其他信息，注册会计师应当根据审计准则对其执行程序的相关文件是从被审计单位获取的，而不是直接从被审计单位获取的其他信息的版本。

（二）注册会计师应阅读并考虑其他信息

注册会计师应当阅读其他信息。在阅读时，注册会计师应当考虑其他信息和财务报表之间是否存在重大不一致。作为考虑的基础，注册会计师应当将其他信息中选取的金额或其他项目与财务报表中的相应金额或其他项目进行比较，以评价其一致性。

其他信息可能包括金额或其他项目，这些金额或其他项目与财务报表中的金额或其他项目相一致，或者对其进行概括，或者为其提供更详细的信息。例如：

（1）包含了财务报表摘录的表格或图形。

（2）对财务报表中列示的余额或账户提供进一步细节的披露，如"2021年度的收入，由来自产品A的××万元和来自产品B的××万元组成"。

（3）对财务结果的描述，如"2021年度研究和开发费用合计数是××万元"。在考虑这些其他信息与财务报表之间是否存在重大不一致时，注册会计师应当将这类其他信息中选取的金额或其他项目与财务报表中的相应金额或其他项目进行比较。

选取哪些金额或其他项目进行比较属于职业判断，注册会计师无需对其他信息中的所有金额或其他项目与财务报表中的金额或其他项目进行比较。

注册会计师应当在已获取审计证据并已得出审计结论的背景下，考虑其他信息与注册会计师在审计中了解到的情况是否存在重大不一致。

注册会计师应当按照《中国会计师审计准则第1211号——通过了解被审计单位及其环境评估重大错报风险》的规定了解被审计单位的性质、行业状况等事项。其他信息可能包括注册会计师与在审计中了解到的情况相关的金额或项目。例如：

（1）对产量的披露，或者按地理区域汇总产量的表格。

（2）对"公司本年度新推出产品A和产品B"的声明。

（3）对被审计单位主要经营地点的概括，如"被审计单位的主要经营中心在A国，同时在B国和C国也有经营场所"。

针对这部分其他信息，在阅读时，注册会计师应当考虑其与在审计中了解到的情况是否存在重大不一致。注册会计师可以重点关注其他信息中的重要事项，该事项足够重要以至于其相关的其他信息的错报可能是重大的。

注册会计师应当对与财务报表或注册会计师在审计中了解到的情况不相关的其他信息中似乎存在重大错报的迹象保持警觉。

对与财务报表或注册会计师在审计过程中了解到的情况不相关的其他信息中似乎存在重大错报的迹象保持警觉，有助于注册会计师遵循相关职业道德要求。对其他信息似乎存在重大错报的其他迹象保持警觉，可能能够使注册会计师识别的事项如下：

（1）其他信息与阅读其他信息的项目组成员的一般性了解（除审计过程中了解到的情况之外）之间的差异，使注册会计师相信其他信息似乎存在重大错报。

（2）其他信息内部不一致，使注册会计师相信其他信息似乎存在重大错报。

（三）应对措施

1. 当似乎存在重大不一致或其他信息似乎存在重大错报时的应对

如果注册会计师识别出似乎存在重大不一致，或者知悉其他信息似乎存在重大错报，注册会计师应当与管理层讨论该事项，必要时，实施如下其他程序以确定：

（1）其他信息是否存在重大错报。

（2）财务报表是否存在重大错报。

（3）注册会计师对被审计单位及其环境的了解是否需要更新。

2. 当注册会计师认为其他信息存在重大错报时的应对

如果注册会计师认为其他信息存在重大错报，应当要求管理层更正其他信息。

（1）如果管理层同意作出更正，注册会计师应当确定更正已经完成。

（2）如果管理层拒绝作出更正，注册会计师应当就该事项与治理层进行沟通，并要求作出更正。

如果注册会计师认为审计报告日前获取的其他信息存在重大错报，且在与治理层沟通后其他信息仍未得到更正，注册会计师应当采取恰当措施，包括：

（1）考虑对审计报告的影响，并就注册会计师计划如何在审计报告中处理重大错报与治理层进行沟通。注册会计师可以在审计报告中指明其他信息存在重大错报。在少数情况下，当拒绝更正其他信息的重大错报导致对管理层和治理层的诚信产生怀疑，进而质疑审计证据总体上的可靠性时，注册会计师对财务报表发表无法表示意见可能是恰当的。

（2）在相关法律法规允许的情况下，解除业务约定。当拒绝更正其他信息的重大错报导致对管理层和治理层的诚信产生怀疑，进而质疑审计过程中从其获取声明的可靠性时，注册会计师解除业务约定可能是适当的。

如果注册会计师认为审计报告日后获取的其他信息存在重大错报，应当采取以下措施：

（1）如果其他信息得以更正，注册会计师应当根据具体情形实施必要的程序，包括确定更正已经完成，也可能包括复核管理层为与收到其他信息（如果之前已经公告）的人士沟通并告知其修改而采取的步骤。

（2）如果与治理层沟通后其他信息未得到更正，注册会计师应当考虑其法律权利和义务，并采取恰当的措施，以提醒审计报告使用者恰当关注未更正的重大错报。在法律法规允许的情况下，注册会计师可能采取的设法提醒审计报告使用者适当关注未更正错报的措施包括：

①向管理层提供一份新的或修改后的审计报告，其中指出其他信息的重大错报；

同时，要求管理层将该新的或修改后的审计报告提供给审计报告使用者。在此过程中，注册会计师可能需要基于审计准则和适用的法律法规的要求，考虑对新的或修改后的审计报告的日期产生的影响。注册会计师也可以复核管理层采取的、向这些使用者提供新的或修改后的审计报告的步骤。

②提醒审计报告使用者关注其他信息的重大错报，如在股东大会上通报该事项。

③与监管机构或相关职业团体沟通未更正的重大错报。

④考虑对持续承接业务的影响。

3. 当财务报表存在重大错报或注册会计师对被审计单位及其环境的了解需要更新时的应对

如果注册会计师认为财务报表存在重大错报，或者注册会计师对被审计单位及其环境的了解需要更新，注册会计师应当根据其他审计准则作出恰当应对。例如：

（1）注册会计师对被审计单位及其环境的了解，可能表明需要修改注册会计师对风险的评估。

（2）注册会计师评价已识别的错报对审计的影响和未更正错报（如有）对财务报表的影响的责任。

（3）注册会计师关于期后事项的责任。

四、什么情况下需要在审计报告中包含其他信息段

如果在审计报告日存在下列两种情况之一，审计报告应当包括一个单独部分，以"其他信息"为标题：

（1）对于上市实体财务报表审计，注册会计师已获取或预期将获取其他信息。

（2）对于上市实体以外其他被审计单位的财务报表审计，注册会计师已获取部分或全部其他信息。

对于上市实体，如果识别出其他信息，注册会计师在审计报告日无论是否获取其他信息，都要在审计报告中披露其他信息段。对于非上市实体，无论是否识别出其他信息，注册会计师在审计报告日未获取其他信息，在审计报告中不披露其他信息段都是不违反审计准则的。

审计报告包含的其他信息部分应当包括管理层对其他信息负责的说明。同时，其他信息部分还应指明以下事项：

（1）注册会计师于审计报告日前已获取的其他信息。

（2）对于上市实体财务报表审计，注册会计师预期将于审计报告日后获取的其他信息。

（3）说明注册会计师的审计意见未涵盖其他信息，因此对其他信息不发表审计意见或任何形式的鉴证结论。

（4）描述注册会计师根据审计准则的要求，对其他信息进行阅读、考虑和报告的责任。

（5）如果在审计报告日前已经获取其他信息，注册会计师选择下列两种做法之一进行说明：第一，说明注册会计师无任何需要报告的事项；第二，如认为其他信息存在未更正的重大错报，说明这些未更正重大错报。

例如，（1）上市实体半年报审计，审计报告随附在被审计单位编制的上市公司半年报当中，虽然不是年度报告，但根据相关规定，需要披露其他信息段。

（2）上市实体重组目的的审计，如注册会计师在季报公告之后对被审计单位1~9月财务报表出具审计报告，该审计报告并未随附于企业公告的季报当中，该季报不属于审计准则定义的"年度报告"，注册会计师无需在审计报告中披露其他信息段。

（3）上市实体收购标的公司的审计，如注册会计师对标的公司一年一期财务报表出具审计报告，审计报告单独披露，标的公司并未编制与已审计的一年一期财务报告相配套的"年度报告"，虽然按照相关规定注册会计师应在审计报告中披露关键审计事项段，但无需披露其他信息段。

（4）IPO审计，如前所述，招股说明书不是审计准则规范的其他信息，IPO审计报告无需披露其他信息段。

五、具体举例

当注册会计师在审计报告日前已获取所有其他信息，且未识别出其他信息存在重大错报时，适用于任何被审计单位，无论是上市实体还是非上市实体的无保留意见审计报告。

审计报告

ABC股份有限公司全体股东：

一、对财务报表出具的审计报告

（一）审计意见（略）

（二）形成审计意见的基础（略）

（三）关键审计事项（略）

（四）其他信息

管理层对其他信息负责。其他信息包括年度报告中涵盖的信息，但不包括财务报表和我们的审计报告。

我们对财务报表发表的审计意见不涵盖其他信息，我们也不对其他信息发表任何形式的鉴证结论。

结合我们对财务报表的审计，我们的责任是阅读其他信息，在此过程中，考虑其他信息是否与财务报表或我们在审计过程中了解到的情况存在重大不一致或者似乎存在重大错报。基于我们已执行的工作，如果我们确定其他信息存在重大错报，我们应当报告该事实。在这方面，我们无任何事项需要报告。

（五）管理层和治理层对财务报表的责任（略）

（六）注册会计师对财务报表审计的责任（略）

二、按照相关法律法规的要求报告的事项

××会计师事务所　　　　　　　　中国注册会计师：×××

（盖章）　　　　　　　　　　　　（签名并盖章）

　　　　　　　　　　　　　　　　中国注册会计师：×××

　　　　　　　　　　　　　　　　（签名并盖章）

中国××市　　　　　　　　　　　二〇二二年×月×日

第五节　审计意见的形成与审计报告的分类

一、审计意见的形成

注册会计师应当就财务报表是否在所有重大方面按照适用的财务报告编制基础编制并形成审计意见。为了形成审计意见，注册会计师应该针对财务报表整体（不是部分），去判断财务报表是否不存在由于舞弊或错误导致的重大错报，注册会计师应当得出结论，并确定是否已就此获取合理保证。

在形成审计结论，发表审计意见时，注册会计师应当从以下几个方面考虑发表的审计意见是否恰当：

（1）按照《中国注册会计师审计准则第1231号——针对评估的重大错报风险采取的应对措施》的规定，是否已获取充分、适当的审计证据。

（2）按照《中国注册会计师审计准则第1251号——评价审计过程中识别出的错报》的规定，未更正错报单独或汇总起来是否构成重大错报，是否超过重要性水平。

（3）评价财务报表是否在所有重大方面按照适用的财务报告编制基础编制，评价财务报表编制的合规性。

（4）评价财务报表是否实现公允反映。

（5）评价财务报表是否恰当提及或说明适用的财务报告编制基础。财务报表的编制要符合适用的财务报告的编制基础。

二、审计报告的分类

从大类上审计报告分为无保留意见的审计报告和非无保留意见的审计报告。

无保留意见的审计报告是指当注册会计师认为财务报表在所有重大方面都按照适用的财务报告编制基础编制并实现公允反映时发表的审计意见。

非无保留意见的审计报告包括保留意见的审计报告、否定意见的审计报告和无法表示意见的审计报告。

无保留意见的审计报告的参考格式如下：

审计报告

ABC 股份有限公司全体股东：

一、对财务报表审计的报告

（一）审计意见

我们审计了 ABC 股份有限公司（以下简称 ABC 公司）的财务报表，包括 2021 年 12 月 31 日的资产负债表，2021 年度的利润表、股东权益变动表和现金流量表以及财务报表附注。

我们认为，后附的财务报表在所有重大方面都按照企业会计准则的规定编制，公允反映了 ABC 公司 2021 年 12 月 31 日的财务状况以及 2021 年度的经营成果和现金流量。

（二）形成审计意见的基础

我们按照中国注册会计师审计准则的规定执行了审计工作。审计报告的"注册会计师对财务报表审计的责任"部分进一步阐述了我们在这些准则下的责任。按照中国注册会计师职业道德守则的要求，我们独立于 ABC 公司，并履行了职业道德方面的其他责任。我们相信，我们获取的审计证据是充分、适当的，为发表审计意见提供了基础。

（三）其他信息

（按照《中国注册会计师审计准则第 1521 号——注册会计师对其他信息的责任》的规定报告。）

（四）关键审计事项

关键审计事项是根据我们的职业判断，认为对本期财务报表审计最为重要的事项。这些事项是在对财务报表整体进行审计并形成意见的背景下进行处理的，我们不对这些事项提供单独的意见。

（我们按照《中国注册会计师审计准则第 1504 号——在审计报告中沟通关键审计事项》的规定描述每一关键审计事项。）

（五）管理层和治理层对财务报表的责任

管理层负责按照企业会计准则的规定编制财务报表，使其实现公允反映，并设计、执行和维护必要的内部控制，以使财务报表不存在由于舞弊或错误导致的重大错报。

在编制财务报表时，管理层负责评估 ABC 公司的持续经营能力，披露与持续经营相关的事项（如适用），并运用持续经营假设，除非计划清算 ABC 公司、停止营运或别无其他现实的选择。

治理层负责监督 ABC 公司的财务报告过程。

（六）注册会计师对财务报表审计的责任

我们的目标是对财务报表整体是否不存在由于舞弊或错误导致的重大错报获取合理保证，并出具包含审计意见的审计报告。合理保证是高水平的保证，但并不能保证按照审计准则执行的审计在某一重大错报存在时总能发现。错报可能由于舞弊或错误导致，如果合理预期错报单独或汇总起来可能影响财务报表使用者依据财务报表做出的经济决策，则通常认为错报是重大的。

在按照审计准则执行审计的过程中，我们运用了职业判断，保持了职业怀疑。同时，我们也执行下列工作：

（1）识别和评估由于舞弊或错误导致的财务报表重大错报风险；对这些风险有针对性地设计和实施审计程序；获取充分、适当的审计证据，作为发表审计意见的基础。由于舞弊可能涉及串通、伪造、故意遗漏、虚假陈述或凌驾于内部控制之上，未能发现由于舞弊导致的重大错报的风险高于未能发现由于错误导致的重大错报的风险。

（2）了解与审计相关的内部控制，以设计恰当的审计程序，但目的并非对内部控制的有效性发表意见。

（3）评价管理层选用会计政策的恰当性和做出会计估计及相关披露的合理性。

（4）对管理层使用持续经营假设的恰当性得出结论。我们根据获取的审计证据，就可能导致对 ABC 公司持续经营能力产生重大疑虑的事项或情况是否存在重大不确定性得出结论。如果我们得出结论认为存在重大不确定性，审计准则要求我们在审计报告中提请报表使用者注意财务报表中的相关披露；如果披露不充分，我们应当发表非无保留意见。我们的结论基于审计报告日可获得的信息。然而，未来的事项或情况可能导致 ABC 公司不能持续经营。

（5）评价财务报表的总体列报、结构和内容（包括披露），并评价财务报表是否公允反映相关交易和事项。

我们与治理层就计划的审计范围、时间安排和重大审计发现等事项进行沟通，包括沟通我们在审计中识别的值得关注的内部控制缺陷。

我们还就已遵守与独立性相关的职业道德要求向治理层提供声明，并与治理层沟通可能被合理认为影响我们独立性的所有关系和其他事项以及相关的防范措施（如适用）。

从与治理层沟通的事项中，我们确定哪些事项对本期财务报表审计最为重要，因而构成关键审计事项。我们在审计报告中描述这些事项，除非法律法规禁止公开披露这些事项，或者在极其罕见的情形下，如果合理预期在审计报告中沟通某事项造成的负面后果超过在公众利益方面产生的益处，我们确定不应在审计报告中沟通该事项。

二、按照相关法律法规的要求报告的事项

［本部分的格式和内容，取决于法律法规对其他报告责任的性质的规定。本部分应当说明相关法律法规规范的事项（其他报告责任），除非其他报告责任涉及的事项与审计准则规定的报告责任涉及的事项相同。如果涉及相同的事项，其他报告责任可以在审计准则规定的同一报告要素部分中列示。当其他报告责任和审计准则规定的报告责任涉及同一事项，并且审计报告中的措辞能够将其他报告责任与审计准则规定的责任（如差异存在）予以清楚地区分时，可以将两者合并列示，包含在"对财务报表出具的审计报告"部分中，并使用适当的副标题。］

×× 会计师事务所　　　　中国注册会计师：×××（签名并盖章）
　　（盖章）　　　　　　中国注册会计师：×××（签名并盖章）
中国××市　　　　　　　二〇二二年×月×日

第六节 非无保留意见的审计报告

一、非无保留意见

保留意见、否定意见或无法表示意见统称为非无保留意见。

当存在下列情形之一时，注册会计师应当在审计报告中发表非无保留意见：

（1）根据获取的审计证据，得出财务报表整体存在重大错报的结论，可能导致出具保留意见或否定意见，主要看其影响是否广泛。

（2）无法获取充分、适当的审计证据，不能得出财务报表整体不存在重大错报的结论。可能导致注册会计师出具保留意见或无法表示意见，同样也是看其影响是否广泛。

下列情形可能导致注册会计师无法获取充分、适当的审计证据，也称为审计范围受到限制：

（1）超出被审针单位控制的情形，如会计记录被毁损或会计记录被无限期查封。

（2）与注册会计师工作的性质或时间安排相关的情形。例如，被审计单位需要使用权益法对联营企业进行核算，注册会计师无法获取有关联营企业财务信息的充分、适当的审计证据以评价是否恰当运用了权益法；注册会计师接受审计委托的时间安排，使注册会计师无法实施存货监盘；注册会计师确定仅实施实质性程序是不充分的，但被审计单位的控制是无效的。

（3）管理层对审计范围施加限制的情形。例如，管理层阻止注册会计师实施存货监盘；管理层阻止注册会计师对特定账户余额实施函证。

表 16-3 列示了导致发生非无保留意见的事项的性质和这些事项对财务报表影响的广泛性以及注册会计师发表审计报告的类型。

表 16-3 非无保留意见

导致发生非无保留意见的事项的性质	这些事项对财务报表产生或可能产生影响的广泛性	
	重大但不具有广泛性	重大且具有广泛性
财务报表存在重大错报	保留意见	否定意见
无法获取充分、适当的审计证据	保留意见	无法表示意见

二、保留意见

（一）出具保留意见的情形

（1）注册会计师根据获取的审计证据，得出财务报表整体存在重大错报的结论，但其影响不具有广泛性时出具保留意见。

（2）注册会计师无法获取充分、适当的审计证据，不能得出财务报表整体不存在重大错报的结论，影响不具有广泛性时出具保留意见。

（二）出具保留意见的举例

1. 因未调整事项而发表保留意见的审计报告

例如，经审计，我们发现贵公司20××年12月预付的下年度财产保险费××元，全部作为当期费用处理。我们认为，按照企业会计准则的规定，预付的财产保险费应作为待摊费用处理，但贵公司未接受我们的意见。该事项使贵公司20××年12月31日资产负债表的流动资产减少××元，该年度利润表的净利润减少××元。

2. 因审计范围受到限制而发表保留意见的审计报告

例如，在审计过程中，由于我们无法利用满意的审计程序证实期初存货数量和价值，期初存货的某些调整将影响该年度的净利润。

3. 因不符合一贯性原则的事项而发表保留意见的审计报告

经审计，我们发现贵公司在该年度内对原材料计价采用先进先出法，而上年度采用的是后进先出法。上述存货计价方法的变更，致使贵公司该年度净利润增加××万元。

（三）出具保留意见的审计报告的格式

由于财务报表存在重大错报而发表保留意见时，注册会计师应当根据适用的财务报告编制基础在审计意见段中说明。注册会计师认为，除了导致保留意见的事项段所述事项产生的影响外，财务报表在所有重大方面按照适用的财务报告编制基础编制，并实现公允反映。审计报告中要新增一个"形成保留意见的基础"段，说明导致保留意见的事项；同时，该意见段要紧跟审计意见段。保留意见的审计报告的参考格式如下：

审计报告

ABC 股份有限公司全体股东：

一、对财务报表出具的审计报告

（一）保留意见

我们审计了 ABC 股份有限公司（以下简称 ABC 公司）的财务报表，包括 2021 年 12 月 31 日的资产负债表，2021 年度的利润表、股东权益变动表和现金流量表以及财务报表附注。

我们认为，除"形成保留意见的基础"部分所述事项可能产生的影响外，后附的 ABC 公司的财务报表在所有重大方面都按照企业会计准则的规定编制，公允反映了 ABC 公司 2021 年 12 月 31 日的财务状况以及 2021 年度的经营成果和合并现金流量。

（二）形成保留意见的基础

ABC 公司 2021 年 12 月 31 日资产负债表中存货的列示金额为×元。ABC 公司管理层（以下简称管理层）根据成本对存货进行计量，而没有根据成本与可变现净值孰低的原则进行计量，这不符合企业会计准则的规定。ABC 公司的会计记录显示，如果管理层以成本与可变现净值孰低来计量存货，存货列示金额将减少×元。相应地，资产减值损失将增加×元，所得税、净利润和股东权益将分别减少×元、×元和×元。

我们按照中国注册会计师审计准则的规定执行了审计工作。审计报告的"注册会计师对财务报表审计的责任"部分进一步阐述了我们在这些准则下的责任。按照中国注册会计师职业道德守则的要求，我们独立于 ABC 公司，并履行了职业道德方面的其他责任。我们相信，我们获取的审计证据是充分、适当的，为发表审计意见提供了基础。

（三）其他信息

（按照《中国注册会计师审计准则第 1521 号——注册会计师对其他信息的责任》的规定报告，其他信息部分的最后一段需要进行改写，以描述导致注册会计师对财务报表发表保留意见并且影响其他信息的事项。）

（四）关键审计事项

关键审计事项是根据我们的职业判断，认为对本期财务报表审计最为重要的事项。这些事项是在对财务报表整体进行审计并形成意见的背景下进行处理的，我们不对这些事项提供单独的意见。除"形成保留意见的基础"部分所述事项外，我们确定下列事项是需要在审计报告中沟通的关键审计事项。

（按照《中国注册会计师审计准则第 1504 号——在审计报告中沟通关键审计事项》的规定描述每一关键审计事项。）

（五）管理层和治理层对财务报表的责任

管理层负责按照企业会计准则的规定编制财务报表，使其实现公允反映，并设计、执行和维护必要的内部控制，以使财务报表不存在由于舞弊或错误导致的重大错报。

在编制财务报表时，管理层负责评估 ABC 公司的持续经营能力，披露与持续经营相关的事项（如适用），并运用持续经营假设，除非计划清算 ABC 公司、停止营运或别无其他现实的选择。

（按照《中国注册会计师审计准则第 1501 号——对财务报表形成审计意见和出具审计报告》的规定报告。）

（六）注册会计师对财务报表审计的责任

我们的目标是对财务报表整体是否不存在由于舞弊或错误导致的重大错报获取合理保证，并出具包含审计意见的审计报告。合理保证是高水平的保证，但并不能保证按照审计准则执行的审计在某一重大错报存在时总能发现。错报可能由于舞弊或错误导致，如果合理预期错报单独或汇总起来可能影响财务报表使用者依据财务报表做出的经济决策，则通常认为错报是重大的。

在按照审计准则执行审计的过程中，我们运用了职业判断，保持了职业怀疑。同时，我们也执行下列工作：

（1）识别和评估由于舞弊或错误导致的财务报表重大错报风险；对这些风险有针对性地设计和实施审计程序；获取充分、适当的审计证据，作为发表审计意见的基础。由于舞弊可能涉及串通、伪造、故意遗漏、虚假陈述或凌驾于内部控制之上，未能发现由于舞弊导致的重大错报的风险高于未能发现由于错误导致的重大错报的风险。

295

（2）了解与审计相关的内部控制，以设计恰当的审计程序，但目的并非对内部控制的有效性发表意见。

（3）评价管理层选用会计政策的恰当性和做出会计估计及相关披露的合理性。

（4）对管理层使用持续经营假设的恰当性得出结论。我们根据获取的审计证据，就可能导致对 ABC 公司持续经营能力产生重大疑虑的事项或情况是否存在重大不确定性得出结论。如果我们得出结论认为存在重大不确定性，审计准则要求我们在审计报告中提请报表使用者注意财务报表中的相关披露；如果披露不充分，我们应当发表非无保留意见。我们的结论基于审计报告日可获得的信息。然而，未来的事项或情况可能导致 ABC 公司不能持续经营。

（5）评价财务报表的总体列报、结构和内容（包括披露），并评价财务报表是否公允反映相关交易和事项。

我们与治理层就计划的审计范围、时间安排和重大审计发现等事项进行沟通，包括沟通我们在审计中识别的值得关注的内部控制缺陷。

我们还就已遵守与独立性相关的职业道德要求向治理层提供声明，并与治理层沟通可能被合理认为影响我们独立性的所有关系和其他事项以及相关的防范措施（如适用）。

从与治理层沟通的事项中，我们确定哪些事项对本期财务报表审计最为重要，因而构成关键审计事项。我们在审计报告中描述这些事项，除非法律法规禁止公开披露这些事项，或者在极其罕见的情形下，如果合理预期在审计报告中沟通某事项造成的负面后果超过在公众利益方面产生的益处，我们确定不应在审计报告中沟通该事项。（按照《中国注册会计师审计准则第 1501 号——对财务报表形成审计意见和出具审计报告》的规定报告。）

二、按照相关法律法规的要求报告的事项

［本部分的格式和内容，取决于法律法规对其他报告责任的性质的规定。本部分应当说明相关法律法规规范的事项（其他报告责任），除非其他报告责任涉及的事项与审计准则规定的报告责任涉及的事项相同。如果涉及相同的事项，其他报告责任可以在审计准则规定的同一报告要素部分中列示。当其他报告责任和审计准则规定的报告责任涉及同一事项，并且审计报告中的措辞能够将其他报告责任与审计准则规定的责任（如差异存在）予以清楚地区分时，可以将两者合并列示，包含在"对财务报表出具的审计报告"部分中，并使用适当的副标题。按照《中国注册会计师审计准则第 1501 号——对财务报表形成审计意见和出具审计报告》的规定报告。］

××会计师事务所	中国注册会计师：×××（签名并盖章）
（盖章）	中国注册会计师：×××（签名并盖章）
中国××市	二〇二二年×月×日

三、否定意见

（一）出具否定意见的情形

注册会计师根据获取的审计证据，得出财务报表整体存在重大错报的结论。其影响具有广泛性时，注册会计师出具否定意见的审计报告。

当发表否定意见时，注册会计师应当根据适用的财务报告编制基础在审计意见段中说明，注册会计师认为，由于导致否定意见的事项段所述事项的重要性，财务报表没有在所有重大方面按照适用的财务报告编制基础编制，未能实现公允反映。

《中国注册会计师审计准则第 1324 号——持续经营》中明确说明：如果财务报表已在持续经营基础上编制，但根据判断认为管理层在财务报表中运用持续经营假设是不适当的，注册会计师应当发表否定意见。

（二）出具否定意见的举例

会计处理方法严重违反企业会计准则和国家其他有关财务会计法规的规定，被审计单位拒绝进行调整。

例如，2019 年 12 月 ABC 公司旗下全资子公司 A 开发有限公司支付 B 开发有限公司××元，资产去向不明，该事项经实质控制人审批支付，未经董事会、股东大会审批，A 开发有限公司实质控制人凌驾于内部控制之上。

会计报表严重歪曲了被审计单位的财务状况、经营成果和现金流量情况，被审计单位拒绝进行调整。

经审计，我们发现贵公司欠付银行××元的贷款利息应计提入账。我们提出了调整意见，但贵公司拒绝采纳。

（三）出具否定意见的审计报告的格式

由于财务报表存在重大错报而发表否定意见时，注册会计师应当根据适用的财务报告编制基础在审计意见段中说明。注册会计师认为，被审计单位的财务报表出现了重大错报，没有在所有重大方面按照适用的财务报告编制基础编制，没有使其公允反映。审计报告中要新增一个"形成否定意见的基础"段，说明导致否定意见的事项；同时，该意见段要紧跟审计意见段。否定意见的审计报告的参考格式如下：

审计报告

ABC 股份有限公司全体股东：

一、对合并财务报表出具的审计报告

（一）否定意见

我们审计了 ABC 股份有限公司及其子公司（以下简称 ABC 集团）的合并财务报表，包括 2021 年 12 月 31 日的合并资产负债表，2021 年度的合并利润表、合并现金流量表、合并股东权益变动表以及相关合并财务报表附注。我们认为，由于"形成否定意见的基础"部分所述事项的重要性，后附的合并财务报表没有在所有重大方面按照××财务报告编制基础的规定编制，未能公允反映 ABC 集团 2021 年 12 月 31 日的合并财务状况以及 2021 年度的合并经营成果和合并现金流量。

（二）形成否定意见的基础

如财务报表附注××所述，2021 年 ABC 集团通过非同一控制下的企业合并获得对 XYZ 公司的控制权，因未能取得购买日 XYZ 公司某些重要资产和负债的公允价值，故未将 XYZ 公司纳入合并财务报表的范围。按照××财务报告编制基础的规定，该集团应将这一子公司纳入合并范围，并以暂估金额为基础核算该项收购。如果将 XYZ 公司纳入合并财务报表的范围，后附的 ABC 集团合并财务报表的多个报表项目将受到重大影响。但我们无法确定未将 XYZ 公司纳入合并范围对合并财务报表产生的影响。

我们按照中国注册会计师审计准则的规定执行了审计工作。审计报告的"注册会计师对财务报表审计的责任"部分进一步阐述了我们在这些准则下的责任。按照中国注册会计师职业道德守则的要求，我们独立于 ABC 集团，并履行了职业道德方面的其他责任。我们相信，我们获取的审计证据是充分、适当的，为发表否定意见提供了基础。

（三）其他信息

（按照《中国注册会计师审计准则第 1521 号——注册会计师对其他信息的责任》的规定报告，其他信息部分的最后一段需要进行改写，以描述导致注册会计师对财务报表发表否定意见并且影响其他信息的事项。）

（四）关键审计事项

除"形成否定意见的基础"部分所述事项外，我们认为，没有其他需要在我们的报告中沟通的关键审计事项。

（五）管理层和治理层对财务报表的责任

管理层负责按照企业会计准则的规定编制财务报表，使其实现公允反映，并设计、执行和维护必要的内部控制，以使财务报表不存在由于舞弊或错误导致的重大错报。

在编制财务报表时，管理层负责评估 ABC 集团的持续经营能力，披露与持续经营相关的事项（如适用），并运用持续经营假设，除非计划清算 ABC 集团、停止营运或别无其他现实的选择。

（按照《中国注册会计师审计准则第 1501 号——对财务报表形成审计意见和出具审计报告》的规定报告。）

（六）注册会计师对财务报表审计的责任

我们的目标是对财务报表整体是否不存在由于舞弊或错误导致的重大错报获取合理保证，并出具包含审计意见的审计报告。合理保证是高水平的保证，但并不能保证按照审计准则执行的审计在某一重大错报存在时总能发现。错报可能由于舞弊或错误导致，如果合理预期错报单独或汇总起来可能影响财务报表使用者依据财务报表做出的经济决策，则通常认为错报是重大的。

在按照审计准则执行审计的过程中，我们运用了职业判断，保持了职业怀疑。我们同时：

（1）识别和评估由于舞弊或错误导致的财务报表重大错报风险；对这些风险有

针对性地设计和实施审计程序；获取充分、适当的审计证据，作为发表审计意见的基础。由于舞弊可能涉及串通、伪造、故意遗漏、虚假陈述或凌驾于内部控制之上，未能发现由于舞弊导致的重大错报的风险高于未能发现由于错误导致的重大错报的风险。

（2）了解与审计相关的内部控制，以设计恰当的审计程序，但目的并非对内部控制的有效性发表意见。

（3）评价管理层选用会计政策的恰当性和做出会计估计及相关披露的合理性。

（4）对管理层使用持续经营假设的恰当性得出结论。我们根据获取的审计证据，就可能导致对 ABC 集团持续经营能力产生重大疑虑的事项或情况是否存在重大不确定性得出结论。如果我们得出结论认为存在重大不确定性，审计准则要求我们在审计报告中提请报表使用者注意财务报表中的相关披露；如果披露不充分，我们应当发表非无保留意见。我们的结论基于审计报告日可获得的信息。然而，未来的事项或情况可能导致 ABC 集团不能持续经营。

（5）评价财务报表的总体列报、结构和内容（包括披露），并评价财务报表是否公允反映相关交易和事项。

我们与治理层就计划的审计范围、时间安排和重大审计发现等事项进行沟通，包括沟通我们在审计中识别的值得关注的内部控制缺陷。

我们还就已遵守关于独立性的相关职业道德要求向治理层提供声明，并与治理层沟通可能被合理认为影响我们独立性的所有关系和其他事项以及相关的防范措施（如适用）。

从与治理层沟通的事项中，我们确定哪些事项对本期财务报表审计最为重要，因而构成关键审计事项。我们在审计报告中描述这些事项，除非法律法规禁止公开披露这些事项，或者在极其罕见的情形下，如果合理预期在审计报告中沟通某事项造成的负面后果超过在公众利益方面产生的益处，我们确定不应在审计报告中沟通该事项。（按照《中国注册会计师审计准则第 1501 号——对财务报表形成审计意见和出具审计报告》的规定报告。）

［本部分的格式和内容，取决于法律法规对其他报告责任的性质的规定。本部分应当说明相关法律法规规范的事项（其他报告责任），除非其他报告责任涉及的事项与审计准则规定的报告责任涉及的事项相同。如果涉及相同的事项，其他报告责任可以在审计准则规定的同一报告要素部分中列示。当其他报告责任和审计准则规定的报告责任涉及同一事项，并且审计报告中的措辞能够将其他报告责任与审计准则规定的责任（如差异存在）予以清楚地区分时，可以将两者合并列示，包含在"对财务报表出具的审计报告"部分中，并使用适当的副标题。按照《中国注册会计师审计准则第 1501 号——对财务报表形成审计意见和出具审计报告》的规定报告。］

××会计师事务所	中国注册会计师：×××（签名并盖章）
（盖章）	中国注册会计师：×××（签名并盖章）
中国××市	二〇二二年×月×日

四、无法表示意见

（一）出具无法表示意见的情形

注册会计师无法获取充分、适当的审计证据，不能得出财务报表整体不存在重大错报的结论，同时影响具有广泛性时，应出具无法表示意见的审计报告。

由于无法获取充分、适当的审计证据而发表无法表示意见时，注册会计师应当在审计意见段中说明，由于导致无法表示意见的事项段所述事项的重要性，注册会计师无法获取充分、适当的审计证据以为其发表审计意见提供基础，因此，注册会计师无法对这些财务报表发表审计意见。例如，注册会计师要对存货实施监盘审计程序，但因为某些不可抗因素导致存货无法实施监盘，也无法实施替代性的审计程序，注册会计师不能获取到存货充分、适当的审计证据，应该视为审计范围受限，发表无法表示意见。

《中国注册会计师审计准则第 1101 号——注册会计师的总体目标和审计工作的基本要求》要求，在任何情况下，如果不能获取合理保证，并且在审计报告中发表保留意见也不足以实现向财务报表预期使用者报告的目的，注册会计师应当按照审计准则的规定出具无法表示意见的审计报告，或者在法律法规允许的情况下终止审计业务或解除业务约定。

《中国注册会计师审计准则第 1311 号——对存货、诉讼和索赔、分部信息等特定项目获取审计证据的具体考虑》规定，如果评估识别出的诉讼或索赔事项存在重大错报风险，或者实施的审计程序表明可能存在其他重大诉讼或索赔事项，注册会计师除实施其他审计准则规定的审计程序外，还应当寻求与被审计单位外部法律顾问进行直接沟通。注册会计师应当通过亲自寄发由管理层编制的询证函，要求外部法律顾问直接与注册会计师沟通。如果法律法规禁止被审计单位外部法律顾问与注册会计师进行直接沟通，注册会计师应当实施替代审计程序。

如果管理层不同意注册会计师与外部法律顾问沟通或会面，或者外部法律顾问拒绝对询证函恰当回复或被禁止回复，并且注册会计师无法通过实施替代审计程序获取充分、适当的审计证据，注册会计师应当在审计报告中发表无法表示意见。

（二）出具无法表示意见审计报告的格式

审计报告中要新增一个"无法表示意见"段，说明导致无法表示意见的事项；同时，该意见段要紧跟审计意见段。无法表示意见的审计报告的参考格式如下：

审计报告

ABC 股份有限公司全体股东：

一、对财务报表出具的审计报告

（一）无法表示意见

我们接受业务委托，审计了 ABC 股份有限公司（以下简称 ABC 公司）的财务报表，包括 2021 年 12 月 31 日的资产负债表，2021 年度的利润表、股东权益变动表和现金流量表以及财务报表附注。

我们不对后附的公司财务报表发表审计意见。由于"形成无法表示意见的基础"部分所述事项的重要性，我们无法获取充分、适当的审计证据以作为发表审计意见的基础。

（二）形成无法表示意见的基础

我们于 2021 年接受 ABC 公司的委托审计，因而未能对 ABC 公司 2020 年年初金额为×万元的存货和年末金额为×万元的存货实施存货监盘程序。此外，我们也无法实施替代审计程序获取充分、适当的审计证据。ABC 公司于 2020 年 9 月采用新的应收账款电算化系统，由于存在系统缺陷导致应收账款出现大量错误。截至报告日，管理层还在纠正系统缺陷并更正错误，我们也无法实施替代审计程序。我们无法对截至 2018 年 12 月 31 日的应收账款总金额为×万元获取充分、适当的审计证据。因此，我们无法确定是否有必要对存货、应收账款以及财务报表其他项目做出调整，也无法确定应调整的金额。

（三）其他信息

（按照《中国注册会计师审计准则第 1521 号——注册会计师对其他信息的责任》的规定报告，其他信息部分的最后一段需要进行改写，以描述导致注册会计师对财务报表发表无法表示意见并且影响其他信息的事项。）

（四）关键审计事项

除"形成无法表示意见的基础"部分所述事项外，我们认为，没有其他需要在我们的报告中沟通的关键审计事项。

（五）管理层和治理层对财务报表的责任

管理层负责按照企业会计准则的规定编制财务报表，使其实现公允反映，并设计、执行和维护必要的内部控制，以使财务报表不存在由于舞弊或错误导致的重大错报。

在编制财务报表时，管理层负责评估 ABC 公司的持续经营能力，披露与持续经营相关的事项（如适用），并运用持续经营假设，除非计划清算 ABC 公司、停止营运或别无其他现实的选择。治理层负责监督 ABC 公司的财务报告过程。

（六）注册会计师对财务报表审计的责任

我们的目标是对财务报表整体是否不存在由于舞弊或错误导致的重大错报获取合理保证，并出具包含审计意见的审计报告。合理保证是高水平的保证，但并不能保证按照审计准则执行的审计在某一重大错报存在时总能发现。错报可能由于舞弊或错误导致，如果合理预期错报单独或汇总起来可能影响财务报表使用者依据财务报表做出的经济决策，则通常认为错报是重大的。

在按照审计准则执行审计的过程中，我们运用了职业判断，保持了职业怀疑。同时，我们也执行下列工作：

（1）识别和评估由于舞弊或错误导致的财务报表重大错报风险；对这些风险有针对性地设计和实施审计程序；获取充分、适当的审计证据，作为发表审计意见的基础。由于舞弊可能涉及串通、伪造、故意遗漏、虚假陈述或凌驾于内部控制之上，未能发现由于舞弊导致的重大错报的风险高于未能发现由于错误导致的重大错报的风险。

（2）了解与审计相关的内部控制，以设计恰当的审计程序，但目的并非对内部控制的有效性发表意见。

（3）评价管理层选用会计政策的恰当性和做出会计估计及相关披露的合理性。

（4）对管理层使用持续经营假设的恰当性得出结论。我们根据获取的审计证据，就可能导致对 ABC 公司持续经营能力产生重大疑虑的事项或情况是否存在重大不确定性得出结论。如果我们得出结论认为存在重大不确定性，审计准则要求我们在审计报告中提请报表使用者注意财务报表中的相关披露；如果披露不充分，我们应当发表非无保留意见。我们的结论基于审计报告日可获得的信息。然而，未来的事项或情况可能导致 ABC 公司不能持续经营。

（5）评价财务报表的总体列报、结构和内容（包括披露），并评价财务报表是否公允反映相关交易和事项。

我们与治理层就计划的审计范围、时间安排和重大审计发现等事项进行沟通，包括沟通我们在审计中识别的值得关注的内部控制缺陷。

我们还就已遵守关于独立性的相关职业道德要求向治理层提供声明，并与治理层沟通可能被合理认为影响我们独立性的所有关系和其他事项以及相关的防范措施（如适用）。

从与治理层沟通的事项中，我们确定哪些事项对本期财务报表审计最为重要，因而构成关键审计事项。我们在审计报告中描述这些事项，除非法律法规禁止公开披露这些事项，或者在极其罕见的情形下，如果合理预期在审计报告中沟通某事项造成的负面后果超过在公众利益方面产生的益处，我们确定不应在审计报告中沟通该事项。（按照《中国注册会计师审计准则第 1501 号——对财务报表形成审计意见和出具审计报告》的规定报告。）

[本部分的格式和内容，取决于法律法规对其他报告责任的性质的规定。本部分应当说明相关法律法规规范的事项（其他报告责任），除非其他报告责任涉及的事项与审计准则规定的报告责任涉及的事项相同。如果涉及相同的事项，其他报告责任可以在审计准则规定的同一报告要素部分中列示。当其他报告责任和审计准则规定的报告责任涉及同一事项，并且审计报告中的措辞能够将其他报告责任与审计准则规定的责任（如差异存在）予以清楚地区分时，可以将两者合并列示，包含在"对财务报表出具的审计报告"部分中，并使用适当的副标题。按照《中国注册会计师审计准则第 1501 号——对财务报表形成审计意见和出具审计报告》的规定报告。]

××会计师事务所	中国注册会计师：×××（签名并盖章）
（盖章）	中国注册会计师：×××（签名并盖章）
中国××市	二〇二二年×月×日

第七节　审计报告中的强调事项段和其他事项段

包含其他报告责任段，但不含有强调事项段或其他事项段的无保留意见的审计报告也被视为标准审计报告。强调事项段和其他事项段的目的都是提醒相关财务报表的使用人，关注财务表中已披露的事项（对阅读财务报表十分重要的信息）和财务报表中未披露的事项（该事项能够帮助财务报表的使用人理解审计工作、注册会计师的责任和其他事项等）。

一、增加强调事项段的情形

强调事项段是指审计报告中含有的一个段落，该段落提及已在财务报表中恰当列报或披露的事项。根据注册会计师的判断，该事项对使用者理解财务报表至关重要。强调事项段关注的内容在财务报表的列报和披露部分。在审计报告中，如果出现需要强调的事项，注册会计师在形成审计意见之后，应当用一个独立的段落去描述。已经发表的审计意见不会因为强调事项段而发生改变。一般出现以下几种情况时，注册会计师会增加强调事项段：

（1）被审计单位发生了重大的不确定性事项，如异常诉讼或监管行动并且未来结果存在较大的不确定性。

（2）在法律法规允许的情况下，提前应用对财务报表有广泛影响的新会计准则，导致被审计单位存在较大的不稳定性。

（3）存在已经或持续对被审计单位财务状况产生重大影响的特大灾难，并影响被审计单位的持续经营。

审计准则中对以下内容明确规定应该在强调事项段部分进行说明：

《中国注册会计师审计准则第 1111 号——就审计业务约定条款达成一致意见》要求，如果被审计单位的财务报告编制基础不可接受，为了避免财务报告的使用人对财务报表产生误导，管理层应在财务报表中做出额外披露。注册会计师会在审计报告中增加强调事项段，以提醒使用者关注额外的披露。

《中国注册会计师审计准则第 1324 号——持续经营》要求，如果被审计单位出现了影响持续经营的事项，注册会计师应该在财务报表附注中做出充分的披露，同时可能导致注册会计师发表无保留意见。注册会计师在审计报告中应增加强调事项段，强调可能导致对持续经营能力产生重大疑虑的事项或情况存在重大不确定性的事实，并提醒财务报表使用者关注财务报表附注。

《中国注册会计师审计准则第 1332 号——期后事项》要求，如果因为某种原因注册会计师出具了新的或经修改的审计报告，在强调事项段或其他事项段中说明注册会计师对期后事项实施的审计程序仅限于财务报表相关附注所述的修改。

注册会计师应当在新的或经修改的审计报告中增加强调事项段或其他事项段，提醒财务报表使用者关注财务报表附注中有关修改原财务报表的详细原因和注册会计师提供的原审计报告。

303

《中国注册会计师审计准则第1601号——对按照特殊目的编制基础编制的财务报表审计的特殊考虑》要求，注册会计师对特殊目的编制的财务报表出具的审计报告应当增加强调事项段或其他事项段，提醒财务报表的使用人关注财务报表附注中有关修改原财务报表的详细原因和注册会计师提供的原审计报告。

以下列举了不同情形下带强调事项段的具体实例：

情况一：

我们提醒财务报表使用者关注，如财务报表附注所述，A公司在2019年发生亏损3 000万元，在2019年12月31日，流动负债高于资产总额2 000万元。A公司已在财务报表附注充分披露了拟采取的改善措施，但其持续经营能力仍然存在重大不确定性。本段内容不影响已发表的审计报告意见类型。

情况二：

我们提醒财务报表使用者关注，如财务报表附注所述，截至财务报表批准日，XYZ公司对ABC公司提出的诉讼尚在审理中，其结果具有不确定性。本段内容不影响已发表的审计意见。

情况三：

我们提醒财务报表使用者关注，如A集团公司财务报表附注二"财务报表的编制基础"和附注十四"其他重要事项"所述，A集团公司2019年度的财务报表编制基础——持续经营假设截至本报告日仍具有不确定性。由于面临严重债务危机，2019年11月16日，A集团公司被债权人向法院申请破产重整，并被法院依法宣告进入破产重整程序，我们也因为A集团公司2017年和2018年严重的债务危机与经营状况使其持续经营存在重大不确定性以及审计范围受限等原因对A集团公司2017年和2018年度财务报表出具了无法表示意见的审计报告。2019年12月21日，A集团公司债权人会议通过了重整计划草案，并于2019年12月24日经××市第三中级人民法院××号民事裁定书批准，A集团公司管理人自此开始实施重整计划草案。2020年3月31日，××市第三中级人民法院在收到A集团公司管理人执行重整计划完毕后报送的《关于A集团公司重整计划执行情况的监督报告》后出具××市第三中级人民法院函。根据该函，除债权人未依照《中华人民共和国企业破产法》规定申报的债权，A集团公司仍有按照债权本金10%的偿还义务外，其他债务及其相关义务已全部解除，债务危机不再存在。重组方B实业集团有限公司承诺注入的资产尚在执行之中，未实施完毕，虽然在本报告出具日之前参与重组相关工作的各方在其工作中并未发现重大障碍，但仍不能完全排除未来实施可能面临的不确定性。本段内容不影响已发表的审计意见。

二、增加其他事项段的情形

其他事项段是指审计报告中含有的一个段落，该段落提及未在财务报表中列报或披露的事项，根据注册会计师的判断，该事项与使用者理解审计工作、注册会计师的责任或审计报告相关。

对于未在财务报表中列报或披露，但根据职业判断认为与财务报表使用者理解审计工作、注册会计师的责任或审计报告相关且未被法律法规禁止的事项，如果认为有必要沟通，注册会计师应当在审计报告中增加其他事项段，并使用"其他事项"或其他适当标题。

注册会计师应当将其他事项段紧接着形成审计意见之后，如果被审计单位同时有强调事项段和其他事项段，那么其他事项段应该放在强调事项段之后。需要特别注意的是，注册会计师如果拟在审计报告中增加强调事项段或其他事项段，应当就该事项和拟使用的措辞与治理层沟通。

如果其他事项段的内容与其他报告责任部分相关，这一段落也可以置于审计报告的其他位置。（参考《中国注册会计师审计准则第 1503 号——在审计报告中增加强调事项段和其他事项段》第九条）

具体来讲，需要在审计报告中增加其他事项段的情形如下：

（1）与使用者理解审计工作相关的情形。

（2）与使用者理解注册会计师的责任或审计报告相关的情形。

（3）对两套以上财务报表出具审计报告的情形。

（4）限制审计报告分发和使用的情形。

审计准则中对以下内容明确规定应该在其他事项段部分进行说明：

《中国注册会计师审计准则第 1332 号——期后事项》的要求参考本节"一、强调事项段的情形"部分内容。

《中国注册会计师审计准则第 1511 号——比较信息：对应数据和比较财务报表》要求，如果上期财务报表已由前任注册会计师审计，注册会计师在审计报告中可以提及前任注册会计师对对应数据出具的审计报告。

注册会计师决定提及其他事项段，应当在审计报告的其他事项段中说明以下内容：

（1）上期财务报表已由前任注册会计师审计。

（2）前任注册会计师发表的审计意见的类型（如果是非无保留意见，应当说明发表非无保留意见的理由）。

（3）前任注册会计师出具的审计报告的日期。

注册会计师在审计报告日前获取的其他信息中识别出重大不一致，并且需要对其他信息做出修改，但管理层拒绝修改，注册会计师可能采取的措施之一即在审计报告中增加其他事项段，说明重大不一致（参考《中国注册会计师审计准则第 1521 号——注册会计师对含有已审计财务报表的文件中的其他信息的责任》第十二条的要求）。

第八节　公司持续经营能力对审计报告的影响

在持续经营的假设前提下，财务报表是基于被审计单位持续经营并在可预见的将来继续经营下去的假设编制的。注册会计师的责任是考虑管理层在编制财务报表时运用持续经营假设的适当性，并考虑是否存在需要在财务报表中披露的有关持续经营能力的重大不确定性。

一、公司持续经营能力对审计报告的影响概述

（一）持续经营能力对审计报告的影响

1. 出具无保留意见审计报告的情形

如果运用持续经营假设是适当的，但存在重大不确定性，且财务报表对重大不确定性已做出充分披露，注册会计师应当发表无保留意见，并在审计报告中增加以"与持续经营相关的重大不确定性"为标题的单独部分，以提醒财务报表使用者关注财务报表附注中对所述事项的披露；说明这些事项或情况表明存在可能导致对被审计单位持续经营能力产生重大疑虑的重大不确定性，并说明该事项并不影响发表的审计意见。

2. 出具无法表示意见审计报告的情形

在极少数情况下，当存在多项对财务报表整体具有重要影响的重大不确定性时，注册会计师可能认为发表无法表示意见而非增加以"持续经营相关的重大不确定性"为标题的单独部分是适当的。

《中国注册会计师审计准则第 1502 号——在审计报告中发表非无保留意见》规定，在极其特殊的情况下，可能存在多个不确定事项。尽管注册会计师对每个单独的不确定事项获取了充分、适当的审计证据，但由于不确定事项之间可能存在相互影响以及可能对财务报表产生累积影响，注册会计师不可能对财务报表形成审计意见。在这种情况下，注册会计师应当发表无法表示意见。

3. 出具保留意见或否定意见审计报告的情形

如果财务报表未做出充分披露，注册会计师应当发表保留意见或否定意见。注册会计师应当在审计报告中说明，存在可能导致对被审计单位持续经营能力产生重大疑虑的重大不确定性。

（二）持续经营假设不适当

1. 出具否定意见审计报告的情形

如果财务报表按照持续经营基础编制，而注册会计师运用职业判断认为管理层在编制财务报表时运用持续经营假设是不适当的，则无论财务报表中对管理层运用持续经营假设的不适当性是否做出披露，注册会计师都应发表否定意见。

2. 采用替代基础编制财务报表发表无保留意见

（1）如果在具体情况下运用持续经营假设是不适当的，但管理层被要求或自愿选择编制财务报表，则可以采用替代基础（如清算基础）编制财务报表。

（2）注册会计师可以对财务报表进行审计，前提是注册会计师确定替代基础在具体情况下是可接受的编制基础。

（3）如果财务报表对此做出了充分披露，注册会计师可以发表无保留意见，但也可能认为在审计报告中增加强调事项段是适当的或必要的，以提醒财务报表使用者注意替代基础及其使用理由。

（三）严重拖延对财务报表的批准

（1）如果管理层或治理层在财务报表日后严重拖延对财务报表的批准，注册会计师应当询问拖延的原因。

（2）如果认为拖延可能涉及与持续经营评估相关的事项或情况，注册会计师有必要实施前述识别出可能导致对持续经营能力产生重大疑虑的事项或情况时追加的审计程序，并就存在的重大不确定性考虑对审计结论的影响。

二、具体举例

当注册会计师确定存在重大不确定性，且财务报表由于未做出充分披露而存在重大错报时，注册会计师应出具保留或否定意见的审计报告。

审计报告

ABC 股份有限公司全体股东：

一、对财务报表出具的审计报告

（一）保留意见

我们审计了 ABC 股份有限公司（以下简称公司）的财务报表，包括 2021 年 12 月 31 日的资产负债表，2021 年度的利润表、现金流量表、股东权益变动表以及财务报表附注。

我们认为，除"形成保留意见的基础"部分所述的对相关信息披露不完整的事项外，后附的财务报表在所有重大方面按照企业会计准则的规定编制，公允反映了公司 2021 年 12 月 31 日的财务状况以及 2021 年度的经营成果和现金流量。

（二）形成保留意见的基础

如财务报表附注××所述，公司融资协议期满，且未偿付余额将于 2022 年 3 月 19 日到期。公司未能重新商定协议或获取替代性融资。这种情况表明存在可能导致对公司持续经营能力产生重大疑虑的重大不确定性。财务报表对这一事项并未做出充分披露。

我们按照中国注册会计师审计准则的规定执行了审计工作。审计报告的"注册会计师对财务报表审计的责任"部分进一步阐述了我们在这些准则下的责任。按照中国注册会计师职业道德守则的规定，我们独立于公司，并履行了其他道德方面的责任。我们相信，我们获取的审计证据是充分、适当的，为发表保留意见提供了基础。

（三）其他信息

管理层对其他信息负责。其他信息包括年度报告中涵盖的信息，但不包括财务报表和我们的审计报告。

我们对财务报表发表的审计意见不涵盖其他信息，我们也不对其他信息发表任何形式的鉴证结论。

结合我们对财务报表的审计，我们的责任是阅读其他信息，在此过程中，考虑其他信息是否与财务报表或我们在审计过程中了解到的情况存在重大不一致或者似乎存在重大错报。基于我们已执行的工作，如果我们确定其他信息存在重大错报，我们应当报告该事实。在这方面，我们无任何事项需要报告。

（四）关键审计事项

关键审计事项是我们根据职业判断，认为对本期财务报表审计最为重要的事项。

这些事项是在对财务报表整体进行审计并形成意见的背景下进行处理的，我们不对这些事项提供单独的意见。除"形成保留意见的基础"部分所述事项外，我们确定下列事项是需要在审计报告中沟通的关键审计事项。

（按照《中国注册会计师审计准则第 1504 号——在审计报告中沟通关键审计事项》的规定描述每一关键审计事项。）

（五）管理层和治理层对财务报表的责任

管理层负责按照企业会计准则的规定编制财务报表，使其实现公允反映，并设计、执行和维护必要的内部控制，以使财务报表不存在由于舞弊或错误导致的重大错报。

在编制财务报表时，管理层负责评估 ABC 公司的持续经营能力，披露与持续经营相关的事项（如适用），并运用持续经营假设，除非计划清算 ABC 公司、停止营运或别无其他现实的选择。（按照《中国注册会计师审计准则第 1501 号——对财务报表形成审计意见和出具审计报告》的规定报告。）

（六）注册会计师对财务报表审计的责任

我们的目标是对财务报表整体是否不存在由于舞弊或错误导致的重大错报获取合理保证，并出具包含审计意见的审计报告。合理保证是高水平的保证，但并不能保证按照审计准则执行的审计在某一重大错报存在时总能发现。错报可能由于舞弊或错误导致，如果合理预期错报单独或汇总起来可能影响财务报表使用者依据财务报表做出的经济决策，则通常认为错报是重大的。

在按照审计准则执行审计的过程中，我们运用了职业判断，保持了职业怀疑。同时，我们也执行下列工作：

（1）识别和评估由于舞弊或错误导致的财务报表重大错报风险；对这些风险有针对性地设计和实施审计程序；获取充分、适当的审计证据，作为发表审计意见的基础。由于舞弊可能涉及串通、伪造、故意遗漏、虚假陈述或凌驾于内部控制之上，未能发现由于舞弊导致的重大错报的风险高于未能发现由于错误导致的重大错报的风险。

（2）了解与审计相关的内部控制，以设计恰当的审计程序，但目的并非对内部控制的有效性发表意见。

（3）评价管理层选用会计政策的恰当性和做出会计估计及相关披露的合理性。

（4）对管理层使用持续经营假设的恰当性得出结论。我们根据获取的审计证据，就可能导致对 ABC 公司持续经营能力产生重大疑虑的事项或情况是否存在重大不确定性得出结论。如果我们得出结论认为存在重大不确定性，审计准则要求我们在审计报告中提请报表使用者注意财务报表中的相关披露；如果披露不充分，我们应当发表非无保留意见。我们的结论基于审计报告日可获得的信息。然而，未来的事项或情况可能导致 ABC 公司不能持续经营。

（5）评价财务报表的总体列报、结构和内容（包括披露），并评价财务报表是否公允反映相关交易和事项。

我们与治理层就计划的审计范围、时间安排和重大审计发现等事项进行沟通，包括沟通我们在审计中识别的值得关注的内部控制缺陷。

我们还就已遵守与独立性相关的职业道德要求向治理层提供声明，并与治理层沟通可能被合理认为影响我们独立性的所有关系和其他事项以及相关的防范措施（如适用）。

从与治理层沟通的事项中，我们确定哪些事项对本期财务报表审计最为重要，因而构成关键审计事项。我们在审计报告中描述这些事项，除非法律法规禁止公开披露这些事项，或者在极其罕见的情形下，如果合理预期在审计报告中沟通某事项造成的负面后果超过在公众利益方面产生的益处，我们确定不应在审计报告中沟通该事项。（按照《中国注册会计师审计准则第 1501 号——对财务报表形成审计意见和出具审计报告》的规定报告。）

二、按照相关法律法规的要求报告的事项

[本部分的格式和内容，取决于法律法规对其他报告责任的性质的规定。本部分应当说明相关法律法规规范的事项（其他报告责任），除非其他报告责任涉及的事项与审计准则规定的报告责任涉及的事项相同。如果涉及相同的事项，其他报告责任可以在审计准则规定的同一报告要素部分中列示。当其他报告责任和审计准则规定的报告责任涉及同一事项，并且审计报告中的措辞能够将其他报告责任与审计准则规定的责任（如差异存在）予以清楚地区分时，可以将两者合并列示，包含在"对财务报表出具的审计报告"部分中，并使用适当的副标题。按照《中国注册会计师审计准则第 1501 号——对财务报表形成审计意见和出具审计报告》的规定报告。]

309

××会计师事务所	中国注册会计师：×××
（盖章）	（签名并盖章）
	中国注册会计师：×××
	（签名并盖章）
中国××市	二〇二二年×月×日

本章小结

本章主要讨论了审计报告的相关知识，通过本章的学习，学生应主要掌握审计报告的定义、特点和作用以及审计报告的基本构成要素，特别是对审计报告的收件人、注册会计师的责任、管理层责任、注册会计师的签名和报告日期等要素加以重点了解和区分。学生还应掌握出具无保留意见审计报告和非无保留意见审计报告的要求，重点掌握和区分非无保留意见下的否定意见、无法表示意见和保留意见的区分以及这些审计意见如何在审计报告上列示的。本章还涉及了沟通关键审计事项的理解，强调事项段、其他事项段的区分等都是学生应掌握的知识点。本章是重点章节，需要学生重点理解和掌握。

本章思维导图

本章思维导图如图 16-3 所示。

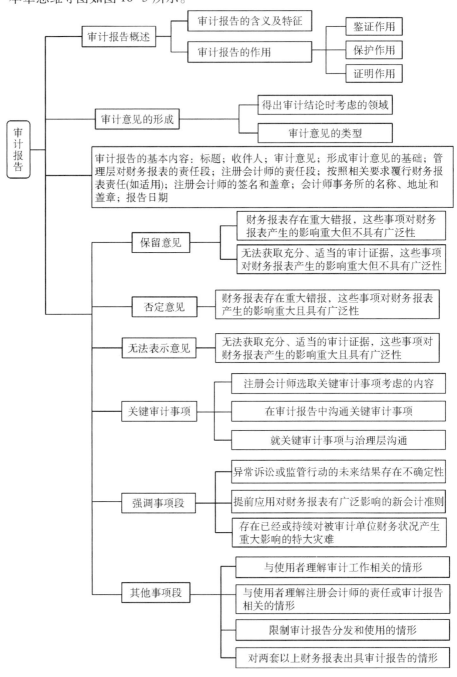

图 16-3　本章思维导图

第十七章
内部控制审计

- -

学习目标

1. 了解企业内部控制审计出现的背景。
2. 掌握企业内部控制审计的内容、具体程序和方法。
3. 掌握内部控制缺陷的认定。
4. 熟悉内部控制审计报告的类型及主要内容。

案例导入

2018 年 5 月，大连电瓷公司在未完全按照公司采购相关的内控制度审核菲迪贸易有限公司（以下简称菲迪贸易）供应商资质的情况下，经大连电瓷公司董事长的批准，与菲迪贸易签订原材料购销合同，合同总价为 5 750 万元。大连电瓷公司于合同签订后，即向菲迪贸易支付 2 300 万元预付款（占合同总价的40%）。截至内部控制审计报告出具日，菲迪贸易仍未按合同要求向大连电瓷公司提供货物，亦未退回上述预付款项。大连电瓷公司于付款之前未曾与菲迪贸易存在业务合作关系，因此菲迪贸易属于新增供应商，但大连电瓷公司未对菲迪贸易的履约能力、资信情况等进行调查，未按照公司内部控制相关规定执行新增供应商评审程序。大连电瓷公司与菲迪贸易签订购销合同，未经过生产、采购等部门的审核，未按照公司内部控制相关规定执行合同审批程序。大连电瓷公司与菲迪贸易首次合作，即支付了40%的合同预付款，与以往采购付款模式显著不同。该笔款项支付前未按照公司内部控制相关规定经采购部门、财务部门审核。

上述情况违反了大连电瓷公司合同管理办法、物资采购管理制度和供方管理标准的相关规定，导致大连电瓷公司采购相关内部控制失效，并且可能给大连电瓷公司造成金额较大的坏账损失，因此大华会计师事务所认为该事项属于财务报告内部控制重大缺陷。大连电瓷公司（股票代码002606）在 2018 年内部控制审计中，被出具否定意见的内部控制审计报告。

问题：内部控制审计与财务报表审计有哪些共同点，又有哪些区别？

第一节　内部控制审计概述

一、内部控制审计的背景

21 世纪初接连发生的跨国公司由于公司治理失败而导致的财务丑闻，引起了关于外部审计独立性和内部审计有效性的热议。例如，在 2001 年爆发的"安然事件"中，作为外部审计师的安达信会计师事务所的审计失败，其重要根源之一被认为是安达信会计师事务所为安然公司同时提供审计及咨询业务（包括内部审计外包）而产生的独立性缺失。同时，安然公司内部审计对财务报表真实性提出的质疑，没有引起外部审计的高度重视。为了加强上市公司的内外部治理，2002 年 7 月，美国国会通过《萨班斯法案》（Sarbanes-Oxley Act），其中第 404 款要求发行者管理层对其内部控制进行自我评估，并要求由出具财务报表审计报告的会计师事务所对管理层的自我评估进行独立鉴证并出具报告。2004 年 3 月，美国公众公司会计监督委员会（PCAOB）发布第 2 号审计准则，对《萨班斯法案》的原则性规定做出更加明确的要求，为注册会计师执业提供可操作性的标准。2006 年 10 月，美国公众公司会计监督委员会提出第 5 号审计准则，取代第 2 号审计准则。

我国个别上市公司的财务丑闻和一些会计师事务所外部审计的审计失败，同样引起了社会的广泛关注。2008 年 7 月，我国财政部会同证监会等五部门发布《企业内部控制基本规范》。2010 年 4 月 26 日，财政部会同证监会等五部门发布《企业内部控制应用指引第 1 号——组织架构》等 18 项应用指引、《企业内部控制评价指引》和《企业内部控制审计指引》，要求执行企业内部控制规范体系的企业，应当对本企业内部控制的有效性进行自我评价，披露年度自我评价报告，同时聘请具有证券期货业务资格的会计师事务所依照相关审计标准对其财务报告内部控制的有效性进行审计，出具审计报告。上述要求自 2011 年 1 月 1 日起首先在境内外同时上市的公司施行，自 2012 年 1 月 1 日起扩大到在上海证券交易所、深圳证券交易所主板上市的公司施行；在此基础上，择机在中小板和创业板上市公司施行；同时，鼓励非上市大中型企业提前执行。

财政部和证监会办公厅于 2012 年 8 月 14 日发布《关于 2012 年主板上市公司分类分批实施企业内部控制规范体系的通知》，要求如下：

（1）中央和地方国有控股上市公司，应于 2012 年全面实施企业内部控制规范体系，并在披露 2012 年公司年报的同时，披露董事会对公司内部控制的自我评价报告以及注册会计师出具的财务报告内部控制审计报告。

（2）非国有控股主板上市公司，且于 2011 年 12 月 31 日公司总市值（证监会算法）在 50 亿元以上，同时 2009—2011 年平均净利润在 3 000 万元以上的，应在披露 2013 年公司年报的同时，披露董事会对公司内部控制的自我评价报告以及注册会计师出具的财务报告内部控制审计报告。

（3）其他主板上市公司，应在披露 2014 年公司年报的同时，披露董事会对公司内部控制的自我评价报告以及注册会计师出具的财务报告内部控制审计报告。

（4）特殊情况：一是主板上市公司因进行破产重整、借壳上市或重大资产重组，无法按照规定时间建立健全内控体系的，原则上应在相关交易完成后的下一个会计年度年报披露的同时，披露内部控制自我评价报告和审计报告，且不早于参照上述（1）~（3）项原则确定的披露时间。二是新上市的主板上市公司应于上市当年开始建设内控体系，并在上市的下一年度年报披露的同时，披露内部控制自我评价报告和审计报告，且不早于参照上述（1）~（3）项原则确定的披露时间。

二、企业内部控制与内部控制审计

（一）企业内部控制

1. 内部控制的概念

内部控制是由企业董事会、监事会、经理层和全体员工实施的、旨在实现控制目标的过程。

2. 内部控制的目标

内部控制的目标是合理保证企业经营管理合法合规、资产安全、财务报告及相关信息真实完整，提高经营效率，促进企业实现发展战略。

3. 内部控制的内容

根据美国反虚假财务报告委员会下属的发起人委员会（COSO）发布的内部控制框架，内部控制包括下列五个要素：控制环境、风险评估过程、控制活动、与财务报告相关的信息系统和沟通、内部监督。

根据我国《企业内部控制基本规范》及配套指引的相关规定，内部控制包括下列五个要素：内部环境、风险评估、控制活动、信息与沟通、内部监督（见图17-1）。

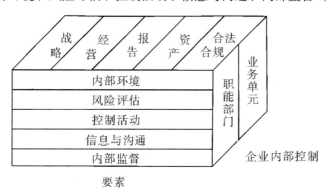

图 17-1　企业内部控制的要素

（二）内部控制审计

1. 内部控制审计的概念

内部控制审计是指会计师事务所接受委托，对特定基准日内部控制设计与运行的有效性进行审计。

建立健全和有效实施内部控制，评价内部控制的有效性是企业董事会的责任。按照《企业内部控制审计指引》的要求，在实施审计工作的基础上对内部控制的有效性发表审计意见，是注册会计师的责任。

2. 内部控制审计意见覆盖的范围

《企业内部控制审计指引》总原则中指出，注册会计师执行内部控制审计工作，应当获取充分、适当的证据，为发表内部控制审计意见提供合理保证。注册会计师应当对财务报告内部控制的有效性发表审计意见，并对内部控制审计过程中注意到的非财务报告内部控制的重大缺陷，在内部控制审计报告中增加"非财务报告内部控制重大缺陷描述段"予以披露。

需要特别说明的是，尽管这里提及的是内部控制审计，但无论是从国外审计规定和实践还是从我国的相关规定来看，注册会计师执行的内部控制审计都严格限定在财务报告内部控制审计中。从注册会计师的专业胜任能力、审计成本效益的约束以及投资者对财务信息质量的需求来看，财务报告内部控制审计是服务的核心要求。

三、内部控制审计的内容

根据上述内部控制审计意见覆盖的范围来看，注册会计师内部控制审计的内容主要涉及财务报告内部控制和非财务报告内部控制，其中以财务报告内部控制审计为核心。

(一) 财务报告内部控制的内容

财务报告内部控制是指公司的董事会、监事会、经理层以及全体员工实施的旨在合理保证财务报告及相关信息真实、完整而设计和运行的内部控制以及用于保护资产安全的内部控制中与财务报告可靠性目标相关的控制。

从注册会计师审计的角度，财务报告内部控制包括以下内容：

1. 企业层面的内部控制

(1) 与控制环境相关的控制，如对诚信和道德价值的沟通与落实、对胜任能力的重视、治理层的参与程度、管理层的理念和经营风格、组织结构、职权与责任的分配、人力资源政策与实务等。

(2) 针对管理层和治理层凌驾于内部控制之上的风险而设计的内部控制，如针对重大非常规交易的控制、针对关联方交易的控制、减弱伪造或不恰当操作财务结果的动机和压力的控制等。

(3) 被审计单位的风险评估过程，如识别经营风险、估计经营风险的重要性、评估经营风险的发生的可能性、采取措施应对和管理经营风险及其结果等。

(4) 对内部信息传递和期末财务报告流程的控制，如会计政策选择和运用的程序、调整分录和合并分录的编制与批准、编制财务报表的程序等。

(5) 对控制有效性的内部监督（监督其他控制的控制）和内部控制评价。

(6) 集中化的处理和控制、监控经营成果的控制以及重大经营控制和风险管理实务的政策。

2. 业务流程、应用系统或交易层面的内部控制

(1) 授权与审批。

(2) 信息技术应用控制。

(3) 实物控制，如保护资产的实物安全、对接触计算机程序和数据文档设置授

权、定期盘点并将盘点记录与控制记录相核对等。

（4）复核和调节。

（二）财务报告内部控制与非财务报告内部控制的区分

财务报告内部控制以外的其他内部控制，属于非财务报告内部控制。

注册会计师考虑某一控制是否是财务报告内部控制的关键依据是控制目标，财务报告内部控制是那些与企业的财务报告可靠性目标相关的内部控制。例如，《企业内部控制应用指引第9号——销售业务》第十二条要求："企业应当指定专人通过函证等方式，定期与客户核对应收账款、应收票据、预收账款等往来款项。"企业为此建立的定期对账及差异处理控制与其往来款项的存在、权利和义务、计价和分摊等认定相关，属于财务报告内部控制。《企业内部控制应用指引第8号——资产管理》第十一条要求："企业应当根据各种存货采购间隔期和当期库存，综合考虑企业生产经营计划、市场供求等因素，充分利用信息系统，合理确定存货采购日期和数量，确保存货处于最佳库存状态。"企业为达到最佳库存的经营目标而建立的对存货采购间隔时间进行监控的相关控制与经营效率效果相关，而不直接与财务报表的认定相关，属于非财务报告内部控制。

当然，相当一部分的内部控制能够实现多种目标，主要与经营目标或合规性目标相关的控制可能同时也与财务报告可靠性目标相关。因此，不能仅仅因为某一控制与经营目标或合规性目标相关而认定其属于非财务报告内部控制，注册会计师需要考虑特定控制在特定企业环境中的目标、性质以及作用，根据职业判断考虑该控制在具体情况下是否属于财务报告内部控制。

需要指出的是，在实务中注册会计师对财务报告内部控制的考虑是融于其采用的自上而下的审计方法过程中的。《企业内部控制审计指引实施意见》要求注册会计师采用自上而下的方法选择拟测试的内部控制，其中包括从财务报表层次初步了解内部控制整体风险，识别、了解和测试企业层面控制，基于财务报表层次识别重要账户、列报及其相关认定，了解潜在错报的来源，并识别企业用于应对这些错报或潜在错报的控制，然后选择拟测试的内部控制。基于自上而下的方法，注册会计师需要识别财务报表的重要账户和列报及其相关认定以及与相关认定有关的业务流程中可能发生重大错报的环节。鉴于注册会计师识别的相关认定及可能发生重大错报的环节都与财务报表相关，注册会计师针对这些错报或潜在错报来源识别的相应内部控制通常是财务报告内部控制。

四、内部控制审计基准日

（一）内部控制审计基准日的定义

内部控制审计基准日是指注册会计师评价内部控制在某一时日是否有效所涉及的基准日，也是被审计单位评价基准日，即最近一个会计期间截止日。

（二）针对基准日发表意见

注册会计师是对基准日内部控制的有效性发表意见，而不是对财务报表涵盖的整个期间的内部控制的有效性发表意见。

注册会计师不可能对企业内部控制在某个期间段（如一年）内每天的运行情况

进行描述，然后发表审计意见，这样做不切实际，并且无法向信息使用者提供准确清晰的信息（考虑到中间对内部控制缺陷的纠正），甚至会误导使用者。

（三）并非仅测试基准日这一天

（1）考察足够长一段时间。对特定基准日内部控制的有效性发表意见，并不意味着注册会计师只测试特定基准日这一天的内部控制，注册会计师需要考察足够长一段时间内部控制设计和运行的情况。

（2）对控制有效性的测试涵盖的期间越长，提供的控制有效性的审计证据越多。

（3）在整合审计中，控制测试涵盖的期间应当尽量与财务报表审计中拟信赖内部控制的期间保持一致。

五、财务报表审计与内部控制审计

注册会计师可以单独进行内部控制审计，也可以将内部控制审计与财务报表审计整合进行（以下简称整合审计）。在整合审计中，注册会计师应当对内部控制设计与运行的有效性进行测试，以同时实现下列目标：

（1）获取充分、适当的证据，支持其在内部控制审计中对内部控制有效性发表的意见。

（2）获取充分、适当的证据，支持其在财务报表审计中对控制风险的评估结果。

（一）财务报表审计与内部控制审计的联系

（1）两者的终极目的一致。虽然各有侧重，但两者的终极目的都是提高财务报表预期使用者对财务报表的信赖程度。

（2）两者都采用风险导向审计方法。注册会计师首先实施风险评估程序，识别和评估财务报表重大错报风险（包括由于舞弊导致的重大错报风险），在此基础上针对评估的重大错报风险，通过设计和实施恰当的应对措施，获取充分、适当的审计证据。

（3）两者运用的重要性水平相同。注册会计师在财务报表审计中运用重要性水平，旨在计划和执行财务报表审计工作，评价识别出的错报对审计的影响以及未更正错报对财务报表和审计意见的影响，以对财务报表整体是否不存在重大错报获取合理保证。注册会计师在内部控制审计中运用重要性水平，旨在计划和执行内部控制审计工作，评价识别出的内部控制缺陷单独或组合起来是否构成内部控制重大缺陷，以对被审计单位是否在所有重大方面保持了有效的内部控制获取合理保证。

由于内部控制的目标是合理保证财务报告及相关信息的真实、完整，因此对于同一财务报表，注册会计师在两种审计中运用的重要性水平应当相同。

（4）两者识别的重要账户、列报及其相关认定相同。注册会计师在识别重要账户、列报及其相关认定时应当评价的重大错报风险因素对于内部控制审计和财务报表审计而言是相同的，因此对于同一财务报表，注册会计师在两种审计中识别的重要账户、列报及其相关认定应当相同。

（5）两者了解和测试内部控制设计与运行有效性的基本方法相同，都可能实施询问、观察、检查以及重新执行等程序。

（二）财务报表审计与内部控制审计的区别

内部控制审计是对内部控制的有效性发表审计意见，并对内部控制审计过程中注意到的非财务报告内部控制重大缺陷进行披露。财务报表审计是对财务报表是否在所有重大方面按照适用的财务报告编制基础编制发表审计意见。

虽然内部控制审计和财务报表审计存在多方面的共同点，但财务报表审计是对财务报表进行审计，重在审计"结果"，而内部控制审计是对保证财务报表质量的内部控制的有效性进行审计，重在审计"过程"。发表审计意见的对象不同，使得两者存在区别。

1. 对内部控制进行了解和测试的目的不同

在财务报表审计和内部控制审计中，注册会计师都需要了解与审计相关的内部控制，并都可能涉及测试相关内部控制运行的有效性，但两者的目的不同。注册会计师在财务报表审计中了解和测试内部控制，是为了识别、评估和应对重大错报风险，据此确定实质性程序的性质、时间安排和范围，并获取与财务报表是否在所有重大方面按照适用的财务报告编制基础编制相关的审计证据，以支持对财务报表发表的审计意见。注册会计师在内部控制审计中了解和测试内部控制，是为了对内部控制的有效性发表审计意见。

2. 测试内部控制运行有效性的范围要求不同

在财务报表审计中，针对评估的认定层次重大错报风险，注册会计师可能选择采用实质性方案或综合性方案。如果采用实质性方案，注册会计师可以不测试内部控制的运行有效性。如果采用综合性方案，注册会计师综合运用控制测试和实质性程序，因此需要测试内部控制的运行有效性。根据《中国注册会计师审计准则第1231号——针对评估的重大错报风险采取的应对措施》的相关规定，当存在下列情形之一时，注册会计师应当设计和实施控制测试，针对相关控制运行的有效性，获取充分、适当的审计证据：

（1）在评估认定层次重大错报风险时，预期控制的运行是有效的（在确定实质性程序的性质、时间安排和范围时，注册会计师拟信赖控制运行的有效性）。

（2）仅实施实质性程序并不能够提供认定层次充分、适当的审计证据。

也就是说，如果以上两种情况均不存在，注册会计师可能对部分认定，甚至全部认定都不测试内部控制的运行有效性。

在内部控制审计中，注册会计师应当针对所有重要账户和列报的每一个相关认定获取控制设计和运行有效性的审计证据，以便对内部控制整体的有效性发表审计意见。

3. 内部控制测试的期间要求不同

在财务报表审计中，针对评估的认定层次重大错报风险，如果注册会计师选择综合性方案，需要获取内部控制在整个拟信赖期间运行有效的审计证据，而在内部控制审计中，注册会计师对于基准日的内部控制运行有效性发表意见，则仅需要对内部控制在基准日前足够长的时间（可能短于整个审计期间）内的运行有效性获取审计证据。

尽管连续审计时注册会计师在财务报表审计和内部控制审计中都可以考虑以前审计中所了解和测试的情况，但在执行内部控制审计时，注册会计师不得采用《中国注册会计师审计准则第1231号——针对评估的重大错报风险采取的应对措施》第十四条中提及的"每三年至少对控制测试一次"的方法，而应当在每一年度审计中测试内部控制（对自动化应用控制在满足特定条件情况下采用的与基准相比较策略除外）。

4. 对控制缺陷的评价不同

在内部控制审计中，注册会计师应当评价识别出的内部控制缺陷是否构成一般缺陷、重要缺陷或重大缺陷。在财务报表审计中，注册会计师需要确定识别出的内部控制缺陷单独或连同其他缺陷是否构成值得关注的内部控制缺陷。

5. 沟通要求不同

在财务报表审计中，注册会计师应当以书面形式及时向治理层通报值得关注的内部控制缺陷，致送书面沟通文件的时间可能根据注册会计师对治理层履行监督责任需要的考虑确定（对于上市实体，治理层可能需要在批准财务报表前收到注册会计师的沟通文件；对于其他实体，注册会计师可能会在较晚日期致送书面沟通文件，但需要满足完成最终审计档案的归档要求）。注册会计师还应当及时向相应层级的管理层通报以下事项：

（1）已向或拟向治理层通报的值得关注的内部控制缺陷，除非在具体情况下不适合直接向管理层通报。此事项应采用书面方式通报。

（2）在审计过程中识别出的、其他方未向管理层通报而注册会计师根据职业判断认为足够重要从而值得管理层关注的内部控制其他缺陷。此事项对沟通形式没有强制要求，可以采用书面或口头形式。

在内部控制审计中，对于重大缺陷和重要缺陷，注册会计师应当以书面形式与管理层和治理层沟通，书面沟通应在注册会计师出具内部控制审计报告前进行。如果注册会计师认为审计委员会和内部审计机构对内部控制的监督无效，应当就此以书面形式直接与董事会沟通。此外，注册会计师应当以书面形式与管理层沟通其在审计过程中识别的所有其他内部控制缺陷（包括注意到的非财务报告内部控制缺陷），并在沟通完成后告知治理层。

6. 审计报告的形式和内容以及所包括的意见类型不同

内部控制审计报告的形式和内容不同于财务报表审计报告。注册会计师应当分别按照中国注册会计师审计准则和《企业内部控制审计指引》及《企业内部控制审计指引实施意见》的相关规定，出具财务报表审计报告和内部控制审计报告。此外，内部控制审计报告不存在保留意见的意见类型，如果内部控制存在一项或多项重大缺陷，除非审计范围受到限制，注册会计师应当对内部控制发表否定意见。如果审计范围受到限制，注册会计师应当解除业务约定或出具无法表示意见的内部控制审计报告。

（三）整合审计

整合审计是将企业财务报表审计与企业内部控制审计两项业务有机结合在一起实施审计，最终分别出具财务报表审计报告和内部控制审计报告。

财务报表审计和内部控制审计存在多方面的共同点。注册会计师基于统一的风险评估，为财务报表审计和内部控制审计制订整合的审计计划，有助于实现整合审计的目标，减少重复工作，提高审计效率。

具体而言，财务报表审计与内部控制审计至少在以下几个方面是可以整合共享的：

（1）重要性水平的确定。

（2）固有风险的评估。

（3）集团审计中重要组成部分和非重要组成部分的确定。

（4）重要账户、列报及其相关认定的确定。

（5）内部控制设计与运行有效性的测试。

（6）内部控制缺陷的识别和评价。

在审计工作的具体执行过程中，注册会计师还需要按照《企业内部控制审计指引实施意见》第九部分中有关"审计证据和结论的相互参照"的要求，在财务报表审计中考虑内部控制审计中实施的、所有针对内部控制设计与运行有效性的测试结果对所计划实施的实质性程序性质、时间安排和范围的影响。同时，注册会计师也要在内部控制审计中评价财务报表审计中实施实质性程序的结果对控制有效性结论的影响。

在实务中，在整合审计的情况下，注册会计师可以只编制一套整合的审计工作底稿，将内部控制审计和财务报表审计的整合考虑贯穿审计的整个过程，以更有效地实现整合审计的目标，并同时满足财务报表审计和内部控制审计的需要。

整合审计流程如图 17-2 所示。

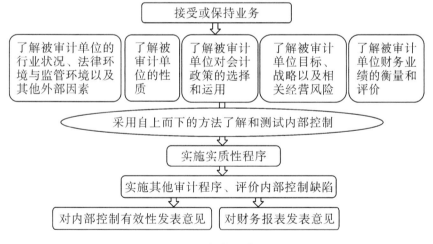

图 17-2　整合审计流程

第二节　计划审计工作

注册会计师应当恰当地计划内部控制审计工作，配备具有专业胜任能力的项目组，并对助理人员进行适当的督导。

合理地计划内部控制审计工作，有助于注册会计师关注重点审计领域、及时发现和解决潜在问题、恰当地组织和管理内部控制审计工作；同时，还可以帮助注册会计师对项目组成员进行恰当地分工、指导、监督和复核，协调其他注册会计师和外部专家的工作。

一、计划审计工作时应当考虑的事项

在计划审计工作时，注册会计师应当评价下列事项对内部控制、财务报表以及审计工作的影响。

（一）与企业相关的风险

注册会计师通常通过询问被审计单位的高级管理人员、考虑宏观形势对企业的影响并结合以往的审计经验，了解企业在经营活动中面临的各种风险，并重点关注那些对财务报表可能产生重要影响的风险以及这些风险当年的变化。例如，在国家货币政策趋于紧缩的形势下，企业可能较以前年度难以获得银行的贷款而普遍面临资金短缺的压力，如果被审计单位的应收账款余额较高且当年逾期应收账款有明显上升时，被审计单位的坏账风险很可能高于往年。这时，注册会计师应考虑应收账款坏账风险将导致认定层次重大错报风险。在整合审计中，注册会计师在审计计划阶段既需要关注应收账款的坏账准备这一重要账户，又需要关注被审计单位计提应收账款坏账准备的这一重大业务流程的内部控制，将此设定为内部控制审计的一个重大风险。因此，了解企业面临的风险可以帮助注册会计师识别重大错报风险，继而帮助注册会计师识别重要账户、重要列报和相关认定以及识别重大业务流程，对内部控制审计的重大风险形成初步评价。

（二）相关法律法规和行业概况

注册会计师应当了解与被审计单位业务相关的法律法规及其合规性。在整合审计中，注册会计师应当重点关注可能直接影响财务报表金额与披露的法律法规，如税法、高度监管行业的监管法规（如适用）等。同时，注册会计师通过询问董事会、管理人员和相关部门人员以及检查被审计单位与监管部门的往来函件，关注被审计单位的违法违规情况，考虑违法违规行为可能导致的罚款、诉讼及其他可能对企业财务报表产生重大影响的事件，并初步判断是否可能造成非财务报告内部控制的重大缺陷。

另外，注册会计师应了解行业因素以确定其对被审计单位经营环境的影响。例如，注册会计师应考虑以下事项：

（1）被审计单位的竞争环境，如市场容量、市场份额、竞争优势、季节性因素等。

（2）被审计单位与客户及供应商的关系，如信用条件、销售渠道、是否为关联方等。

（3）技术的发展，如与企业产品、能源供应以及成本有关的技术发展。

（三）企业组织结构、经营特点和资本结构等相关重要事项

注册会计师应当了解被审计单位的股权结构、企业的实际控制人及关联方；企业的子公司、合营公司、联营公司以及财务报表合并范围；企业的组织机构、治理结构；业务及区域的分部设置和管理架构；企业的负债结构和主要条款，包括资产负债表外的筹资安排和租赁安排等。注册会计师了解企业的这些情况，以便评价企业是否存在重大的、可能引起重大错报的非常规业务和关联交易，是否构成重大错报风险以及相关的内部控制是否可能存在重大缺陷。

（四）企业内部控制最近发生变化的程度

注册会计师应当了解被审计单位本期内部控制发生的变化及变化的程度，从而相应地调整审计计划。这些变化包括新增的业务流程、原有的业务流程的更新、内部控制执行人的变更等。企业内部控制的变化将会直接影响注册会计师内部控制审计程序的性质、时间安排和范围。例如，针对企业新增业务的重大业务流程，注册会计师应当安排有经验的审计人员了解该业务流程，并在实施审计工作中的前期识别该流程相关控制，以尽早地与企业沟通该流程中的相关控制是否可能存在重大的设计缺陷。

（五）与企业沟通过的内部控制缺陷

注册会计师应当了解被审计单位对以前年度审计中发现的内部控制缺陷所采取的改进措施及改进结果，并相应适当地调整本年的内部控制审计计划。如果以前年度发现的内部控制缺陷未得到有效整改，则注册会计师需要评价这些缺陷对当期的内部控制审计意见的影响。

注册会计师应当阅读企业当期的内部审计报告，评价内部审计报告中发现的控制缺陷是否与内部控制审计相关，评价其对内部控制审计程序和审计意见的影响。对于在内部审计报告中提及的可能导致财务报表发生重大错报的内部控制缺陷，注册会计师应当将其记录在内部控制缺陷汇总中，关注企业相应的整改计划和实施情况，并评价其对内部控制审计意见的影响。

（六）重要性、风险等与确定内部控制重大缺陷相关的因素

注册会计师应当对与确定内部控制重大缺陷相关的重要性、风险及其他因素进行初步判断。

对于已识别的风险，注册会计师应当评价其对财务报表和内部控制的影响程度。注册会计师应当更多地关注内部控制审计的高风险领域，而没有必要测试那些即使有缺陷也不可能导致财务报表重大错报的控制。

通常，对企业整体风险的评估和把握由富有经验的项目组成员完成。风险评估结果的变化将体现在具体审计步骤及关注点的变化中。

（七）对内部控制有效性的初步判断

注册会计师综合上述考虑及借鉴以前年度的审计经验，形成对企业内部控制有效性的初步判断。

对于内部控制可能存在重大缺陷的领域，注册会计师应给予充分的关注，具体表现在以下几个方面：对相关的内部控制亲自进行测试而非利用他人工作；在接近内部控制评价基准日的时间测试内部控制；选择更多的子公司或业务部门进行测试；增加相关内部控制的控制测试量，等等。

（八）可获取的、与内部控制有效性相关的证据的类型和范围

注册会计师应当了解可获取的、与内部控制有效性相关的证据的类型和范围。例如，第三方证据还是内部证据，书面证据还是口头证据，所获得的证据可以覆盖所有测试领域还是仅能覆盖部分领域。注册会计师应当根据《中国注册会计师审计准则第 1301 号——审计证据》对可获取的审计证据的充分性和适当性进行评价，以更好地计划内部控制测试的时间、性质和范围。内部控制的特定领域存在重大缺陷的风险越高，注册会计师所需获取的审计证据客观性、可靠性越强。

二、总体审计策略和具体审计计划

内部控制审计计划分为总体审计策略和具体审计计划两个层次。

（一）总体审计策略

1. 总体审计策略的内容

（1）确定审计业务的特征，以界定审计范围。

（2）明确审计业务的报告目标，以计划审计的时间安排和所需沟通的性质。

（3）根据职业判断，考虑用以指导项目组工作方向的重要因素。

（4）考虑初步业务活动的结果，并考虑对被审计单位执行其他业务时获得的经验是否与内部控制审计业务相关。

（5）确定执行业务所需资源的性质、时间安排和范围。

2. 总体审计策略的作用

总体审计策略用以总结计划阶段的成果，确定审计的范围、时间和方向，并指导具体审计计划的制订。制定总体审计策略的过程有助于注册会计师结合风险评估程序的结果确定下列事项：

（1）向具体审计领域分配资源的类别和数量，包括向高风险领域分派经验丰富的项目组成员，向高风险领域分配的审计时间预算等。

（2）何时分配这些资源，包括是在期中审计阶段还是在关键日期调配资源等。

（3）如何管理、指导和监督这些资源，包括预期何时召开项目组预备会和总结会，预期项目合伙人和经理如何进行复核，是否需要实施项目质量管理复核等。

（二）具体审计计划

具体审计计划比总体审计策略更加详细，内容包括项目组成员拟实施的审计程序的性质、时间安排和范围。计划这些审计程序，会随着具体审计计划的制订逐步深入，并贯穿于审计的整个过程。注册会计师应当在具体审计计划中体现下列内容：

（1）了解和识别内部控制的程序的性质、时间安排和范围。

（2）测试控制设计有效性的程序的性质、时间安排和范围。

（3）测试控制运行有效性的程序的性质、时间安排和范围。

第三节　实施审计工作

注册会计师应当按照自上而下的方法实施审计工作。自上而下的方法是注册会计师识别风险、选择拟测试控制的基本思路。注册会计师在实施审计工作时，可以将企业层面控制和业务层面控制的测试结合进行。

一、风险识别与评估——自上而下的方法

自上而下的方法始于财务报表层次，以注册会计师对财务报告内部控制整体风险的了解开始，然后将关注重点放在企业层面的控制上，并将工作逐渐下移至重要账户、列报及其相关认定。随后，自上而下的方法确认其对被审计单位业务流程中风险的了解，并选择能足以应对评估的每个相关认定的重大错报风险的控制进行测试。

自上而下的方法分为下列步骤：

（一）识别、了解和测试企业层面控制

1. 企业层面控制的内涵

企业的内部控制分为企业层面的控制和业务流程、应用系统或交易层面的控制两个层面。

企业层面的控制通常为应对企业财务报表整体层面的风险而设计，或者作为其他控制运行的"基础设施"，通常在比业务流程更高的层面上乃至整个企业范围内运行。其作用比较广泛，通常不局限于某个具体认定。企业层面的控制包括下列内容：

（1）与控制环境（内部环境）相关的控制。

（2）针对管理层和治理层凌驾于控制之上的风险而设计的控制。

（3）被审计单位的风险评估过程。

（4）对内部信息传递和期末财务报告流程的控制。

（5）对控制有效性的内部监督（监督其他控制的控制）和内部控制评价。

此外，集中化的处理和控制（包括共享的服务环境）、监控经营成果的控制以及针对重大经营控制及风险管理实务的政策也属于企业层面的控制。

业务流程、应用系统或交易层面的控制为应对交易和账户余额认定的重大错报风险而设计，通常在业务流程内的交易或账户余额层面上运行，其作用通常能够对应到具体某类交易和账户余额的具体认定。业务流程、应用系统或交易层面的控制主要针对交易的生成、记录、处理和报告等环节。

2. 企业层面的控制对其他控制及其测试的影响

注册会计师可以考虑在执行业务的早期阶段对企业层面的控制进行测试。

企业层面的控制对其他控制及其测试的影响表现在以下三个方面：

（1）可能影响。某些企业层面的控制可能影响拟测试的其他控制及其对其他控制所执行程序的性质、时间安排和范围。例如，与控制环境相关的控制。

（2）可能减少。某些企业层面的控制能够监督其他控制的有效性。当这些控制运行有效时，可以减少原拟对其他控制有效性进行的测试。例如，财务总监定期审阅经营收入的详细月度分析报告。如果这个控制有效，可能可以使注册会计师修改其原本拟对其他控制进行的测试程序。

（3）可能代替。某些企业层面的控制本身能精确到足以及时防止或发现一个或多个相关认定中存在的重大错报。注册会计师可能可以不必测试与该风险相关的其他控制。例如，被审计单位设立了银行余额调节表的监督审阅流程，并且对下属所有分级机构做出定期检查。如果这个程序足够精确，注册会计师可能不必对下属每个单位的银行余额调节表相关控制进行测试。

（二）识别重要账户、列报及其相关认定

1. 概念

在确定重要性水平后，注册会计师应当识别重要账户、列报及其相关认定。

（1）重要账户、列报。如果某账户、列报可能存在一个错报，该错报单独或连同其他错报将导致财务报表发生重大错报，则该账户、列报为重要账户、列报。

（2）相关认定。如果某财务报表认定可能存在一个或多个错报，这个或这些错报将导致财务报表发生重大错报，则该认定为相关认定。

2. 评价

在识别重要账户、列报及其相关认定时，注册会计师应当从定性和定量两个方面做出评价，包括考虑舞弊的影响。

（1）定量评价。超过财务报表整体重要性的账户，无论是在内部控制审计还是财务报表审计中，通常情况下被认定为重要账户。

一个账户或列报，即使从性质方面考虑与之相关的风险较小，其金额超过财务报表整体重要性越多，该账户或列报被认定为重要账户或列报的可能性就越大。

一个账户或列报的金额超过财务报表整体重要性，并不必然表明其属于重要账户或列报，因为注册会计师还需要考虑定性的因素。

同理，定性的因素也可能导致注册会计师将低于财务报表整体重要性的账户或列报认定为重要账户或列报。

（2）定性评价。从性质上说，注册会计师可能因为某账户或列报受固有风险或舞弊风险的影响而将其确定为重要账户或列报，因为即使该账户或列报从金额上看并不重大，但这些固有风险或舞弊风险很有可能导致重大错报（该错报单独或连同其他错报将导致财务报表发生重大错报）。例如，某负债类账户很可能被显著低估，则该负债类账户应被确定为重要账户。

在识别重要账户、列报及其相关认定时，注册会计师不应考虑控制的影响，因为内部控制审计的目标本身就是评价控制的有效性。

（3）根据以前年度审计中了解的情况评价。以前年度审计中了解到的情况影响注册会计师对固有风险的评估，因此注册会计师应当在确定重要账户、列报及其相关认定时加以考虑。以前年度审计中识别的错报会影响注册会计师对某账户、列报及其相关认定固有风险的评估。

（4）综合评价。在确定某账户、列报是否重要和某认定是否相关时，注册会计师应当将所有可获得的信息加以综合考虑。例如，在识别重要账户、列报及其相关认定时，注册会计师还应当确定重大错报的可能来源。注册会计师可以通过考虑在特定的重要账户或列报中错报可能发生的领域和原因，确定重大错报的可能来源。

（三）了解潜在错报的来源并识别相应的控制

1. 了解潜在错报的来源

注册会计师应当实施下列程序，以进一步了解潜在错报的来源，并为选择拟测试的控制奠定基础：

（1）了解与相关认定有关的交易的处理流程，包括这些交易如何生成、批准、处理以及记录。

（2）验证注册会计师识别出的业务流程中可能发生重大错报（包括由于舞弊导致的错报）的环节。

（3）识别被审计单位用于应对这些错报或潜在错报的控制。

（4）识别被审计单位用于及时防止或发现并纠正未经授权的、导致重大错报的资产取得、使用或处置的控制。

注册会计师应当亲自执行能够实现上述目标的程序，或者对执行该程序的审计人员提供督导。

2. 实施穿行测试

（1）穿行测试的性质。穿行测试通常是实现上述目标和评价控制设计的有效性以及确定控制是否得到执行的有效方法。

穿行测试是指追踪某笔交易从发生到最终被反映在财务报表中的整个处理过程。

在内部控制审计中，注册会计师应当实施程序以了解被审计单位流程中可能导致潜在错报的来源和识别管理层为应对这些潜在错报风险而执行的控制。

（2）需要实施穿行测试的情况。在某些特定情况下，注册会计师一般会实施穿行测试。这些情况如下：

①存在较高固有风险的复杂领域。

②以前年度审计中识别出的缺陷（需要考虑缺陷的严重程度）。

③由于引入新的人员、新的系统、收购和采取新的会计政策而导致流程发生重大变化。

如果注册会计师首次接受委托执行内部控制审计，通常预期注册会计师会对重要流程实施穿行测试（在实施穿行测试时，注册会计师可以利用他人的工作）。

（3）穿行测试的规模。一般而言，对每个重要流程，注册会计师选取一笔交易或事项实施穿行测试即可。

如果被审计单位采用集中化的系统为多个组成部分执行重要流程，注册会计师则可能不必在每个重要的经营场所或业务单位选取一笔交易或事项实施穿行测试。

（四）选择拟测试的控制

1. 选择拟测试的控制的基本要求

注册会计师应当针对每一相关认定获取控制有效性的审计证据，以便对内部控制整体的有效性发表意见，但没有责任对单项控制的有效性发表意见。

注册会计师没有必要测试与某项相关认定有关的所有控制。

注册会计师应当对被审计单位的控制是否足以应对评估的每个相关认定的错报风险形成结论。因此，注册会计师应当选择对形成这一评价结论具有重要影响的控制进行测试。

在确定是否测试某项控制时，注册会计师应当考虑该项控制单独或连同其他控制，是否足以应对评估的某项相关认定的错报风险，而不论该项控制的分类和名称如何。

2. 选择拟测试的控制的考虑因素

注册会计师在选取拟测试的控制时，通常不会选取整个流程中的所有控制，而是选择关键控制，即能够为一个或多个重要账户或列报的一个或多个相关认定提供最有效果或最有效率的证据的控制。

每个重要账户、认定或重大错报风险至少应当有一个对应的关键控制。

在选择关键控制时，注册会计师要考虑哪些控制是不可缺少的？哪些控制直接针对相关认定？哪些控制可以应对错误或舞弊导致的重大错报风险？控制的运行是否足够精确。

选取关键控制需要注册会计师做出职业判断。注册会计师无需测试那些即使有缺陷也合理预期不会导致财务报表重大错报的控制。

如果识别并选取了能够充分应对重大错报风险的控制，注册会计师则不需要再测试针对同样认定的其他控制。

注册会计师在考虑是否有必要测试业务流程、应用系统或交易层面的控制之前，先要考虑测试那些与重要账户的认定相关的企业层面控制的有效性（自上而下的方法）。

如果企业层面控制是有效的且得到精确执行，能够及时防止或发现并纠正影响一个或多个认定的重大错报，注册会计师可能不必就所有流程、交易或应用层面的控制的运行有效性获取审计证据。

二、控制测试

（一）控制测试的有效性

1. 内部控制的有效性

内部控制的有效性包括内部控制设计的有效性和内部控制运行的有效性。

（1）设计的有效性。如果某项控制由拥有有效执行控制所需的授权和专业胜任能力的人员按规定的程序和要求执行，能够实现控制目标，从而有效地防止或发现并纠正可能导致财务报表发生重大错报的错误或舞弊，则表明该项控制的设计是有效的。

（2）运行的有效性。如果某项控制正在按照设计运行，执行人员拥有有效执行控制所需的授权和专业胜任能力，能够实现控制目标，则表明该项控制的运行是有效的。

注册会计师获取的有关控制运行有效性的审计证据包括控制在所审计期间的相关时点是如何运行的、控制是否得到一贯执行、控制是由谁或以何种方式执行的。

2. 与控制相关的风险

在测试所选定控制的有效性时，注册会计师应当根据与控制相关的风险，确定所需获取的审计证据。

与控制相关的风险包括一项控制可能无效的风险以及如果该控制无效，可能导致重大缺陷的风险。与控制相关的风险越高，注册会计师需要获取的审计证据就越多。

3. 测试控制有效性的程序

注册会计师在测试控制设计与运行的有效性时，应当综合运用询问适当人员、观察经营活动、检查相关文件和重新执行等方法。

（1）询问。虽然询问是一种有用的手段，但它必须与其他测试手段结合使用才能发挥作用。注册会计师仅实施询问程序不能为某一特定控制的有效性提供充分、适当的证据，其本身并不足以提供充分、适当的证据。

（2）观察。通常，注册会计师运用观察程序来测试运行不留下书面记录的控制，也可用于测试对实物的控制，但有一定的局限性。

（3）检查。通常，注册会计师运用检查程序来确认控制是否得以执行。但是，检查记录和文件可以提供可靠程度不同的审计证据（性质和来源不同），而且其可靠性取决于生成该记录或文件的内部控制的有效性（未审核而直接签名）。

（4）重新执行。重新执行的目的是评价控制的有效性而不是测试特定交易或余额的存在或准确性，即定性而非定量。重新执行一般不必选取大量的项目，也不必特意选取金额重大的项目进行测试。

例如，测试管理层审核银行余额调节表这一控制时，根据测试目的，注册会计师可以检查银行余额调节表是否存在、浏览调节事项是否得到适当处理以及检查调节表上是否有编制者和审批者的签字。如果需要更多的审计证据，如发现调节表上有非正常项目时，注册会计师可以考虑重新执行调节过程以确定控制是否有效。

重新执行通常包括重新执行审核者实施的步骤，如将银行余额调节表上的金额与相关支持性文件进行核对；查看与非正常调节项目相关的支持性文件及对有关调节事项做进一步调查等。如果注册会计师认为银行调节表编制不当但审核者仍然签名，就需要跟进了解为什么在这种情况下审核者仍然认可银行余额调节表，以便决定这种审核是否有效。

4. 控制测试的时间安排

注册会计师应当获取内部控制在基准日之前一段足够长的期间内有效运行的审计证据。对控制有效性测试的实施时间越接近基准日，提供的控制有效性的审计证据越有力。

（1）在整合审计中，注册会计师控制测试涵盖的期间应尽量与财务报表审计中拟信赖内部控制的期间保持一致。

（2）与所测试的控制相关的风险较低，注册会计师对该控制实施期中测试就可以为其运行有效性提供充分、适当的审计证据。相反，如果与所测试的控制相关的风险较高，注册会计师应当取得一部分更接近基准日的证据。

（3）期中测试对补充证据的要求。如果已获取有关控制在期中运行有效性的审计证据，注册会计师应当确定还需要获取哪些补充审计证据，以证实剩余期间控制的运行情况。例如，基准日之前测试的特定控制、期中获取的有关证据的充分性和适当性、剩余期限的长短、期中测试后内部控制发生重大变化的可能性、拟减少实质性审计程序的程度、控制环境等。

（4）信息技术的影响。如果信息技术一般控制有效且关键的自动化控制未发生任何变化，注册会计师就不需要对该自动化控制实施前推测试。但是，如果注册会计师在期中对重要的信息技术一般控制实施了测试，通常还需要对其实施前推程序。

5. 控制测试的范围

（1）测试人工控制的最小样本规模（假设控制的运行偏差率预期为零，否则扩大规模）。测试人工控制的最小样本规模区间如表 17-1 所示。

表 17-1　测试人工控制的最小样本规模区间

控制运行频率	控制运行的总次数/次	测试的最小样本规模区间/次
每年 1 次	1	1
每季 1 次	4	2
每月 1 次	12	2~5
每周 1 次	52	5~15
每天 1 次	250	20~40
每天多次	大于 250	25~60

在下列情况下，注册会计师可以使用表 17-1 中测试的最小样本规模区间的最低值（如对于每天运行多次的控制，选择 25 个样本规模）：

①与账户及其认定相关的固有风险和舞弊风险为低水平。

②日常控制，执行时需要的判断很少。

③从穿行测试得出的结论和以前年度审计的结果表明未发现控制缺陷。

④管理层针对该项控制的测试结果表明未发现控制缺陷。

⑤存在有效的补偿性控制，且管理层针对补偿性控制的测试结果为运行有效。

⑥根据对控制的性质以及内部审计人员客观性和胜任能力的考虑，注册会计师拟更多地利用他人的工作。

（2）测试自动化应用控制的最小样本规模。信息技术处理具有内在一贯性，除非系统发生变动，一项自动化应用控制应当一贯运行。注册会计师可能只需要对自动化应用控制的每一相关属性进行一次系统查询，以检查其系统设置，即可得出所测试自动化应用控制是否运行有效的结论。

对于自动化应用控制，一旦确定在执行，注册会计师通常无需扩大控制测试的范围，但注册会计师需要考虑执行下列测试，以确定自动化应用控制持续有效运行：

①测试与该应用控制有关的一般控制的运行有效性。

②确定系统是否发生变动，如果发生变动，是否存在适当的系统变动控制。

③确定对交易的处理是否使用授权批准的软件版本。

（3）发现偏差时的处理。如果发现控制偏差，注册会计师应当确定对下列事项的影响：

①与所测试控制相关的风险的评估。

②需要获取的审计证据。

③控制运行有效性的结论。

评价控制偏差的影响需要职业判断，并受到控制的性质和发现偏差数量的影响。如果发现控制偏差是系统性偏差或者是人为有意造成的偏差，注册会计师应当考虑可能舞弊的迹象及对审计方案的影响。

由于有效的内部控制不能为实现控制目标提供绝对保证，单项控制并非一定要毫无偏差地运行，才被认为有效。

在评价控制测试中发现的某项控制偏差是否为控制缺陷时，注册会计师可以考虑的因素如下：

①该偏差是如何被发现的。

②该偏差是与某一特定的地点、流程或应用系统相关，还是对被审计单位有广泛影响。

③就被审计单位的内部政策而言，该控制出现偏差的严重程度。

④与控制运行频率相比，偏差发生的频率大小。

（二）企业层面的控制测试

1. 与控制环境相关的控制

控制环境包括治理职能和管理职能以及治理层和管理层对内部控制及其重要性的态度、认识和行动。在内部控制审计时注册会计师可以先了解控制环境的各个要素，应当考虑其是否得到执行。在此基础上，注册会计师可以选择那些对财务报告内部控制有效性的结论产生重要影响的企业层面的控制进行测试。

2. 针对管理层和治理层凌驾于控制之上的风险而设计的控制

针对管理层和治理层凌驾于控制之上的风险而设计的控制，对所有企业保持有效的财务报告相关的内部控制都有重要的影响。

一般而言，针对凌驾风险采用的控制可以包括但不限于以下几项：

（1）针对重大的异常交易（尤其是那些导致会计分录延迟或异常的交易）的控制。

（2）针对关联方交易的控制。

（3）与管理层的重大估计相关的控制。

（4）能够减弱管理层伪造或不恰当操纵财务结果的动机及压力的控制。

（5）建立内部举报投诉制度。

3. 被审计单位的风险评估过程

风险评估过程包括识别与财务报告相关的经营风险及针对这些风险采取的措施。被审计单位需要有充分的内部控制去识别来自外部环境的风险，充分且适当的风险评估过程应当包括对重大风险的估计、对风险发生可能性的评定以及确定应对方法。

4. 对内部信息传递和期末财务报告流程的控制

期末财务报告流程包括将交易总额登入总分类账的程序，与会计政策选择和运用相关的程序，对分类账中的会计分录编制、批准等处理的程序，对财务报表进行调整的程序，编制财务报表的程序，等等。

由于期末财务报告流程通常发生在管理层评价日之后，注册会计师一般只能在该日之后测试相关控制。注册会计师应当从下列方面评价期末财务报告流程：

（1）被审计单位财务报告的编制流程，包括输入、处理以及输出。

（2）期末财务报告流程中运用信息技术的程度。

（3）管理层中参与期末财务报告流程的人员。

（4）纳入财务报表编制范围的组成部分。

（5）调整分录及合并分录的类型。

（6）管理层和治理层对期末财务报告流程进行监督的性质及范围。

5. 对控制有效性的内部监督和内部控制评价

管理层对控制的监督包括考虑控制是否按计划运行以及控制是否根据情况的变化做出恰当的修改。对控制的监督可能包括对运营报告的复核和核对、与外部人士的沟通、其他未参与控制执行人员的监控活动以及信息系统记录的数据和实物资产的核对等。

在对被审计单位对控制有效性的内部监督进行了解和对其有效性进行测试时，注册会计师还可以特别考虑如下因素：

（1）管理层是否定期将会计系统中记录的数额和实物资产进行核对（账实核对）。

（2）管理层是否为保证内部审计活动的有效性而建立了相应的控制（内部审计控制）。

（3）管理层是否建立了相关内部控制以保证自我评价和定期系统评价的有效性。

（4）管理层是否建立了相关的控制以保证监督性控制能够在一个集中的地点有效进行，以监督分散地点的控制。

6. 集中化的处理和控制（包括共享的服务环境）

集中化的财务管理可能有助于降低财务报表错报的风险。注册会计师先了解服务对象、服务范围并分析其服务对象的重大错报风险。针对这些风险，注册会计师可以分析被审计单位是否有相关的内部控制用以降低其下属单位和分部财务报表发生重大错报风险。

一般而言，特定服务对象单位与财务报表相关的风险越大，注册会计师在进行内部控制测试过程中可能更需要到共享服务中心或其服务对象单位测试与特定服务对象单位相关的内部控制。

由于共享服务中心的内部控制的影响较大，注册会计师可以考虑在内部控制审计工作初期就开始分析其内部控制的性质、对被审计单位的影响等，并且考虑在较早的阶段执行对共享服务中心内部控制的有效性测试。

7. 监督经营成果的控制

一般而言，管理层对于各个单位或业务部门经营情况的监控是企业层面的主要内部控制之一。在了解该控制时，注册会计师可以从性质上分析这些监督经营成果的控制是否有足够的精确程度以取代对业务流程、应用系统或交易层面的控制的测试。如果这些监督经营成果的内部控制是有效的，注册会计师可以考虑减少对其他控制的测试。

8. 重大经营控制及风险管理实务的政策考虑因素

（1）企业是否建立了重大风险预警机制，明确界定哪些风险是重大风险、哪些事项一旦出现必须启动应急处理机制。

（2）企业是否建立了突发事件应急处理机制，确保突发事件得到及时妥善处理。

（三）业务层面的控制测试

1. 了解企业经营活动和业务流程

注册会计师应根据经营活动划分业务循环，针对每个循环了解业务活动，并询问业务活动的流程。

2. 识别可能发生错报的环节

注册会计师通过设计一系列关于控制目标是否实现的问题，从而确认某项业务流程中需要加以控制的环节，进而确定是否存在控制来防止错报的发生，或者发现并纠正错报。

注册会计师在此时通常不考虑列报认定，此类认定通常在财务报告流程中予以考虑。

3. 识别和了解相关控制

（1）预防性控制与检查性控制。预防性控制通常用于正常业务流程的每一项交易，以防止错报的发生。与简单的业务流程相比，对于较复杂的业务流程，被审计单位通常更依赖自动控制。预防性控制的举例如表17-2所示。

表17-2　预防性控制的举例

对控制的描述	拟防止的错报
计算机程序自动生成收货报告，同时更新采购档案	防止出现购货漏记账的情况
在更新采购档案之前必须先有收货报告	防止记录未收到货物的采购交易
销货发票上的价格根据价格清单上的信息确定	防止销货计价错误
计算机将各凭证上的账户号码与会计科目表对比，然后进行一系列的逻辑测试	防止出现分类错报

建立检查性控制的目的是发现流程中可能发生的错报。被审计单位通过检查性控制，监督其流程和相应的预防性控制能否有效地发挥作用；检查性控制通常是管理层用来监督实现流程目标的控制。

检查性控制通常并不适用于所有交易，而适用于一般业务流程以外的已经处理或部分处理的某类交易，可能一年只运行几次，如每月将应收账款明细账与总账比较；也可能每周运行，甚至一天运行几次。例如，试算平衡、季末盘点、银存调节、与客户对账、盘点现金、复核发票。与预防性控制相比，不同被审计单位之间检查性控制差别很大。检查性控制的举例如表17-3所示。

表 17-3 检查性控制的举例

对控制的描述	检查性控制的错报
定期编制银行存款余额调节表，跟踪调查调节项目	在对其他项目进行审核的同时，查找银收企未收项目、银付企未付项目或虚构入账的不真实的银行收支项目以及未及时入账或未正确汇总分类的银行收支项目
计算机每天比较运出货物的数量和开票数量。如果发现差异，产生报告，由开票主管复核和追查	查找没有开票和记录的出库货物以及与真实发货无关的发票
每季度复核应收账款贷方余额并找出原因	查找没有记录的发票和销售与现金收入中的分类错误

如果确信存在以下情况，注册会计师就可以将检查性控制作为一个主要手段，来合理保证某特定认定发生重大错报的可能性较小：

①控制检查的数据是完整、可靠的。

②控制对于发现重大错报足够敏感。

③发现的所有重大错报都将被纠正。

（2）识别和了解的方法。识别和了解控制采用的主要方法是询问被审计单位各级别的负责人员。

业务流程越复杂，注册会计师越有必要询问信息系统人员，以辨别有关的控制。

通常，注册会计师应先询问那些级别较高的人员，再询问级别较低的人员，以确定他们认为应该运行哪些控制以及哪些控制是重要的。这种"从高到低"的询问方法使注册会计师能迅速地辨别被审计单位重要的控制，特别是检查性控制。

从级别较低人员处获取的信息，应向级别较高的人员核实其完整性，以确定他们是否与级别较高的人员理解的预定控制相符。

注册会计师并不需要了解与每一控制目标相关的所有控制。如果多项控制能够实现同一目标，注册会计师不必了解与该目标相关的每一项控制。

4. 记录相关控制

在被审计单位已设置的控制中，如果有可以对应"哪个环节需设置控制"问题的，注册会计师应将其记录于审计工作底稿，同时记录由谁执行该控制。注册会计师可以通过备忘录、笔记或复印被审计单位相关资料而逐步使信息趋于完整。

（四）信息系统控制的测试

在信息技术环境下，手工控制的基本原理与方式并不会发生实质性的改变，注册会计师仍需要按照标准执行相关的审计程序。对于自动控制，注册会计师需要从信息技术一般控制与信息技术应用控制两方面进行考虑。

1. 信息技术一般控制

信息技术一般控制是指为了保证信息系统的安全，对整个信息系统以及外部各种环境要素实施的、对所有的应用或控制模块具有普遍影响的控制措施。

信息技术一般控制通常会对实现部分或全部财务报告认定做出间接贡献。在有些情况下，信息技术一般控制也可能对实现信息处理目标和财务报告认定做出直接贡献。

信息技术一般控制包括程序开发、程序变更、程序和数据访问以及计算机运行四个方面。

由于程序变更控制、计算机操作控制以及程序数据访问控制影响到系统驱动组件的持续有效运行，注册会计师需要对这三个领域实施控制测试。如果信息技术一般控制存在缺陷，注册会计师就可能不能信赖应用控制。

2. 信息技术应用控制

信息技术应用控制关注信息处理目标的四个要素：完整性、准确性、经过授权和访问限制。

信息技术应用控制造成的影响程度比信息技术一般控制要显著得多，并且需要进一步手工调查。

所有的信息技术应用控制都会有一个手工控制与之相对应。每个信息技术系统控制都要与其对应的手工控制一起进行测试，才能得到控制是否可信赖的结论。

第四节 评价内部控制缺陷

内部控制缺陷按其成因分为设计缺陷和运行缺陷，按其影响程度分为重大缺陷、重要缺陷和一般缺陷。注册会计师应当评价其识别的各项内部控制缺陷的严重程度，以确定这些缺陷单独或组合起来是否构成重大缺陷。

一、内部控制缺陷的分类

（一）设计缺陷和运行缺陷

内部控制缺陷按其成因分为设计缺陷和运行缺陷。

设计缺陷是指缺少为实现控制目标必需的控制，或者现有控制设计不适当、即使正常运行也难以实现预期的控制目标。

运行缺陷是指现存设计适当的控制没有按设计意图运行，或者执行人员没有获得必要授权或缺乏胜任能力，无法有效地实施内部控制。

（二）重大缺陷、重要缺陷和一般缺陷

内部控制缺陷按其严重程度分为重大缺陷、重要缺陷和一般缺陷。

重大缺陷是内部控制中存在的、可能导致不能及时防止或发现并纠正财务报表出现重大错报的一项控制缺陷或多项控制缺陷的组合。

重要缺陷是内部控制中存在的、其严重程度不如重大缺陷但足以引起负责监督被审计单位财务报告的人员（如审计委员会或类似机构）关注的一项控制缺陷或多项控制缺陷的组合。

一般缺陷是内部控制中存在的、除重大缺陷和重要缺陷之外的控制缺陷。

二、评价控制缺陷的严重程度

注册会计师应当评价其识别的各项控制缺陷的严重程度，以确定这些缺陷单独或组合起来，是否构成内部控制的重大缺陷。

333

控制缺陷的严重程度取决于以下事项：

（1）控制不能防止或发现并纠正账户或列报发生错报的可能性的大小。

（2）因一项或多项控制缺陷导致的潜在错报的金额大小。

表明内部控制可能存在重大缺陷的迹象，主要包括以下事项：

（1）注册会计师发现董事、监事和高级管理人员舞弊。

（2）企业更正已经公布的财务报表。

（3）注册会计师发现当期财务报表存在重大错报，而内部控制在运行过程中未能发现该错报。

（4）企业审计委员会和内部审计机构对内部控制的监督无效。

需要注意以下各项：

第一，在计划和实施审计工作时，不要求注册会计师寻找单独或组合起来不构成重大缺陷的控制缺陷。

第二，控制缺陷的严重程度与错报是否发生无关，而取决于控制不能防止或发现并纠正错报的可能性的大小。

第三，在评价一项控制缺陷或多项控制缺陷的组合是否可能导致账户或列报发生错报时，注册会计师应当考虑的风险因素。

第四，评价控制缺陷是否可能导致错报时，注册会计师无需将错报发生的概率量化为某特定的百分比或区间。

第五，注册会计师应当确定，对同一重要账户、列报及其相关认定或内部控制要素产生影响的各项控制缺陷，组合起来是否构成重大缺陷。

第六，在评价潜在错报的金额大小时，账户余额或交易总额的最大多报金额通常是已记录的金额，但其最大少报金额可能超过已记录的金额。通常，小金额错报比大金额错报发生的概率更高。

第七，在确定一项控制缺陷或多项控制缺陷的组合是否构成重大缺陷时，注册会计师应当评价补偿性控制的影响。在评价补偿性控制是否能够弥补控制缺陷时，注册会计师应当考虑补偿性控制是否有足够的精确度以防止或发现并纠正可能发生的重大错报。

三、控制缺陷评价举例

案例一：A注册会计师执行甲公司内部控制审计，财务报表整体重要性确定为2 000万元，实际执行的重要性水平为1 000万元。在对付款授权进行控制测试时，其中一项程序是检查付款发票是否有适当的审批且有相关的文件对其进行支持这一关键控制。这项控制活动与1 600万元的发票交易相关，选择25笔付款并测试它们是否经过了适当的审批，理想状态下应没有异常。但测试结果表明有1笔付款（与维修维护相关）未经过授权。

控制缺陷评价流程如图17-3所示。

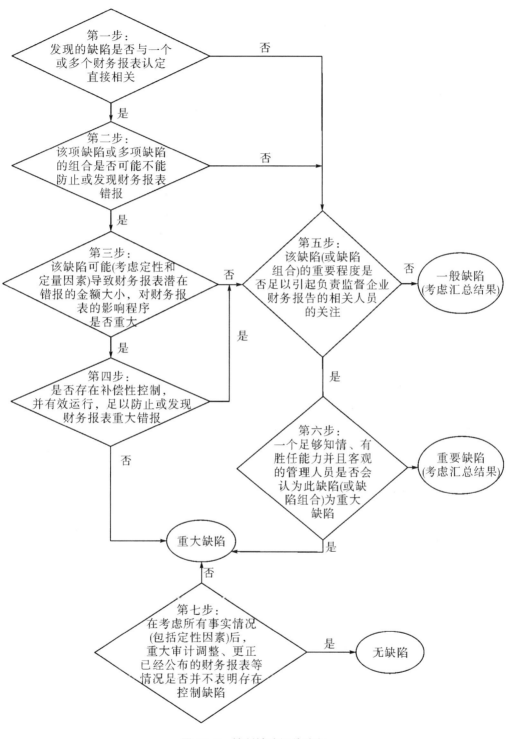

图 17-3　控制缺陷评价流程

（1）步骤一：发现的缺陷是否与一个或多个财务报表认定直接相关。

由于该缺陷涉及支出，直接影响财务报表认定。

（2）步骤二：该项缺陷或多项缺陷的组合是否可能不能防止或发现财务报表错报。

是，付款没有得到审批，有可能导致错报。

（3）步骤三：该缺陷可能导致财务报表潜在错报的金额大小。

涉及支出问题的总金额是1 600万元，大于1 000万元的实际执行的重要性水平。

（4）步骤四：是否存在补偿性控制，并有效运行，足以防止或发现财务报表重大错报。

经了解和测试，维修与维护服务环节存在下列补偿性控制：

①维修与维护服务环节的采购订单审批和发票审批流程中存在权限分离机制，因此采购订单审批和付款发票审批需要多人合作进行（已测试且该控制有效）。

②对采购订单的审批与政策保持一致（已测试且该控制有效）。

③每月进行成本中心和盈亏状况审阅，即将实际开销与成本及上季度数据进行对比。对于误差，差异容忍度为100万元，对于差异大于100万元的情况会进行调查（已测试且控制有效）。

（5）步骤五：该缺陷（或缺陷组合）的重要程度是否足以引起负责监督企业财务报告的相关人员的关注。

否。因此，该缺陷为一般缺陷。

如果不存在补偿性控制，且该缺陷的重要程度足以引起负责监督企业财务报告的相关人员的关注，则应认为该缺陷为重要缺陷。

案例二：A注册会计师执行甲公司内部控制审计，财务报表整体重要性确定为2 000万元，实际执行的重要性水平为1 000万元。在对月度银行对账进行控制测试时，其中一项程序是检查公司每月是否对其付款账户与银行进行对账，这项控制活动与6 000万元现金收据以及付款相关，选择两笔对账并且确定是否每笔对账都已完成以及是否对所有重大或异常事件进行了调查并及时解决，理想状态下应没有例外。但测试结果表明这两笔银行对账都没有完全完成，存在重大的未对账差异（共计200万元）且差异存在已超过1年。

（1）步骤一：发现的缺陷是否与一个或多个财务报表认定直接相关。

是，涉及银行存款和付款的问题，直接影响财务报表认定。

（2）步骤二：该项缺陷或多项缺陷的组合是否可能不能防止或发现财务报表错报。

是，对账没有完成，有可能导致错误不能及时发现。

（3）步骤三：该项缺陷可能导致财务报表潜在错报的金额大小。

这项控制与交易相关且所涉及金额大于6 000万元，超过了判定指标。

（4）步骤四：是否存在补偿性控制，并有效运行，足以防止或发现财务报表重大错报。

财务经理会对每次银行对账进行审核并签字确认，由于经理没有能够发现这些重大的对账错误，因此补偿性控制也被判断为失效。该缺陷为重大缺陷。

四、内部控制缺陷整改

如果被审计单位在基准日前对存在缺陷的控制进行了整改，整改后的控制需要运行足够长的时间，才能使注册会计师得出其是否有效的审计结论。注册会计师应当根据控制的性质和与控制相关的风险合理运用职业判断，确定整改后控制运行的最短期间（或整改后控制的最少运行次数）以及最少测试数量。整改后控制运行的最短期间（或最少运行次数）和最少测试数量参见表 17-4。

表 17-4　整改后控制运行的最短期间（或最少运行次数）和最少测试数量

控制运行频率	整改后控制运行的最短期间（或最少运行次数）	最少测试数量/次
每季 1 次	2 个季度	2
每月 1 次	2 个月	2
每周 1 次	5 周	5
每天 1 次	20 天	20
每天多次	25 次（分布于涵盖多天的期间，通常不少于 15 次）	25

如果被审计单位在基准日前对存在重大缺陷的内部控制进行了整改，但新控制尚没有运行足够长的时间，注册会计师应当将其视为内部控制在基准日存在重大缺陷。内部控制缺陷（部分）汇总表（参考格式）如表 17-5。

表 17-5　内部控制缺陷（部分）汇总表（参考格式）

缺陷编号	相关业务流程、应用系统	业务单位	内部控制缺陷描述及影响	缺陷类型（执行/设计）	所影响的账户、交易	财务报表认定							补偿性控制	发生错报的可能性及错报的严重程度分析	缺陷认定结论	对相关的财务报表审计工作的影响
						发生	完整性	准确性	截止	分类	存在	权利和义务	计价和分摊				
1	财务报告 1 月末结账	总部、所有子公司	财务经理比对薪酬会计编制的预提工资计算表和人力资源部编制的员工人数变动表，确保公司预提了所有员工的工资且金额计算准确。注册会计师在审计中发现，财务经理由于工作忙碌，且公司人员变动较少，因此没有执行该控制	执行	销售成本、预提工资	√	√	√						财务经理仅仅比较当月预提工资与前 3 个月预提工资的变动，确认不存在大差异	没有比对薪酬会计编制的预提工资计算表和人力资源部编制的员工人数变动表，可能导致工资预提错误或遗漏不能被及时发现。由于公司人员变动较少，且人工成本仅占公司总生产成本的 1%，因此该控制缺陷对公司财务报表错报影响较小	一般缺陷	注册会计师对预提工资计算表和人力资源部编制的员工人数变动表，确认差异金额是否重大

337

第五节　内部控制审计报告

注册会计师在完成内部控制审计工作后，应当出具内部控制审计报告。

在整合审计中，注册会计师在完成内部控制审计和财务报表审计后，应当分别对内部控制和财务报表出具审计报告，并签署相同的日期。

一、内部控制审计报告的要素

注册会计师在完成内部控制审计工作后，应当出具内部控制审计报告。标准内部控制审计报告应当包括下列要素：

（1）标题。

（2）收件人。

（3）引言段。

（4）企业对内部控制的责任段。

（5）注册会计师的责任段。

（6）内部控制固有局限性的说明段。

（7）财务报告内部控制审计意见段。

（8）非财务报告内部控制重大缺陷描述段。

（9）注册会计师的签名和盖章。

（10）会计师事务所的名称、地址以及盖章。

（11）报告日期。

二、无保留意见的内部控制审计报告

（一）无保留意见出具的条件

如果符合下列所有条件，注册会计师应当对内部控制出具无保留意见的内部控制审计报告：

（1）在基准日，被审计单位按照适用的内部控制标准的要求，在所有重大方面保持了有效的内部控制。

（2）注册会计师已经按照《企业内部控制审计指引》的要求计划和实施审计工作，在审计过程中未受到限制。

（二）无保留意见的内部控制审计报告参考格式

内部控制审计报告

××股份有限公司全体股东：

按照《企业内部控制审计指引》及中国注册会计师执业准则的相关要求，我们审计了××股份有限公司（以下简称××公司）××年×月×日的财务报告内部控制的有效性。

一、企业对内部控制的责任

按照《企业内部控制基本规范》《企业内部控制应用指引第1号——组织架构》等18项应用指引以及《企业内部控制评价指引》的规定，建立健全和有效实施内部控制，并评价其有效性是××公司董事会的责任。

二、注册会计师的责任

我们的责任是在实施审计工作的基础上，对财务报告内部控制的有效性发表审计意见，并对注意到的非财务报告内部控制的重大缺陷进行披露。

三、内部控制的固有局限性

内部控制具有固有局限性，存在不能防止和发现错报的可能性。此外，由于情况的变化可能导致内部控制变得不恰当，或者对控制政策和程序遵循的程度降低，根据内部控制审计结果推测未来内部控制的有效性具有一定风险。

四、财务报告内部控制审计意见

我们认为，××公司于××年×月×日按照《企业内部控制基本规范》和相关规定在所有重大方面保持了有效的财务报告内部控制。

××会计师事务所　　　　　　　　中国注册会计师：××

（盖章）　　　　　　　　　　　　（签名并盖章）

中国注册会计师：×××

（签名并盖章）

中国××市

××年×月×日

三、否定意见的内部控制审计报告

（一）否定意见出具的条件

（1）如果认为内部控制存在一项或多项重大缺陷，除非审计范围受到限制，注册会计师应当对内部控制发表否定意见。

（2）否定意见的内部控制审计报告还应当包括重大缺陷的定义、重大缺陷的性质及其对内部控制的影响程度。

注意事项如下：

（1）如果重大缺陷尚未包含在企业内部控制评价报告中，注册会计师应当在内部控制审计报告中说明重大缺陷已经识别但没有包含在企业内部控制评价报告中。

如果企业内部控制评价报告中包含了重大缺陷，但注册会计师认为这些重大缺陷未在所有重大方面得到公允反映，注册会计师应当在内部控制审计报告中说明这一结论，并公允表达有关重大缺陷的必要信息。

（2）注册会计师还应当就这些情况以书面形式与治理层沟通。

（3）如果拟对内部控制的有效性发表否定意见，在财务报表审计中，注册会计师不应依赖存在重大缺陷的控制。

如果实施实质性程序的结果表明该账户不存在重大错报，注册会计师可以对财务报表发表无保留意见。在这种情况下，注册会计师应当确定该意见对财务报表审计意见的影响，并在内部控制审计报告中予以说明。

（二）否定意见的内部控制审计报告参考格式

内部控制审计报告

××股份有限公司全体股东：

按照《企业内部控制审计指引》及中国注册会计师执业准则的相关要求，我们审计了××股份有限公司（以下简称××公司）××年×月×日的财务报告内部控制的有效性。

（"一、企业对内部控制的责任"至"三、内部控制的固有局限性"参见无保留意见内部控制审计报告相关段落的表述。）

四、导致否定意见的事项

重大缺陷是指一个或多个控制缺陷的组合，可能导致企业严重偏离控制目标。（指出注册会计师已识别出的重大缺陷，并说明重大缺陷的性质及其对财务报告内部控制的影响程度。）有效的内部控制能够为财务报告及相关信息的真实完整提供合理保证，而上述重大缺陷使××公司内部控制失去这一功能。

五、财务报告内部控制审计意见

我们认为，由于存在上述重大缺陷及其对实现控制目标的影响，××公司未能按照《企业内部控制基本规范》和相关规定在所有重大方面保持有效的财务报告内部控制。

六、非财务报告内部控制的重大缺陷

（参见标准内部控制审计报告相关段落的表述。）

　　　　××会计师事务所　　　　　　　中国注册会计师：×××
　　　　　（盖章）　　　　　　　　　　　（签名并盖章）
　　　　　　　　　　　　　　　　　　　中国注册会计师：×××
　　　　　　　　　　　　　　　　　　　　（签名并盖章）
　　　　中国××市　　　　　　　　　　　××年×月×日

四、无法表示意见的内部控制审计报告

（一）无法表示意见出具的条件

如果审计范围受到限制，注册会计师应当解除业务约定或出具无法表示意见的内部控制审计报告。

注意事项如下：

（1）如果法律法规的相关豁免规定允许被审计单位不将某些实体纳入内部控制的评价范围，注册会计师可以不将这些实体纳入内部控制审计的范围。这种情况不构成审计范围受到限制，但注册会计师应当在内部控制审计报告中增加强调事项段或在注册会计师的责任段中做出与被审计单位类似的恰当陈述。

（2）如果在已执行的有限程序中发现内部控制存在重大缺陷，注册会计师应当在内部控制审计报告中对重大缺陷做出详细说明。

（3）只要认为审计范围受到限制将导致无法获取发表审计意见所需的充分、适当的审计证据，注册会计师不必执行任何其他工作即可对内部控制出具无法表示意见的内部控制审计报告。在这种情况下，内部控制审计报告的日期应为注册会计师已就该报告中陈述的内容获取充分、适当的审计证据的日期。

（二）无法表示意见的内部控制审计报告参考格式

内部控制审计报告

××股份有限公司全体股东：

我们接受委托，对××股份有限公司（以下简称××公司）××年×月×日的财务报告内部控制进行审计。

（删除注册会计师的责任段，"一、企业对内部控制的责任"和"二、内部控制的固有局限性"参见无保留意见内部控制审计报告相关段落的表述。）

三、导致无法表示意见的事项

（描述审计范围受到限制的具体情况。）

四、财务报告内部控制审计意见

由于审计范围受到上述限制，我们未能实施必要的审计程序以获取发表意见所需的充分、适当证据，因此我们无法对××公司财务报告内部控制的有效性发表意见。

五、识别的财务报告内部控制重大缺陷

（如在审计范围受到限制前，执行有限程序未能识别出重大缺陷，则应删除本段。）重大缺陷是指一个或多个控制缺陷的组合，可能导致企业严重偏离控制目标。尽管我们无法对××公司财务报告内部控制的有效性发表意见，但在我们实施的有限程序的过程中，发现了以下重大缺陷：（指出注册会计师已识别出的重大缺陷，并说明重大缺陷的性质及其对财务报告内部控制的影响程度。）有效的内部控制能够为财务报告及相关信息的真实完整提供合理保证，而上述重大缺陷使××公司内部控制失去这一功能。

六、非财务报告内部控制的重大缺陷（参见标准内部控制审计报告相关段落表述。）

××会计师事务所   中国注册会计师：×××

（盖章）   （签名并盖章）

中国注册会计师：×××

（签名并盖章）

中国××市   二○二○年四月一日

五、强调事项、非财务报告内部控制重大缺陷

（一）强调事项

如果认为内部控制虽然不存在重大缺陷，但仍有一项或多项重大事项需要提请内部控制审计报告使用者注意，注册会计师应当在内部控制审计报告中增加强调事项段予以说明。注册会计师应当在强调事项段中指明，该段内容仅用于提醒内部控制审计报告使用者关注，并不影响对内部控制发表的审计意见。

增加强调事项段的情况如下：

（1）如果确定企业内部控制评价报告对要素的列报不完整或不恰当，注册会计师应当在内部控制审计报告中增加强调事项段，说明这一情况并解释得出该结论的理由。

（2）如果注册会计师知悉在基准日并不存在但在期后期间发生的事项，且这类期后事项对内部控制有重大影响，注册会计师应当在内部控制审计报告中增加强调事项段。

（二）带强调事项段的无保留意见内部控制审计报告参考格式

内部控制审计报告

××股份有限公司全体股东：

按照《企业内部控制审计指引》及中国注册会计师执业准则的相关要求，我们审计了××股份有限公司（以下简称××公司）××年×月×日的财务报告内部控制的有效性。

（"一、企业对内部控制的责任"至"四、财务报告内部控制审计意见"参见无保留意见内部控制审计报告相关段落的表述。）

五、强调事项

我们提醒内部控制审计报告使用者关注：（描述强调事项的性质及其对内部控制的重大影响。）本段内容不影响已对财务报告内部控制发表的审计意见。

<table>
<tr><td>××会计师事务所
（盖章）</td><td>中国注册会计师：×××
（签名并盖章）
中国注册会计师：×××
（签名并盖章）</td></tr>
<tr><td>中国××市</td><td>二〇二〇年四月一日</td></tr>
</table>

（三）非财务报告内部控制重大缺陷

对于审计过程中注意到的非财务报告内部控制缺陷，如果发现某项或某些控制对企业发展战略、法规遵循、经营的效率效果等控制目标的实现有重大不利影响，确定该项非财务报告内部控制缺陷为重大缺陷的，注册会计师应当以书面形式与企业董事会和经理层沟通，提醒企业加以改进；同时，在内部控制审计报告中增加非财务报告内部控制重大缺陷描述段，对重大缺陷的性质及其对实现相关控制目标的影响程度进行披露，提示内部控制审计报告使用者注意相关风险，但无需对其发表审计意见。

非财务报告重大缺陷的内部控制审计报告参考格式：

内部控制审计报告

××股份有限公司全体股东：

按照《企业内部控制审计指引》及中国注册会计师执业准则的相关要求，我们审计了××股份有限公司（以下简称××公司）××年×月×日的财务报告内部控制的有效性。

（"一、企业对内部控制的责任"至"四、财务报告内部控制审计意见"参见无保留意见内部控制审计报告相关段落的表述。）

五、非财务报告内部控制重大缺陷

在内部控制审计过程中，我们注意到××公司的非财务报告内部控制存在重大缺陷：（描述该缺陷的性质及其对实现相关控制目标的影响程度。）由于存在上述重大缺陷，我们提醒本报告使用者注意相关风险。需要指出的是，我们并不对××公司的非财务报告内部控制发表意见或提供保证。本段内容不影响对财务报告内部控制有效性发表的审计意见。

<table>
<tr><td>××会计师事务所
（盖章）</td><td>中国注册会计师：×××
（签名并盖章）
中国注册会计师：×××
（签名并盖章）</td></tr>
<tr><td>中国××市</td><td>二〇二〇年四月一日</td></tr>
</table>

本章小结

本章主要根据《企业内部控制审计指引》编写，系统介绍了注册会计师在进行财务报表审计的同时，进行内部控制审计的方法和流程。这是除财务报表审计以外的内部控制审计，独立性比较强，与前面章节关联不大。

本章可以结合教材中的风险评估、风险应对内容进行学习，同时可以参考《企业内部控制审计问题解答》《企业内部控制审计指引》《企业内部控制审计指引实施意见》一并进行学习，并按照内部控制审计业务执行的顺序梳理各个知识点。

本章思维导图

本章思维导图如图 17-4 所示。

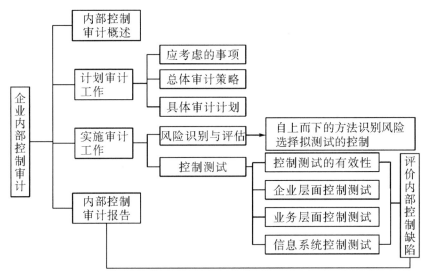

图 17-4　本章思维导图

图书在版编目(CIP)数据

审计学/张丽主编.—2 版.—成都:西南财经大学出版社,2022.1
(2023.8 重印)
ISBN 978-7-5504-5271-8

Ⅰ.①审… Ⅱ.①张… Ⅲ.①审计学—高等学校—教材
Ⅳ.①F239.0

中国版本图书馆 CIP 数据核字(2022)第 026792 号

审计学(第二版)

主　编　张　丽
副主编　马玉娟　周　群　何小涛

责任编辑:李晓嵩
责任校对:王甜甜
封面设计:何东琳设计工作室
责任印制:朱曼丽

出版发行	西南财经大学出版社(四川省成都市光华村街 55 号)
网　　址	http://cbs.swufe.edu.cn
电子邮件	bookcj@ swufe.edu.cn
邮政编码	610074
电　　话	028-87353785
照　　排	四川胜翔数码印务设计有限公司
印　　刷	四川五洲彩印有限责任公司
成品尺寸	185mm×260mm
印　　张	22.25
字　　数	553 千字
版　　次	2022 年 1 月第 2 版
印　　次	2023 年 8 月第 3 次印刷
印　　数	5001—7000 册
书　　号	ISBN 978-7-5504-5271-8
定　　价	49.80 元

1. 版权所有,翻印必究。
2. 如有印刷、装订等差错,可向本社营销部调换。
3. 本书封底无本社数码防伪标识,不得销售。